谨以此书献给中国考古学诞生一百周年

本书的出版得到

国家社会科学基金资助

陕西省考古研究院田野考古报告　第 96 号

# 戎与狄

## ——陕北史家河与辛庄战国墓地考古报告

陕西省考古研究院
延安市文物研究院
榆林市文物保护研究所　编著
黄陵县文化和旅游局
清涧县文化和旅游局

文物出版社

北京·2021

图书在版编目（CIP）数据

戎与狄：陕北史家河与辛庄战国墓地考古报告 / 陕
西省考古研究院等编著. -- 北京：文物出版社，2021.10
　　ISBN 978-7-5010-6582-0

　　Ⅰ.①戎… Ⅱ.①陕… Ⅲ.①战国墓－发掘报告－陕
西 Ⅳ.①K878.85

　　中国版本图书馆CIP数据核字（2021）第077732号

RÓNG YǓ DÍ
# 戎与狄——陕北史家河与辛庄战国墓地考古报告

编　　著：陕西省考古研究院　延安市文物研究院
　　　　　榆林市文物保护研究所　黄陵县文化和旅游局
　　　　　清涧县文化和旅游局

责任编辑：黄　曲
封面设计：程星涛
责任印制：苏　林

出版发行：文物出版社
社　　址：北京市东直门内北小街2号楼
邮　　编：100007
网　　址：http://www.wenwu.com
经　　销：新华书店
印　　刷：宝蕾元仁浩（天津）印刷有限公司
开　　本：889mm×1194mm　1/16
印　　张：22.75
版　　次：2021年10月第1版
印　　次：2021年10月第1次印刷
书　　号：ISBN 978-7-5010-6582-0
定　　价：360.00元

Field Archaeological Report No.96, Shaanxi Academy of Archaeology

# RONG and DI

The Warring-States Period Cemetery at Shijiahe and
Xinzhuang in the North of Shaanxi Province

(With English and Japanese Abstracts)

*by*

Shaanxi Academy of Archaeology
Yan'an Municipal Institute of Cultural Relics Research
Yulin Municipal Institute for the Preservation of Cultural Heritage
Huangling County Bureau of Culture and Tourism
Qingjian County Bureau of Culture and Tourism

Cultural Relics Press
Beijing · 2021

# 目　录

## 下篇　清涧辛庄战国墓地

# 插图目录

# 插表目录

# 附表目录

# 彩版目录

# 前　言

## 一、陕北地区地理与历史沿革概况

陕北包括今陕西省榆林、延安两市，地处黄土高原腹心之地，南与关中平原相接，北靠毛乌素沙漠南缘和鄂尔多斯高原，东隔黄河与山西相邻，西与宁夏、甘肃接壤，总面积92521.4 平方千米。地势西北高，东南低，地貌自北向南分为长城内外风沙高原区、延安以北黄土梁峁丘陵沟壑区、延安以南黄土塬梁丘陵沟壑区和南部石质中山低山区等四个区。沙丘、海子、草滩、黄土塬、梁、峁及黄土峡谷是陕北高原的主要地貌景观。境内有窟野河、秃尾河、无定河、清涧河、延河、北洛河等黄河一级支流。北部属温带干旱半干旱气候，南部属暖温带半干旱或半湿润气候，四季分明。年均气温 7.7℃~10.6℃，1 月气温为 –17℃~–24℃，7 月气温为 24℃~24.8℃。年均降水 450~700 毫米，多集中在 6~8 月，占年降水量的 49%~60%。

陕北独特的地理位置，历来是各个王朝关注和经营的边关要地，成为各个王朝开疆拓土、抵御外族入侵和制止战乱分裂的战场，同时也带来了陕北地区各民族在经济文化上的大交流、大融合。从商周时代起，鬼方、猃狁、白狄、匈奴、林胡、稽胡、鲜卑、突厥、党项等少数民族先后在此兴盛南下，该区域成为华族（汉代以后的汉族）和北方草原少数民族融合与交流的中枢区域。

商及西周时期，陕北是"戎狄"活动的范围，或居有鬼方。

春秋战国时期，陕北为晋、赵、魏、秦等所属，戎狄杂居其间。

秦汉三国时期，陕北北部归西河郡，其余属上郡。

北朝时期，延安设延州、敷州、丹州，榆林设绥州、夏州。

隋代，延安设延安郡和上郡，榆林设雕阴郡和朔方郡。

唐代，陕北属关内道的一部分，在延安地区分设延州、坊州、鄜州、丹州；榆林地区设绥州、银州、夏州、麟州。

宋辽西夏时期，陕北北部归西夏所有，余为宋永兴军路和河东路管辖。

元明清及民国时期，元代设有延安路、鄜州、绥德州、葭州，明代在此基础上增设榆林卫，清代改为榆林府。民国设榆林道，后归陕甘宁边区绥德分区管辖。

1950 年，陕西省人民政府成立，在陕北设榆林、绥德和延安三个专区，1956 年撤绥德专区。1972 年改专区为地区。1998 年，延安地区改延安市。2000 年，榆林地区改榆林市[1]。

---

[1] 参见《陕西省志·地理志》，陕西人民出版社，2000 年。

## 二、陕北地区东周考古概述

陕北地区经科学考古发掘的东周遗址较少，主要有以下几处：

1983年，陕西省考古研究所在清涧李家崖遗址附近四个地点共发掘东周至秦代墓葬44座，文化面貌以晋、秦文化为主，并有少量双耳罐等戎狄文化因素[1]。

1984年，北京大学考古系在米脂沙店乡张坪村试掘墓葬4座，年代为春秋早期，主体属周文化系统，并有少量北方民族文化因素[2]。

2009年，陕西省考古研究院在横山黑水沟遗址发掘灰坑、房址、灶坑等遗迹和陶范、铜渣等铸铜遗存。初步研究表明，该遗址为一处春秋中晚期至战国早期阶段的小型聚落，其文化性质主要与晋文化相当，但也包含北方戎狄文化因素[3]。

2011年，陕西省考古研究院在黄陵寨头河墓地发掘战国墓葬90座，是一处魏国统治下的戎人墓地[4]。

2013~2014年，陕西省考古研究院等单位在米脂卧虎湾墓地发掘战国至秦代墓葬50座，文化面貌以晋、秦文化为主，并有少量双耳罐等戎狄文化因素[5]。

2014年，陕西省考古研究院在宜川虫坪塬遗址进行考古勘探与发掘，共清理墓葬21座、车马坑1座及灰坑3座、灰沟2条，出土包括铜、陶、玉石及骨等质地文物110余件（组），年代集中在春秋早期，文化面貌同晋文化相近[6]。

除此之外，还有零星的考古发现。2013年对因盗掘被破坏严重的神木高家堡镇园则沟墓地和东梁墓地进行了调查发掘。发现有石棺墓和竖穴土坑墓，但因盗扰破坏未见随葬品。从采集的陶釜、陶罐等看，可能为战国晚期。2016年在富县阳畔遗址的发掘中，清理了战国时期灰坑5座、墓葬1座、壕沟1条，出土有鬲、盆、罐、钵等战国晚期陶器，一陶片上有戳印的"雕亭"陶文。另外，调查发现遗址周边山顶有多处墓地，采集有陶罐、陶盆、铁釜等战国晚期遗物。遗址周邻数千米范围内几处靠近河道的平台上发现有战国晚期堆积，并见有大量筒瓦、板瓦及柱础石[7]。

该区域亦发现有丰富的青铜器，遗憾的是，除上述考古发掘和神木纳林高兔、李家畔有明确的出土地点外[8]，绝大多数为征集和缴获品，现已公布400余件[9]，年代贯穿整个东周时期，可分为中原文化、戎狄文化和少量的草原文化器物。

从上述考古发现和出土文物可见，陕北东周时期文化遗存在文化面貌和族属上，大体可

[1]　陕西省考古研究院：《李家崖》，文物出版社，2013年。
[2]　北京大学考古系商周实习组等：《陕西米脂张坪墓地试掘简报》，《考古与文物》1989年第1期。
[3]　陕西省考古研究院：《2009年陕西省考古研究院考古调查发掘新收获》，《考古与文物》2010年第2期。刘建宇等：《陕西横山黑水沟遗址出土铸铜遗物的初步研究》，《南方文物》2015年第1期。
[4]　陕西省考古研究院等：《寨头河——陕西黄陵战国戎人墓地考古发掘报告》，上海古籍出版社，2018年。
[5]　陕西省考古研究院等：《陕西米脂卧虎湾战国秦汉墓葬发掘简报》，《考古与文物》2019年第3期。
[6]　陕西省考古研究院等：《陕西宜川县虫坪塬春秋遗址发掘简报》，《考古与文物》2018年第2期。
[7]　陕西省考古研究院商周研究室：《2008~2017年陕西夏商周考古综述》，《考古与文物》2018年第5期。
[8]　戴应新、孙嘉祥：《陕西神木县出土匈奴文物》，《文物》1983年第12期。
[9]　曹玮：《陕北出土青铜器（第一卷）》，巴蜀书社，2009年。

分为中原文化系统和戎狄系统，长时期又以中原文化系统占主体。具体而言，春秋早期为晋文化系统，如陕北北部有米脂张坪墓地，中部为横山黑水沟墓地，南部是宜川虫坪塬墓地；春秋中晚期考古材料较少，仅清涧李家崖有个别春秋晚期墓葬；战国早中期，北部可能属赵，如清涧李家崖墓地，南部属魏，是魏的上郡之地，魏长城及其重镇雕阴城即在于此；战国中期后，秦人北上占据陕北地区。同时，该区域又分布有大量戎狄族群，周、戎交错杂居，既有征伐，又有交流、融合，共同编织出一幅波澜壮阔的历史画面。

### 三、陕北地区东周戎狄遗存探微

戎狄是先秦时期分布于我国西北广大地区的族群。王国维指出："其族西自汧、陇，环中国而北，东及太行、常山间。中间或分或合，时入侵暴中国。其俗尚武力，而文化之度不及诸夏远甚，又本无文字，或虽有而不与中国同。是以中国之称之也，随世异名，因地殊号，至于后世，或且以醜名加之。其见于商、周间者，曰鬼方，曰混夷，曰獯鬻，其在宗周之季，则曰猃狁，入春秋后则始谓之戎，继号曰狄，战国以降，又称之曰胡、曰匈奴。"[1] 尽管王国维所描述的情形与中国北方地区族群变迁的复杂性并不完全相符，但仍具有一定的参考意义。《春秋》《左传》《史记》《后汉书》等均有大量记载，有学者已分别对《春秋》和《左传》中记载的戎[2]、狄[3] 进行了系统梳理分析，涉及戎和狄的分布区域、与周王朝和诸侯国关系、风俗习惯等。《史记》《后汉书》分别专列有匈奴列传和西羌传，是中原王朝对西北族群的集体记忆。

对中国北方戎狄族群的研究，目前已经有很多相关课题的研究成果出版。杨建华在《欧亚草原东部的金属之路》[4] 一书中对其进行了全面梳理和总结，其本人亦是长期关注研究中国北方和欧亚草原关系，此书也是她的最新成果，最大特点是从欧亚草原青铜时代和早期铁器时代的全景来认识和解释中国北方地区的考古遗存。她在书中根据对各地北方青铜器及相关遗物的器类和形制的分析，区分出两种典型器物组合，以这种组合为标尺，将各地的遗存分为南北两种。根据上述两类遗存的时空分布与文化面貌，并结合古代文献，认为靠南侧的应该是文献记载中的戎和狄一类的遗存，与中原文化有密切的联系，靠北侧的应该是胡人遗存，与欧亚草原有着较多的联系。陕北大部属于杨建华划分的戎狄遗存分布区，仅榆林北部神府地区属胡人遗存分布区。

杨建华认为北方地区戎狄遗存的典型器物是花格剑、虎牌饰、铜鍑和双耳陶罐或铜罐，具体到陕北则主要是陶双耳罐、矮三足鬲和铜鍑，但数量较少且零散，难以细分，故此，她将戎狄看作是一个整体而与胡区分。曹玮对陕北出土东周青铜器进行系统收集整理，其书是陕北东周青铜器的集大成者，将中原文化系统以外的文化遗存全部归入草原文化系统。

虽然陕北地区在东周时期是北方文化带的一部分，并被学者关注研究，但毋庸置疑，由

［1］谢维扬编：《王国维全集》第八卷《鬼方昆夷猃狁考》，浙江教育出版社、广东教育出版社，2009年。

［2］孙战伟：《〈春秋〉与〈左传〉中所见的戎及相关问题》，《文博》2017年第3期。

［3］杨建华：《〈春秋〉与〈左传〉中所见的狄》，《史学集刊》1999年第2期。

［4］杨建华等：《欧亚草原东部的金属之路》，上海古籍出版社，2016年。

于考古工作开展得不充分，尤其是科学发掘材料匮乏，学者们只能从青铜器方面入手进行分析，难以窥探戎狄文化全貌，如上所述，多数青铜器本身也无科学的考古背景信息。诚如林沄所言："现在我们虽然可以从春秋时代的秦、晋、燕等国乃至中原各地的青铜器中分辨出一定数量的北方系青铜器，作为当时戎狄存在的证明，但时至今日，对陕西、山西、河北以及河南地区的戎狄考古学遗存，认识还是很不清楚。甚至根本说不出华夏之外的戎狄遗存何在。""今后中国考古界应该以更大的注意力对待文献记载中只有很少篇章的'戎狄'遗存的发现和研究。不论是对于欧亚草原的历史，还是对于中国中原地区的历史，'戎狄'遗存的研究都应该提高到应有的地位。"[1] 这代表林先生对于戎狄研究重要性的认识并指出的工作方向。

有幸的是，2011~2012 年，陕西省考古研究院发掘的黄陵寨头河和史家河墓地，是陕北地区首次全面揭露发掘的戎人墓地，两墓地仅相距 4 千米，其发掘不仅填补了陕北地区考古学文化谱系中的重要一环，同时也为辨识该区域同类遗存的年代及性质提供了较为可靠的标尺。尤其是两墓地出土的大量特征鲜明的戎人陶器，多为夹砂红褐陶质，器表色泽不均，红、灰、黑相杂，多素面，烧制温度低，陶胎稍厚，手感较轻，与甘肃甘谷毛家坪 B 组遗存相比，陶质陶色、装饰手法、制作工艺等方面具有明显的相似性，且时代接近，器类包括铲足鬲、双耳罐、单耳罐、高领罐、双錾罐等[2]。这是继甘谷毛家坪 B 组遗存发现以来，出土戎人陶器最为丰富的两处墓地，较为全面地反映了战国时期戎人陶器特征，弥补了以往陶器发现的不足，使我们得以从另一个角度认识戎人考古学文化面貌。

2015~2016 年，陕西省考古研究院在清涧辛庄遗址周边的考古调查发掘中，又发现了一批东周墓葬，获取了丰富的陶器标本。其中包括数量较多且与寨头河和史家河颇为不同的另一类陶器：一般为夹细砂灰陶，陶胎较薄，烧制温度高，手感轻，多素面。偶尔会有附加泥条，以素面双耳罐为最多，这些陶器特征鲜明，是本报告提出的"辛庄类遗存"[3] 陶器。这类遗存既不同于中原系统陶器，也不同于毛家坪、寨头河等典型的戎人陶器，结合文献记载分析，它们应是北方狄人器物。这是陕北地区狄人陶器数量最多、最集中的一次发现。

由于黄陵寨头河、史家河墓地和辛庄遗址周边战国墓地（以下简称"辛庄战国墓地"）的发掘，陕北地区东周时期戎狄考古现状有了明显改观。通过科学的考古发掘，实现了戎、狄文化面貌在陶器上的辨识和区分，不同类陶器代表了戎、狄两支不同族群的文化遗存，可谓一南一北、一戎一狄，为该区域的戎、狄考古提供了绝佳的参照材料，必将推动北方东周戎狄文化的深入研究。

《寨头河》报告已经出版，本报告是黄陵史家河战国时期戎人墓地和清涧辛庄战国时期狄人遗存最全面的考古材料，也是本报告书名为《戎与狄》的由来。

---

[1] 见杨建华等：《欧亚草原东部的金属之路》"序"，上海古籍出版社，2016 年。

[2] 陕西省考古研究院等：《寨头河——陕西黄陵战国戎人墓地考古发掘报告》，上海古籍出版社，2018 年。

[3] 见本报告下篇第三章"结语"之"四、'辛庄类遗存'"。

### 四、本报告主要内容与体例

本报告正文分前言、上篇、下篇和附录四部分。前言是有关陕北地理历史沿革和东周考古及戎狄遗存发现的简要介绍；上篇为黄陵史家河墓地考古发掘报告，包括37座战国墓葬（另有两座汉墓M1、M34未收录）全部资料、人骨研究以及出土的部分金属器检测分析报告；下篇为清涧辛庄战国墓地发掘调查报告，包括高墚墓葬M1、枣湾畔墓地9座墓葬以及周边调查的7个遗址点的全部资料；附录为第三次文物普查采集的陕北地区东周时期的较完整陶器，涵盖榆林、延安两市8区县的33件标本。为体现四部分内容的完整性、独立性和条理性，各部分章节分别设置，互不影响。

前言分四部分内容，分别为陕北地理与历史沿革概况、陕北东周考古概述、陕北东周戎狄遗存探微、本报告主要内容与体例。

上、下两篇延续《寨头河》报告体例，主要包括概述、墓地资料、结语等部分。概述章节主要涉及墓地的地理位置、历史沿革、发掘过程以及资料整理情况。墓地资料包括墓地综述和墓葬分述两节。墓地综述，主要介绍墓地概况、墓葬形制、葬俗等墓葬总体信息。墓葬分述，按照墓葬编号顺序，逐次将每个墓葬依照墓向、形制、葬具、葬式、随葬品的顺序进行介绍。上编还包括对人骨的研究，涉及性别、年龄、人口寿命、骨骼形态及病理学研究。结语部分首先对墓地出土的器物进行了类型学分析，概括了每类器物的形制特征及演化规律，进而比对并判定年代。此外还对文化因素、族属、学术意义进行了分析和探讨。

附录仅对第三次全国文物普查中陕北地区采集的东周时期较完整陶器进行刊布，包括工作概述和标本介绍与分析。

彩版置于报告正文后，包括遗迹、器物及人骨等，遗迹主要有墓地远景、墓葬形制、棺椁、随葬品出土位置、特殊迹象的局部情况。几乎所有随葬品均有彩色图片，个别特殊现象还有局部放大照片。排版按照先墓葬后器物，最后人骨的顺序，器物又以材质、类型不同而划分归类。

为了力求忠实地反映个体墓葬的局部特征及整个墓地的宏观特征，本报告行文追求客观简练，实事求是，不随意取舍资料；同时保证资料叙述顺序尽可能系统化、条理化，对个别重要信息，尽量以表格形式体现，力求做到客观、准确、系统和完整。因此，与以往多数报告按墓葬形制与随葬品分开、随葬品又以质地分类介绍材料体例不同的是，本报告将墓葬相关信息集中发表。为不致强加发掘者的主观认识，关于随葬品形制分析及演化，及以此为基础的期别与年代等认识，只在综述和结语部分展开论述，分述部分器物仅以器类名之，一律不标型式。

本报告图、表设置情况如下：图、表是随报告文字叙述顺序而插入相应位置，整本报告图的顺序编号一以贯之，以免混乱。图主要是遗迹、遗物线图和分析图片等。表分为插表和附表，插表主要是各类统计表、对比表，附表为墓葬登记表、人骨数据表。

本报告是有关史家河墓地和辛庄战国墓地考古发掘以及第三次全国文物普查相关资料最为翔实的科学报告，以前相关报道中凡与本报告不符者，均以本报告为准。由于作者学识有限，在发掘和整理中一定会有不少谬误，恳请得到学界的批评指正和谅解。

上　篇

黄陵史家河战国墓地

# 第一章 概　述

## 第一节　自然环境

黄陵县位于陕西省中部，延安市西南端。北与富县接壤，东邻洛川县，南与铜川市、咸阳市相邻，西接甘肃省庆阳地区，总面积 2295 平方千米。

黄陵县属中温带大陆性季风气候区，四季分明，冬春多风，夏季集中降雨，秋季凉爽舒适，年平均气温 9.4℃，年均最高气温 27.5℃、最低 –9.7℃，年均降水量 631 毫米，平均无霜期 172 天。县境内地势西北高、东南低，平均海拔约 1300 米。地貌东、西分别以黄土塬和丘陵山地为主。西为桥山山脉，属子午岭山地，海拔 1500~1600 米，大部分山体顶部黄土堆积丰厚，底部裸露基岩。东为洛河及其支流冲积形成的土塬沟壑区，海拔 1100~1200 米，塬面平坦开阔，多被下临沟壑分割为宽几百米至数千米的舌状条块，以沮河为界，又可分为北塬区和南塬区[1]。

县境内河流较多，主要水系为（北）洛河及其一级支流葫芦河和沮河。（北）洛河为渭水重要的一级支流，从北往南流来，在县城以北先后汇入西北—东南流向的葫芦河和沮河。沮河源自黄陵县境内，其北岸坐落着轩辕黄帝陵；沿葫芦河川道西北向，可抵甘肃省境，此水域内有业已发掘的合水九站墓地和遗址[2]。

史家河和寨头河墓地即位于葫芦河下游东北岸塬峁西南坡。

## 第二节　历史沿革

黄陵县地理位置特殊，是关中盆地、渭北高原北往黄土高原腹地、北方长城地带之门户，又为陇东先民越过子午岭东向晋陕高原的咽喉要道，属各区域文化交流融合的中枢地带。

考古资料表明，早在五六千年前，黄陵县境内就孕育着相当发达的人类文明，分布着丰富而密集的古代遗存。据《中国文物地图集·陕西分册》，黄陵县境发现的新石器时代（仰韶文化时期至龙山时代）遗址就有 48 处[3]。

黄陵县西周时为雍州之地，春秋属白翟。

及全战国时期，属上郡，周显王四十一年（前 328 年），魏献秦上郡十五县。史家河墓

---

[1] 黄陵县地方志编纂委员会：《黄陵县志》，西安地图出版社，1995 年。西安地图出版社：《陕西省地图册》，西安地图出版社，2005 年。
[2] 王古奎、水涛：《甘肃合水九站遗址发掘报告》，《考古学研究（三）》，科学出版社，1997 年。
[3] 国家文物局主编：《中国文物地图集·陕西分册》，西安地图出版社，1998 年。

地出土"上市"陶文说明，至晚在战国中期，该地已属魏之上郡，后于战国晚期献于秦。

西汉高祖元年（前206年），改秦上郡为翟国，后为鄜县，后又改设翟道县。

新莽时期，更翟道县为涣县。

东汉时期，复名翟道县，时设时撤，治所杏城（今黄陵县桥山镇南城村，据调查尚有城址残留）。

北魏正平元年（451年），于杏城设北雍州领中部县（东晋年间设）。

隋开皇三年（583年），因避杨坚父杨忠讳，改中部县为内部县。

唐武德二年（619年），复称中部县，沿用至清。

唐大历五年（770年），鄜坊节度使臧希让上言，坊州有轩辕黄帝陵阙，请置庙，诏从之。

1944年，因有轩辕黄帝庙，改名黄陵县。

1958年，曾与宜君合县。1961年又分，至今。

## 第三节　工作缘起及概况

2011年，为配合陕西省"双十双网"重点水源工程——延安南沟门水利枢纽工程，陕西省考古研究院联合延安市文物研究所、黄陵县旅游文物局组成联合考古队，在水库淹没区内葫芦河下游全面调查并重点发掘了寨头河和史家河两处墓地。

2011年底，寨头河墓地发掘工作结束。2012年1~8月，考古队对史家河墓地展开发掘工作。史家河墓地位于黄陵县阿党镇史家河村西北，洛河一级支流——葫芦河北岸的黄土台塬上，地表植被较密，多植槐、桑、麻等（图一）。史家河墓地为新发现的一处战国墓地，与寨头河墓地直线距离约4千米，亦遭盗掘。在详细勘探后，考古队对探明的37座战国墓和2座汉墓进行了全面发掘，出土了包括陶、铜、骨、铁等质地的一批重要文物。史家河墓地从战国早中期沿用至秦统一，性质与寨头河墓地一致。

史家河墓地考古发掘领队为孙周勇研究员，现场工作由邵晶、孙战伟负责，参加发掘的技术工人包括赵向辉、杨国旗、同银星、王磊、梁枭、张晓荣等，延安市文物研究所徐菱、黄陵县旅游文物局刘小玲负责协调工作。2012年4月底，邵晶北上参加神木石峁遗址的考古调查与发掘工作，史家河墓地发掘交由孙战伟负责。2012年8月，史家河墓地考古工作结束，孙战伟北上参加清涧辛庄遗址的考古调查与发掘工作。

发掘期间，西北大学陈靓副教授及硕士研究生张燕在考古发掘现场对人骨进行了鉴定；北京科技大学梅建军教授、陈坤龙副教授和陕西省考古研究院邵安定博士对金属器进行了取样分析。

## 第四节　资料整理与报告编写

史家河墓地资料整理工作开始于野外发掘期间，在考古工地完成了单个墓葬的基础材料和大部分器物的修复、绘图、照相、描述工作。墓葬照相和描述主要由孙战伟、杨国旗负责；

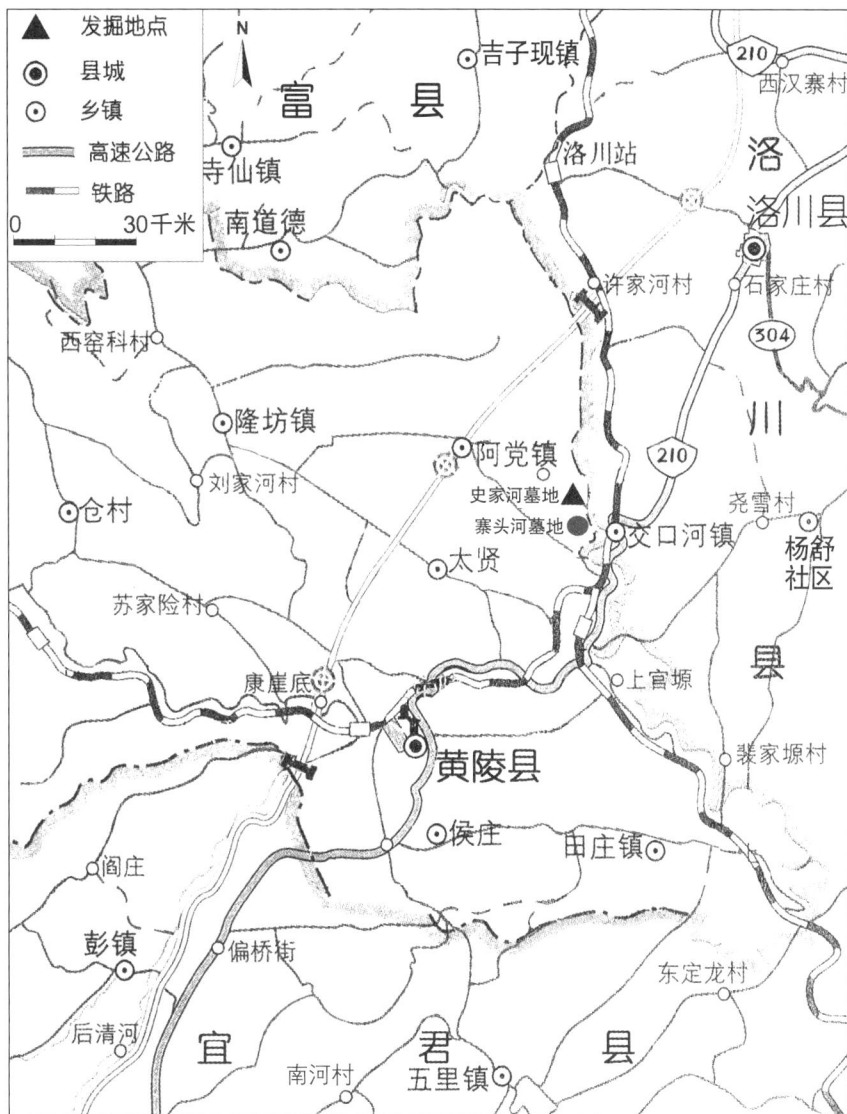

图一　史家河墓地位置示意图

墓葬线图由王磊、杨国旗完成；器物修复主要由杨国旗等承担；器物描述由孙战伟、邵晶完成，绘图由董红卫完成，照相由张明惠负责。人骨综合研究由陈靓完成。另外，西北大学王振老师测绘了史家河墓地平面图。

史家河墓地出土文物运回陕西省考古研究院泾渭基地后，由于发掘的主要成员此后分别承担了石峁遗址和辛庄遗址的发掘任务，只能利用余暇时间整理资料，进展较缓慢。为保证考古资料的及时整理和刊布，郑州大学硕士研究生刘婕、吴胜蕊参与了史家河和寨头河墓地基础资料的整理工作。

2018年10月，寨头河墓地考古报告正式出版。史家河墓地考古报告的出版工作随即提上日程，领队孙周勇研究员几次叮嘱尽快完成。

孙战伟在辛庄遗址考古中亦调查、发掘到一批东周墓葬，其特征鲜明，面貌特殊，可能为战国时期白狄遗存。鉴于材料的重要性，遂于2017年申请到国家社科基金青年项目，对这批资料进行全面整理。黄陵县史家河墓地和清涧县辛庄墓地同属陕北地区，一南一北，文化族属上一戎一狄，对研究陕北地区东周时期的考古学文化面貌和族群变迁极为重要。在这样的学术考量背景下，孙周勇研究员和辛庄遗址考古领队种建荣研究员商议，拟将两墓地材料整合一并出版，并提议将陕西省考古研究院院藏第三次全国文物普查相关标本收入，以便于研究。

2020 年 1~3 月，孙战伟赴日本橿原考古学研究所研修，得以有大块时间集中整理。孙周勇和邵晶亦有到日本交流的计划和安排，虽因 2019 年新型冠状病毒疫情影响而未能成行，但我们在整理过程中随时交流、沟通和商讨史家河墓地报告的撰写工作。

至 2020 年 5 月，孙战伟撰写完成了史家河墓地部分的结语一章，还对部分章节做了修改，并核校全稿，形成报告初稿。

2020 年 7 月，北京大学赵化成、吉林大学杨建华、西北大学梁云和史党社、陕西省考古研究院张天恩等教授审阅了报告初稿，并提出重要的修改意见。孙战伟根据意见进行了详细修改。之后，在孙周勇、种建荣的悉心指导下，孙战伟、邵晶多次讨论，认真推敲形成定稿，并申请出版。

# 第二章　墓葬资料

## 第一节　墓地综述

### 一、墓地概况

史家河墓地位于北洛河支流——葫芦河下游北岸的台塬坡地之上，地势开阔，略呈舌形伸向河床（彩版一）。勘探表明，史家河墓地东西长200、南北宽约100米，总面积约20000平方米，共发现东周时期墓葬37座，分布于由南向北逐渐抬高的四个梯田台地之上。其中，第Ⅰ台地25座，第Ⅱ台地8座，第Ⅲ台地3座，第Ⅳ台地1座（图二）。各台地较为平整，高差约2米，墓葬均开口于耕土层或明清垫土层下，推测台地在墓地形成之前即已存在，虽地表地貌变化不大，但台地本身由于农耕活动及土地平整，其外缘遭到了不同程度的破坏。根据墓葬分布情况及台地的保存情况来看，该墓地的范围及规模要远远大于现状。

第Ⅰ台地墓葬分布最为密集，集中在台地的东南端，从其保存现状来看，台地西南部由于取土等原因遭到毁坏，不排除还有墓葬分布的可能。第Ⅱ、Ⅲ、Ⅳ台地墓葬分布明显较第Ⅰ台地稀疏，由于其西北端遭到破坏，也不排除墓地向西北方向沿台地走势延伸。勘探工作表明，已知的墓地范围内未发现围沟、围墙等墓园建筑遗迹。

### 二、层位关系

（一）发掘区地层堆积

整个发掘区地层堆积简单，可分为3层：

第①层为表土层，遍布整个发掘区。厚约10厘米，土质较松散，土色呈黑灰色。

第②层为耕土层，遍布整个发掘区。厚约10厘米，土质较松散，土色呈黄褐色，多植物根系。

第③层为垫土层，主要分布在第Ⅰ台地的西南和第Ⅱ、Ⅲ、Ⅳ台地。厚10~20厘米，土质较松散，土色呈黄褐色。该层中出土的瓷片等包含物显示，年代可能为明清时期。

个别墓葬直接叠压于现代生产路路土下。

（二）打破关系

史家河墓地布局规整，墓葬之间不见相互叠压、打破现象。

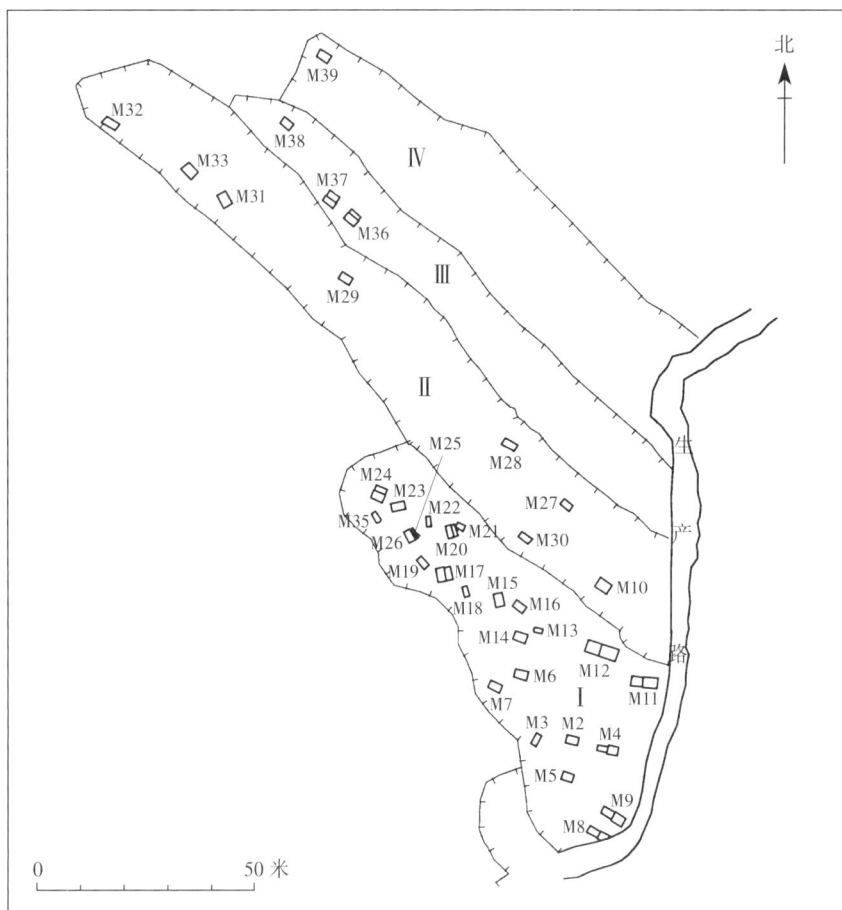

图二　史家河墓地墓葬分布图

## 三、墓葬形制结构

（一）墓葬形制

墓葬可分为竖穴土坑墓、洞室墓两类。

1. 竖穴土坑墓

共 26 座，占墓葬总数的 70.27%。根据墓口与墓底大小关系，可分为三型。

A 型　15 座，占墓葬总数的 40.54%。口底同大。如 M2、M3 等。

B 型　6 座，占墓葬总数的 16.22%。口小底大。如 M6、M18 等。

C 型　5 座，占墓葬总数的 13.51%。口大底小。如 M10、M15 等。

该墓地中，以 A 型竖穴土坑墓葬占多数，即口底同大者。B 型墓一般是墓壁外扩，这很可能是为便于放置椁或棺盖板所致。C 型墓即使墓壁向下收分，幅度也较小。

2. 洞室墓

共 11 座，占墓葬总数的 29.73%。根据墓道与墓室位置，可分为两型。

A 型　6 座。平行式洞室墓。为 M17、M20、M24、M26、M36、M37。

B 型　5 座。直线式洞室墓。为 M4、M8、M9、M11、M12。

（二）二层台

在竖穴土坑墓葬中，普遍存在二层台，可分为熟土二层台和生土二层台。有熟土二层台的墓葬共 17 座，占 65.4%，主要分布在第 I 台地上，第 II 台地上有 3 座（M27、M28、M29）。有生土二层台的墓葬共 9 座，占 34.6%，主要分布在第 III、IV 台地上，第 I 台地上有 2 座（M2、M15）。

（三）壁龛

该墓地仅 2 座墓葬（M6、M14）发现有壁龛，且每墓 1 个。两墓壁龛均位于北墓壁偏西，内放置铜镤和陶罐。

（四）墓向

1. 竖穴土坑墓

东西向墓葬共 18 座，墓向在 92°~133°、285°~313° 区间。在竖穴土坑墓中占比 69.23%，在墓地中占比 48.65%。其中能确定头向的有 10 座。根据墓主人头向，将东西向竖穴土坑墓分为两型。

A 型 6 座。头朝东，即墓主人头向在 92°~133° 区间内的墓葬，比例为 60%。

B 型 4 座。头朝西，即墓主人头向在 285°~313° 区间内的墓葬，比例为 40%。

南北向墓葬共 8 座，墓向在 320°~12°、135°~157° 区间。在竖穴土坑墓中占比 30.77%，在墓地中占比 21.62%。根据墓主人头向，将南北向竖穴土坑墓分为两型。

A 型 2 座。头朝南，即墓主人头向在 135°~157° 区间内的墓葬，比例为 25%。

B 型 6 座。头朝北，即墓主人头向在 320°~12° 区间内的墓葬，比例为 75%。

2. 洞室墓

东西向洞室墓共 9 座，墓向均在 74°~135° 区间。在洞室墓中占比 81.82%，在墓地中占比 24.32%。9 座墓葬均能确定头向，除 M4 头朝西外，余皆头朝东。

南北向洞室墓共 2 座，墓向均在 341°~347° 区间。在洞室墓中占比 18.18%，在墓地中占比 5.41%。2 座墓葬均能确定头向，头朝北。

通过上述分析可以发现，竖穴土坑墓中东西向墓葬与南北向墓葬大致相等，东西向墓葬中以头朝东居多，南北向墓葬中以头朝北居多；洞室墓中以东西向墓葬为主，头多朝东。

（五）墓葬面积

竖穴土坑墓以中小型墓葬为主，最大面积 6.9 平方米，最小面积 1.6 平方米[1]。如图三所示，以 1 平方米为间隔统计，1~2 平方米的 1 座，2~3 平方米的 2 座，3~4 平方米的 7 座，4~5 平方米的 4 座，5~6 平方米的 8 座，6~7 平方米的 4 座。可见，墓葬规模主要集中在 3~4 平方米和 5~6 平方米。若以 3 平方米和 5 平方米为界，并结合随葬品丰贫程度，可将墓葬分为三类。

A 类 3 座。面积 1~3 平方米。为 M13、M22、M25。

B 类 11 座。面积 3~5 平方米。如 M29、M35 等。

---

[1] 以墓口面积计算。

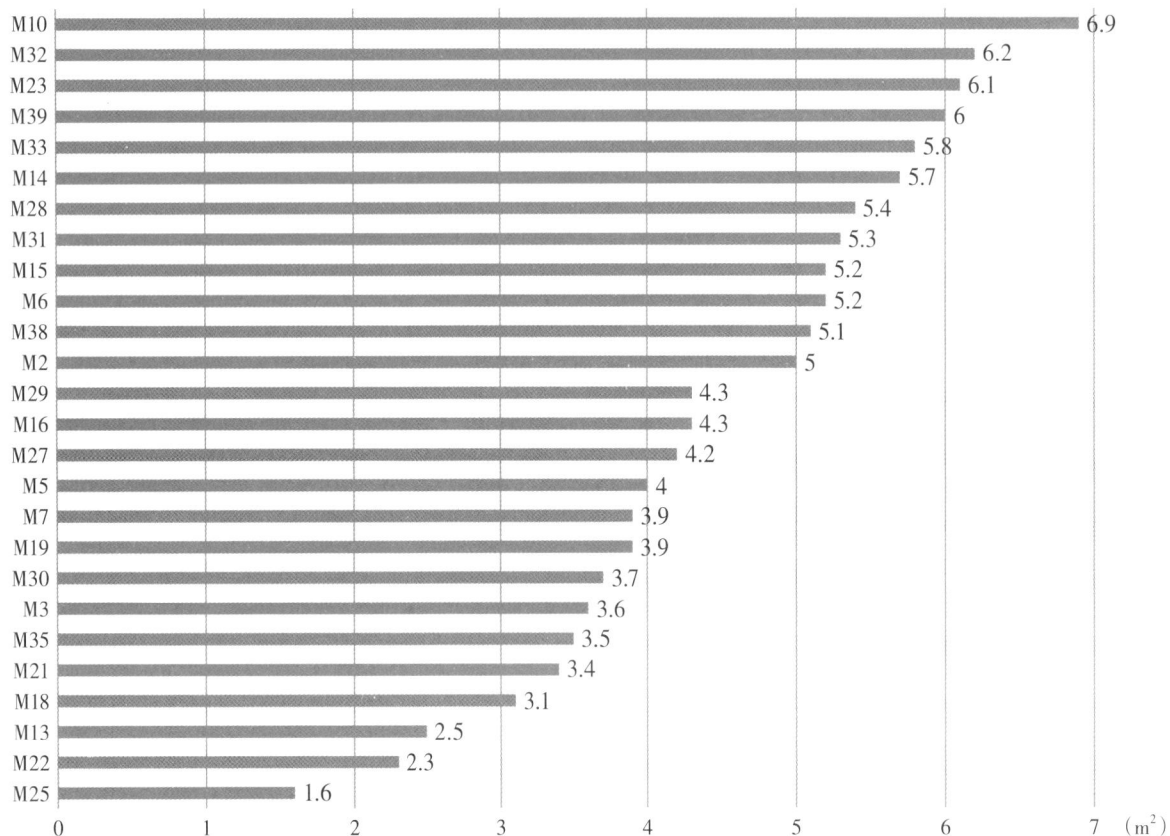

图三　史家河竖穴土坑墓墓口面积簇状条形图

C 类　12 座。面积 5~7 平方米。如 M6、M23 等。

墓地中以 B、C 类墓葬为主，占竖穴土坑墓的 88.5%。墓葬大小不同，随葬器物差别明显。A 类墓葬均未被盗扰，其中 1 座无任何随葬品（M25），1 座仅随葬 1 件铁带钩（M22），M13 墓葬较特殊，墓口为圆角长方形，随葬品有陶器、青铜器等。B 类墓葬一般都随葬陶器，个别墓葬随葬青铜饰件（M16、M18）。C 类墓葬除随葬上述器物外，还有铜、骨器，包括铜车马器、铜兵器、铜镞，骨镳和络饰等，尤以 M6 和 M14 为多。

平行式洞室墓均为小型墓，墓道开口面积基本在 4~6 平方米，墓室面积在 2~3 平方米。墓道面积和墓室面积大小变化趋势基本一致（图四）。

直线式洞室墓以 M12 规模最大，墓道面积 10 平方米，墓室面积 5 平方米。M8 墓道面积和墓室面积基本相当。M11 墓道面积与墓室面积相差较大（图五）。

## 四、葬俗

（一）葬具

个别墓葬由于被盗以致不见葬具或葬具保存不全，无法全面真实地反映葬具情况，遂不在分析之列。本项分析仅以未被盗扰，或虽被盗扰但未对葬具造成破坏的墓葬为基础，分竖穴土坑墓和洞室墓加以介绍。

竖穴土坑墓共 26 座，除 2 座墓葬（M25 和 M39）由于被盗严重葬具情况不详外，其余

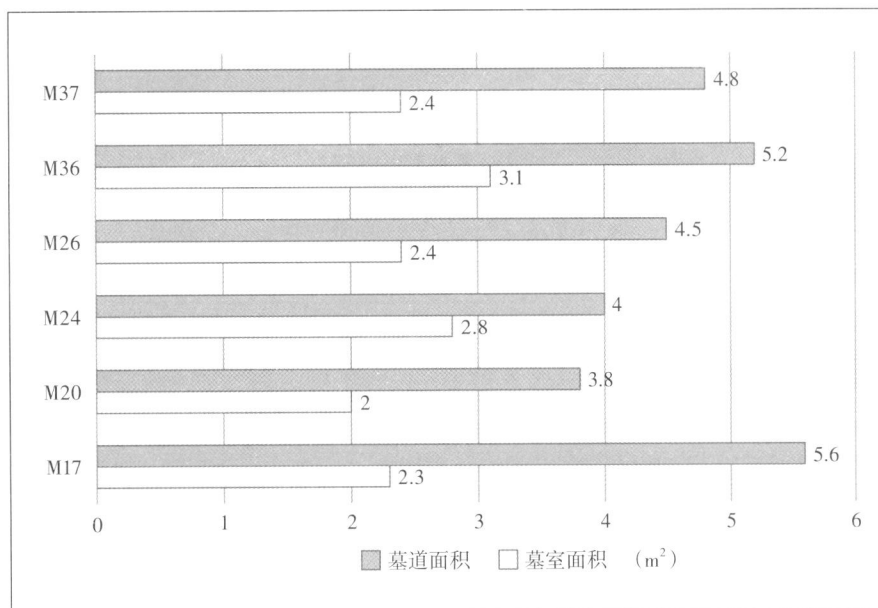

图四 史家河平行式洞室墓墓道、墓室面积簇状条形图

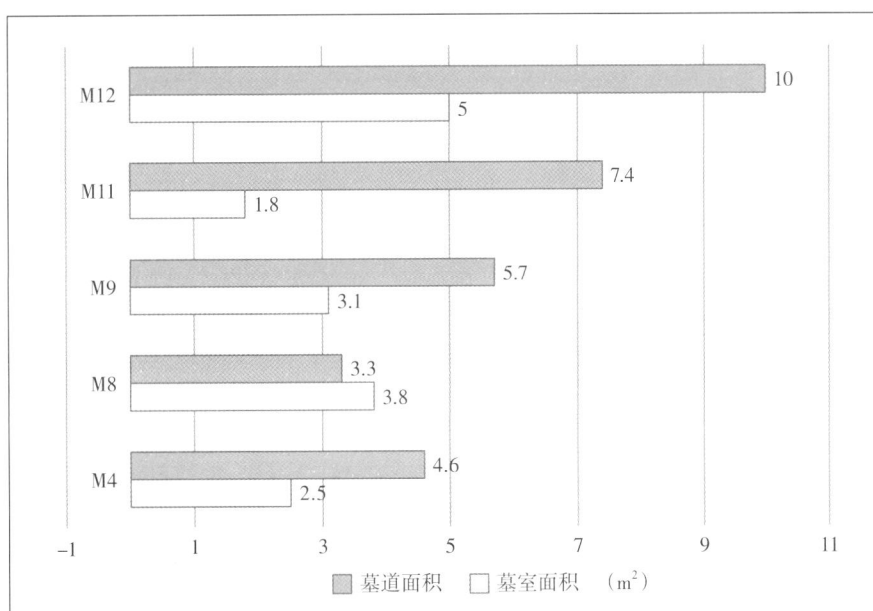

图五 史家河直线式洞室墓墓道、墓室面积簇状条形图

葬具均明确。按照葬具多少可分三型。

A 型 13 座。单棺。为 M2、M3、M5、M13、M15、M21、M22、M27、M29、M31、M33、M35、M38。

B 型 9 座。一椁一棺。为 M10、M7、M14、M16、M18、M19、M23、M28、M32。

C 型 2 座。一椁二棺。为 M6、M30。

从以上分析可以看出，A 型占葬具明确竖穴土坑墓的 54.2%，B 型占 37.5%，C 型占 8.3%，以 A、B 型墓葬为主。结合墓葬面积分析，A 型墓葬的面积一般在 5 平方米以下，B 型墓葬的面积多在 5 平方米以上，但也有一些例外情况。

洞室墓 11 座，除 M9 葬具不明外，其余 10 座均可判断。只有 M12 为一椁一棺墓葬（M12 同时也是洞室墓中面积最大者），余 9 座均为单棺墓葬。

（二）葬式

史家河墓地未被盗或虽被盗扰但仍能辨别葬式的墓葬共 27 座。本报告依然分竖穴土坑墓和洞室墓对这 27 座墓葬葬式进行初步分析。

竖穴土坑墓葬共 26 座，葬式明确者 17 座。按照葬式不同可分为两型。

A 型　13 座。仰身直肢葬。为 M2、M3、M10、M15、M18、M19、M22、M27、M28、M29、M30、M31、M33。

B 型　4 座。仰身屈肢葬。为 M5、M6、M13、M16。根据屈肢程度，可分为两亚型。

Ba 型　2 座。下肢屈肢较甚。为 M5、M13。

Bb 型　2 座。下肢微屈。为 M6、M16。

可以看出，竖穴土坑墓中葬式以 A 型仰身直肢葬为绝大多数。B 型仰身屈肢葬中 M5 墓主下肢骨弯曲特甚，与腹部叠压，似非正常死亡造成的。

洞室墓共 11 座，葬式明确者 10 座。按照葬式不同可分为三型。

A 型　7 座。仰身直肢葬。为 M8、M17、M20、M24、M26、M36、M37。根据脚趾骨情况可分两亚型。

Aa 型　3 座。脚趾骨完整。为 M17、M24、M26。

Ab 型　4 座。脚趾骨不存或错位。为 M8、M20、M36、M37。

B 型　2 座。仰身屈肢葬。为 M4、M11。根据下肢弯曲程度分两亚型。

Ba 型　1 座。下肢屈肢较甚。为 M4。

Bb 型　1 座。下肢微屈。为 M11。

C 型　1 座。俯身直肢葬。为 M12。

可以看出，洞室墓中葬式以 A 型仰身直肢葬为绝大多数。B 型仰身屈肢葬中 M4 与竖穴土坑墓 M5 葬式十分相像，可能也是非正常死亡造成的。而 M11 为弯曲度大于 90° 的微屈葬，与典型的秦人屈肢特甚的葬式有明显区别。

（三）殉牲

史家河墓地无论是竖穴土坑墓还是洞室墓都极少有殉牲现象，仅 M6 在椁盖板上发现殉葬幼狗 1 条，M16、M27、M29 棺椁之间和 M16 陶罐中发现有部分兽骨。此与寨头河墓地中大量殉牲的牛、羊"头蹄葬"有明显区别。

## 五、随葬品分析

（一）随葬品概述

史家河墓地随葬品包括陶器、铜器、铁器、骨器，以及少量玉石器等，总数量 140 余件。其中陶器是数量最多的一种，其次为铜器、骨器和铁器。但总体而言，史家河墓地随葬品的种类和数量都较少。

陶器有四类，包括罐式鬲和种类多样、型式各异的罐，以及少量缶、壶。铜器有容器（镂）、兵器（戈）、车马器（车軎、马衔、马面饰、铃）、工具（凿、阳燧）、饰件（带钩、环、泡、管、铃等）等几类。骨器有络饰、镳等马器及镞、钉、笄形（长钉形）器、珠等。铁器主要是带钩，多数锈蚀严重。另外还有个别砺石、石管、石珠。

（二）随葬品位置概述

随葬品放置在棺内、棺椁之间以及棺或椁盖板上。单棺墓葬随葬品较少，放置在棺内；棺椁葬具的墓葬，随葬品多放置在棺椁之间和棺内。需要注意的是，有一定数量的墓葬中陶罐放置在椁或棺盖板上，这在寨头河墓地中较少见。此外，两座壁龛墓，壁龛中放置陶器和铜镂各一件。

（三）器用特点举例

1. 一墓一型多器现象

史家河墓地随葬品组合存在一墓一型多器现象，即在一座墓葬随葬的陶器中，同一类型的陶器至少有 2 件。经过统计发现，存在这种现象的墓葬共 8 座（M4、M6、M7、M8、M11、M16、M19、M23），占整个墓地墓葬的 21.6% 左右。

2. 带钩随葬普遍

带钩（包括铜带钩和铁带钩）是史家河墓地中除陶器外，随葬最多的一类器物，竖穴墓和洞室墓中均有发现，共 18 座（竖穴墓 13 座，洞室墓 5 座），占墓葬总数的 48.6%，其中出土铜带钩墓葬 11 座，出土铁带钩墓葬 7 座，如果考虑到部分墓葬被盗而无发现，这一比例可能还会更高。但与寨头河墓地相比，带钩少有与铜或铁环组合使用的现象。

## 第二节　墓葬分述

本节按照竖穴土坑墓和洞室墓对墓葬进行介绍，两类墓葬又按照墓葬编号顺序依次介绍，包括墓葬形制和出土器物等。

### 一、竖穴土坑墓

共 26 座（附表一）。

### M2

（一）墓葬形制

该墓位于墓地第 I 台地的东部，开口于①层下，打破生土。东与 M4、南与 M5、西与 M3 相邻。东西向竖穴土坑墓。墓向 92°。墓圹口底同大，长 280、宽 180、深 250 厘米。填褐色五花土，土质较硬。墓壁整齐。葬具为单棺，长 200、宽 100 厘米，侧板宽 6、高约 60 厘米。棺外为生土二层台，东宽 20、北宽 40、南宽 50、西宽 32 厘米，高 60 厘米。葬式为仰身直肢葬，墓主人头朝东，面向右侧，上身向东北斜，双臂合抱置于胸前（图六；彩版二，

1、2）[1]。

（二）出土器物

随葬品共 3 件。陶壶 1 件、陶罐 1 件，置于棺内东南角；铜带钩 1 件，置于墓主左肱骨部。

**陶壶**　1 件。M2：1，泥质浅褐陶。侈口，圆唇，高弧领，鼓腹，腹下部有明显的刮削痕迹，平底。颈部饰两周凸弦纹，腹部饰一周凹弦纹。口径 8、底径 6、高 13.2 厘米（图七；彩版三六，1）。

**陶罐**　1 件。M2：2，夹砂浅褐陶。胎厚，烧制温度低。直口，方唇，有领，浅腹，圜底，单耳齐口。领素面，腹饰竖线纹。口径 11、底径 7.6、高 9.4 厘米（图七；彩版二九，5）。

**铜带钩**　1 件。M2：3，钩尾残。禽首，钩身饰三道凸棱，钩纽较大。残长 6.3 厘米（图七；彩版四九，1）。

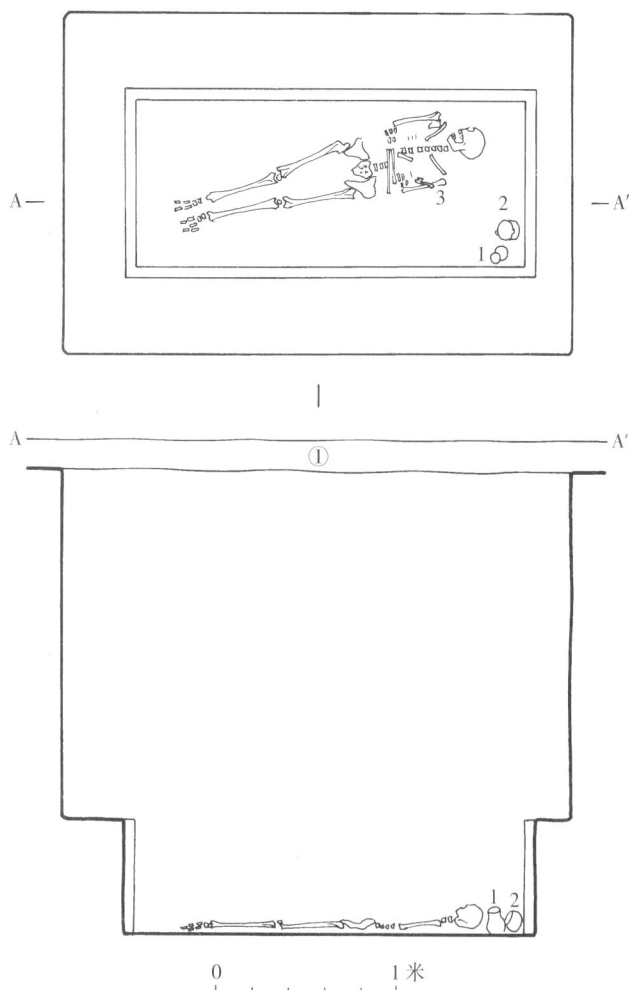

图六　史家河 M2 平、剖面图

1. 陶壶　2. 陶罐　3. 铜带钩

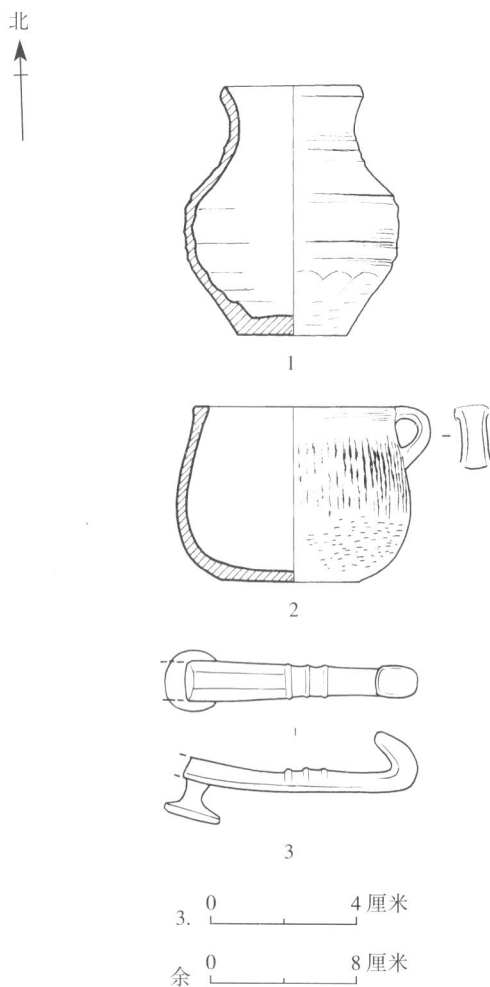

图七　史家河 M2 出土器物

[1] 本报告墓葬部分插图分为墓葬平、剖面图和出土器物图两部分，出土器物图上数字小号均与墓葬出土器物编号一致。

# M3

（一）墓葬形制

该墓位于墓地第Ⅰ台地的西南部，开口于②层下。东与M2相邻，西部为断坎。南北向竖穴土坑墓。墓向12°。墓圹口底同大，长260、宽140、深150厘米。填褐色五花土，土质疏松。墓壁整齐。葬具为单棺，北宽南窄，北宽90、南宽70、长200厘米，棺侧板宽约6、残高30厘米。葬式为仰身直肢葬，墓主人头朝北，面侧向右，上鄂骨与下颌骨严重错位，双臂并于两侧，未见手指骨和脚趾骨。人骨下有约10厘米厚的淤土（图八；彩版三，1、2）。

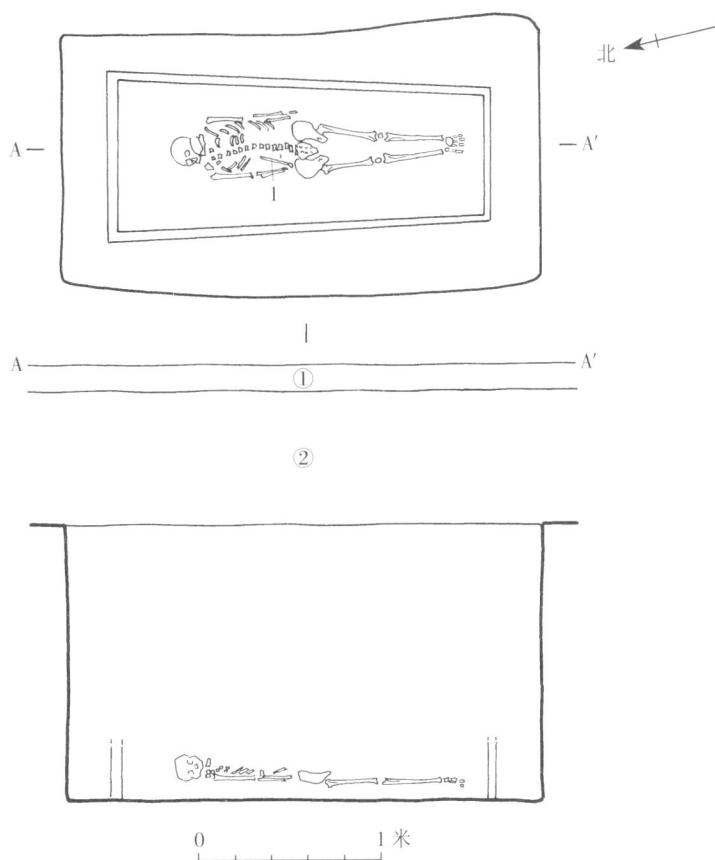

图八　史家河M3平、剖面图
1. 铁带钩

（二）出土器物

随葬品仅见铁带钩1件，置于墓主右腰部。

**铁带钩**　1件。M3∶1，钩尾残。禽首，钩身饰三道凸棱，钩纽较大。残长20厘米。

# M5

（一）墓葬形制

该墓位于墓地第Ⅰ台地的西南部，开口于②层下。北与M2相邻，西部为断坎。东西向竖穴土坑墓。墓向285°。墓圹口底同大，长250、宽160、深150厘米。填褐色及灰色五花土，土质疏松。墓壁整齐。葬具为单棺，长184、宽90厘米，棺侧板宽6、残高40厘米。葬式为仰身屈肢葬，头朝西被抬起，下肢180°弯曲。人骨下有约20厘米厚的於土（图九；彩版四，1、2）。

（二）出土器物

随葬品共2件。陶罐1件，置于棺顶板东北部；骨笄1件，见于墓主头顶后部。

**陶罐**　1件。M5：1，夹砂浅褐陶。器壁较厚，烧制温度低，手感较轻。直口，方唇，球形腹，圜底近釜，单耳齐口。素面。口径9.5、高8厘米（图一〇；彩版二九，6）。

**骨笄**　1件。M5：2，残断，残长3厘米。

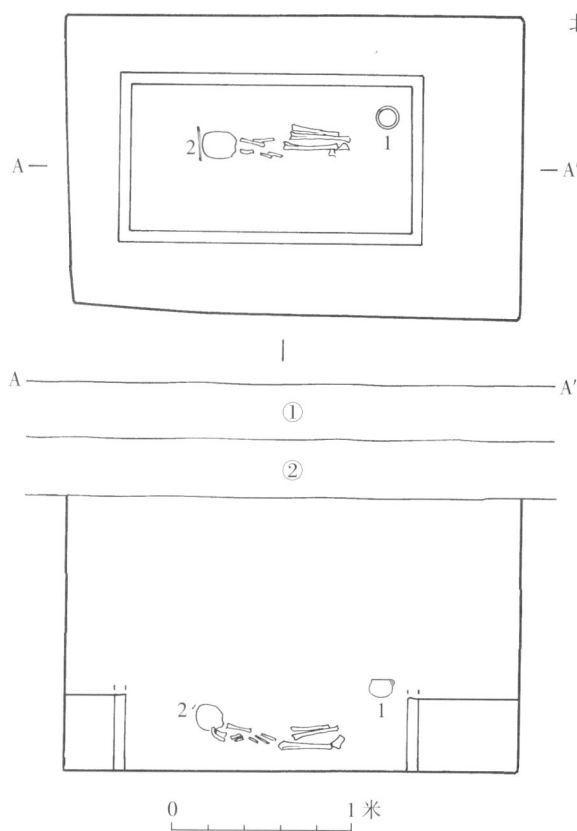

图九　史家河M5平、剖面图
1.陶罐　2.骨笄

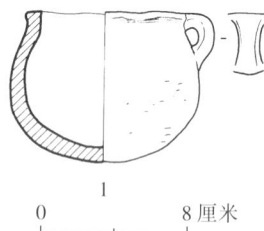

图一〇　史家河M5出土器物

## M6

（一）墓葬形制

该墓位于墓地第Ⅰ台地的中部，开口于③层下。南与M7相邻。东西向竖穴土坑墓。墓向300°。口底基本同大，墓口长290、西部宽180、东部宽200厘米，底长290、西部宽180、东部宽190厘米，深370厘米。墓北壁有一壁龛，距西北角70厘米，龛内放置有2件陶罐和1件铜锼。墓内填五花夯土，土质较硬。葬具为一椁二棺。椁板灰明显，长250、宽

140、高 90 厘米。同时能清楚地看出残留的椁盖板灰，盖板由 10 块横木板组成，长 150、宽
13 厘米。椁东、西两边侧板厚 10 厘米，南、北两边侧板厚 15 厘米。外棺位于椁室的中部，
与椁平行放置，棺长 200、宽 80 厘米，棺侧板宽 15、残高 50 厘米。棺盖板西部有一殉狗，
呈蜷曲状。内棺位于外棺中部，相距约 20 厘米。葬式为仰身微屈肢葬，头朝西略侧向右，
面向上，双手合拢放于下腹部，下肢伸直向左倾斜（图一一；彩版五、六）。

（二）出土器物

随葬品有陶罐 2 件、铜镀 1 件，放置于墓北壁偏西处壁龛内（彩版七，1）；铜凿 1 件，
铜三连环 1 件，铜镈 1 件，大铜铃 1 件、中铜铃 1 件、小铜铃 1 件，小骨镞 2 件，骨络饰 2 件，
牙饰 1 件，骨镞 1 件，铜戈 1 件，置于棺椁间南侧；铜管 2 件，铜三连环 1 件，铜马衔 1 对，
铜马面饰 2 对，铜阳燧 4 件，骨络饰 5 件，绿松石珠 1 件，骨镞 8 件，骨珠串 1 件，置于棺
椁间北侧；铜环 2 件，铜车軎 2 件，骨络饰 2 件，骨镞 2 件，放置于棺椁间西北角；铜带钩
1 件，置于墓主左髋部外侧（彩版七，2；彩版八）。

**陶罐**　2 件。M6：1，泥质浅灰陶。侈口，卷沿，尖圆唇，高领，圆鼓肩，深腹，平底。
素面。口径 7.4、底径 5.2、高 10 厘米（图一二；彩版三一，1）。M6：2，泥质灰陶。形制
与 M6：1 相同。口径 8.8、底径 6、高 10 厘米（图一二；彩版三一，2）。

**铜镀**　1 件。M6：3，椭方形口，折沿，方唇，弧形腹，圜底，喇叭形高圈足。口沿短
边各有一立耳，耳上有凸起。短边腹有一周竖向凸弦纹，长边腹有一周横向凸弦纹，或是范
线。口长径 27.3、口短径 18.4、底径 11.2、高 20.2 厘米（图一二；彩版三八，1）。

**铜戈**　1 件。M6：19，短援，上部有一方穿，胡上有二方穿，有阑，直内，内上有一长
方形穿。器身金黄色。胡上有铭文"单子作戟"。援长 7.9、宽 2.3 厘米，内长 6.6、宽 2.9 厘米，
胡长 5.8、宽 1.8 厘米（图一二；彩版四〇，1；彩版四一）。

**铜带钩**　1 件。M6：7，长牌形，禽首，弧背，钩纽距钩尾较近。钩面饰三角形几何纹饰。
长 7.6 厘米（图一二；彩版四七，1）。

**铜凿**　1 件。M6：4，长条形，器身两侧竖直，銎口残，銎口两侧各有一圆孔。单面刃，
刃与器身等宽。长 7.5 厘米（图一二；彩版六〇，4）。

**铜管**　2 件。M6：5，器身呈圆柱体，中空，圆腹。两侧饰箍状纹饰。中孔径 0.7 厘米，
长 4.4 厘米（图一三；彩版四九，3 左）。M6：6，形制同标本 M6：5。中孔径 0.7 厘米，长 4.4
厘米（图一三；彩版四九，3 右）。

**铜环**　2 件。M6：20-3，外径 3.4、内径 2.4 厘米（图一三）。M6：20-4，外径 3.2、内径 2.2
厘米（图一三；彩版五二，1 中间）。

**铜三连环**　2 件。M6：20-1，三环相扣，中间环较小，两侧较大。环体上饰有带状纹饰。
中间环内径 3.6、外径 4.5 厘米，两侧两环内外径相同，内径 5、外径 6.1 厘米（图一三；彩
版五二，1 左）。M6：20-2，形制、尺寸同标本 M6：20-1（图一三；彩版五二，1 右）。

**铜镈**　1 件。M6：10，圆筒状，尖锥状底，两面有圆穿。近上端有一周凸棱，素面。长 9.4、
口长径 2.6、口短径 1.8 厘米（图一三；彩版三九，2）。

**铜马衔**　1 对。两端为单环，中间两小环相扣连接。M6：23-1，浇铸连接。长 20.5、环

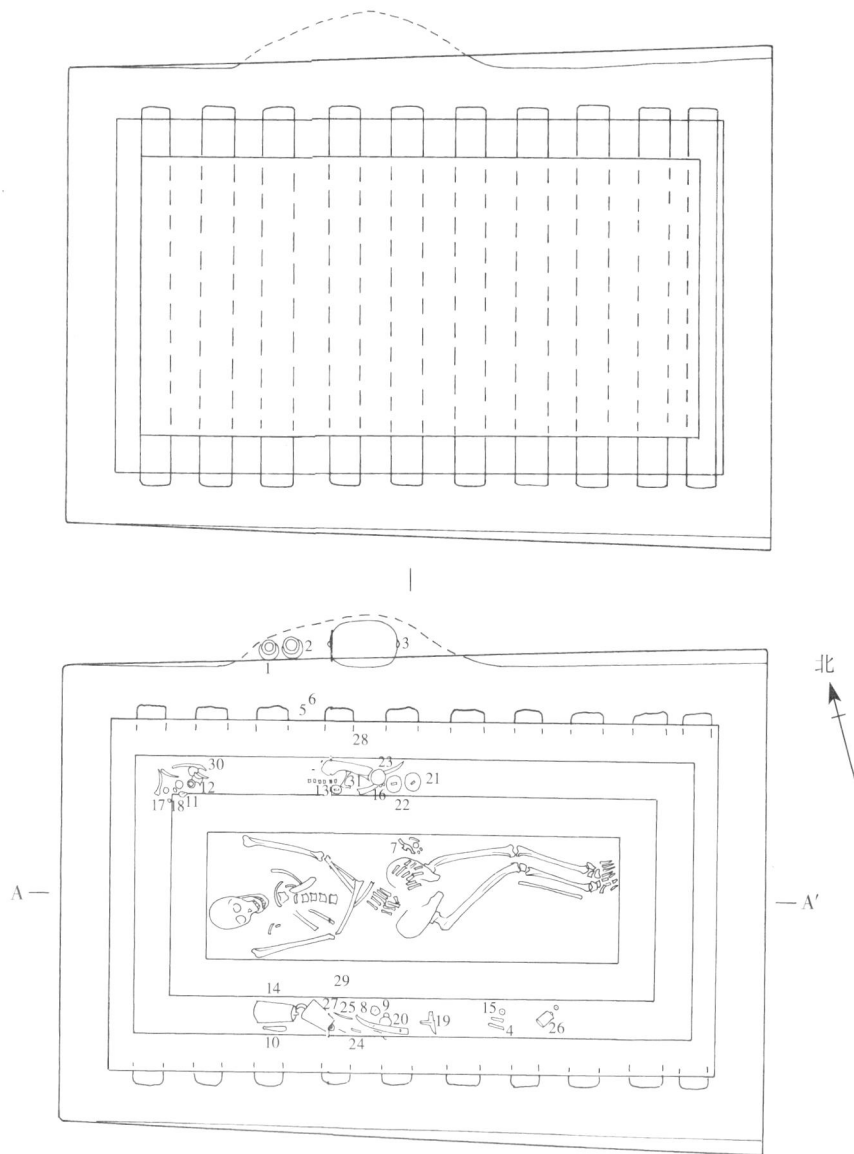

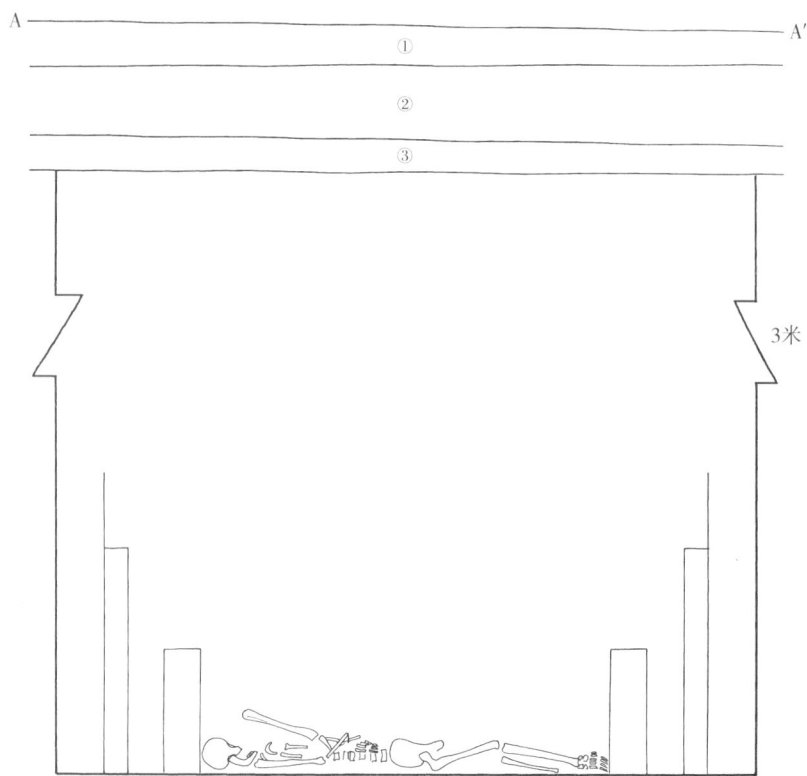

图一一 史家河 M6
平、剖面图

1、2. 陶罐
3. 铜镂
4. 铜凿
5、6. 铜管
7. 铜带钩
8、9、16~18. 骨络饰
10. 铜镈
11、12. 铜车軎
13. 骨珠串
14、26、27. 铜铃
15. 骨镞
19. 铜戈
20. 铜环（4件）
21、22. 铜马面饰（2对）
23. 铜马衔
24、25、30、31. 骨镳
28. 绿松石珠
29. 牙饰
32~35. 铜阳燧（图上未标）

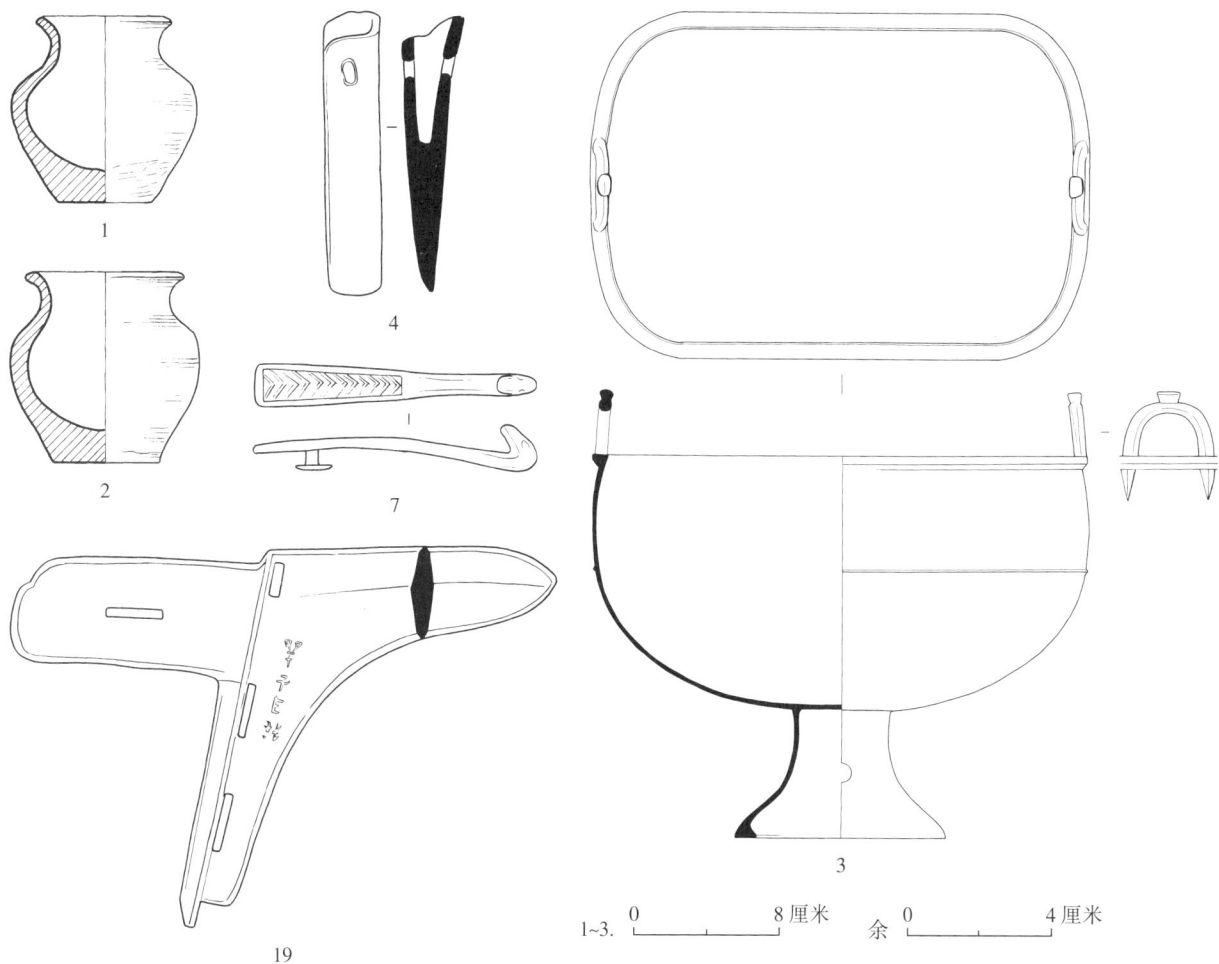

图一二　史家河 M6 出土器物

首外径 3.5、内径 2.3 厘米（图一三）。M6:23-2，长 21.2、环首外径 3.6、内径 2.3 厘米（图一三；彩版四二，1）。

**铜车軎** 2 件。M6:11，有辖。圆筒状，一端为圆形拖。器身饰两组纹饰，中部饰一组双股绹纹，軎口上部饰一组单股绹纹。通长 7.6、上口径 3.5、下口径 7 厘米。辖条形，一端饰兽首，首和尾端各有一方穿。通长 6.5 厘米（图一三）。M6:12，无辖，形制同标本 M6:11。通长 7.5、上口径 3.6、下口径 7 厘米（图一三；彩版三九，3）。

**铜马面饰** 2 对。M6:21、22，圆牌形，正面稍鼓，饰有两个圆孔形穿纽，牌的下端有一环，环内套连柳叶形铜片。M6:21-1，上部直径 8.6、通长 17.5 厘米（图一三）。M6:21-2，上部直径 8.6、通长 17.2 厘米（图一三；彩版四三，1）。M6:22-1，上部直径 8.6、通长 17 厘米（图一三）。M6:22-2，上部直径 8.6、通长 17.2 厘米（图一三；彩版四三，2）。

**铜铃** 3 件。形制基本相同，大小有别。M6:14，最大，铃身下部比上部略宽，顶上有圆形纽，纽下有一孔，铃身有四个条形镂孔，其中一个镂孔未透，铃口呈椭圆形，有骨质铃舌。素面。高 19.4、口长径 14.7、口短径 10.3 厘米（彩版四四，1）。M6:27，较小，铃舌为骨质。

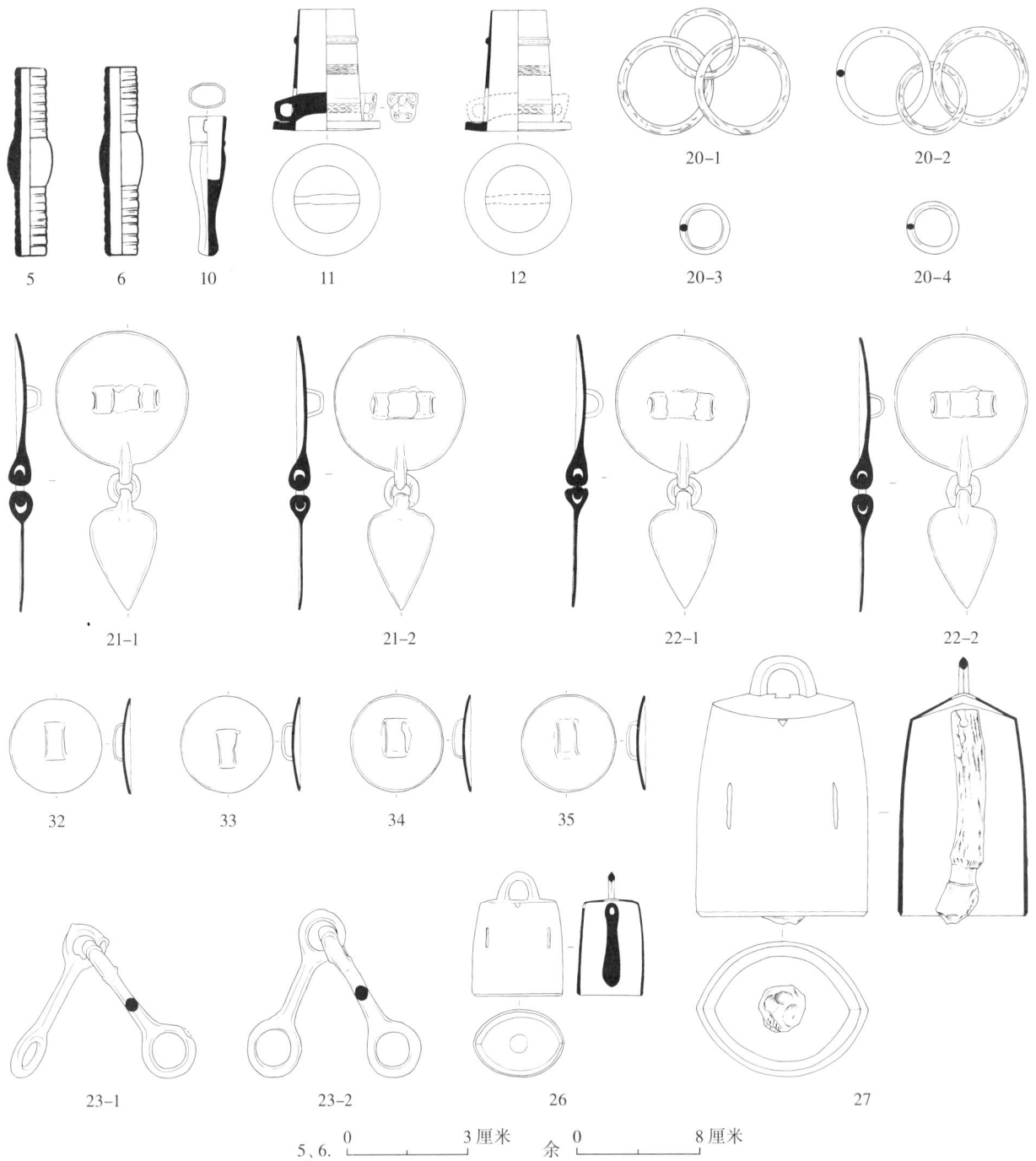

图一三　史家河 M6 出土器物

高 16.3、口长径 11.1、口短径 8.5 厘米（图一三；彩版四四，2）。M6：26，最小，铃舌为铜质。
高 7.7、口长径 5.9、口短径 4.3 厘米（图一三；彩版四五，1）。

　　**铜阳燧**　4 件。形制、大小相同。圆形，背面宽桥形纽，正面内凹。素面。M6：32~35，
直径 6.5 厘米（图一三；彩版五二，2）。

　　**骨镳**　12 件。M6：30，共 2 件，整体呈"S"形，扁状，首端弯曲上扬，有一方形穿

孔，尾端圆尖，中部有一方形穿孔，侧边有一凸起。M6：30-1，长 30.5 厘米（图一四；彩版五四，2）；M6：30-2，长 32.4 厘米。M6：31，共 8 件，形制、大小基本相同。八棱体，前端较尖，后段齐平，侧面有两方孔，正面有一圆孔，圆孔位于两方孔中间。M6：31-1，长 22.3 厘米；M6：31-2，长 22.3 厘米；M6：31-3，长 17.5 厘米；M6：31-4，长 17.5 厘米；M6：31-5，长 17 厘米；M6：31-6，长 17 厘米；M6：31-7，长 17 厘米；M6：31-8，长 18.1 厘米（图一四；彩版五三，1、2）。M6：24，整体近似"S"形，首端略直，尾端圆尖，

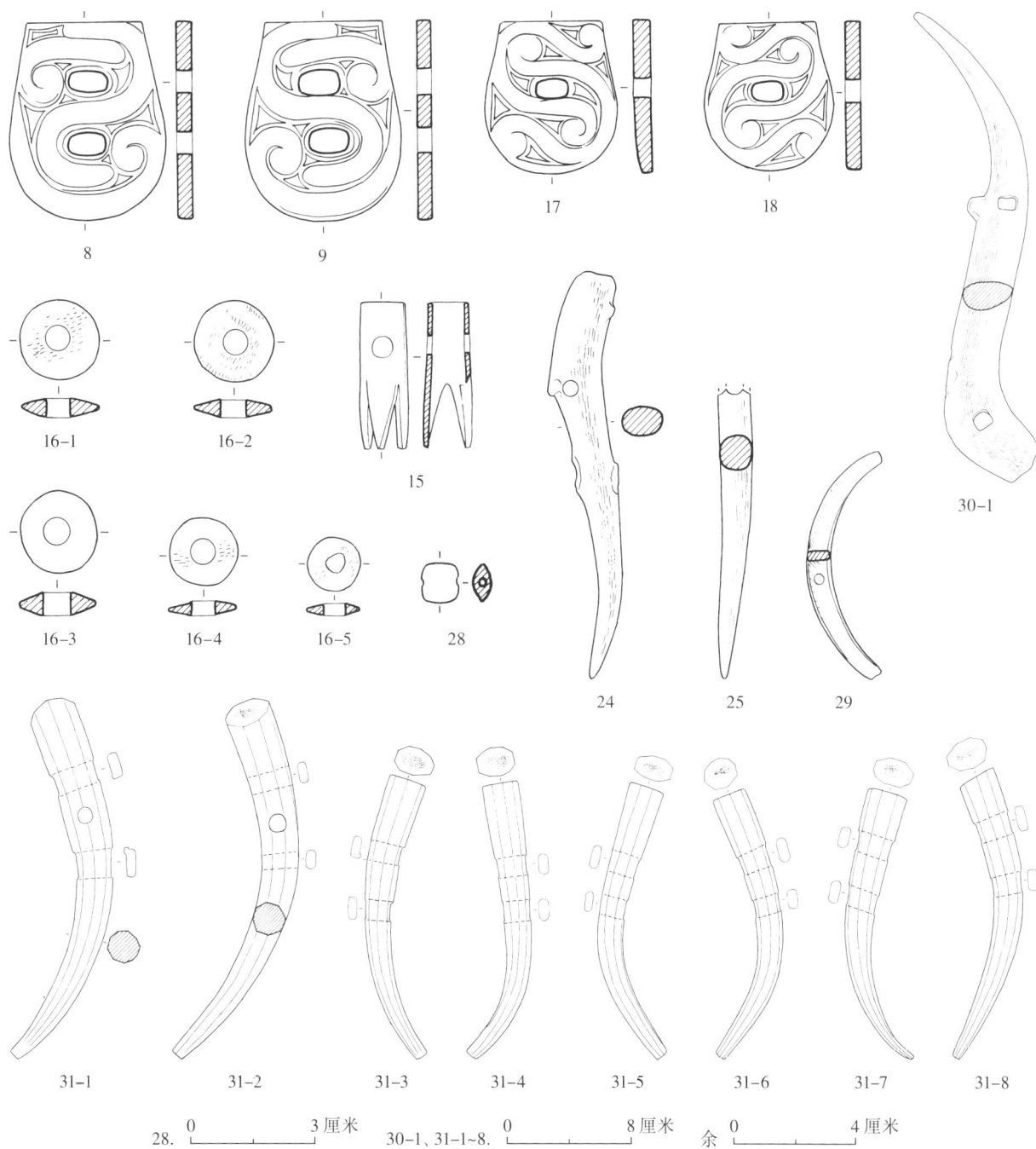

图一四 史家河 M6 出土器物

前段有一圆形穿孔。长 13 厘米（图一四；彩版五五，1）。M6：25，残断。尾端圆尖，残断处有一穿孔。残长 9 厘米（图一四；彩版五五，2）。

**骨镞** 1 件。M6：15，管状，底端分成三叉形，上部中空，有一圆孔。长 4.5、孔径 0.6 厘米（图一四；彩版五七，4）。

**牙饰** 1 件。M6：29，半圆形，四棱体，中部有一圆孔。长 7 厘米，孔径 0.3 厘米（图一四；彩版五九，7）。

**绿松石珠** 1 件。M6：28，正方形，中有一孔。边长 0.9 厘米（图一四；彩版六〇，2）。

**骨络饰** 32 件。可分为两型，圆形和长牌形。圆形，中间厚，四周较薄，中间有一圆孔。M6：16-3，外径 2.5、孔径 1 厘米（图一四；彩版五六，1）。长牌形，一端呈弧状一端齐平。面饰一组或两组"S"形纹。M6：8、9，通高 6.5、宽 5、厚 0.5 厘米（图一四；彩版五七，1）。M6：17、18，通高 4.8、宽 4.3、厚 0.5 厘米（图一四；彩版五七，2）。

**骨珠串** 1 件。M6：13，由 21 粒管状骨珠组成，骨珠大小不一。M6：13-1，外径 1.7、内径 1、高 1.4 厘米；标本 M6：13-2，外径 1.6、内径 1.1、高 1.2 厘米；标本 M6：13-3，外径 1.6、内径 0.9、高 1.4 厘米；标本 M6：13-4，外径 1.3、内径 0.9、高 1.3 厘米；标本 M6：13-5，外径 1.5、内径 1.1、高 1 厘米；标本 M6：13-6，外径 1.5、内径 1.2、高 0.9 厘米；标本 M6：13-7，外径 1.8、内径 1.3、高 0.5 厘米；标本 M6：13-8，外径 1.3、内径 0.8、高 0.8 厘米；标本 M6：13-9，外径 1.3、内径 0.8、高 0.2 厘米（彩版五七，3）。

## M7

（一）墓葬形制

该墓位于墓地第Ⅰ台地的西部，开口于③层下。东与 M6 相邻，西部为断坎。东西向竖穴土坑墓。墓向 103°。墓圹口底同大，长 280、宽 140、深 270 厘米。填褐色五花土，土质稍硬。葬具为一椁一棺，留有部分灰痕。椁长 260、宽 120、高 84 厘米。棺长 110、宽 70 厘米，棺侧板宽约 10、残高 26 厘米。棺椁间距约 25 厘米（图一五；彩版九）。

（二）出土器物

该墓被盗扰，盗洞位于墓葬正中，平面呈圆角长方形，向下直至棺室内。未见人骨。残余随葬品有陶罐 3 件，均置于墓室东北角二层台上；铜马衔 2 件，M7：4 位于二层台北侧中部，M7：5 位于二层台南侧中部。

**陶折腹罐** 2 件。形制、大小相同。泥质灰陶。侈口，卷沿，高斜领，折腹，平底。腹上饰竖绳纹。M7：1，口径 10.6、底径 9、高 12.2 厘米（图一六；彩版三二，3）。M7：3，口径 9.8、底径 9.2、高 11.2 厘米（图一六；彩版三二，4）。

**陶单耳罐** 1 件。M7：2，夹砂红褐陶。高领，深腹，平底。口沿下和肩部饰一周戳刺纹。口径 8.8、底径 7.6、高 11.8 厘米（图一六；彩版二九，1）。

**铜马衔** 2 件。形制、大小相同。两端环外又附有方形纽，中间以小圆环连接。通长 21.4 厘米，环首圆孔外径 2.3、内径 1.6 厘米（图一六；彩版四二，2）。

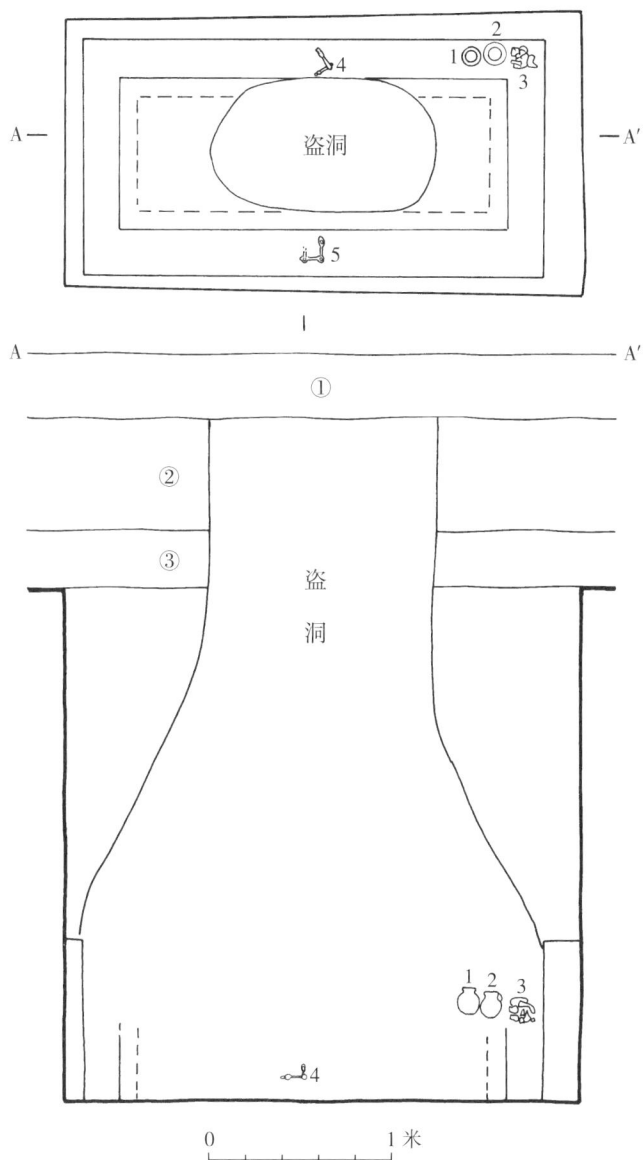

图一五　史家河 M7 平、剖面图
1、3.陶折腹罐　2.陶单耳罐　4、5.铜马衔

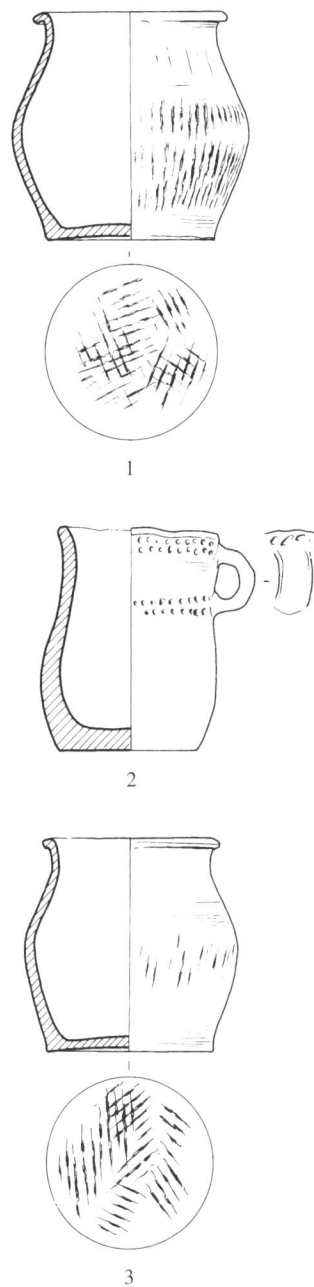

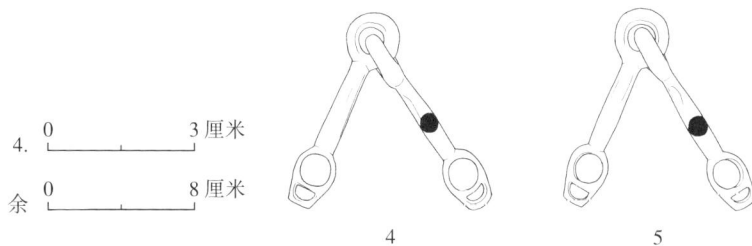

图一六　史家河 M7 出土器物

## M10

（一）墓葬形制

该墓位于墓地第Ⅱ台地的东部，开口于②层下。西与M30相邻，东部为生产小路。东南—西北向竖穴土坑墓。墓向122°。墓圹口大底小，南、北墓壁微下收，墓口长310、宽240厘米，底长310、宽224厘米，深430厘米。葬具为一椁一棺，有少许椁板灰痕。椁长264、宽154厘米，椁侧板宽度不详、高126厘米。棺长200、宽128厘米，侧板宽约4厘米，残高约6厘米。墓底四周为生土二层台，东、西宽约20厘米，南、北宽约40厘米，高126厘米。填褐色五花土，土质稍硬。墓壁整齐。在南、北二层台上，有椁盖板痕迹，板宽约40厘米。葬式为仰身直肢葬，墓主人头朝东，面侧向右，双手置于胸前（图一七；彩版一○，1）。

（二）出土器物

随葬品共5件。骨笄2件，M10：5放置于墓主人左臂近肩处，M10：4置于墓主颈部左侧；陶罐2件、陶壶1件，均放置于棺椁间东北角。

**陶罐**　2件。M10：1，夹砂灰陶。方唇，直领，双耳齐口附于领部，鼓腹，平底。饰斜绳纹。口径8.2、底径6、高9.4厘米（图一八；彩版三○，2）。M10：2，夹砂浅褐陶。高直领，圆腹，两耳位于领下，平底。饰竖绳纹。口径12、底径9、高12.4厘米（图一八；彩版三○，3）。

**陶壶**　1件。M10：3，侈口，卷沿，沿上有一周凹槽，高领，圆鼓腹，平底。颈饰一周凸弦纹，腹饰两周凹弦纹。口径10、底径6.8、高18.2厘米（图一八；彩版三六，2）。

**骨笄**　2件。M10：4，残，有钉帽。残长8厘米（图一八；彩版五八，1）。M10：5，残长13.2厘米。

## M13

（一）墓葬形制

该墓位于墓地第Ⅰ台地的中部，开口于②层下。东与M12相邻，西与M16相邻。东西向竖穴土坑墓。墓向102°。开口为圆角长方形，西墓边为弧形。墓口长206、宽120厘米，深100厘米。填五花土，土质稍硬。葬具为单棺，长约170、宽60厘米，棺侧板宽约6、高40厘米。葬式为仰身屈肢葬，墓主人头朝东，面向左，上颚骨与下颌骨已严重错位，两手交叉置于小腹上，膝盖以下并立向左弯曲（图一九；彩版一○，2）。

（二）出土器物

随葬品共9件。陶鬲1件、陶罐2件，均置于墓主头顶后端；铜戈1件，置于墓主左肩处；铜带钩1件，置于墓主头部右侧；骨镞4件，置于墓主左胯部。棺北侧有少量兽骨。

**陶鬲**　1件。M13：1，夹砂红褐陶。烧制温度低，手感轻，通体有火炙痕迹。侈口，方唇，矮领，圆腹，矮三足，肩部有两耳。领以下饰方格纹。口径13、高15.2厘米（图二○；彩版二八，6）。

**陶罐**　2件。M13：2，夹砂灰陶。烧制温度低，手感较轻，通体有火炙痕迹。口残，腹较深，

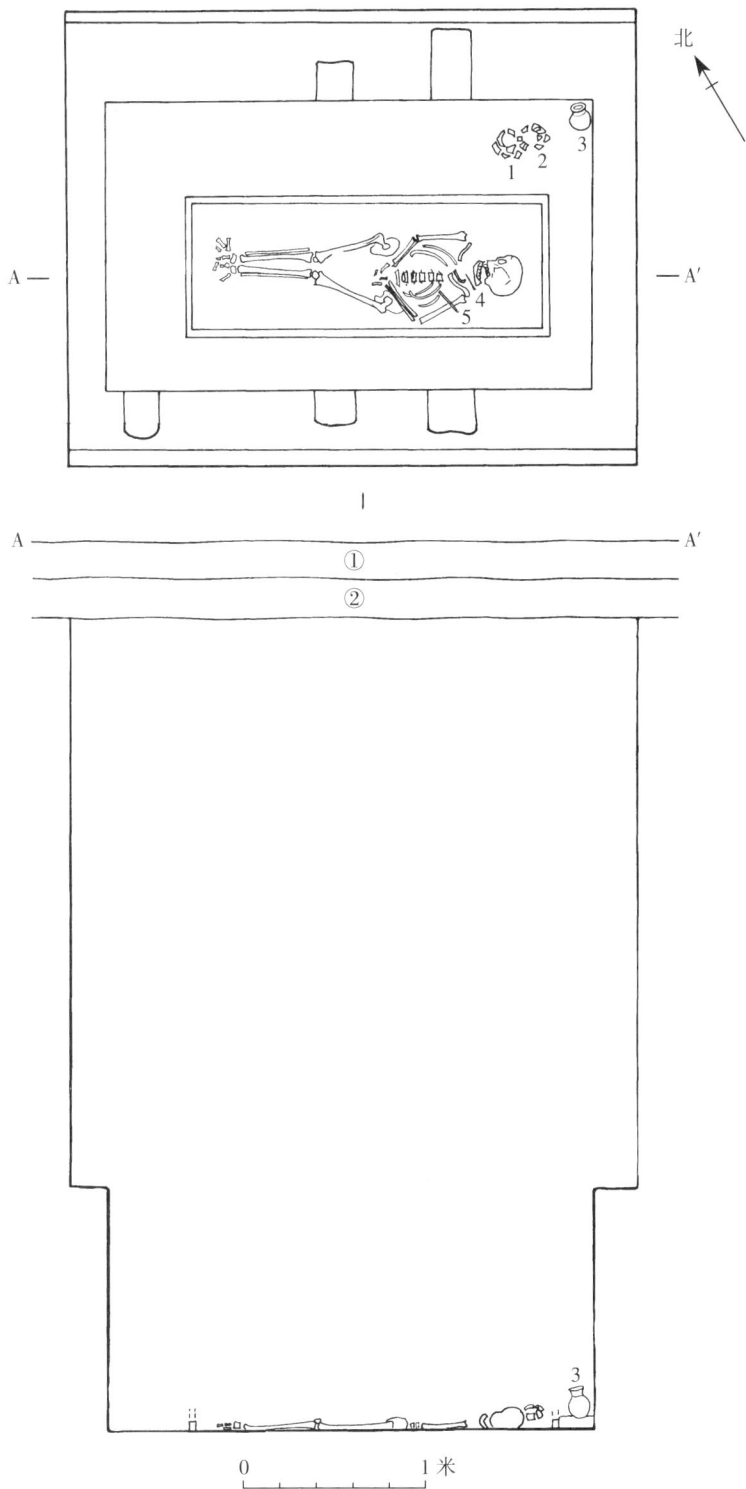

图一七 史家河 M10 平、剖面图

1、2.陶双耳罐 3.陶壶 4、5.骨笄

图一八 史家河 M10 出土器物

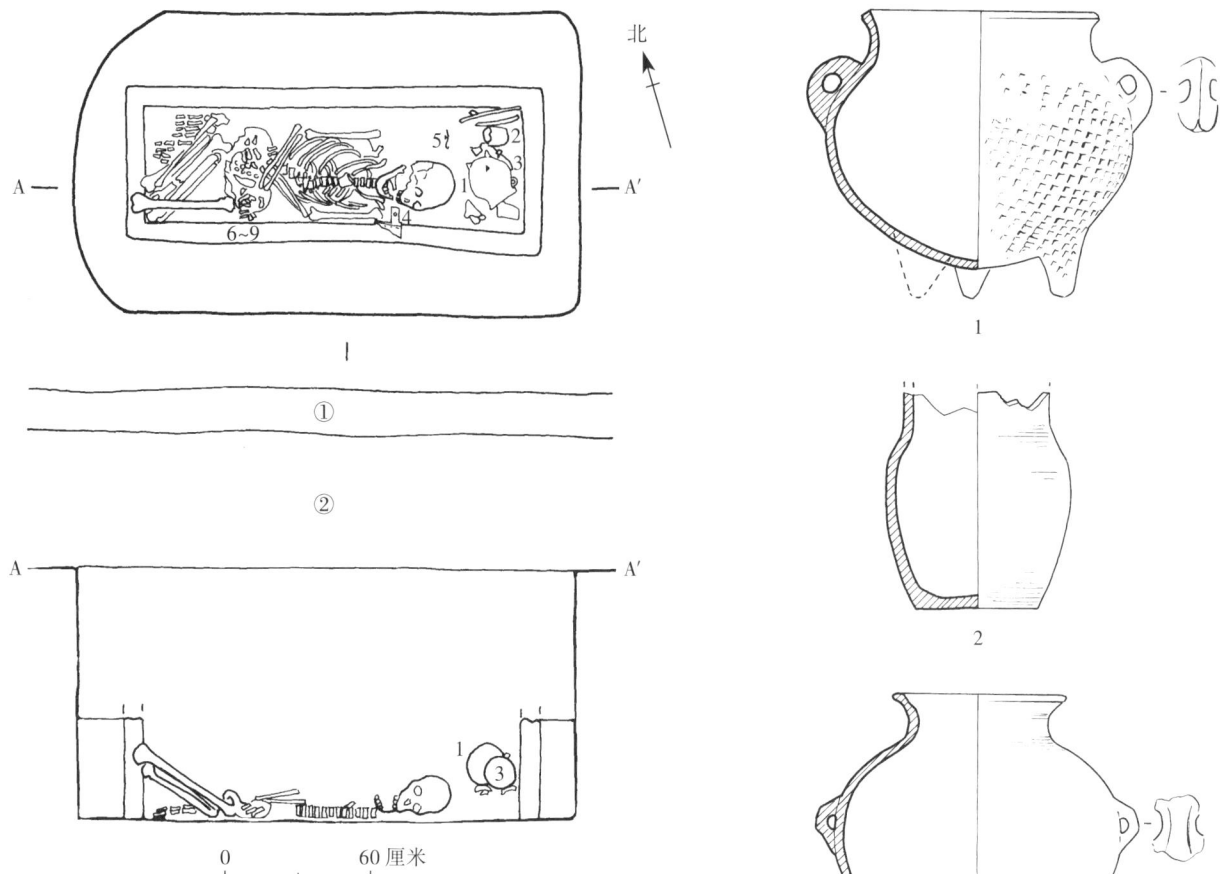

图一九　史家河 M13 平、剖面图

1.陶鬲　2、3.陶罐　4.铜戈　5.铜带钩　6~9.骨镞

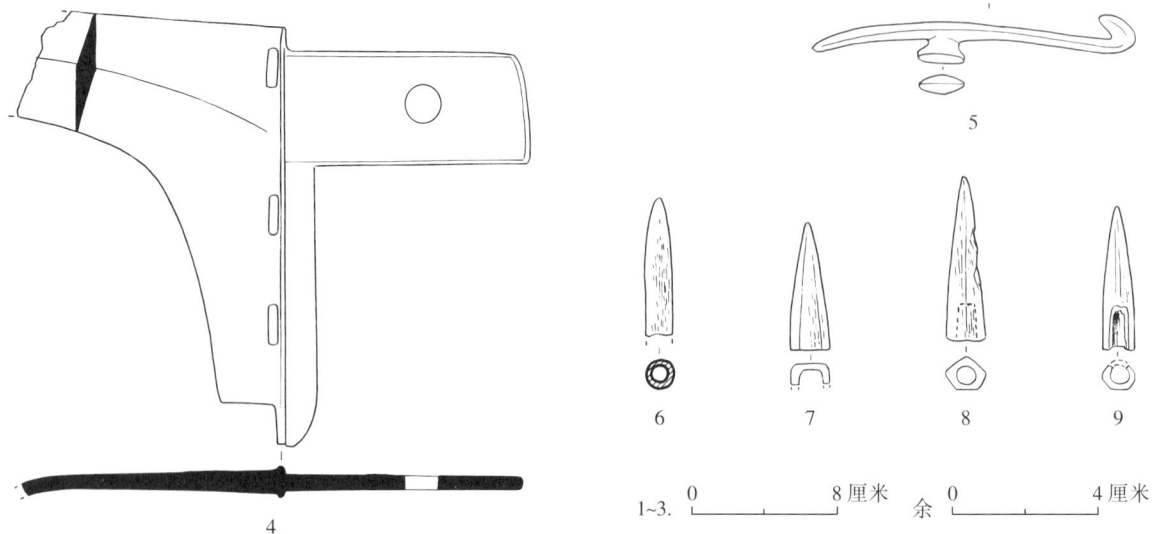

图二〇　史家河 M13 出土器物

平底。底径 6.6、残高 11.4 厘米（图二〇；彩版三〇，6）。M13：3，侈口微残，圆唇，矮领，鼓腹，平底，腹部有双系耳。素面。口径 9.6、底径 7.4、高 15.6 厘米（图二〇；彩版三〇，4）。

**铜戈**　1 件。M13：4，援、胡均残，援上部有一方穿，胡上有二方穿，有阑，直内，内上有一圆穿。援残长 7.3、宽 3.4 厘米，内长 6.8、宽 3 厘米，胡长 6.4、宽 3 厘米，厚 0.6 厘米（图二〇；彩版四〇，2）。

**铜带钩**　1 件。M13：5，曲棍形，禽首，钩身略弧，钩纽靠近钩身中部。钩尾饰一凸棱。长 8.7 厘米（图二〇；彩版四八，1）。

**骨镞**　4 件。M13：6，圆锥状，中空。残长 3.6 厘米（图二〇；彩版五九，1）。M13：7，棱锥状，中空。长 3.4 厘米（图二〇；彩版五九，2）。M13：8，棱锥状，中空。长 4.3 厘米（图二〇；彩版五九，3）。M13：9，棱锥状，中空。长 3.8 厘米（图二〇；彩版五九，4）。

## M14

（一）墓葬形制

该墓位于墓地第 I 台地的中部，开口于②层下。东北与 M13 相邻，南与 M6 相邻。东西向竖穴土坑墓。墓向 102°。墓圹口底同大，长 300~310、宽 190~206、深 364 厘米。北壁距墓口 220 厘米处有一壁龛，内置铜鍑 1 件、陶大喇叭口罐 1 件。从墓室残留板灰看，葬具应为一椁一棺。椁长 266、宽 156 厘米。墓底西部发现有一南北向垫木，长 156、宽约 20、厚约 8 厘米（图二一；彩版一一）。

（二）出土器物

该墓被盗扰，盗洞位于墓葬正中，洞口平面为圆角长方形，向下直至棺室内。劫后残余随葬品 8 件。陶罐 1 件、铜鍑 1 件，均置于壁龛内，陶罐（M14：1）在东，铜鍑（M14：2）在西；墓室盗洞扰土过筛后，发现 5 件骨络饰。陶双耳罐残片 1 件，出土于填土内。

**陶罐**　2 件。M14：1，泥质灰陶。大喇叭口，束颈，圆溜肩，腹壁斜收，平底略内凹。最大直径在肩部。素面。口径 18、底径 12.4、高 26.6 厘米（图二二；彩版三四，4）。M14：8，夹砂灰陶。残余口沿，陶色斑驳，烧制温度较低。直口微侈，宽唇，双耳齐口，稍宽，与口沿连接处形成平面后下折。口径 12、残高 6 厘米（图二二；彩版三四，5）。

**铜鍑**　1 件。M14：2，椭长方形口，四角稍弧，两短边各有一个立耳，耳上有凸起，深腹，上腹壁较直，下部圆弧内收形成圜底，喇叭状圈足，足上有镂孔。腹部饰一周凸弦纹。铜鍑内底部有一层麻布，并留少量兽骨。外壁黑色烟炱较厚，口部外侧有麻布痕迹。口长径 25.1、口短径 16、底径 9.2、通高 18 厘米（图二二；彩版三八，2；彩版三九，1）。

**骨络饰**　5 件。M14：3，圆形，外薄内厚，内有一圆孔。外径 2.4、内径 0.9 厘米（图二二）。M14：4，圆形，外薄内厚，内有一圆孔。外径 1.8、内径 0.7 厘米（图二二）。M14：5，椭圆形，外薄内厚，内有一长方形孔。长 3.5、宽 2.8 厘米，内孔长 1.2、宽 0.6 厘米（图二二）。M14：6，椭圆形，内有一长方形孔。长 3.9、宽 3.2 厘米，内孔长 1.9、宽 0.6 厘米（图二二）。M14：7，圆形，外薄内厚，内有一圆孔。外径 1.6、内径 0.7 厘米（图二二；彩版五六，2）。

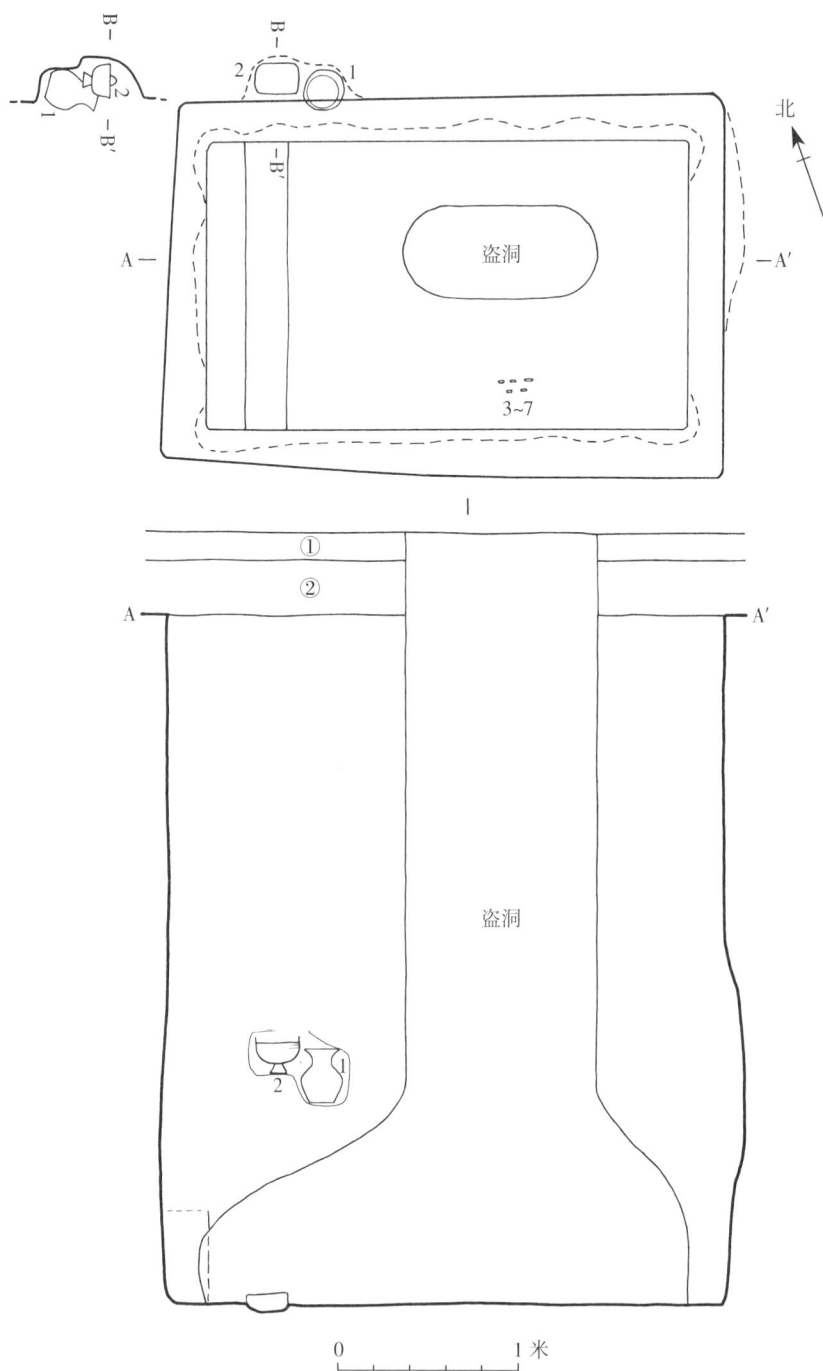

图二一　史家河 M14 平、剖面图

1. 陶罐　2. 铜镞　3~7. 骨络饰

## M15

该墓位于墓地第 I 台地的中部，开口于②层下。东与 M16 相邻，西与 M18 相邻。南北向竖穴土坑墓。墓向 345°。墓圹口大底小，口长 310、宽 200 厘米，底长 290、宽 180 厘米，深 316 厘米。填五花土，土质稍硬。葬具为单棺，棺长 196、宽约 90 厘米，棺侧板厚 5、高

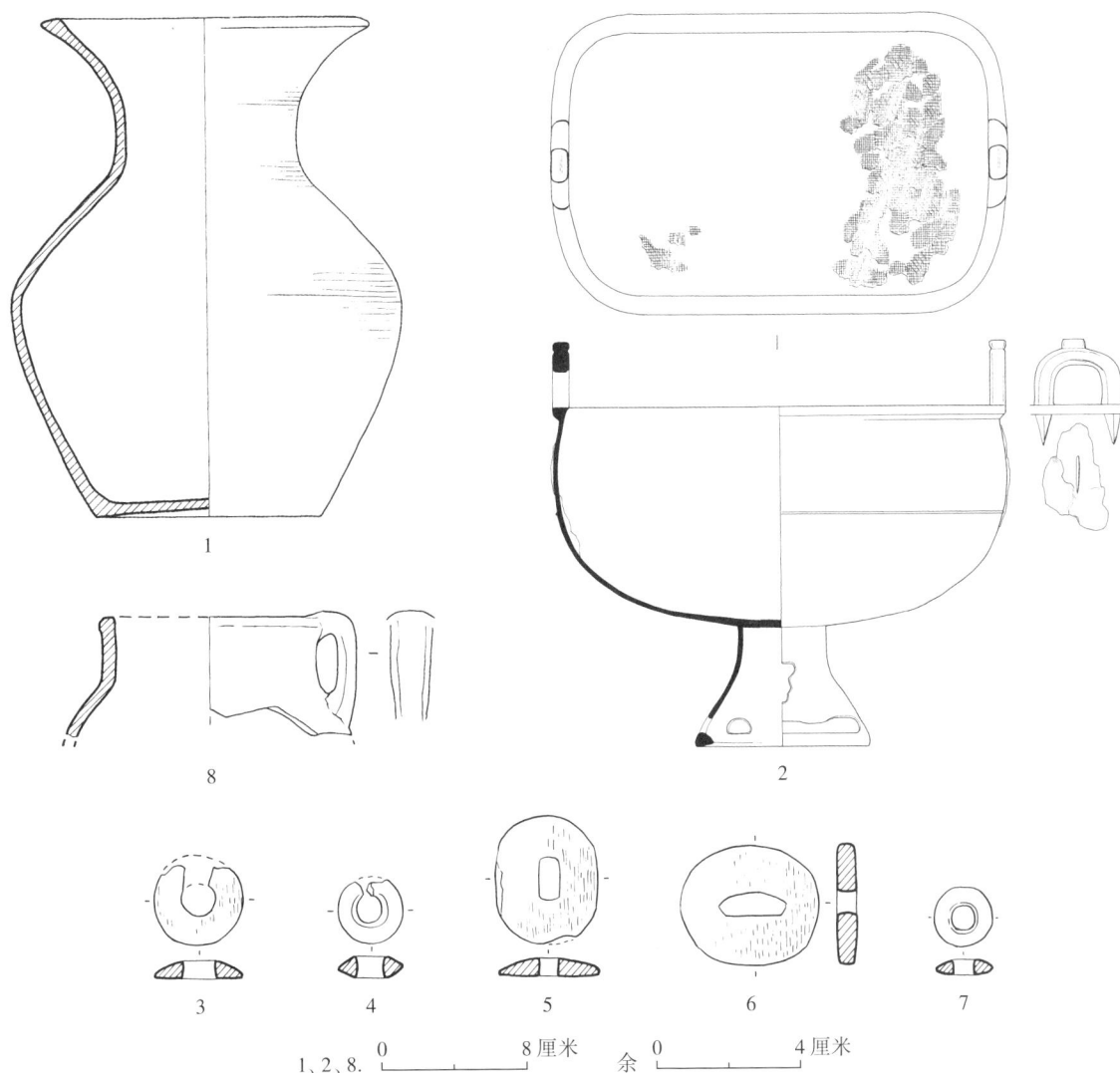

图二二 史家河 M14 出土器物

14 厘米。棺外为生土二层台，宽 45、高 136 厘米。葬式为仰身直肢葬，双手交叉置于胸前（图二三；彩版一二，1）。

未发现任何随葬品。

## M16

（一）墓葬形制

该墓位于墓地第 I 台地的中部，开口于②层下。东南与 M13 相邻，西与 M15 相邻。东西向竖穴土坑墓。墓向 304°。墓圹口大底小，口长 270、宽 180 厘米，底长 240、宽 160 厘米，深 355 厘米。填五花夯土，土质较硬，距墓口 280 厘米处填土较虚，松软。葬具为一椁一棺。椁板灰明显，长约 240、宽 145 厘米，同时能清楚地看出残留在二层台上的椁盖板灰，盖板由 8 块横木板组成，板长约 133、宽 15~20 厘米，椁高约 65 厘米。棺斜置于椁内，长约 190、宽约 88、棺侧板高约 50 厘米。葬式为仰身微屈肢葬，上身仰身直肢，面侧向右，

图二三　史家河 M15 平、剖面图

下肢骨似被分解，左股骨斜置于盆骨下部，股骨与胫骨错位（图二四；彩版一三，1）。

（二）出土器物

随葬品共 33 件。陶罐 4 件，M16：3 放置于墓主人左脚处，M16：1、M16：2、M16：4 放置于棺椁间西北角，其中 M16：4 内放置有兽骨；铜带钩 1 件，放置于墓主人右腹部，已残断数节；铜扣饰 5 件、铜管 6 件、圆腹铜管 2 件、铜环 4 件、铜铃 7 件、铜铃形饰 2 件、铁管 1 件，均置于墓主人左胸及肩上部位；骨笄 1 件，已断成数节，置于墓主人右胸及胯部。棺椁间北部偏中还放置少量兽骨（彩版一三，2；彩版一四）。

**陶罐**　4 件。M16：1，泥质灰陶。侈口，圆唇，弧领，鼓腹，平底。器壁较厚。素面。

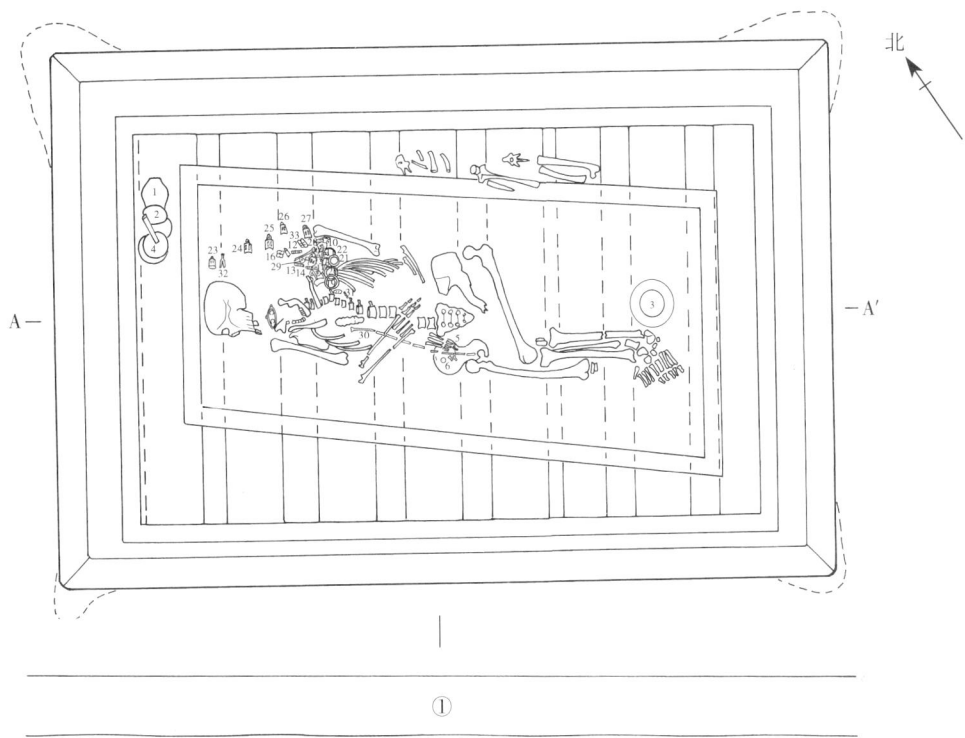

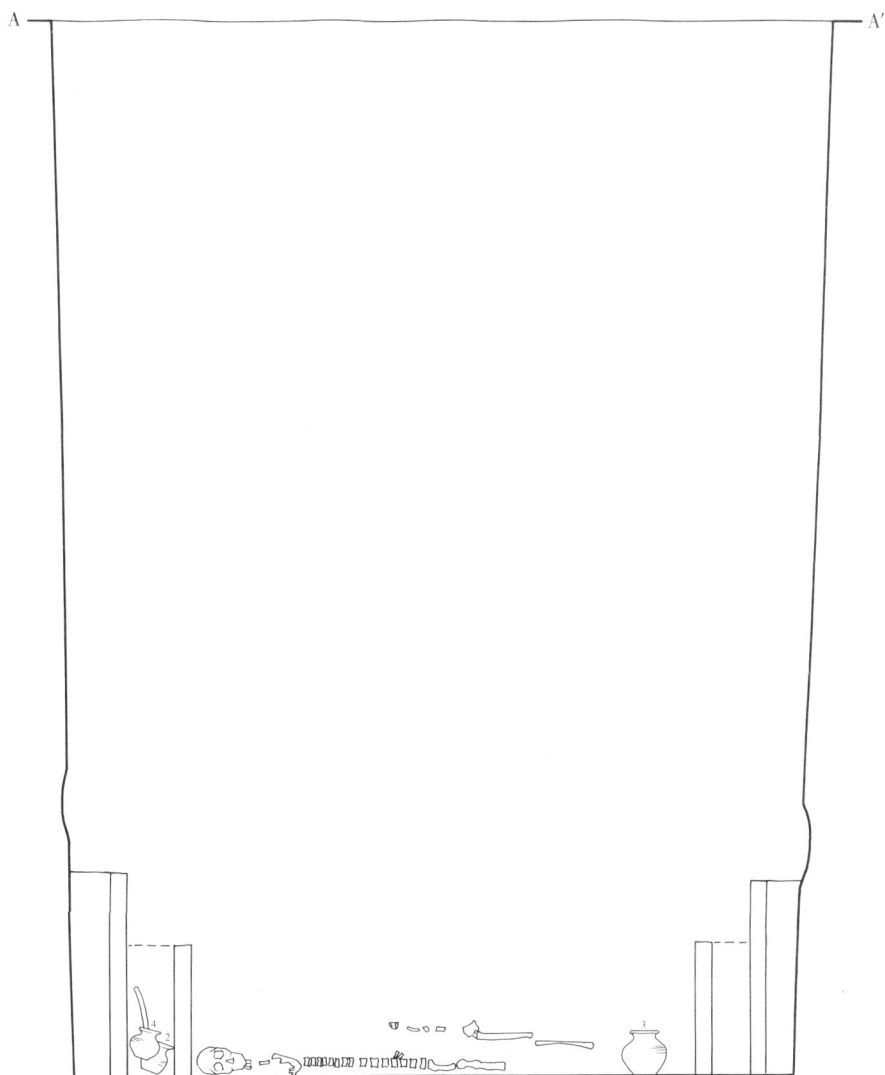

北

①

②

0      50厘米

图二四 史家河
M16平、剖面图

1~4. 陶罐
5. 铜带钩
6、15~18. 铜扣饰
7~14. 铜管
19~22. 铜环
23~29. 铜铃
30. 骨笄
31. 铁管
32、33. 铜铃形饰

口径 8.8、底径 6.4、高 10 厘米（图二五；彩版三二，1）。M16：2，泥质灰陶。敞口，圆唇，弧领，圆肩，腹壁斜收，平底。最大径在肩部。器壁较厚。素面。口径 8.6、底径 6.8、高 10.6 厘米（图二五；彩版三一，3）。M16：3，泥质浅灰陶。侈口，方唇，直领，球形腹，平底。素面。口径 10.4、底径 9、高 15.8 厘米（图二五；彩版三二，2）。M16：4，泥质灰陶。敞口，方唇，弧领，圆鼓肩，腹壁斜收，平底。最大径在肩部。器壁较厚。素面。口径 9.4、底径 6、高 10 厘米（图二五；彩版三一，4）。

**铜带钩**　1 件。M16：5，曲棍形，禽首，钩体弯曲，呈圆方形，圆形钩纽距离钩尾稍远。长 13.7 厘米（图二六；彩版四八，2）。

**铜扣饰**　5 件。M16：6，圆形扣饰，背面有横纽。素面。直径 1.9 厘米（图二六；彩版五○，1 左）。M16：15，圆形扣饰，背面有横纽。正面饰花形纹饰。直径 1.6 厘米（图二六；彩版五○，1 右）。M16：16，联排扣饰，由四个相同的圆形扣饰组成，背面有横纽。正面饰花形纹饰。长 2.8、宽 2.8 厘米（图二六；彩版五○，6）。M16：17，圆形扣饰，边上突出一尾，背面有横纽。正面饰花形纹饰。直径 1.8、长 2.4 厘米（图二六；彩版五○，3 左、4 左）。M16：18，圆形扣饰，边上突出一尾，较 M16：17 短，背面有横纽。正面饰花形纹饰。直径 1.8 厘米（图二六；彩版五○，3 右、4 右）。

**铜管**　8 件。M16：7，圆管形，外饰箍状纹饰。口径 0.8、长 3.8 厘米。M16：9、M16：10、M16：11、M16：13、M16：14 与 M16：7 形制类似，唯长度不同。M16：9，口径 0.8、长 3.6 厘米。M16：10，口径 0.9、长 3.7 厘米。M16：11，口径 0.8、长 3.7 厘米。M16：13，口径 0.8、长 4.9 厘米。M16：14，口径 0.8、长 3.9 厘米（图二六；彩版四九，2）。M16：8，圆管形，中间为圆形腹。口径 0.8、长 3.3 厘米。M16：12，形制同标本 M16：8，口径 0.8、长 2.8 厘米（图二六；彩版四九，4）。

**铜环**　4 件。M16：19，圆形，环上有两处较细，似使用磨损所致。素面。外径 5、内径 3.8 厘米（图二六；彩版五一，1）。M16：20，圆形，环体截面呈扁圆形，环上有两处较细，似使用磨损所致。素面。外径 5.4、内径 4.2 厘米（图二六；彩版五一，2）。M16：21，圆形，环体截面呈扁圆形。素面。外径 5.2、内径 3.9 厘米（图二六；彩版五一，3）。M16：22，圆形，

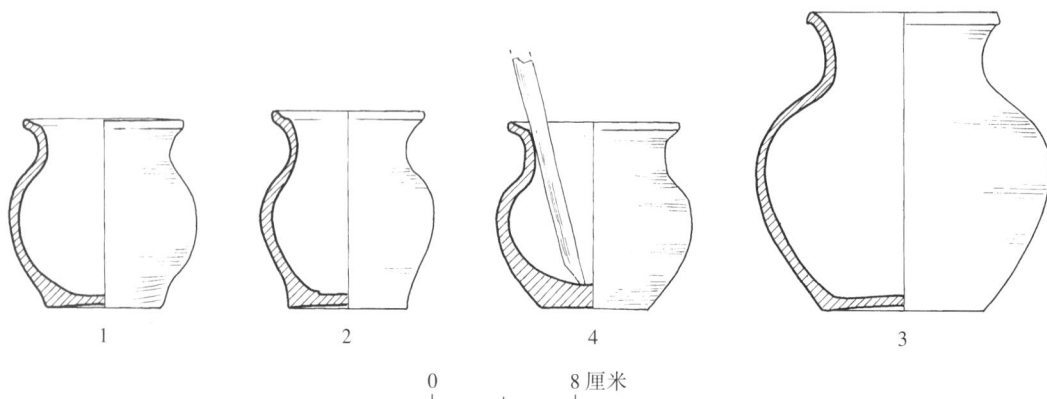

图二五　史家河 M16 出土器物

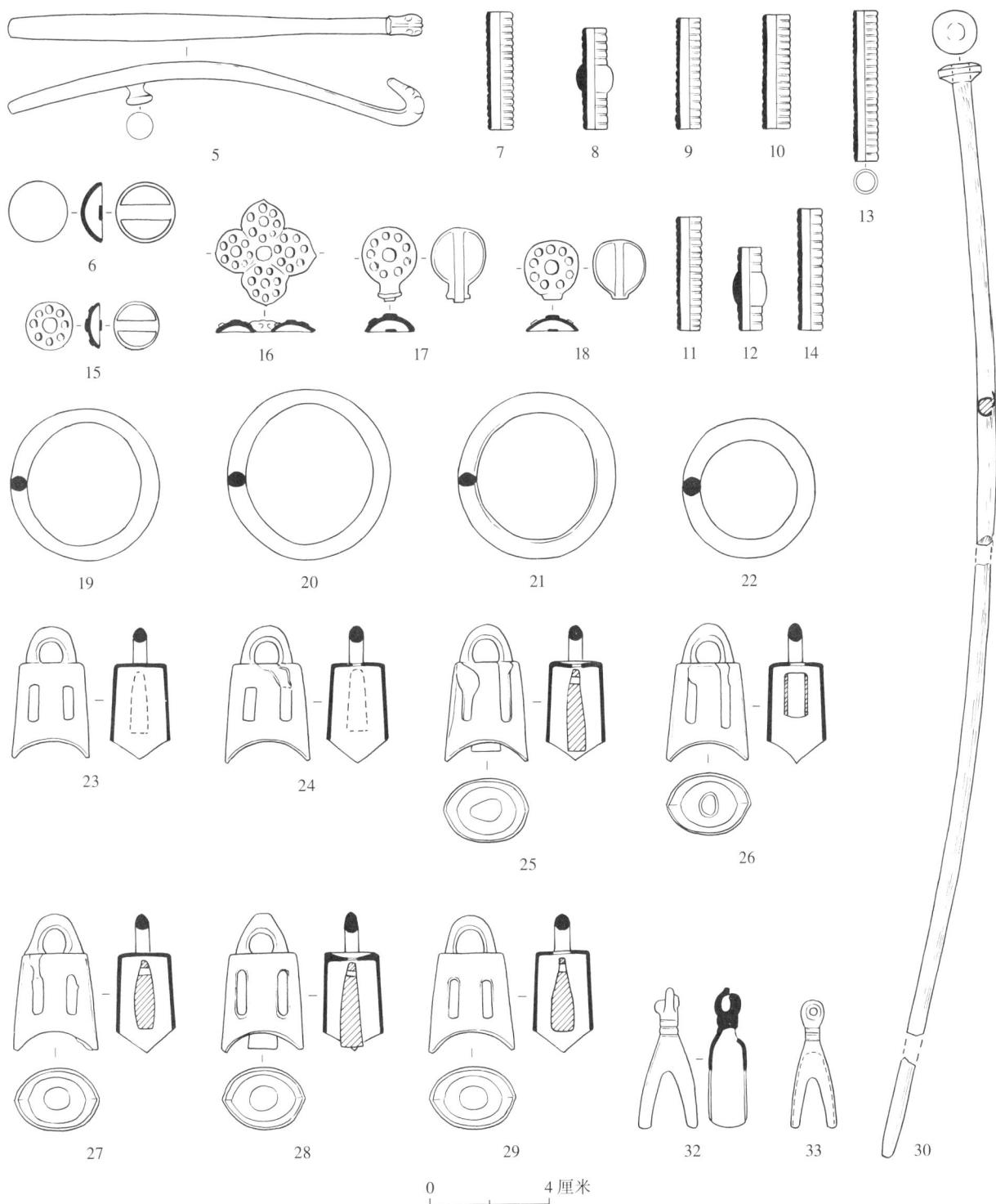

图二六 史家河 M16 出土器物

环体截面呈扁圆形。素面。外径 4.5、内径 3.3 厘米（图二六；彩版五一，4）。

**铜铃** 7 件。编号 M16：23~29。M16：25，铃身上小下大，顶上有圆形纽，铃身有四个长条形镂孔，铃口呈椭圆形，内有木质铃舌。素面。高 4.9、口长径 2.8、口短径 2 厘米（图二六；彩版四六，1）。其余标本（图二六；彩版四五，2；彩版四六，2~5）与 M16：25 形制、大小相同，唯标本 M16：24 没有铃舌（图二六；彩版四五，3）。

**铜铃形饰**　2 件。M16：32，铃首呈兽首状，下呈"八"字形。素面。通高 4.5 厘米（图二六；彩版四六，6 左）。M16：33，铃首为圆形纽，下呈"八"字形。通高 4.1 厘米（图二六；彩版四六，6 右）。

**骨笄**　1 件。M16：30，残断为数节，圆形冒（图二六；彩版五八，3）。

**铁管**　1 件。M16：31，锈蚀严重，呈圆管状。

## M18

（一）墓葬形制

该墓位于墓地第 I 台地的西南部，开口于②层下。东与 M15 相邻，南部为断坎。南北向竖穴土坑墓。墓向 335°。墓口长 260、宽 120 厘米，墓底南及西北边向外扩约 10 厘米，深 240 厘米。填五花土，土质较硬。葬具为一椁一棺，椁长 220、宽 106 厘米，椁侧板宽约 6、高 50 厘米。棺长 184、宽 70 厘米，棺侧板宽约 8、高 25 厘米。葬式为仰身直肢葬，墓主人头朝北，双手置于小腹上，两手指及掌骨距尺骨及桡骨稍远，脚趾骨也较散乱（图二七；彩

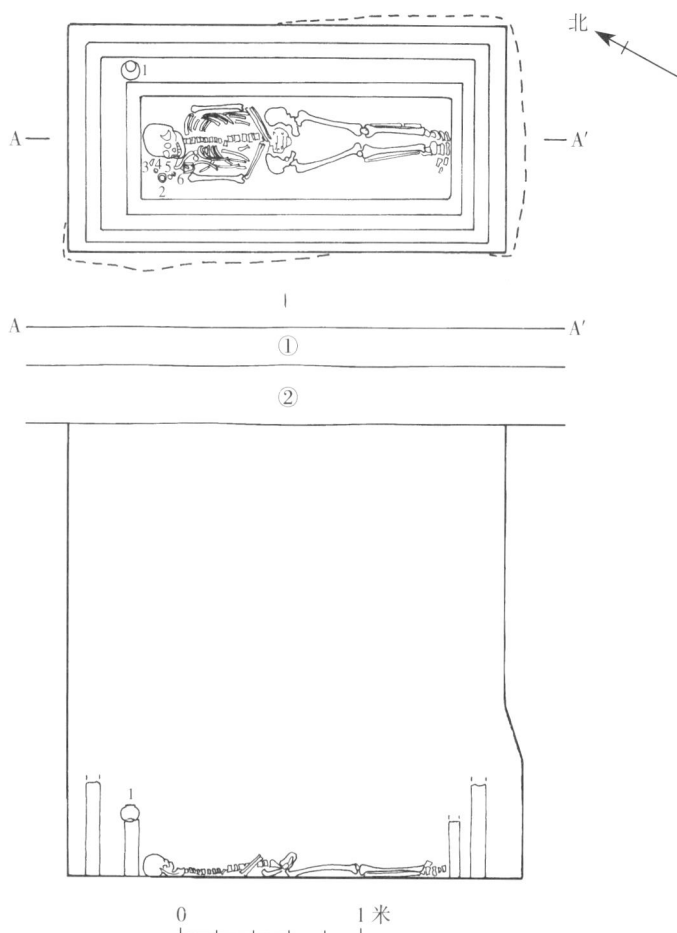

图二七　史家河 M18 平、剖面图

1. 陶罐　2. 铜环　3~5. 铜扣饰　6. 小铜环　7. 石饰　8. 骨钉

版一二，2）。

（二）出土器物

随葬品共 8 件。陶罐 1 件，似原置于椁盖板上，塌落至棺椁间东北角；铜环 1 件、铜扣饰 3 件，放置于墓主头部右侧；小铜环 1 件、石饰 1 件、骨钉 1 件，均放置于墓主右肩处。

**陶罐** 1 件。M18：1，泥质灰陶。胎较厚，手感重。直口，圆唇，短颈，圆折肩，腹部斜下收明显，平底。腹部下有斜划线。口径 7.4、底径 7.4、高 8 厘米（图二八；彩版三五，4）。

**铜环** 1 件。M18：2，外径 5.4、内径 4 厘米（图二八；彩版五一，5）。

**铜扣饰** 3 件。M18：3，圆形扣饰，背面有横纽，正面为花瓣形。直径 1.6 厘米（图二八；彩版五〇，2）。M18：4，由两个有花形装饰的圆形扣饰相连组成，相连处为竖梭形。长 3.6 厘米（图二八）。M18：5，形制同标本 M18：4，长 3.6 厘米（图二八；彩版五〇，5）。

**小铜环** 1 件。M18：6，外径 1.5、内径 0.9 厘米（图二八；彩版五一，6）。

**石饰** 1 件。M18：7，残，圆柱形。残长 2.7 厘米（图二八；彩版六〇，3）。

**骨钉** 1 件。M18：8，圆锥形。底面直径 0.7、高 2.3 厘米（图二八；彩版五九，5）。

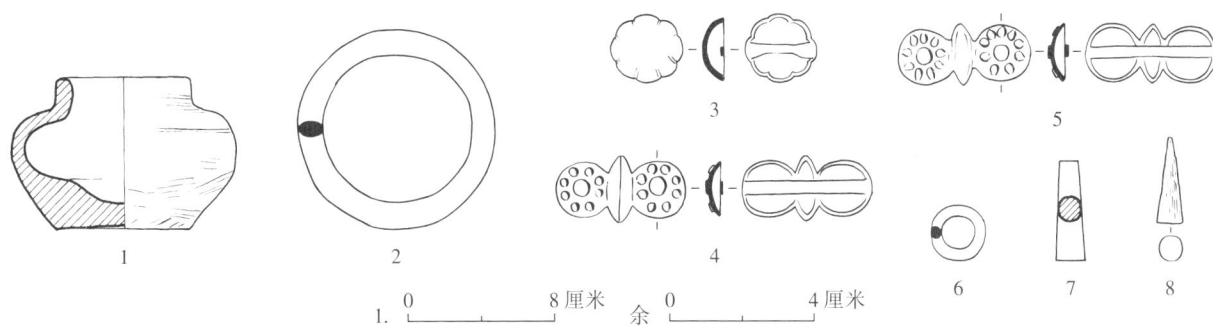

图二八 史家河 M18 出土器物

## M19

（一）墓葬形制

该墓位于墓地第 I 台地的西部，开口于②层下。东与 M17 相邻，南部为断坎。东南—西北向竖穴土坑墓。墓向 320°。墓圹口底同大，长 270、宽 144、深 520 厘米。填五花土，土质坚硬。葬具为一椁一棺，板灰较清晰。椁长 236、中间宽 114 厘米，南、北两端挡板宽 126 厘米，椁侧板宽约 6、高 58 厘米。棺长 180、宽 64 厘米，棺侧板宽约 4、高约 30 厘米。葬式为仰身直肢葬，墓主人头朝西北，上颚骨与下颌骨严重错位，双手置于小腹上，指骨、掌骨散乱（图二九；彩版一五，1）。

（二）出土器物

随葬品共 3 件。陶罐 2 件，置于棺椁间东北角；骨笄 1 件，放于墓主人左臂至盆骨处（彩版一五，2）。

**陶罐** 2 件。M19：1，泥质灰陶。胎较厚，制作粗糙。直领稍高，折肩，腹斜收，平底。素面。口径 7、底径 6.4、高 8.4 厘米（图三〇；彩版三三，1）。M19：2，形制与 M19：1 相似。

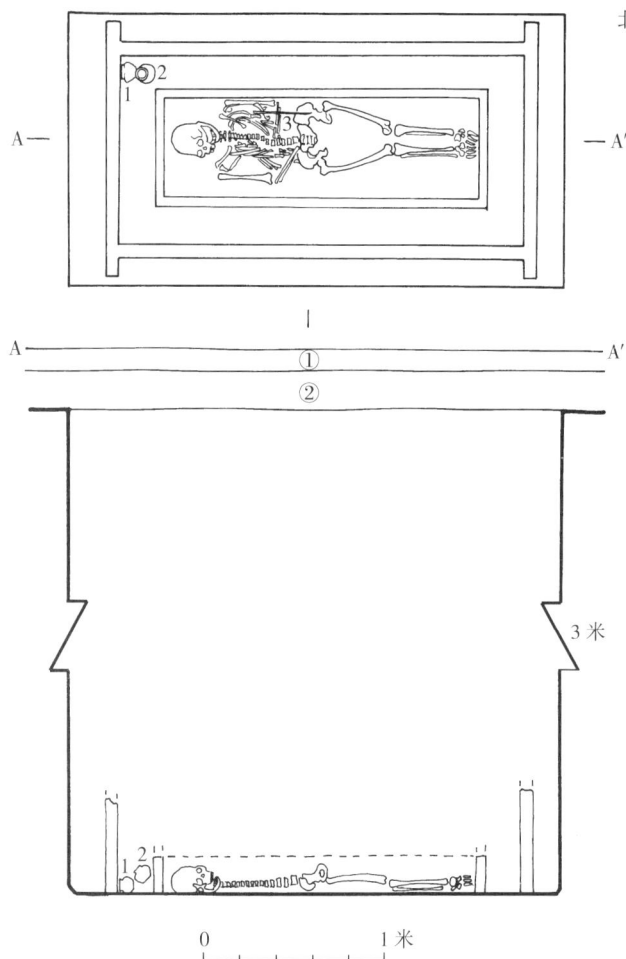

图二九　史家河M19平、剖面图
1、2.陶罐　3.骨笄

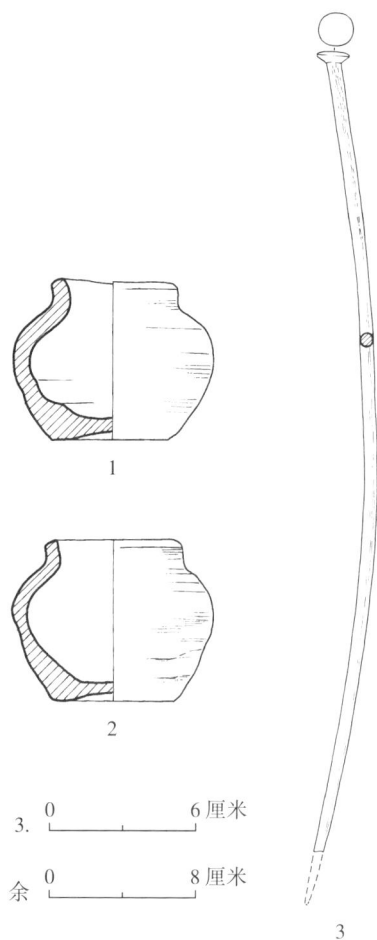

图三○　史家河M19出土器物

口径7.4、底径6.8、高8.6厘米（图三○；彩版三三，2）。

**骨笄**　1件。M19：3，圆形帽。残长31.4厘米（图三○；彩版五八，4）。

## M21

（一）墓葬形制

该墓位于墓地第Ⅰ台地的西北部，开口于②层下。南与M20相邻，北部为断坎。东西向竖穴土坑墓。墓向293°。已遭盗扰。墓圹口底同大，长240、宽140、深204厘米。墓室内残留灰痕，葬具应为单棺，长190、宽100、高约60厘米。因盗扰严重，人骨无存，葬式不清（图三一；彩版一六，1）。

（二）出土器物

该墓被盗扰，盗洞位于墓葬正中，洞口平面为圆角长方形，向下直至棺室内。劫后残余陶罐2件，位于棺内西北角。

**陶罐**　2件。M21：1，泥质灰陶。胎较厚，手感重。侈口，方唇，矮领，鼓肩，弧腹，平底。素面。口径10、底径8、高10.8厘米（图三二；彩版三三，3）。M21：2，夹砂红褐陶。

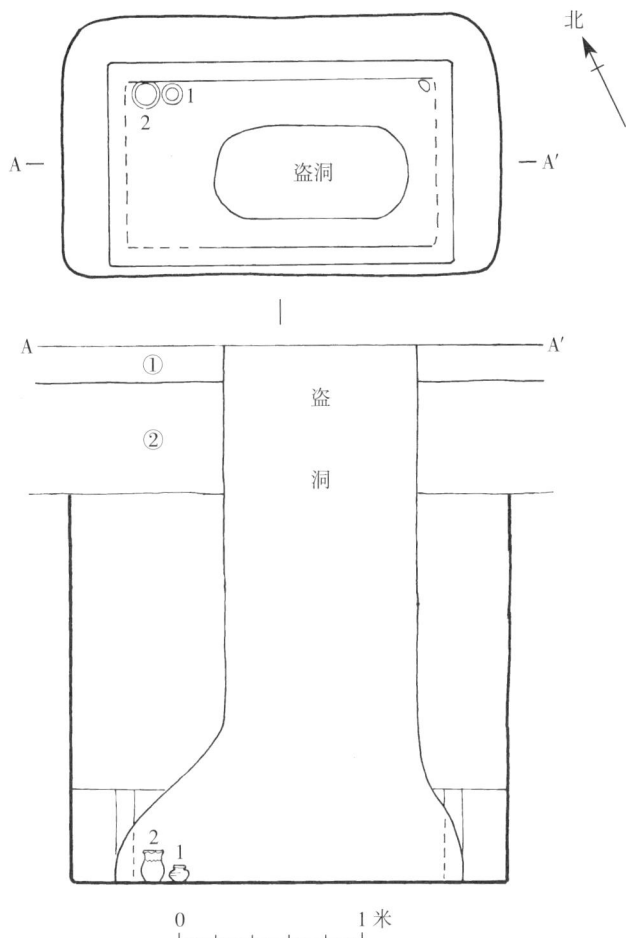

图三一　史家河 M21 平、剖面图
1、2. 陶罐

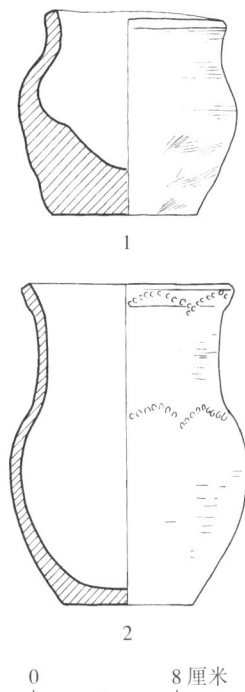

图三二　史家河 M21
出土器物

烧制温度低，手感较轻。侈口，方唇，高领，鼓腹，平底。口沿和领下部各饰一周戳刺纹。口径 11.8、底径 7.2、高 17 厘米（图三二；彩版三〇，5）。

## M22

（一）墓葬形制

该墓位于墓地第 Ⅰ 台地的西北部，开口于②层下。南与 M25 相邻，东与 M20 相邻，北部为断坎。南北向竖穴土坑墓。墓向 355°。墓圹口小底大，墓口长 224、宽 104 厘米，墓底四壁均外扩约 35 厘米，深 200 厘米。填五花土，土质较硬。葬具为单棺，棺长 186、宽 54厘米，棺侧板宽 4、高约 30 厘米。葬式为仰身直肢葬，墓主人头朝北，面向左侧，双手置于右肩部，两脚朝左并上翘。左胸上放置一较大肩胛骨，旁有小动物头骨，右臂上有一件小肩胛骨（图三三；彩版一六，2）。

（二）出土器物

随葬品有铁带钩 1 件，置于墓主右肘部。

**铁带钩**　1 件。M22：1，残断，锈蚀严重。

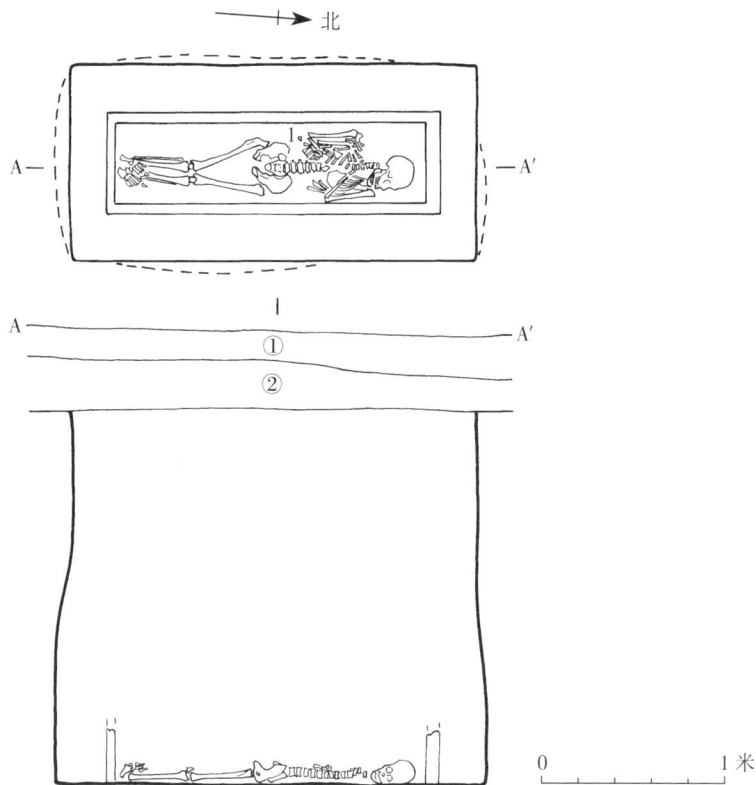

图三三　史家河 M22 平、剖面图
1. 铁带钩

## M23

（一）墓葬形制

该墓位于墓地第 I 台地的西北部，开口于②层下。西与 M24 相邻，东与 M22 相邻，北部为断坎。东西向竖穴土坑墓。墓向 82°。墓圹口小底大，墓口长 320、宽 190 厘米，东墓壁向外扩约 20 厘米，深 320 厘米。填五花土，土质较硬。墓室四周遗留椁板灰痕，椁长 290、宽 160、高约 90 厘米。墓室底部有 8 块南北向放置的椁底板，板长约 180、宽 30~40 厘米，最东部一块底板宽约 8 厘米，底板间距 2~3 厘米。被盗严重，葬式不详（图三四；彩版一七，1）。

（二）出土器物

该墓遭盗扰，盗洞开口于墓口中部，直通墓底。在距墓口 450 厘米处盗洞向外扩大，将墓室盗空，并将东墓壁挖破约 20 厘米。在盗洞内发现 3 件陶罐及部分人骨。

**陶罐**　3 件。M23：1，泥质灰陶。胎较厚，手感重，制作粗糙。直领稍高，折肩，腹斜收，器身最宽处在肩部，底内凹。素面。口径 8.4、底径 8.2、高 11 厘米（图三五；彩版三三，4）。M23：3，形制与 M23：1 相同。口径 8.8、底径 7.6、高 10.2 厘米（图三五；彩版三三，5）。M23：2，泥质灰陶。侈口，方唇，圆溜肩，矮领，鼓腹，平底。素面。口径 7、底径 5、高 9.2 厘米（图三五；彩版三四，2）。

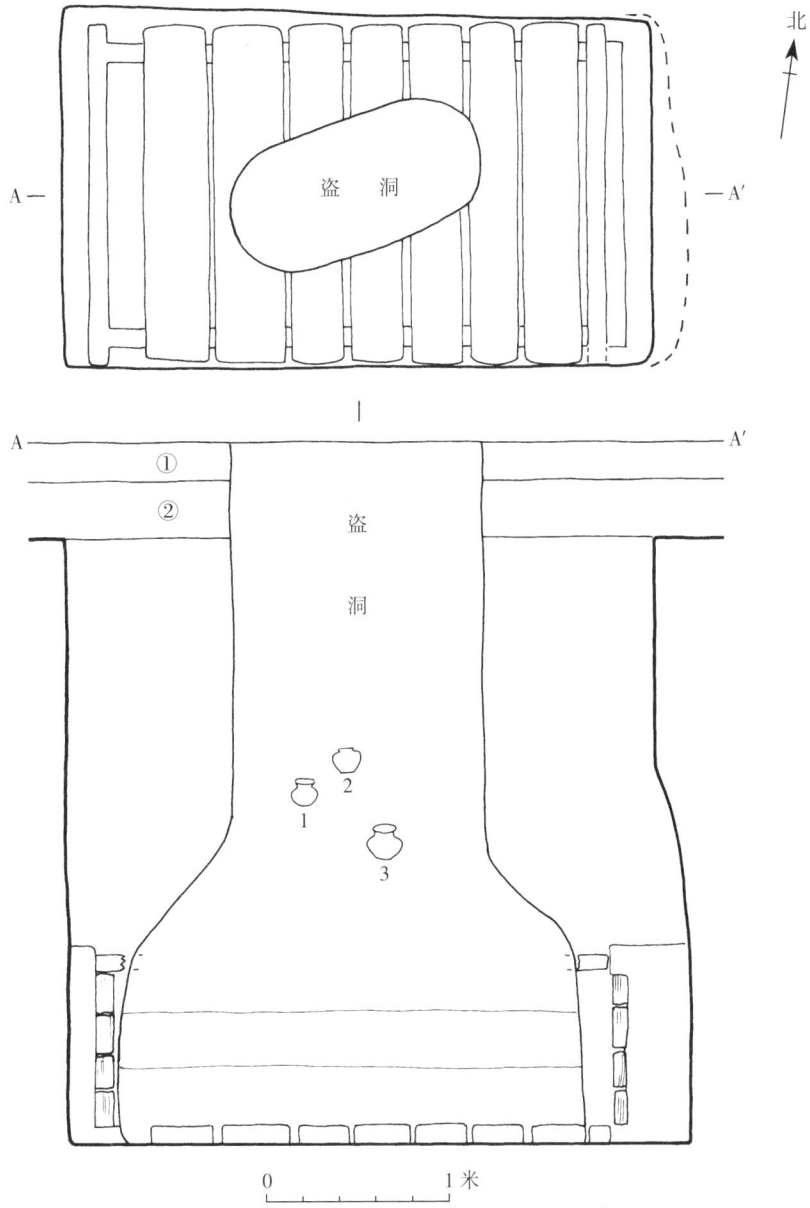

北

A —　　　　　　　盗　洞　　　　　— A′

A　　　　　　　　　　　　　　　A′

① 

②

盗

洞

2

1

3

0　　　　　　　1 米

图三四　史家河 M23 平、剖面图

1~3. 陶罐

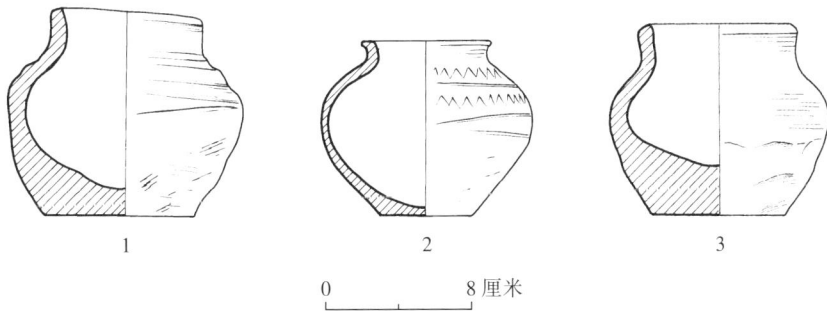

1　　　　　　　2　　　　　　　3

0　　　　　8 厘米

图三五　史家河 M23 出土器物

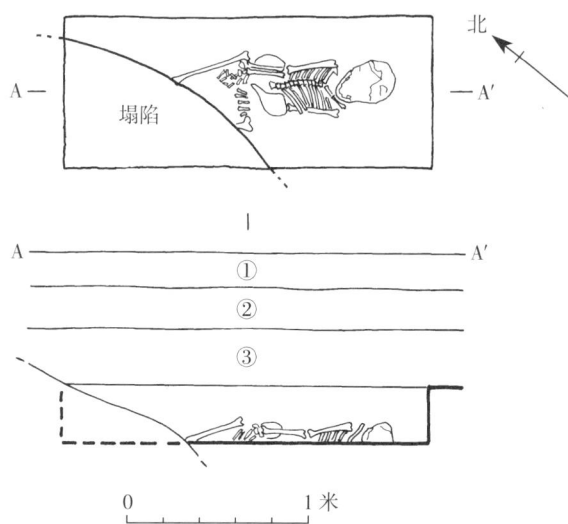

图三六　史家河 M25 平、剖面图

## M25

该墓位于墓地第 I 台地的西部，开口于③层下。北与 M22 相邻，东南与 M19 相邻。东西向竖穴土坑墓。墓向 140°。墓圹口底同大，长 200、宽 80、深 30 厘米。填五花土，土质较软。该墓西南角位于 M26 墓室上，由于 M26 墓室下陷，该墓西南角及墓主左腿骨和右髌骨以下部分也随之塌下。在 M26 墓室塌陷土中，发现有 M25 墓主人股骨、腓骨和少量趾骨。葬式为仰身葬，面部残损，右臂直肢，右指骨在右盆骨上。左臂肱骨以下部分不见，在左盆骨处发现有指骨。墓主身体瘦小，似全身紧缩（图三六；彩版一七，2）。

未发现任何随葬品。

## M27

（一）墓葬形制

该墓位于墓地第 II 台地的东部，开口于③层下。南与 M30 相邻，西与 M28 相邻，北部为台地断坎。东西向竖穴土坑墓。墓向 313°。墓圹口大底小，墓口长 260、宽 160 厘米，底长 240、宽 120 厘米，深 270 厘米。墓东北角被一座清代墓打破。清代墓深 160 厘米，未对墓室造成破坏。填红褐色五花土，土质疏松。葬具为单棺，长 210、宽 80、高约 50 厘米，棺板宽度不清。墓室四边为生土二层台，宽约 15 厘米。葬式为仰身直肢葬，墓主人头朝西，面向右侧，双手交叉置于胸前（图三七；彩版一八，1）。

（二）出土器物

随葬品共 3 件。陶鬲 2 件，均位于棺内墓主头顶西北角，出土时 M27∶2 破碎，M27∶1 正压在 M27∶2 上，且稍倾斜，两件陶鬲可能原放置在棺盖板上，盖板糟朽后落入棺内；铁带钩 1 件，置于墓主人右股骨上。人头骨右侧有一堆兽骨。

**陶鬲**　2 件。均为夹砂灰褐陶。侈口，方唇，矮领，无肩，圆球形腹，三个小实足跟。腹饰方格纹。M27∶1，口径 14.2、高 16 厘米（图三八；彩版二八，1）。M27∶2，口径 12.4、高 14 厘米（图三八；彩版二八，2）。

**铁带钩**　1 件。M27∶3，锈蚀严重。体形较小。

## M28

（一）墓葬形制

该墓位于墓地第 II 台地的东部，开口于③层下。东与 M27 相邻，北部为断坎。东西向

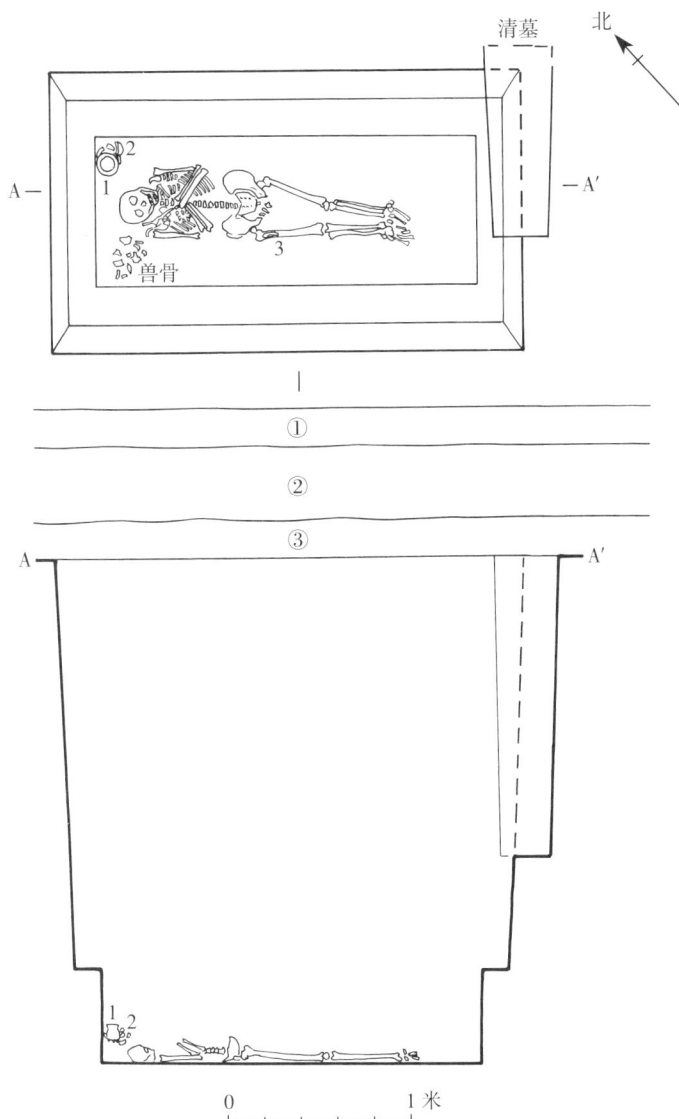

图三七　史家河 M27 平、剖面图

1、2.陶鬲　3.铁带钩

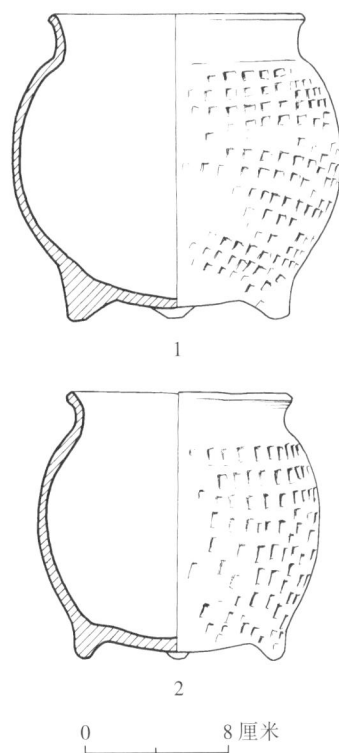

图三八　史家河 M27 出土器物

竖穴土坑墓。墓向 133°。墓圹口小底大，口长 320、宽 170 厘米，距墓口 490 厘米处墓壁外扩，底长 350、宽 220 厘米，深 590 厘米。填土坚硬，似夯打。墓壁整齐光滑。葬具为一椁一棺，椁长 270、宽 130 厘米；椁西头有一块长 125、宽 15 厘米的盖板，椁东端有 2 根横木，分别长 105、130 厘米，宽约 5 厘米。棺长 204、宽约 90 厘米；在南、北棺侧板上有 13 根南北向的横木，保存基本完整，长约 90、宽 5、间距 10 厘米；在东、西棺侧板上有 3 块东西向的木板，板长约 200、宽 7~10 厘米，间距约 20 厘米。葬式为仰身直肢葬，墓主人头朝东，面向右侧，双手置于小腹处，骨骼较粗壮，身高在 170 厘米左右。人骨下有约 10 厘米厚的淤土，淤土下有 4 块东西向的棺底板，板长约 210 厘米，靠边一块宽 5、其余 3 块宽约 20 厘米。棺底板下有 13 根南北向椁底板，由东至西排列，板长约 260、宽 5 厘米，间距约 15 厘米（图三九；彩版一九）。

（二）出土器物

随葬品共 5 件。陶罐 3 件，均放置于椁盖板上东北角；骨珠 1 件，置于墓主左手指骨处；铁带钩 1 件，置于墓主右肘内侧。

**陶罐**　3 件。M28：1，泥质褐陶。红褐胎较厚，烧制温度低，易碎。直口，颈腹区分不明显，浅腹，平底。腹饰网格纹。口径 9、底径 6、高 11 厘米（图四〇；彩版三三，6）。M28：2，泥质浅褐陶。侈口，卷沿，垂腹，平底。素面。口径 10.2、底径 8、高 11 厘米（图四〇；彩版三二，5）。M28：3，残碎较甚。

**骨珠**　1 件。M28：4，圆形，中间有一孔。周身饰 3 个重环圆圈纹。高 0.7、直径 1 厘米（图四〇；彩版五九，6）。

**铁带钩**　1 件。M28：5，锈蚀严重。

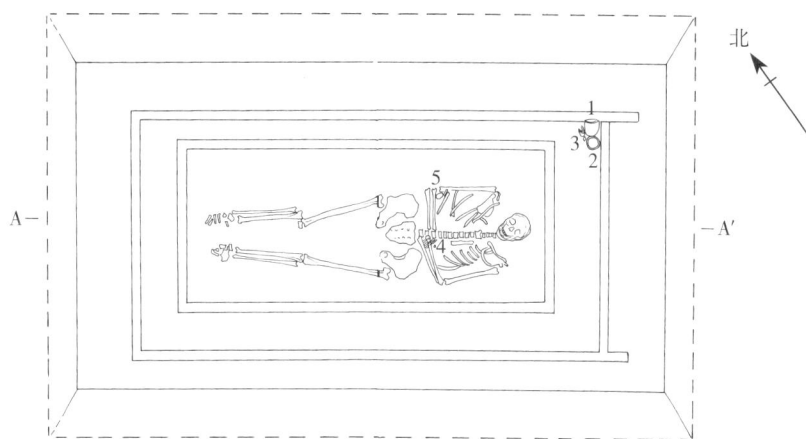

图三九　史家河 M28 平、剖面图

1~3.陶罐　4.骨珠　5.铁带钩

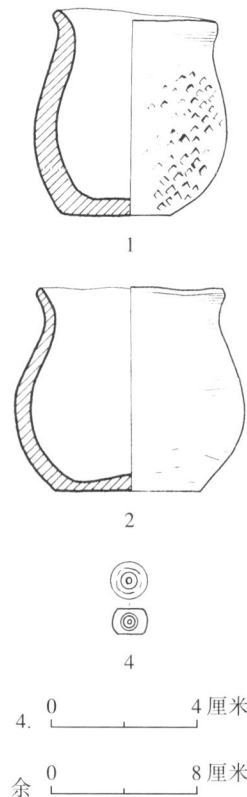

图四〇　史家河 M28
出土器物

# M29

（一）墓葬形制

该墓位于墓地第Ⅱ台地的中部偏西，开口于③层下。西与 M31 相邻，北部为断坎。东西向竖穴土坑墓。墓向 123°。墓圹口底同大，长 270、宽 160、深 410 厘米。填五花土，土质较硬。葬具为单棺，东、西侧板长 100、宽 5 厘米，南侧板长 220、宽 5 厘米，北侧板不规则，东端向外张 15 厘米，棺高 30 厘米。葬式为仰身直肢葬，墓主人头朝东，面向左，双手交叉置于小腹处，双膝紧靠，似捆束，双脚并列朝左（图四一；彩版一八，2）。

（二）出土器物

随葬品共 3 件。陶鬲 1 件、陶罐 1 件，似原置于棺盖板上，塌陷后见于现在位置，M29：1 在棺内东北角，M29：2 在墓主右肘内侧；铁带钩 1 件，置于墓主右肩东侧。棺内西南角有少量兽骨。

**陶鬲**　1 件。M29：1，夹砂灰褐陶。口残，无肩，鼓腹，矮足。周身饰方格纹。口径 8.6、高 12.6 厘米（图四二；彩版二八，7）。

**陶罐**　1 件。M29：2，泥质灰陶。侈口，圆唇，矮领，圆肩，腹斜下收，底微内凹。素面。口径 9.8、底径 7、高 11.8 厘米（图四二；彩版三四，3）。

**铁带钩**　1 件。M29：3，锈蚀严重。

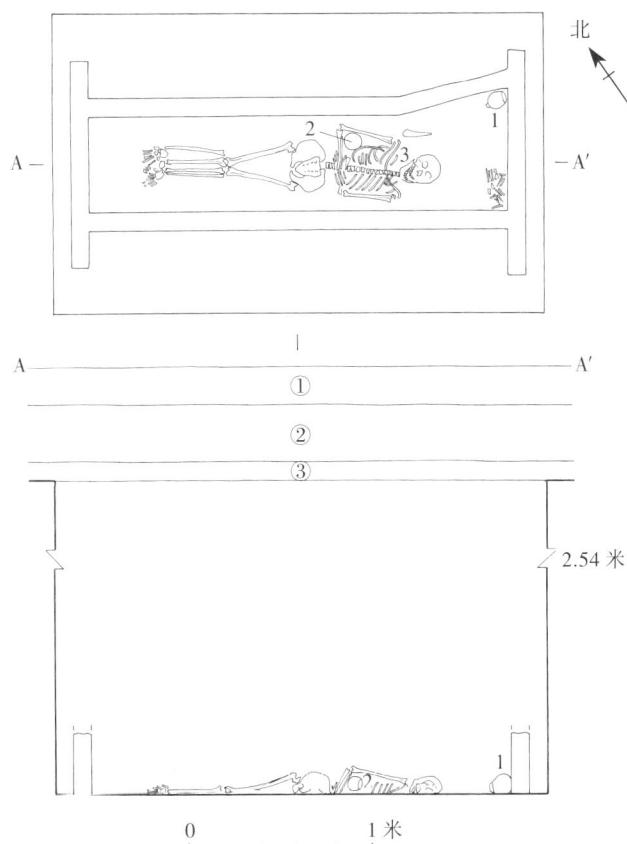

图四一　史家河 M29 平、剖面图

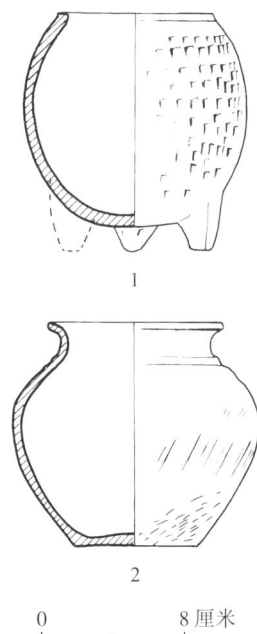

图四二　史家河 M29 出土器物

1.陶鬲　2.陶罐　3.铁带钩

## M30

（一）墓葬形制

该墓位于墓地第Ⅱ台地东南部，开口于③层下。北与M27相邻，东与M10相邻，南部为断坎。东西向竖穴土坑墓。墓向122°。墓圹口底同大，长275、宽136、深420厘米。填五花土，土质较硬。葬具为一椁二棺。椁长260、宽128厘米，侧板宽8、高90厘米。外棺位于椁室中部，长203、宽80厘米，侧板宽5~8、高70厘米；内棺长186、宽55厘米，侧板宽5、高50厘米。人骨下有淤泥，距棺底板约20厘米。葬式为仰身直肢葬，墓主人头朝东，面向上，双手交叉置于小腹处（图四三；彩版二〇，1）。

（二）出土器物

随葬品共7件。陶罐2件，均置于棺椁间东北部；骨镞2件，置于外棺北侧；铜带钩1件、砺石1件，均置于椁底东南部。漆盒1件，原应置于椁盖板东侧，坍塌于东侧棺椁之间偏上。

**陶罐**　2件。M30：1，夹砂红褐陶。烧制温度低，手感较轻。侈口，斜方唇，高领，鼓腹，平底，单耳残。口沿和肩上各饰一周戳刺纹。口径10.8、底径6.2、高13.2厘米（图四四；彩版二九，2）。M30：2，夹砂深灰陶。陶胎较厚。侈口，折平沿，尖唇，矮直颈，圆鼓肩，底内凹。素面。口径7.8、底径6、高7.8厘米（图四四；彩版三一，5）。

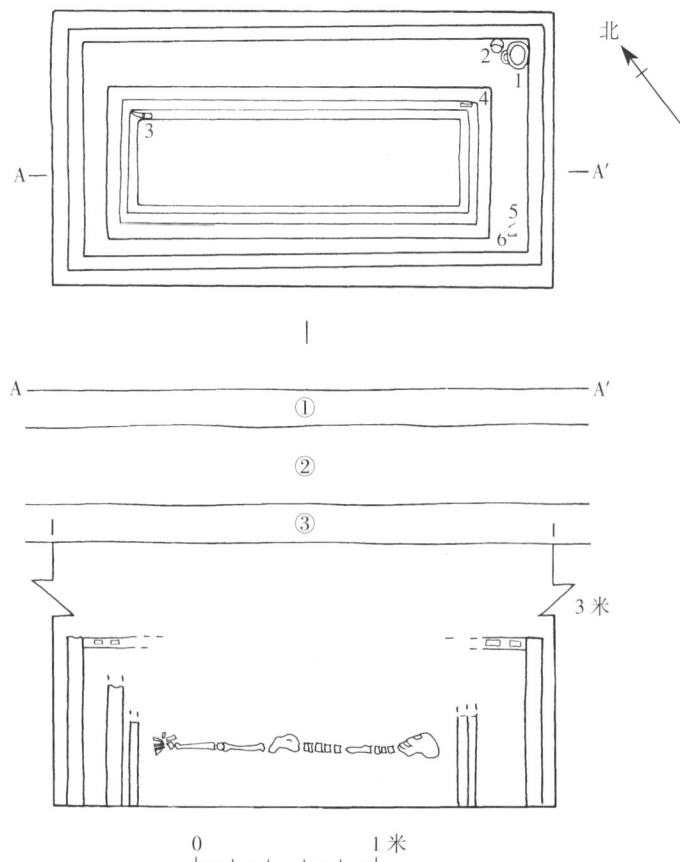

图四三　史家河M30平、剖面图

1、2.陶罐　3、4.骨镞　5.铜带钩　6.砺石

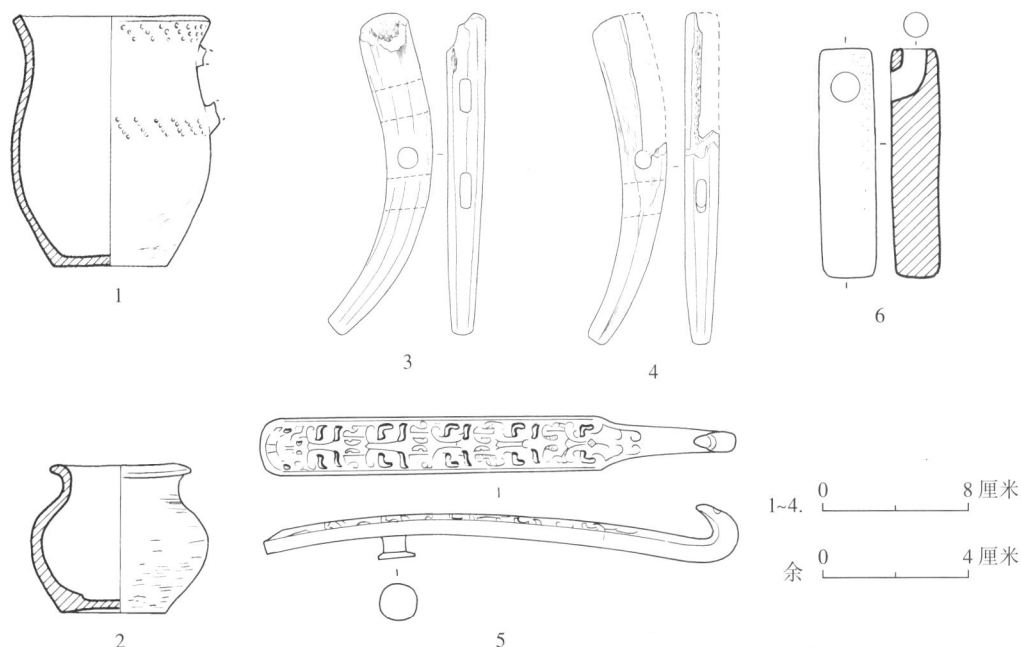

图四四 史家河 M30 出土器物

**骨镳** 2件。M30:3,整体弯曲,多棱形,侧面有两方形穿孔,两方穿中间有一圆孔。残长17厘米(图四四;彩版五四,1上)。M30:4,残,形制与M30:3近似。残长17.6厘米(图四四;彩版五四,1下)。

**铜带钩** 1件。M30:5,长牌形,禽首,背略弧,钩纽圆形,靠近钩尾。钩面有镂错镶嵌痕迹,镶嵌物已脱落,可能为绿松石,镂错镶嵌处周围以金丝勾勒出线条。长12.9厘米(图四四)。

**砺石** 1件。M30:6,长方体,一端有两孔。长1.5、宽1.5、高6厘米(图四四;彩版六〇,1)。

**漆盒** 1件。残迹明显,圆角长方形。长约40、宽约25、高约15厘米。未见彩绘。

## M31

(一)墓葬形制

该墓位于墓地第Ⅱ台地的西部,开口于③层下。西与M33相邻,南部为断坎。东西向竖穴土坑墓。墓向326°。墓圹口大底小,口长300、宽200厘米,底长280、宽190厘米,深420厘米。填五花土,土质上层较硬,距墓口100厘米以下较松软。葬具为单棺,长220、宽130厘米,棺侧板宽约5、高70厘米。四周为生土二层台,宽15、高120厘米。二层台顶面上有灰痕,似棺盖板灰,盖板中间塌陷,灰迹较乱。葬式为仰身直肢葬,墓主人头朝西,面微向左侧,双手交叉置于胸前,双脚伸直(图四五;彩版二〇,2)。

(二)出土器物

随葬有铜带钩1件,置于墓主左胯骨上。

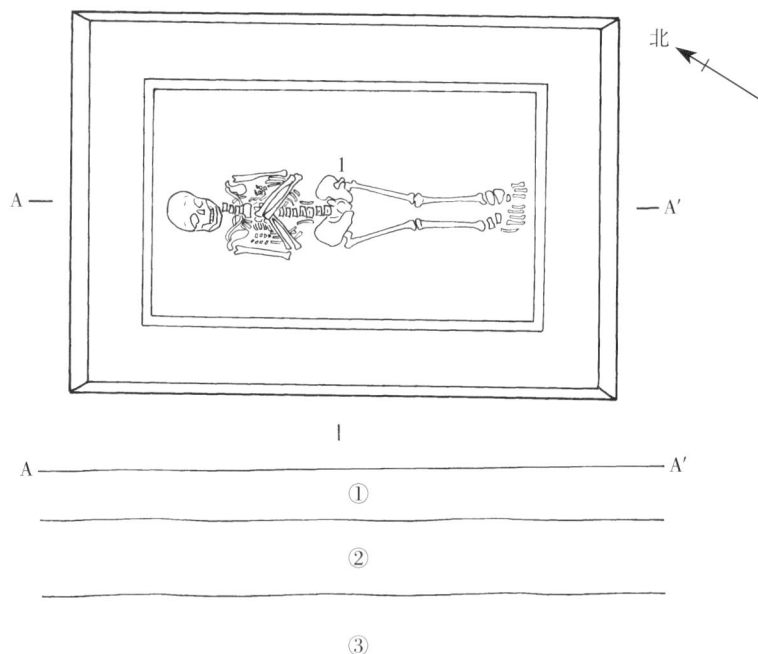

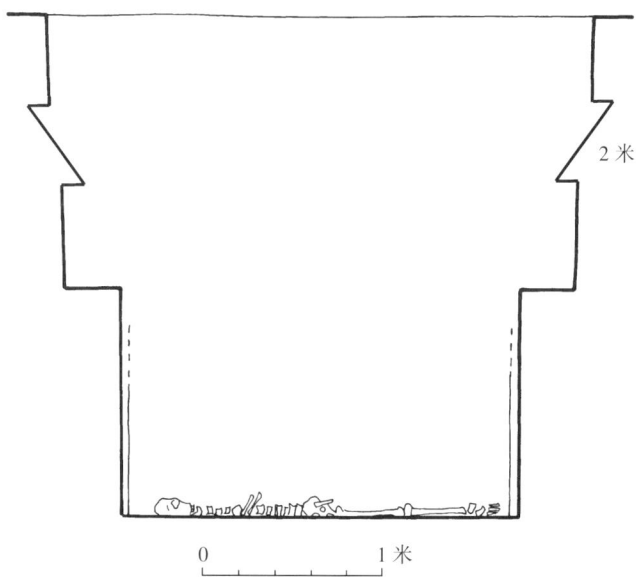

图四五　史家河 M31 平、剖面图
1. 铜带钩

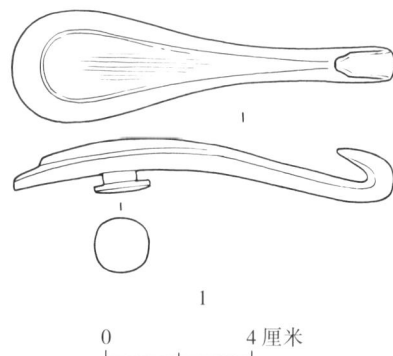

图四六　史家河 M31 出土器物

**铜带钩**　1 件。M31：1，琵琶形，禽首，弧背，钩体有凸起，钩纽距钩尾较近。长 10.4 厘米（图四六；彩版四七，2）。

## M32

（一）墓葬形制

该墓位于墓地第 II 台地的西北部，开口于③层下。东与 M33 相邻，南部为断坎。东西向竖穴土坑墓。墓向 334°。墓圹口小底大，口长 280、宽 220 厘米，底长 290、宽 230 厘米，深 430 厘米。墓室西部及东南角有残余灰痕，判断葬具应为一椁一棺。椁长 220、宽 130 厘

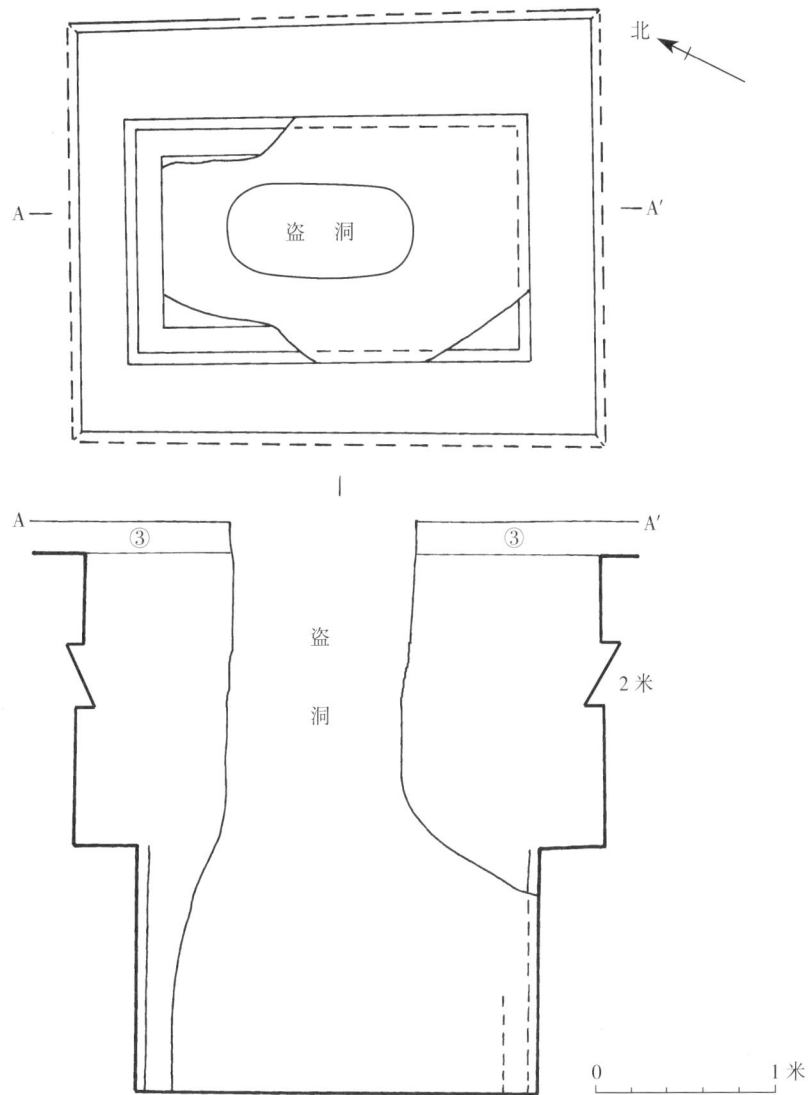

图四七　史家河 M32 平、剖面图

米，椁侧板宽 5、高约 130 厘米。棺长约 180、宽 90 厘米，板宽不详。椁外为生土二层台，西宽 30、东宽 40、南宽 40、北宽 50 厘米，高 130 厘米。盗扰严重，葬式不详（图四七；彩版二一，1）。

（二）出土器物

该墓遭盗扰，墓口中部有一个椭圆形盗洞，直到墓底，将墓室盗空。未发现任何随葬品。

## M33

（一）墓葬形制

该墓位于墓地第 II 台地的西北部，开口于③层下。东与 M31 相邻，西与 M32 相邻，南部为断坎。东西向竖穴土坑墓。墓向 157°。墓圹口底同大，长 290、宽 200、深 340 厘米。填五花土，土质较硬。西壁整齐。葬具为单棺，长 220、宽 130 厘米，侧板宽约 8、高 30 厘米。

棺外为生土二层台，西、北宽 30 厘米，东、南宽 40 厘米，高 100 厘米。葬式为仰身直肢葬，墓主人头扭曲向右，双手合抱置于胸前，右股骨、盆骨错位（图四八；彩版二一，2）。

（二）出土器物

随葬品共 3 件。陶罐 1 件、陶壶 1 件，置于棺内东南角；铁带钩 1 件，置于墓主头骨右上方外 30 厘米处。

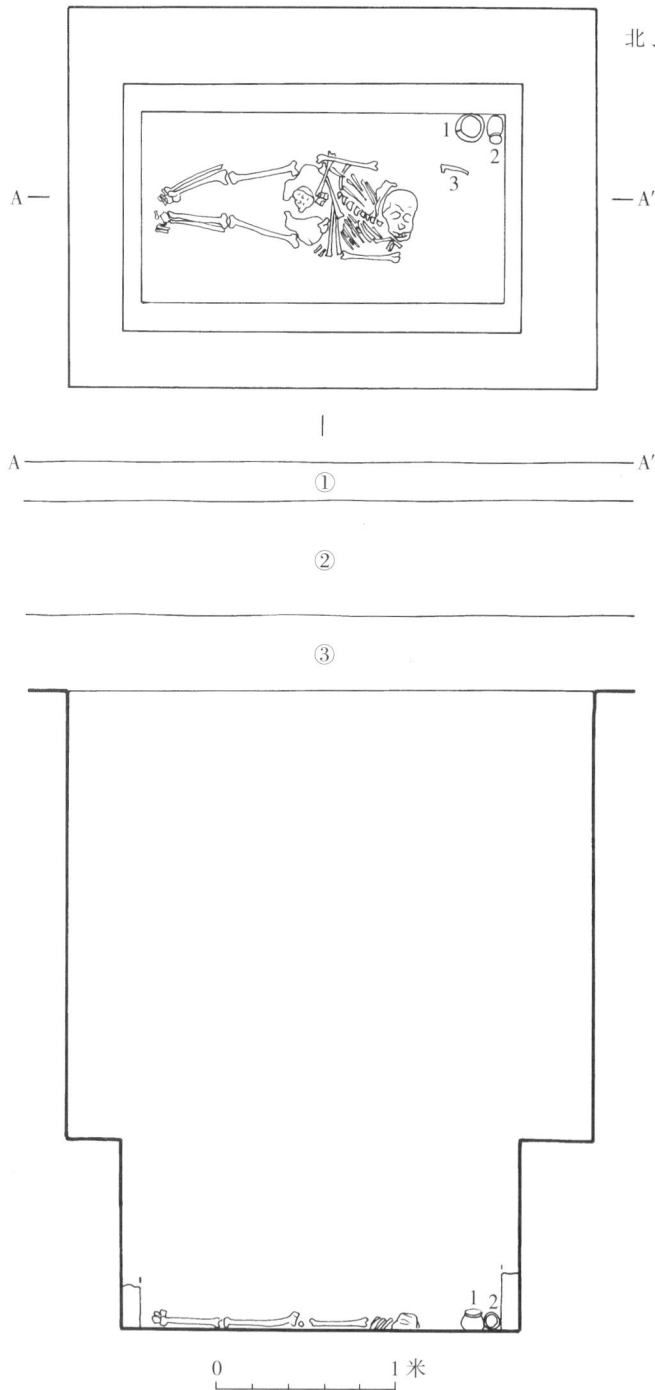

图四八　史家河 M33 平、剖面图

1.陶罐　2.陶壶　3.铁带钩

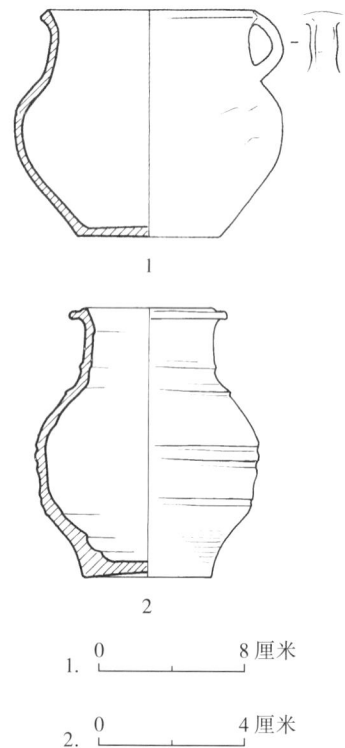

图四九　史家河 M33 出土器物

**陶罐**　1件。M33：1，夹砂灰陶。胎较薄，通体有火炙痕迹。侈口，斜方唇，单耳与口齐，高领，圆折腹，平底。口径11.8、底径7.6、高12厘米（图四九；彩版二九，3）。

**陶壶**　1件。M33：2，泥质灰陶。侈口，窄平沿，沿上有一周凹槽，高领，鼓腹，下腹部内收明显，底微凹，矮圈足。颈部一周凸弦纹，肩部有一周凹弦纹，腹部有两周凹弦纹，口径4.3、底径3.5、高7.1厘米（图四九；彩版三六，5）。

**铁带钩**　1件。M33：3，锈蚀严重。

## M35

（一）墓葬形制

该墓位于墓地第Ⅰ台地的西南部，开口于③层下。北与M23相邻，东与M26相邻，南部为断坎。东西向竖穴土坑墓。墓向157°。墓圹口底同大，长250、宽140、深88厘米。墓壁西、北、南三边较直，东壁弧形。葬具为单棺，长200、宽70厘米，棺侧板宽约6、高40厘米。墓室西部保存有墓主髋骨以下部分（图五〇；彩版二一，3）。

（二）出土器物

该墓遭盗扰，墓室中东部被盗空，盗洞内有部分人骨。未见随葬品。

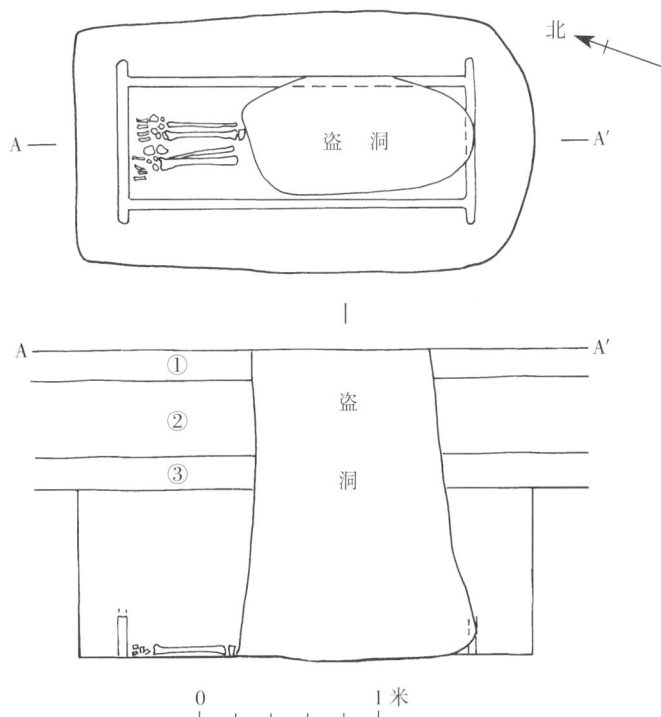

图五〇　史家河M35平、剖面图

## M38

（一）墓葬形制

该墓位于墓地第Ⅲ台地的西部，开口于③层下。东南与M37相邻，西北部为断坎。东西向竖穴土坑墓。墓向323°。墓圹口底同大，长275、宽185、深65厘米。墓壁整齐。填五花土，土质较硬。葬具为单棺，长205、宽115厘米，侧板宽5、高90厘米。四周为生土二层台，宽35、高90厘米（图五一）。

（二）出土器物

该墓被盗扰，盗洞位于墓葬正中，洞口平面为圆角长方形，向下直至棺室内。劫后残余陶罐1件、陶缶1件，置于墓室西南角。

**陶罐**　1件。M38：1，泥质灰陶。胎较薄。敞口，斜方唇，矮领，单耳与口齐，圆鼓肩，腹壁内收，平底。素面。口径11.4、底径7.4、高12.2厘米（图五二；彩版二九，4）。

**陶缶**　1件。M38：2，泥质灰陶。小口残、微侈，窄口沿，唇部有一周凹槽，矮领，圆折肩，腹部斜下收，平底微内凹。肩部至腹部饰数周弦断绳纹。口径8.6、底径11.8、高24.4厘米（图五二）。

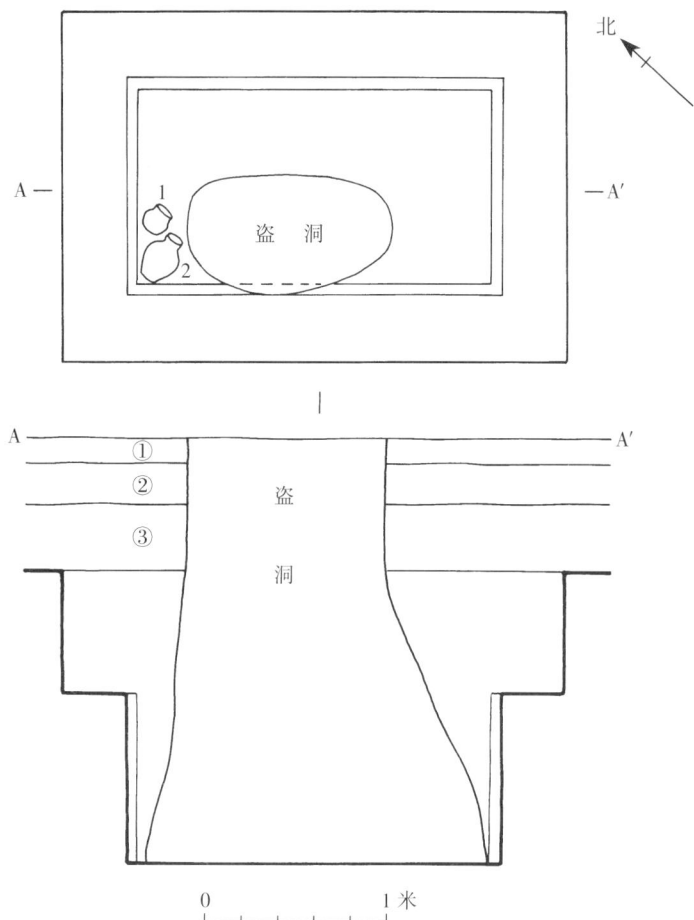

图五一　史家河 M38 平、剖面图
1. 陶罐　2. 陶缶

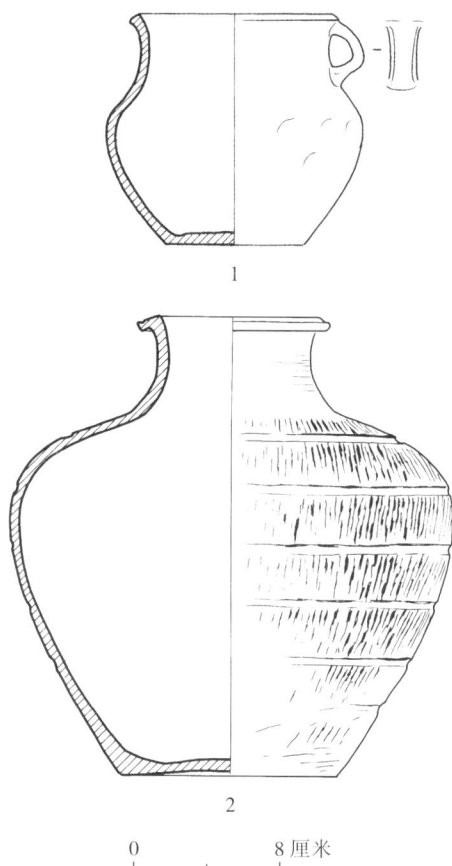

图五二　史家河 M38 出土器物

## M39

（一）墓葬形制

该墓位于墓地第Ⅳ台地的西部，开口于③层下。东南—西北向竖穴土坑墓。墓向 302°。墓圹口底同大，长 300、宽 200、深 75 厘米。填五花土，土质较硬。墓壁整齐。墓底四周为生土二层台，东宽 40、南宽 35、西宽 45、北宽 30 厘米，高 85 厘米。被盗严重，葬具、葬式不详（图五三）。

（二）出土器物

该墓遭盗扰，盗洞位于墓葬正中偏东南，椭圆形，向下直至棺室内。劫后残余陶器 3 件。陶罐 1 件，置于墓室西北角；陶鬲 2 件，分别放置于墓室西北角和西南角；铁带钩 1 件，位于墓室中部。

**陶罐**　1 件。M39：2，泥质灰陶。侈口微残，窄平沿，沿上有一周凹槽，高领，鼓腹，下腹部内收明显，圈足，底残。颈部饰三周凸弦纹，肩部有一周凹弦纹，腹部有两周凹弦纹。口径 9.12、底径 6.84、高 12 厘米。

**陶鬲**　2 件。M39：1，泥质灰陶。敞口，方唇，无领，圆折肩，腹壁斜下收，最宽处在肩部，

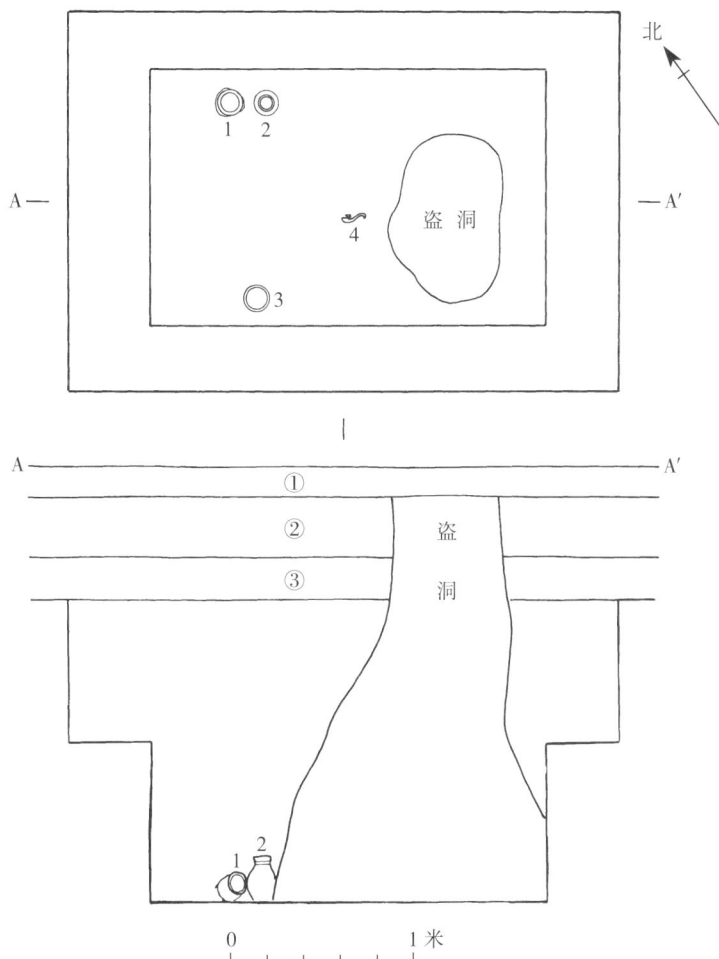

图五三 史家河 M39 平、剖面图

1、3.陶鬲 2.陶罐 4.铁带钩

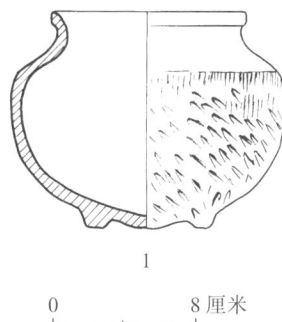

图五四 史家河 M39 出土器物

三矮足。肩部以下饰戳印纹。通体有火烧痕迹。口径 10.8、高 11.6 厘米（图五四；彩版二八，5）。

**铁带钩** 1 件。M39：4，锈蚀严重。

## 二、洞室墓

共 11 座（附表二）。

## M4

（一）墓葬形制

该墓位于墓地第Ⅰ台地的东南部，井口于②层下。西与 M2 相邻，东部为生产路。东西向直线式洞室墓。墓向 273°（以洞室内人骨头向为准；下同）。墓道在东，竖穴土坑式，长 240、宽 190、深 120 厘米。填灰及褐色五花土，土质疏松。墓室为长方形土洞，长 230、宽 110、高 100 厘米，填土与墓道相同。未见封门。葬具为单棺，长 180、宽 80 厘米，侧板宽约 6、残高 10 厘米。葬式为仰身屈肢葬，头朝西偏向左，面向上，双臂合拢抱于胸前，下肢骨解体后放置在一起（图五五；彩版二二，1）。

（二）出土器物

随葬品共 3 件。陶罐 1 件、陶鬲 2 件，均放置于棺盖板上东部。

**陶罐**　1 件。M4∶1，泥质灰陶。直口，尖圆唇，唇下有一周凸棱，似子口，或有盖，矮直领，圆折肩，腹壁斜收，平底。器壁较厚，手感较重。素面。口径 11.4、底径 8.4、高 10 厘米（图

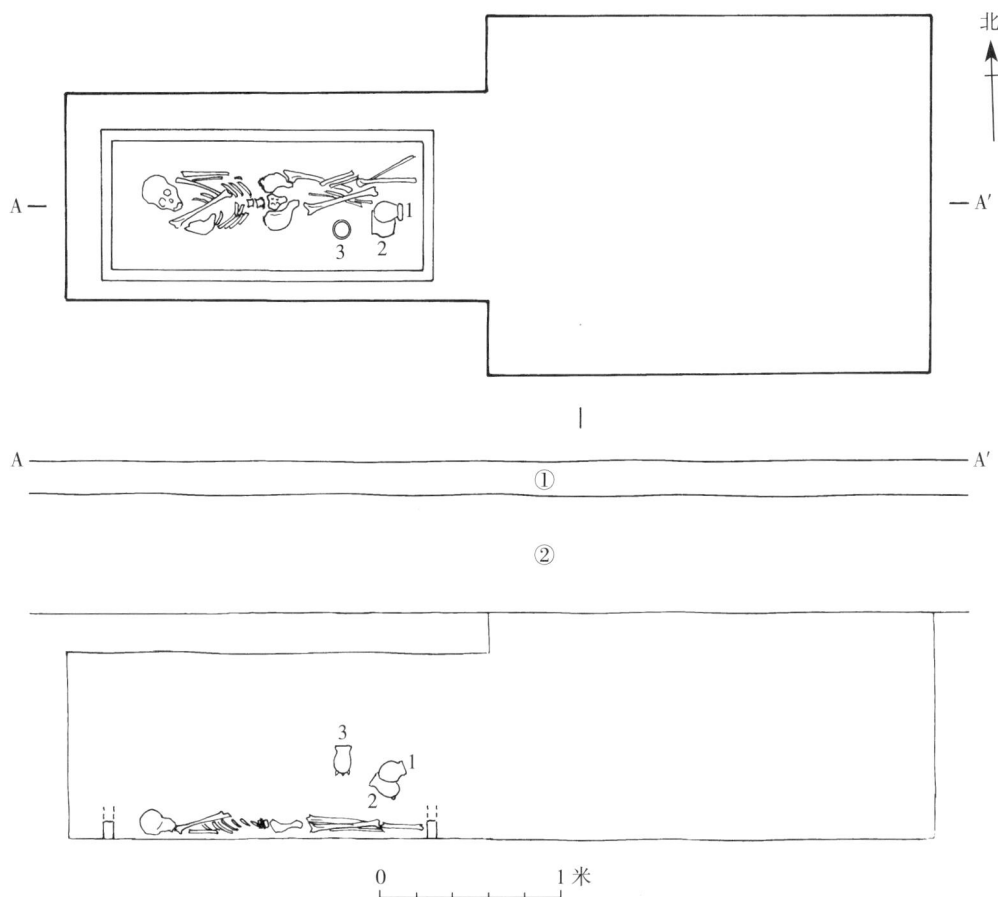

图五五　史家河 M4 平、剖面图

1.陶罐　2、3.陶鬲

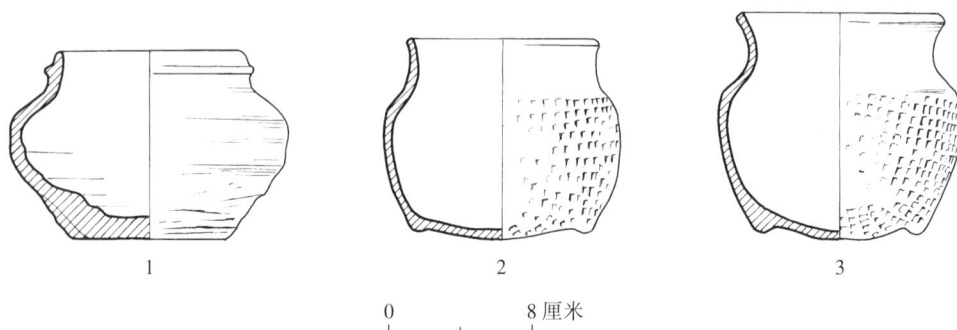

图五六　史家河 M4 出土器物

五六；彩版三五，1）。

**陶鬲** 2件。M4∶2，夹砂灰陶。侈口，方唇，高领，球形腹，足儿近无，似釜。腹饰方格纹。口径10.6、高10.6厘米（图五六；彩版二八，3）。M4∶3，夹砂灰陶。形制、纹饰与M4∶2类同。口径11.4、高12厘米（图五六；彩版二八，4）。

## M8

（一）墓葬形制

该墓位于墓地第Ⅰ台地的南部边缘，开口于生产路路土下。北与M9相邻，南部为断坎，东为生产路。东西向直线式洞室墓。墓向117°。墓道在东，竖穴土坑式，口大底小，口长196、宽170厘米，底长190、宽150厘米，深100~120厘米。墓室为长方形土洞，长270、宽140厘米。墓室底部由东向西倾斜，最深84、最浅76厘米，高差8厘米。墓室底部平铺一层石板，两侧还有几块较小的碎石板，紧贴墓室西壁竖立一块近方形石板，宽90、高80厘米。填褐色五花土，土质稍硬。墓壁整齐。墓室内石板上置一单棺，长180、宽60厘米，侧板宽5厘米。葬式为仰身直肢葬，墓主人头朝东，上颚骨与下颌骨错开，双手置于胸前，未见双脚趾骨（图五七；彩版二二，2）。

（二）出土器物

随葬品共5件。陶罐1件、陶缶2件、陶釜1件、铁环1件及少量兽骨，均放置于墓主人头顶棺外石板上。

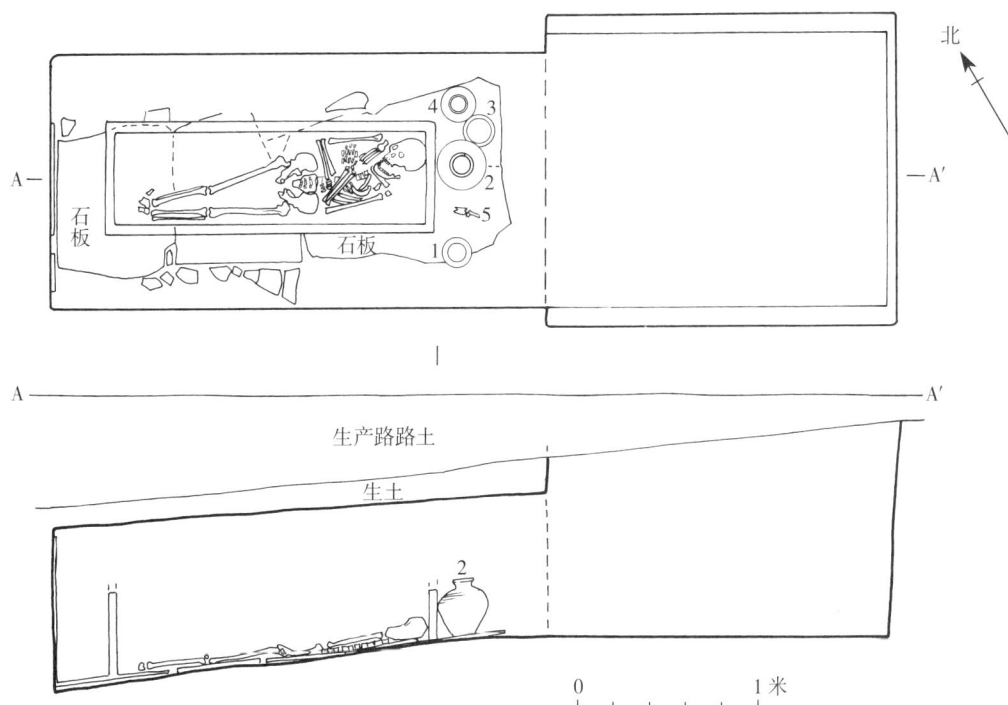

图五七 史家河M8平、剖面图

1.陶罐 2、4.陶缶 3.陶釜 5.铁环

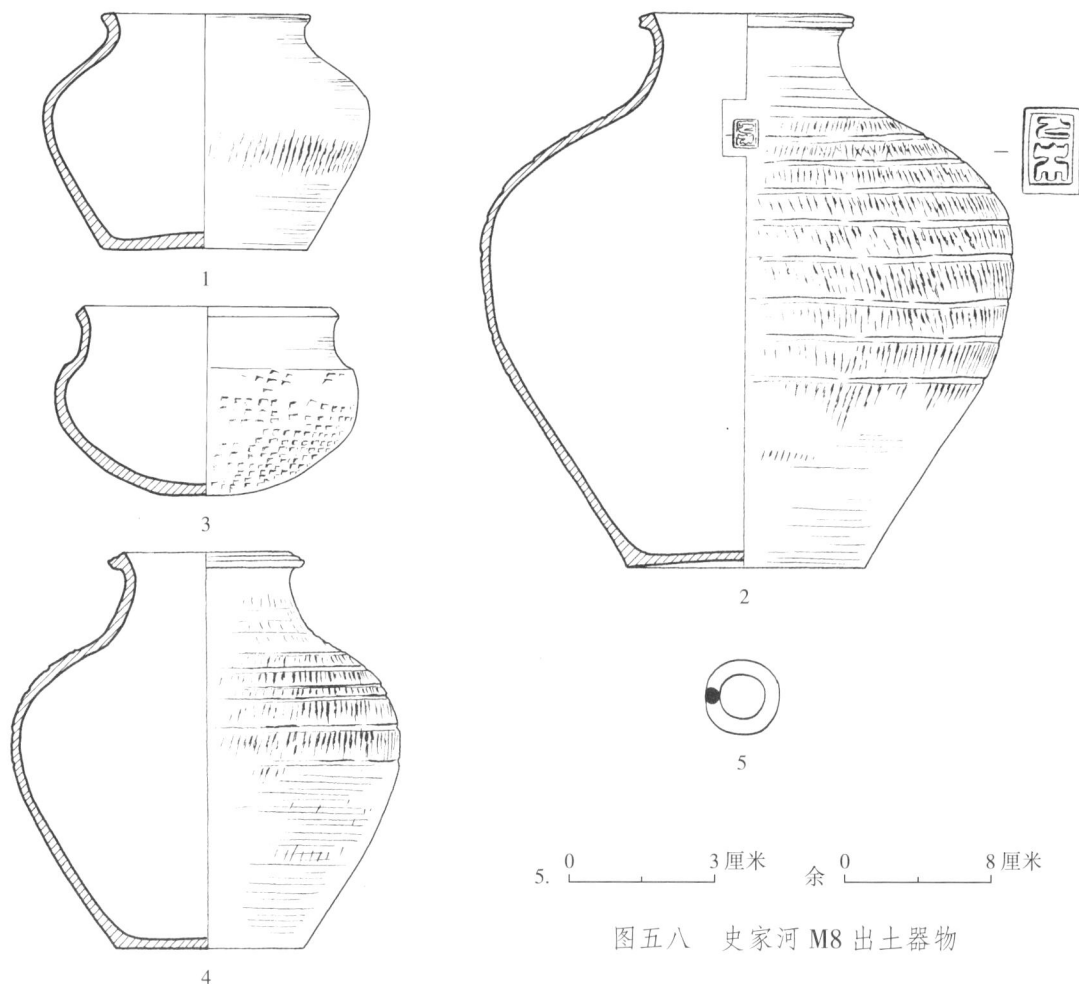

图五八　史家河 M8 出土器物

**陶罐**　1 件。M8：1，泥质浅灰陶。侈口，矮领，广折肩，平底。下腹部饰少量绳纹。口径 11.2、底径 11.2、高 12.4 厘米（图五八；彩版三五，2）。

**陶缶**　2 件。M8：2，泥质灰陶。小口，方唇，矮直领，圆肩，鼓腹，平底。整体较高，最大径在上腹部。肩面及腹部饰弦断绳纹。肩面有戳印陶文"上市"。口径 11.6、底径 13、高 29.4 厘米（图五八；彩版三七，1；彩版三七，2）。M8：4，泥质灰陶。侈口，折平沿外斜，弧领，圆肩，肩面稍宽，深腹，平底。最大径在肩部。领部素面，上腹饰弦断绳纹，下腹绳纹抹光。口径 9、底径 10.2、高 21 厘米（图五八；彩版三七，3）。

**陶釜**　1 件。M8：3，泥质灰陶。敞口，矮领微弧，圆腹外鼓，领腹之间有凸出折棱，圜底。最大径在上腹部。领部素面，肩至底饰大方格纹。口径 14.2、高 10 厘米（图五八；彩版三五，5）。

**铁环**　1 件。M8：5，直径 1.5 厘米（图五八）。

# M9

（一）墓葬形制

该墓位于墓地第Ⅰ台地的东南部，开口于②层下。南与 M8 相邻，东部为生产路。东西向直线式洞室墓。墓向118°。墓道在东，竖穴土坑式，口大底小，四壁倾斜下收。口长280、宽205厘米，底长270、宽192厘米，深152厘米。封门处立有一块不规则的石板，长52、高60厘米。墓室为长方形土洞，被盗洞打破，盗洞内无任何遗物。墓室低于墓道30厘米，墓室长255、宽120、高130厘米。墓室内只剩人头骨，仰面微向南侧，口大张。在墓室西壁倾斜立一块石板，高约60厘米（图五九；彩版二三，1）。

（二）出土器物

该墓被盗扰破坏，劫后残余随葬品有陶缶1件，位于墓主头部正后方；陶罐1件，位于墓主右肩处上方。推测这两件陶器原应是在棺盖板上放置。

陶缶 1件。M9：1，泥质灰陶。小口微侈，窄口沿，唇部有一周凹槽，矮领，溜肩，腹部斜下收，平底。领部饰数周凸弦纹，领部至腹部饰数周弦断绳纹。口径10.6、底径14.4、高28厘米（图六○；彩版三七，4）。

陶罐 1件。M9：2，泥质浅褐陶。侈口，圆唇，矮领，圆鼓肩，腹壁斜内收，平底。器身最宽处在肩部。素面。口径14、底径9.8、高13厘米（图六○；彩版三四，1）。

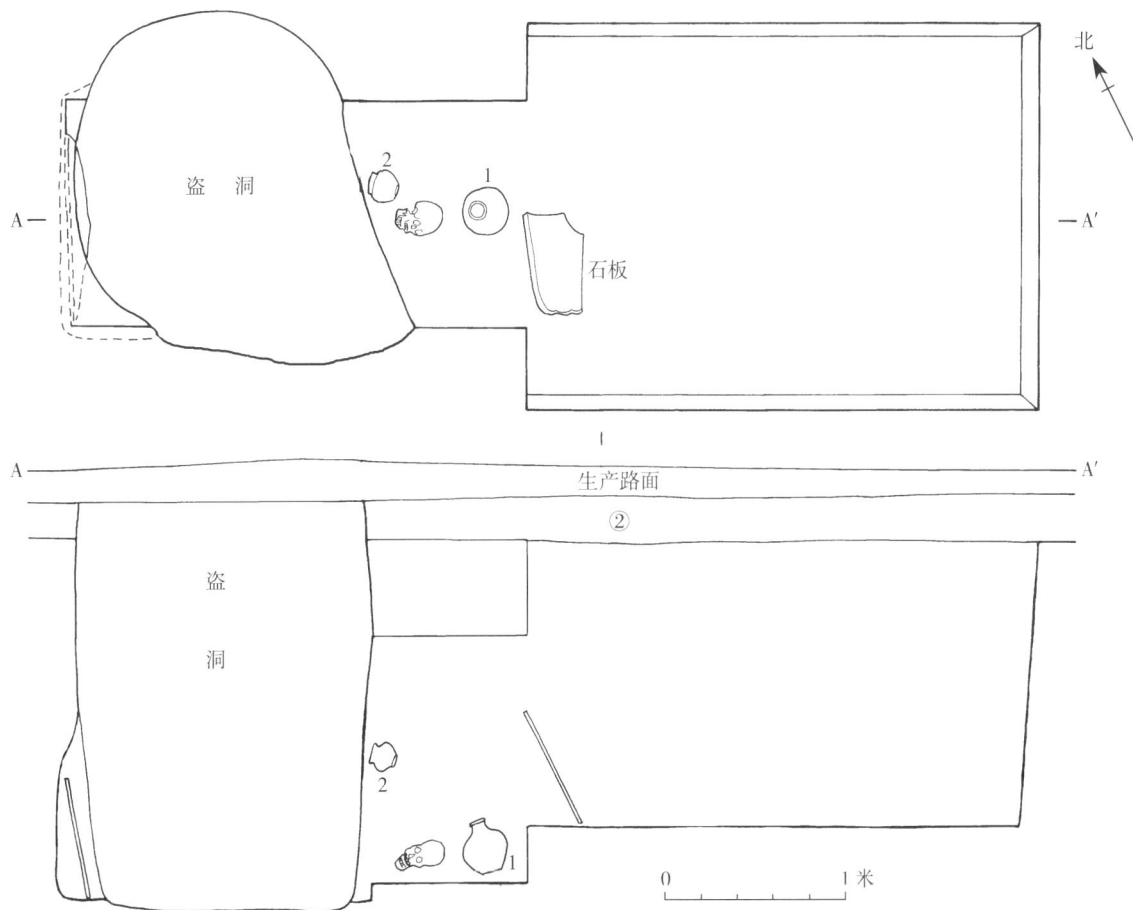

图五九 史家河M9平、剖面图
1.陶缶 2.陶罐

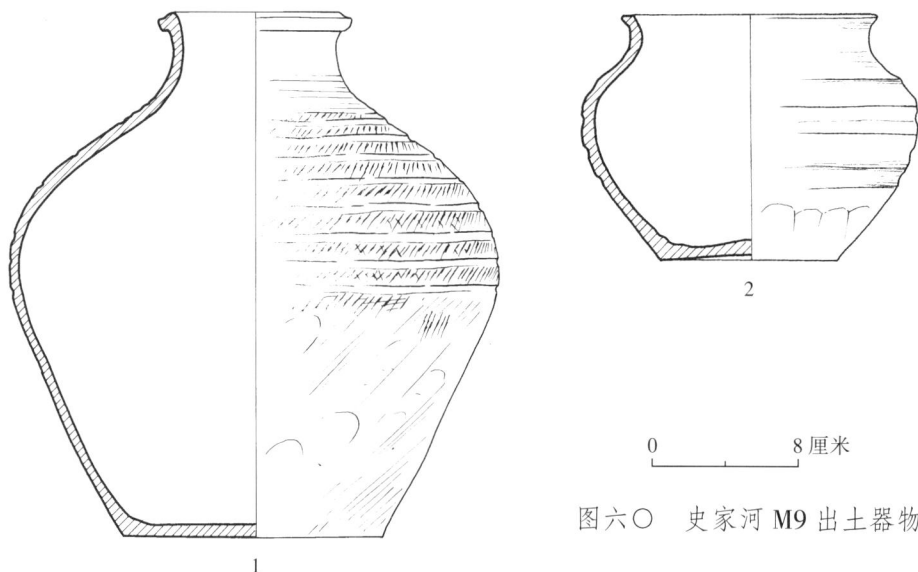

图六〇　史家河 M9 出土器物

## M11

（一）墓葬形制

该墓位于墓地第 I 台地的东部，开口于③层下。西与 M12 相邻，东部为生产路。东西向直线式洞室墓。墓向 98°。墓道在东，竖穴土坑式，口大底小，口长 320、宽 230 厘米，底长 300、宽 210 厘米，深 288 厘米。墓门宽 160、高约 120 厘米。墓室为长方形土洞，长 300、宽约 60 厘米，南、北两边的西部各向外扩约 20 厘米。墓底东高西低，高差 25 厘米。填五花土，土质较硬，夹杂有少量龙山时期陶片。葬具为单棺，长 200、宽 110、高 45 厘米。葬式为仰身微屈肢葬，双膝向左侧弯曲，双手交叉置于胸前。人骨上部有一层黑灰，黑灰下为一层硬土，硬土下为人骨部分被压碎（图六一；彩版二三，2）。

（二）出土器物

随葬品共 3 件。陶罐、陶釜、陶缶各 1 件。原应置于棺盖板上中部偏东和东北角，塌陷后贴近人骨。

**陶罐**　1 件。M11：1，泥质浅灰陶。侈口，矮领，广折肩，平底。素面。口径 9.8、底径 7.6、高 10.4 厘米（图六二；彩版三五，3）。

**陶釜**　1 件。M11：2，泥质灰陶。直领，圆唇，鼓肩，圜底。上腹素面，下腹饰大方格纹。口径 11.6、高 10 厘米（图六二；彩版三五，6）。

**陶缶**　1 件。M11：3，泥质灰陶。小口微侈，圆唇，唇周有一圈凹槽，高领，鼓腹，平底。腹部饰弦断绳纹。口径 10、底径 10.2、高 24 厘米（图六二；彩版三七，5）。

## M12

（一）墓葬形制

该墓位于墓地第 I 台地的东部，开口于②层下。东与 M11 相邻，西与 M13 相邻。东西向直线式洞室墓。墓向 105°。墓道在东，竖穴土坑式，口大底小，口长 370、宽 270 厘米，

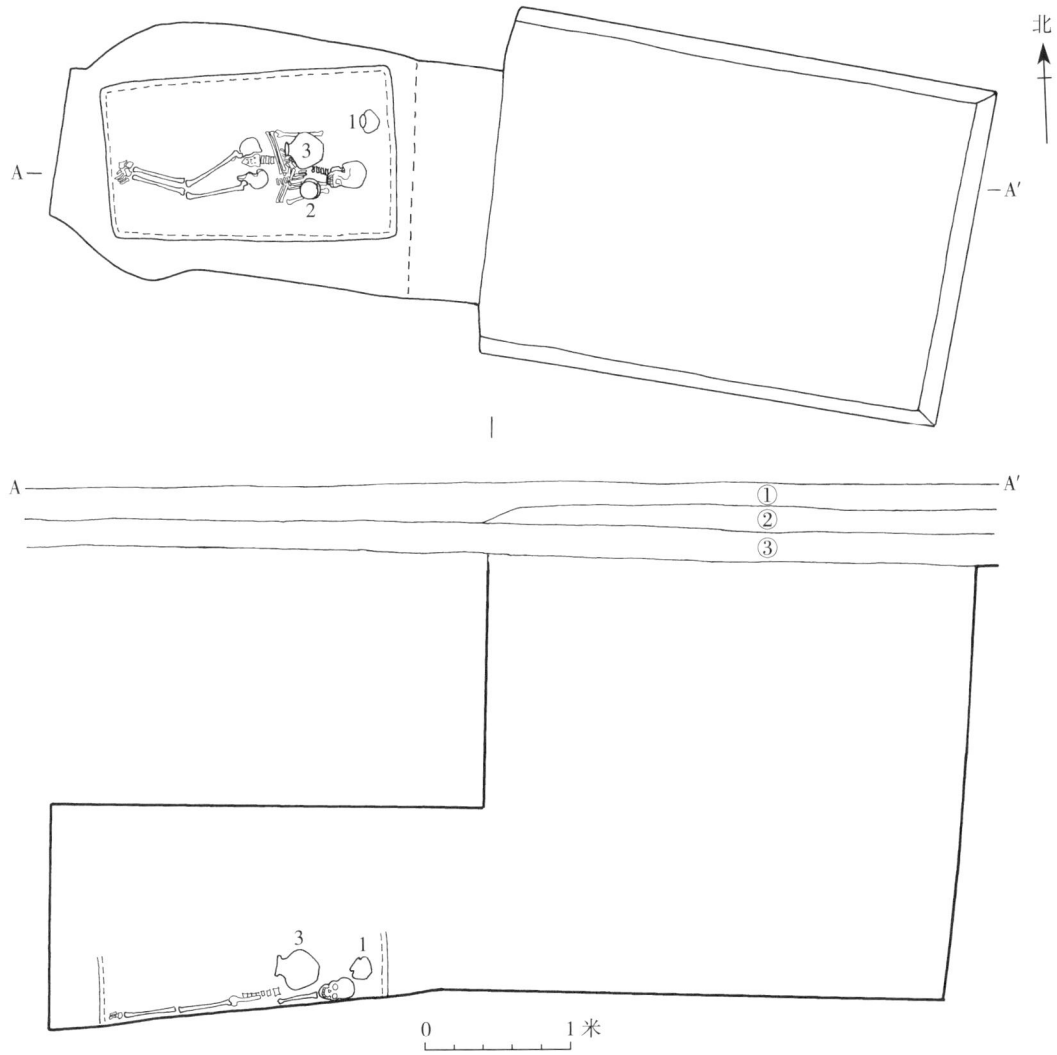

图六一 史家河 M11 平、剖面图

1.陶罐 2.陶釜 3.陶缶

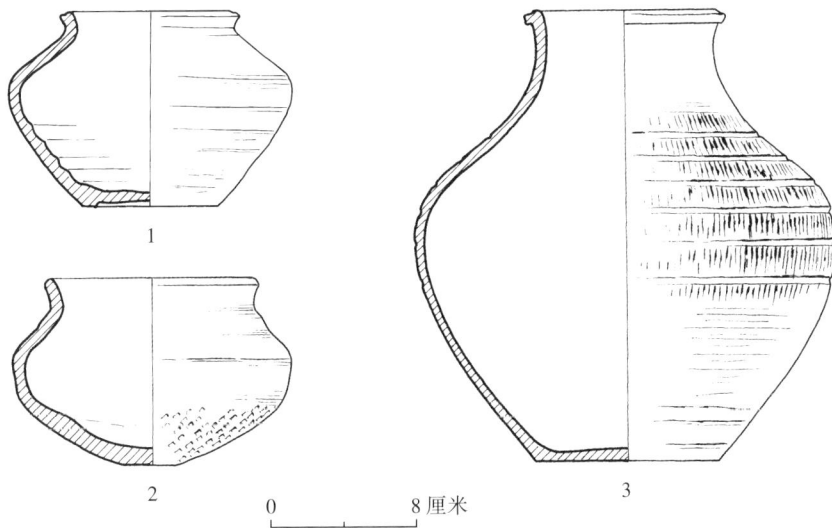

图六二 史家河 M11 出土器物

底长350、宽240厘米，深390厘米。墓道填土坚硬，填土内有3件铁锸，不同层位发现少量石板残块。墓门顶为拱形，宽180、高180厘米。墓门外倾斜立有10根木柱，将墓门封住，木柱灰痕明显，间距不同，最宽约40厘米，窄则5厘米。墓室为长方形土洞，长279、宽180、高160厘米。葬具为一椁一棺。椁室南、西、北三边由竖立的木板组成，板宽10~15、厚约4、高110厘米，不见椁室东侧板灰。棺长270、宽90、高70厘米，侧板宽约8厘米。墓主俯身，头朝东，面向左，双手背后，上身向右斜，双脚板朝上（图六三；彩版二四）。

（二）出土器物

随葬品有骨笄1件，置于墓主右肘处；铁锸3件，均出土于墓道填土内；在近墓门处的棺盖板上发现1件漆器。

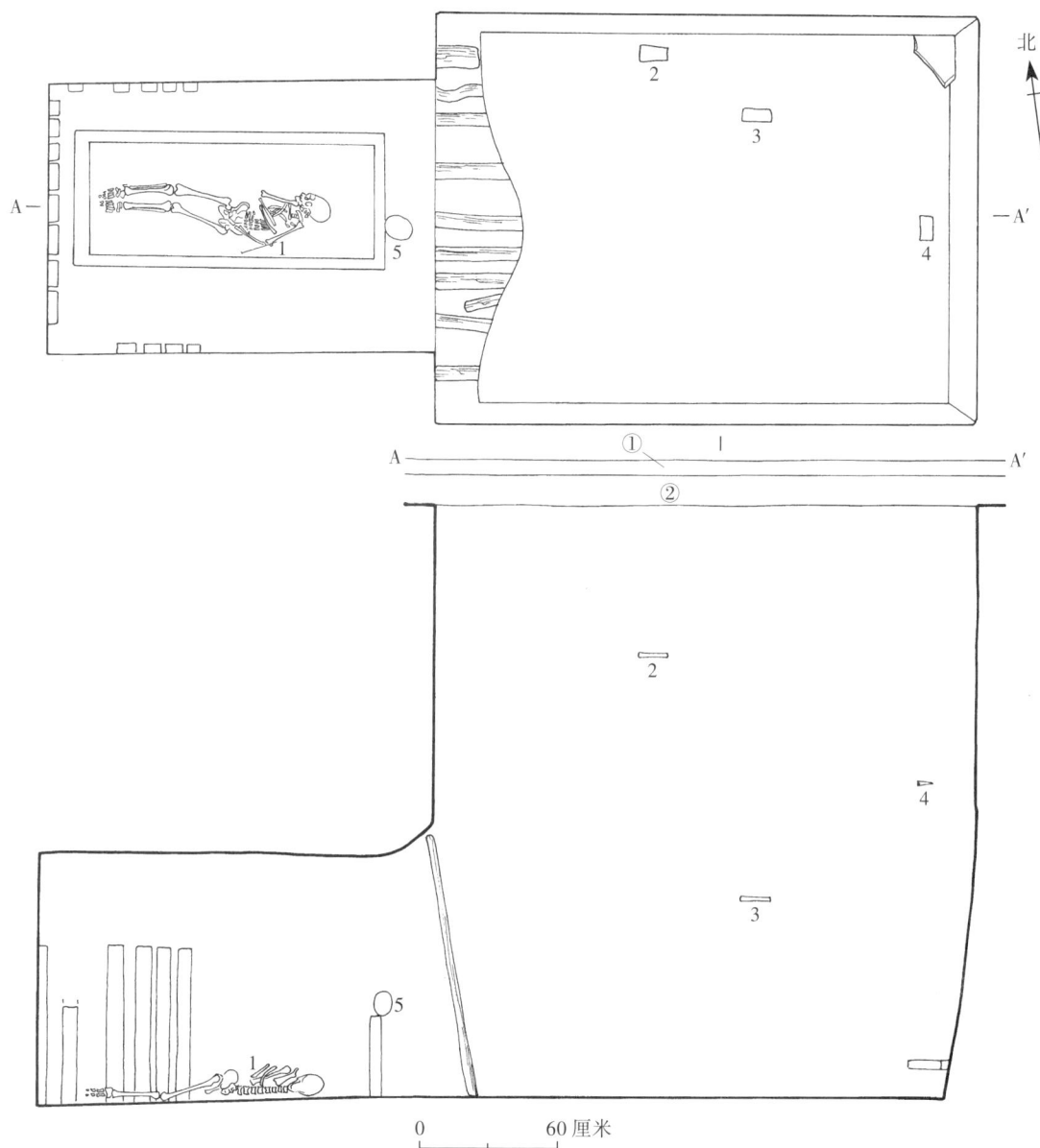

图六三　史家河M12平、剖面图

1.骨笄　2~4.铁锸　5.漆器

**骨笄**　1件。M12∶1，圆形钉帽，另一端打磨较尖。长25.2厘米（图六四；彩版五八，2）。

**铁锸**　3件。M12∶2~4，锈蚀严重。

**漆器**　1件。M12∶5，近圆形，不辨器形。

## M17

（一）墓葬形制

该墓位于墓地第Ⅰ台地的西部，开口于③层下。东南与M18相邻，西与M19相邻。南北向平行式洞室墓。墓向347°。墓道在西，竖穴土坑式，口大底小，口长306、宽184厘米，底长290、宽164厘米，深320~370厘米，墓道底中部比西深约20厘米，并由中往东向下倾斜，落差约25厘米。墓门呈拱形，最高约200厘米。墓室为长方形土洞，长210、宽110厘米。填五花土，土质稍硬。葬具难辨，但在墓壁周围发现灰痕，应为单棺。葬式为仰身直肢葬，墓主人头朝北，面向左，双手置于小腹处，双脚向左（图六五；彩版二五，1）。

（二）出土器物

随葬品共2件。铜带钩1件、铁片（残碎）1件，均放置于墓主右肩上部。

**铜带钩**　1件。M17∶1，琵琶形，禽首，钩纽圆形，较大，靠近钩尾。长5.7厘米（图六六；彩版四七，3）。

**铁片**　1件。M17∶2，残碎，器形不辨。

## M20

该墓位于墓地第Ⅰ台地的西部，开口于②层下。东与M21相邻。南北向平行式洞室墓。墓向341°。墓道在西，竖穴土坑式，口大底小，南、北两壁向内收，口长290、宽130厘米，底长250、宽110厘米，深300米。填五花土，土质坚硬。墓壁整齐。墓门呈拱形，最高约130厘米。墓门外竖立19根木柱，木柱灰痕明显，高100~120厘米，木痕排列不甚规整，间距4~10厘米。墓室为长方形土洞，长150、宽130厘米，墓室底较墓道底低约10厘米。葬具为单棺，长100、宽60厘米，侧板宽4、高约20厘米。葬式为仰身直肢葬，墓主人头朝北，面向右，口大张，双手交叉置于胸前，双脚向左（图六七）。

未发现任何随葬品。

## M24

（一）墓葬形制

该墓位于墓地第Ⅰ台地的西北部，开口于③层下。东与M23相邻，西部为断坎。东西

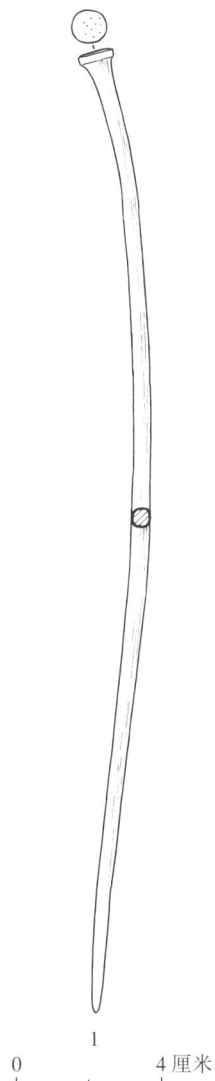

0　　1　　　　4厘米

图六四　史家河M12
出土器物

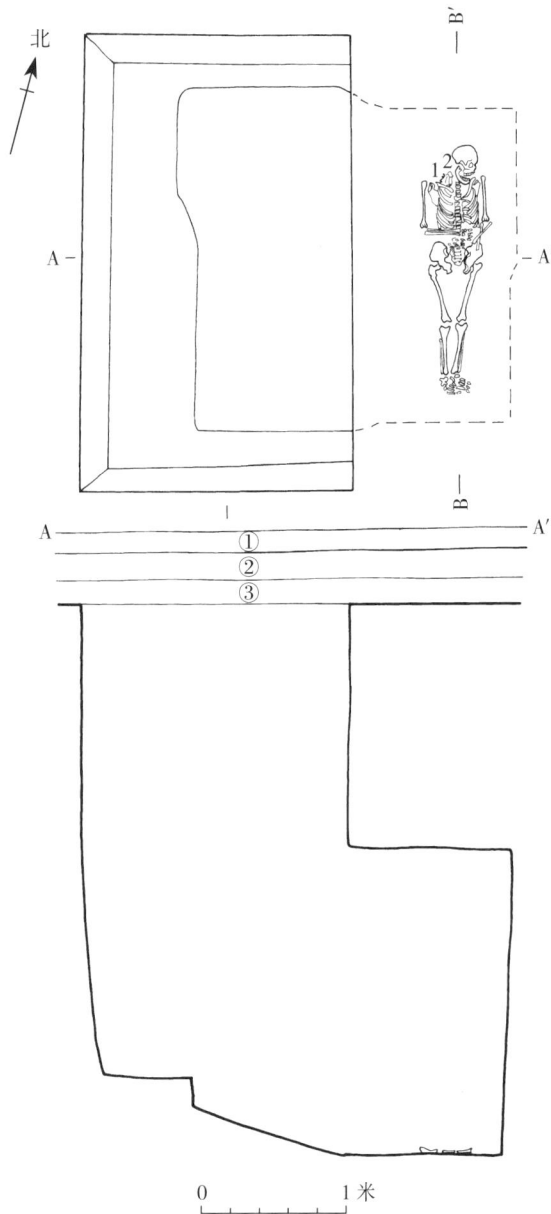

图六五　史家河 M17 平、剖面图
1. 铜带钩　2. 铁片

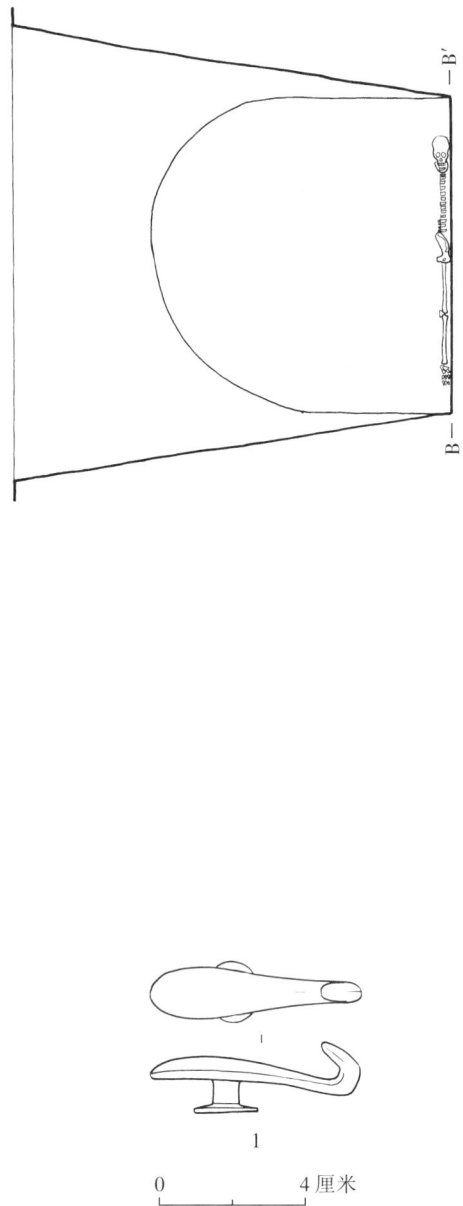

图六六　史家河 M17 出土器物

向平行式洞室墓。墓向 113°。墓道在南，竖穴土坑式，长 285、宽 140、深 425 厘米。填土较纯净，土质坚硬，四壁整齐。墓门呈拱形，宽 230、最高 200 厘米。墓门两端各有一个直径 2 厘米的圆柱洞，深 20 厘米，内有灰痕。墓室为长方形土洞，长 230、宽 120、高 100 厘米。葬具为单棺，长 190、宽 70 厘米，侧板宽 8、高约 30 厘米。葬式为仰身直肢葬，墓主人头朝东，面向左侧，双手置于胸前（图六八；彩版二六，1）。

（二）出土器物

随葬品共 2 件。骨笄 1 件，置于墓主左臂肱骨处（彩版二六，2）；铁带钩 1 件，置于墓主骶骨上。

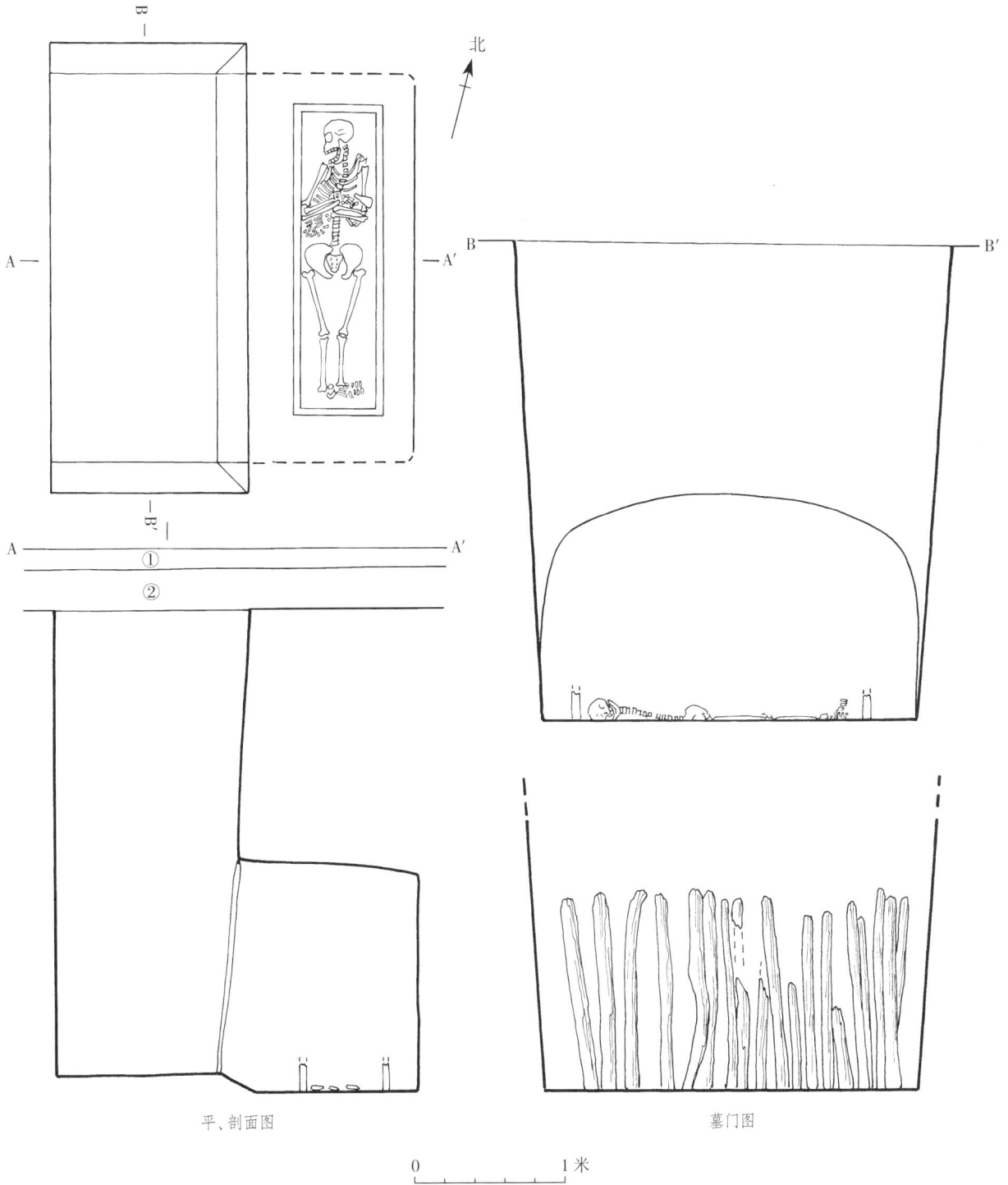

图六七 史家河 M20 平、剖面图及墓门图

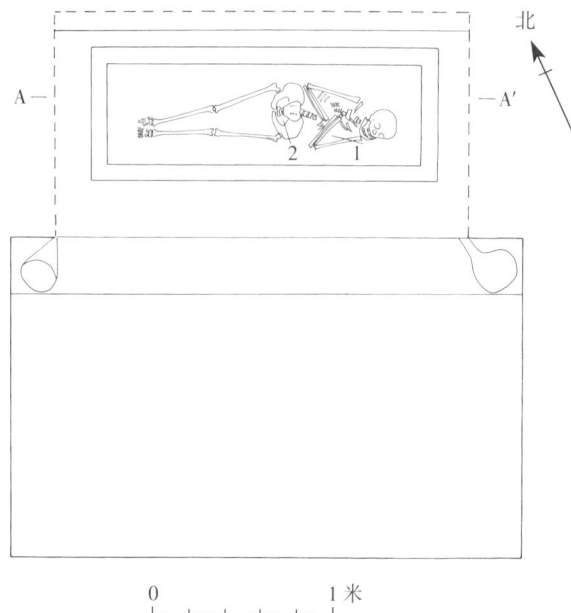

图六八　史家河 M24 平面图

1. 骨笄　2. 铁带钩

**骨笄**　1 件。M24∶1，无钉帽，长 23.7 厘米（图六九；彩版五八，5）。

**铁带钩**　1 件。M24∶2，锈蚀严重。

## M26

（一）墓葬形制

该墓位于墓地第 I 台地的西南部，开口于③层下。北与 M25 相邻，南部为断坎。南北向平行式洞室墓。墓向 74°。墓道在西，竖穴土坑式，口大底小，口长 280、宽 160 厘米，墓底南、北两壁各内收约 40 厘米，底长 200、宽 160 厘米，深 380 厘米。墓道内填土较纯净，土质坚硬。墓室坍塌，墓室南、北两壁上部向上呈弧形，墓门也应当为拱形。墓门宽 210、最高约 130 厘米。封门外有 11 处圆形木柱灰痕，木柱长约 80 厘米。墓室为近长方形土洞，靠近墓门处墓边长 200 厘米，与墓道底同长，东西宽 120 厘米。葬具为单棺，棺长 188、宽 76 厘米，侧板宽约 4、高 30 厘米。葬式为仰身直肢葬，头朝北，面侧向左，双手交叉置于腹部（图七〇）。

（二）出土器物

随葬铁带钩 1 件，置于墓主右臂旁。

**铁带钩**　1 件。M26∶1，锈蚀严重。

## M36

（一）墓葬形制

该墓位于墓地第 Ⅲ 台地的西部，开口于③层下。西与 M37 相邻，南部为断坎。东西向平

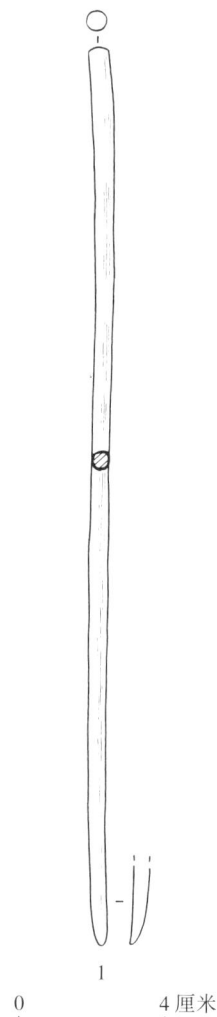

图六九　史家河 M24
出土器物

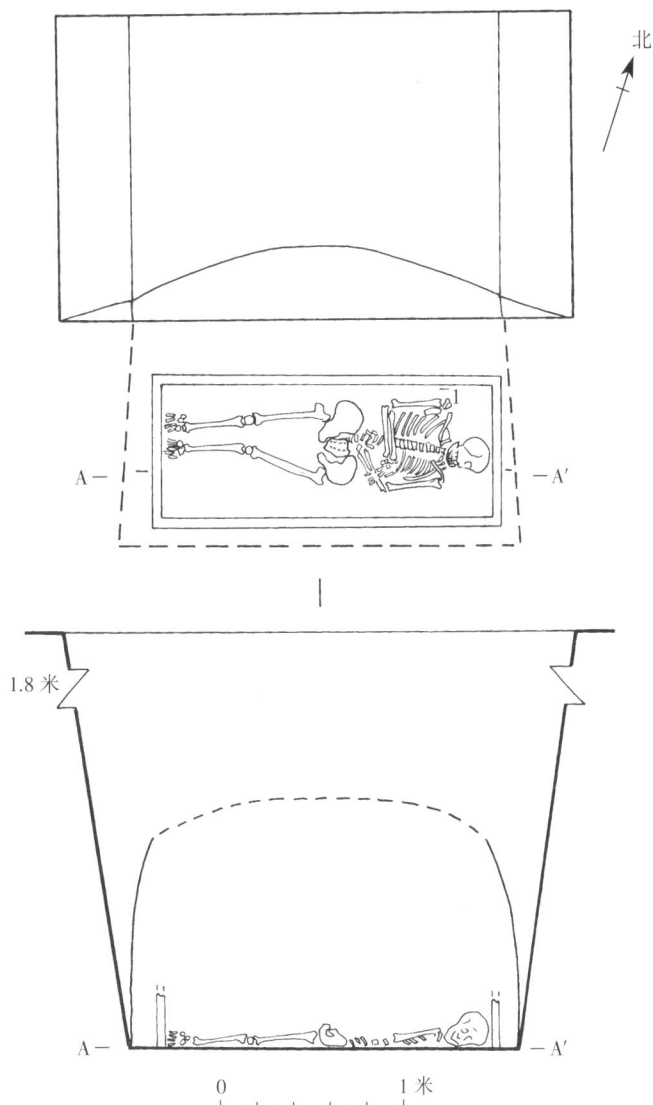

图七〇 史家河 M26 平、剖面图
1.铁带钩

行式洞室墓。方向 135°。墓道在南，竖穴土坑式，口大底小，墓壁斜直下收，墓口长 290、宽 180 厘米，底长 250、宽 130 厘米，深 372 厘米。填五花土，土质坚硬，有夯打迹象。墓道底南、东、西有生土二层台，南宽 10 厘米，东、西各宽 20 厘米。墓门呈拱形，宽 208、最高约 90 厘米。墓门外有 11 根立木，灰痕明显。墓室为梯形土洞，南边短、约 210 厘米，北边长、约 240 厘米，宽 130 厘米。葬具为单棺，长 180、宽 70、高约 30 厘米。葬式为仰身直肢葬，墓主人头朝东，面向左侧，口大张，双手置于小腹上，左指骨置于左腿骨旁（图七一、七二；彩版二七）。

（二）出土器物

随葬品共 2 件。陶壶 1 件，置于棺盖板上东侧；铜带钩 1 件，置于墓主人骶骨处。

**陶壶** 1 件。M36∶1，泥质灰陶。侈口，窄平沿，沿上有一周凹槽，方唇，矮直领，球形腹，

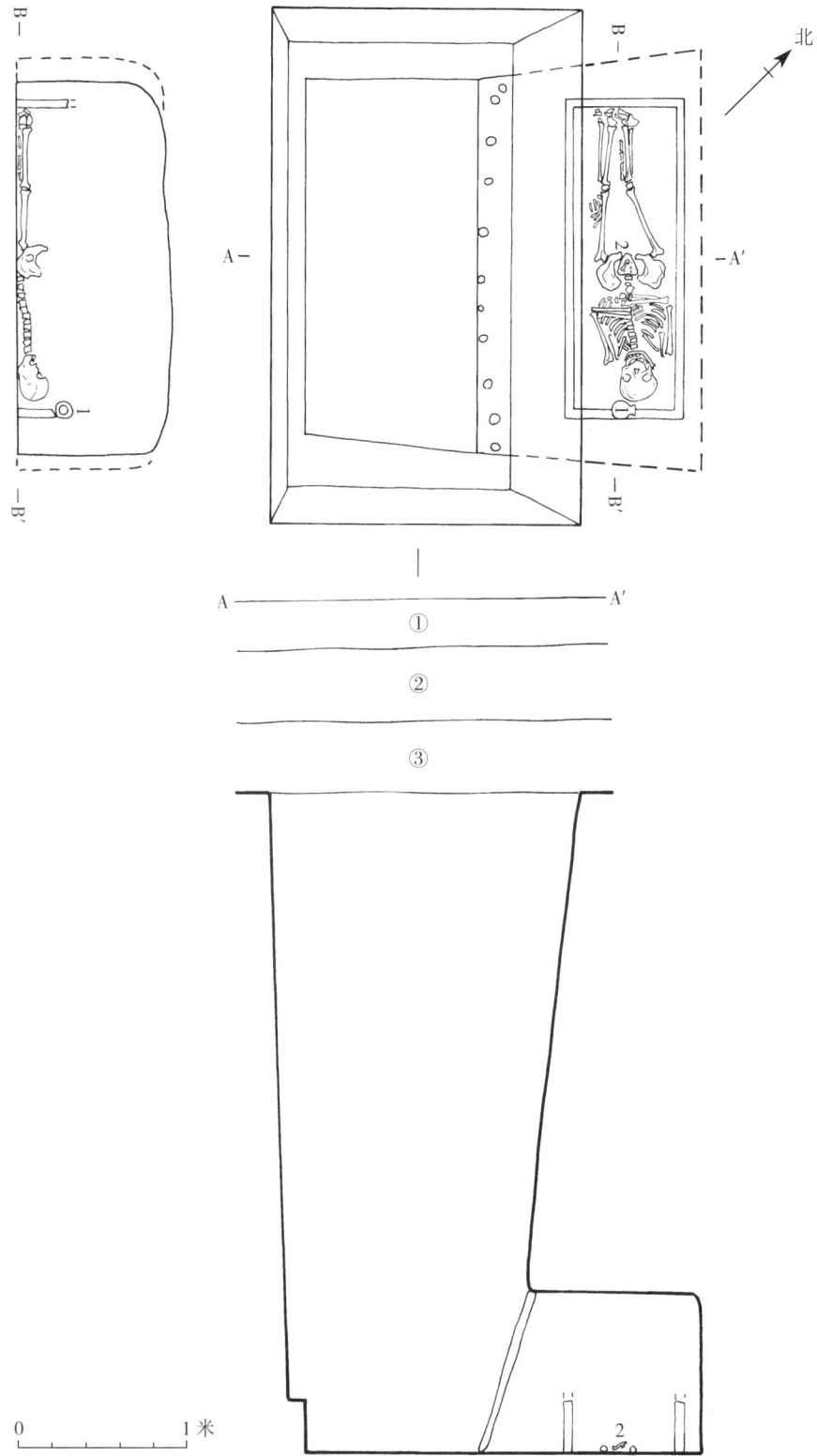

图七一　史家河 M36 平、剖面图

1. 陶壶　2. 铜带钩

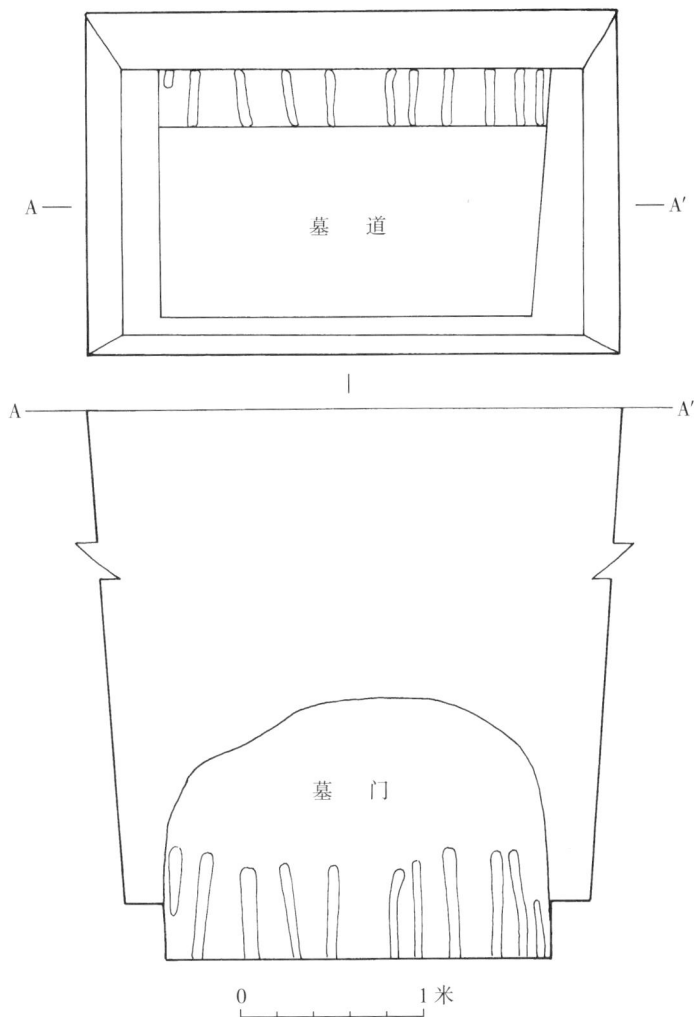

图七二　史家河 M36 墓门平、剖面图

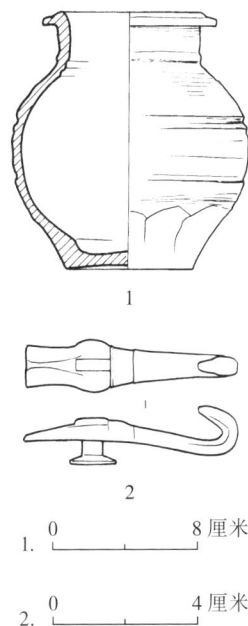

图七三　史家河 M36 出土器物

下腹斜收，平底，腹下部刮削痕迹明显。颈部有一周凸弦纹，腹部饰两周凹弦纹。口径 8.6、底径 7、高 13.6 厘米（图七三；彩版三六，3）。

**铜带钩**　1 件。M36：2，水禽状，钩首似鸭嘴形，钩体有简化的双翅。长 5.8 厘米（图七三；彩版四八，3）。

# M37

（一）墓葬形制

该墓位于墓地第Ⅲ台地的西部，开口于②层下。西与 M38 相邻，东与 M36 相邻，南部为断坎。东西向平行式洞室墓。墓向 124°。墓道在南，竖穴土坑式，口大底小，口长 300、宽 160 厘米，底长 230、宽 130 厘米，深 200 厘米。填五花土，土质较坚硬，四壁整齐。墓道底东、西两边有生土二层台，宽约 20、高 60 厘米。墓道底由南向北倾斜，高差约 15 厘米。墓门顶部较平，宽 220、高 100 厘米，未见封门木柱痕迹。墓室为梯形土洞，长 220、西宽 110、东宽 84、高约 40 厘米。葬具为单棺，长 180、宽 70、高约 40 厘米。棺东侧有一头龛，长 40、宽 25 厘米，内置 2 件陶器。葬式为仰身直肢葬，墓主人头朝东，仰面，双手置于腹上，左股骨与髋骨脱节错位，左股骨斜置，胫骨以下部位不见。在右肱骨处发现部分跖骨，右股骨外侧有 1 块小肩胛骨（图七四；彩版二五，2）。

（二）出土器物

随葬品共 3 件。陶壶 1 件、陶罐 1 件，置于头龛内；长条形铁器 1 件，置于墓主人左肱骨旁。

**陶壶**　1 件。M37：1，泥质灰陶。侈口，窄平沿，沿上有一周凹槽，方唇，矮直领，球

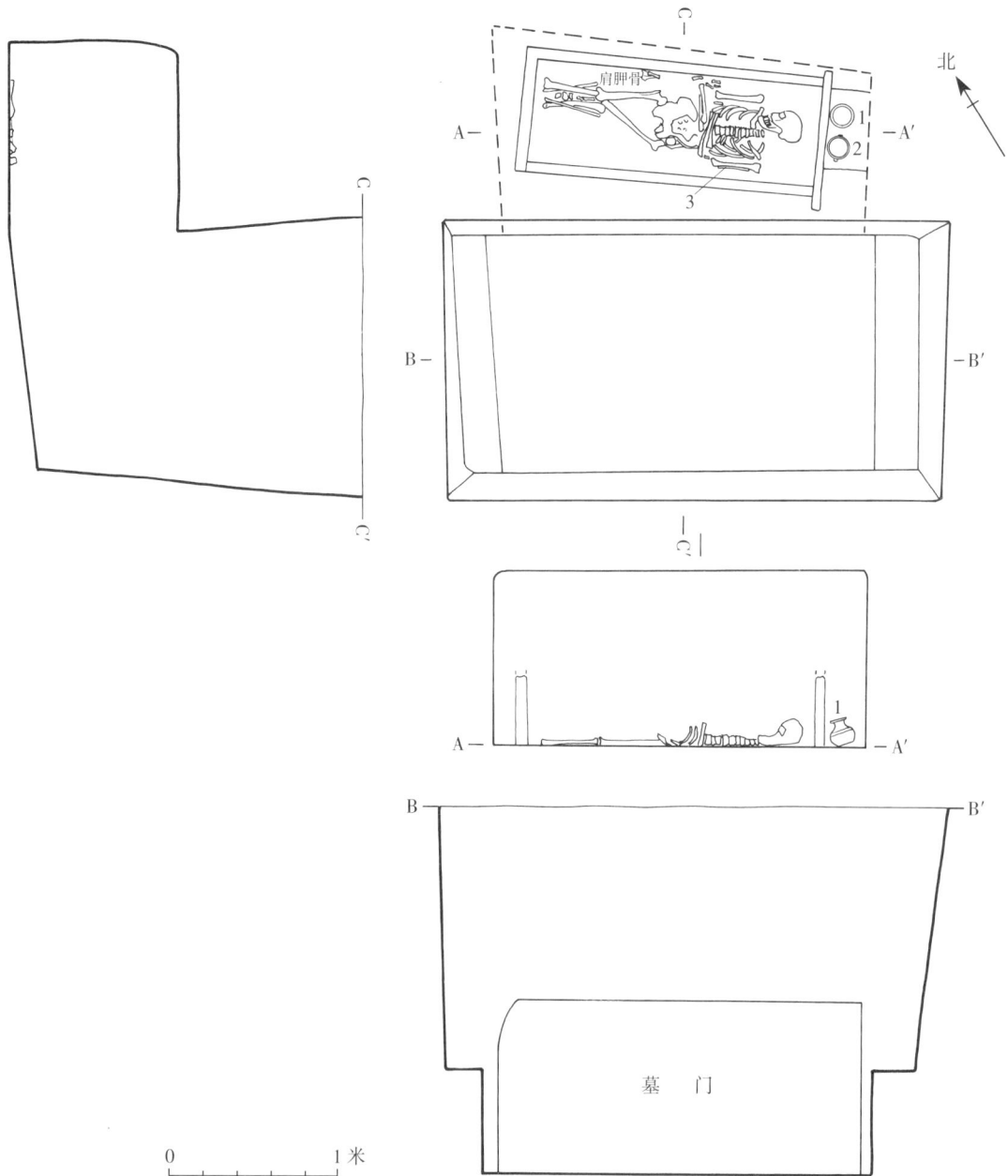

图七四　史家河 M37 平、剖面图

1. 陶壶　2. 陶罐　3. 长条形铁器

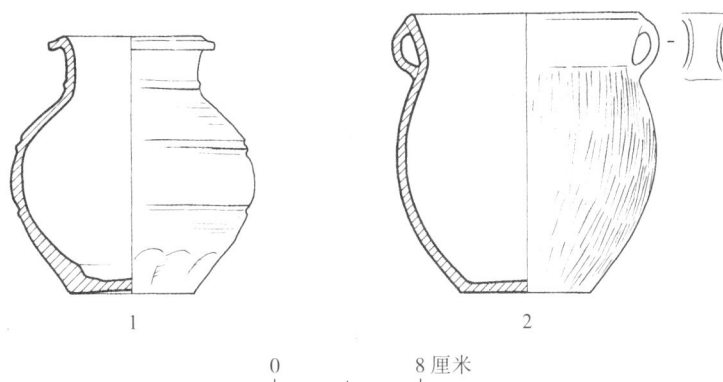

图七五　史家河 M37 出土器物

形腹，下腹斜收，平底，下腹近底处刮削痕迹明显。颈部有一周凸弦纹，腹部饰两周凹弦纹。口径 9、底径 6.8、高 13.6 厘米（图七五；彩版三六，4）。

陶罐　1 件。M37：2，夹砂红褐陶。陶色斑驳，烧制温度低，手感较轻。侈口，大斜领，两耳附于斜领上，鼓腹，平底。腹饰竖绳纹。口径 12.6、底径 7.2、高 14.8 厘米（图七五；彩版三〇，1）。

长条形铁器　1 件。M37：3，锈蚀严重，似铁带钩。

# 第三章　人骨综合研究*

史家河墓地是一处自战国早中期一直沿用至秦统一时的戎人墓地，共发现 37 座墓葬，出土 31 例人骨。该墓地大致可分为两个阶段：第一阶段是战国早中期，文化面貌、性质与寨头河墓地相同，国别上同属于魏国管辖；第二阶段是战国晚期至秦统一时，该阶段戎人受秦人影响较大，国别上属秦管辖。史家河墓地所在的黄陵县地处关中盆地、渭北高原北往黄土高原腹地、北方长城地带的门户，是各种文化交流融合的枢纽地带，墓葬出土物显示多种文化因素共存。因此，对于墓地出土人骨进行体质人类学研究不仅是本报告的必要环节，也为深入了解陕北地区东周时期居民的种族构成、生计方式、健康和营养状况等方面提供重要信息。墓地发掘期间，西北大学人类骨骼考古学实验室师生在现场对墓主人的性别、年龄及保存状况进行了现场鉴定和记录。发掘结束后，全部出土人骨运至实验室开展研究工作，包括非测量性形态特征的观察、测量数据及病理特征、创伤的描述等。根据以上人骨观察、测量、古病理学的数据，完成了史家河墓地的人骨综合研究。

## 第一节　性别、年龄的鉴定和人口寿命的研究

### 一、人口性别和年龄的分布

史家河墓地 37 座墓葬中，除个别墓葬因被严重盗扰未见人骨外，其余墓葬均为单人葬，共采集 31 例人骨。除少量死者存在骨骼保留不全的情况外，绝大多数个体骨骼保存状况良好，可进行性别、年龄鉴定的标本共计 30 例（表一）。本文对每例标本的性别、年龄鉴定主要依据吴汝康[1]和邵象清[2]所确立的标准。对成年个体性别的推断，首先根据髋骨的性别特征，其次是头骨（包括下颌骨），再次为长骨、胸骨等；年龄的推断首先根据耻骨联合面的磨耗程度，其次是牙齿，最终结合颅骨骨缝以及四肢长骨骨骺线的愈合情况综合判断。对于未成年个体的年龄推断主要依据牙齿的萌出和替换、长骨的长度等。

史家河墓地 31 例个体中性别明确或倾向于明确者共 30 例，鉴定率为 96.77%；年龄段明确或相对明确者共 27 例，鉴定率为 87.10%。明确或倾向于属于男性的个体共 20 例，属于女性的个体 10 例，男女性别比为 2∶1。现代人口研究数据统计，自然出生的人口男女性

＊ 本章由西北大学文化遗产学院陈靓执笔完成。
[1] 吴汝康、吴新智、张振标：《人体测量方法》，第 11~24 页，科学出版社，1984 年。
[2] 邵象清：《人体测量手册》，第 34~56 页，上海辞书出版社，1985 年。

表一 史家河墓地墓主人骨个体的性别、年龄鉴定表

| 墓号 | 性别 | 年龄 | 墓号 | 性别 | 年龄 |
|------|------|------|------|------|------|
| M2 | 女 | 60+ | M21 | 女 | 40~44 |
| M3 | 男 | 29~30 | M22 | 男 | 27~28 |
| M4 | 男 | 27~29 | M23 | 女 | 40~44 |
| M5 | 女 | 成年 | M24 | 女 | 31~34 |
| M6 | 男 | 35~39 | M25 | 女 | 成年 |
| M7 | 男 | 35~39 | M26 | 男 | 31~34 |
| M8 | 男 | 40~44 | M27 | 男 | 27~28 |
| M9 | 男 | 成年 | M28 | 男 | 35~39 |
| M10 | 男 | 25~32 | M29 | 女 | 24~34 |
| M11 | 女 | 40~44 | M30 | 男 | 40~44 |
| M12 | 男 | 40~44 | M31 | 男 | 35~39 |
| M13 | 男 | 27~28 | M33 | 男 | 31~34 |
| M16 | 女 | 35~39 | M36 | 男 | 35~39 |
| M18 | 男 | 14~17 | M37 | 男 | 24~26 |
| M19 | 女 | 31~34 | M38 | 不详 | 不详 |
| M20 | 男 | 31~34 | | | |

别比应在 1.02~1.07 之间[1]，男婴略多于女婴，男女性别比接近 1∶1。史家河墓地男女性别比例严重失调，可能是由于战争等原因导致男性死亡人数偏多。

史家河人群的死亡年龄分布统计见表二。根据表二绘制史家河人群死亡年龄分布柱状图（图七六）。

表二 史家河居民死亡年龄分布统计

| 年龄段 | 男性 | 女性 | 合计 |
|------|------|------|------|
| 未成年（<14 岁） | 0.00%（0） | 0.00%（0） | 0.00%（0） |
| 青年期（15~23 岁） | 5.00%（1） | 0.00%（0） | 3.33%（1） |
| 壮年期（24~35 岁） | 50.00%（10） | 30.00%（3） | 43.33%（13） |
| 中年期（36~55 岁） | 40.00%（8） | 30.00%（3） | 36.67%（11） |
| 老年期（>56 岁） | 0.00%（0） | 10.00%（1） | 3.33%（1） |
| 成年（具体年龄不详） | 5.00%（1） | 30.00%（3） | 13.33%（4） |
| 合计 | 66.67%（20） | 33.33%（10） | 100.00%（30） |

史家河人群男性与女性的死亡年龄段均集中于壮年期和中年期，其中男性的死亡年龄小于女性，死亡年龄高峰集中在壮年期。史家河人群仅有 1 例女性个体进入老年期，人口平均

[1] United Nations. *Methods of appraisal of quality of basic data for population estimates*. manual II. NEW YORK. 1955:20.

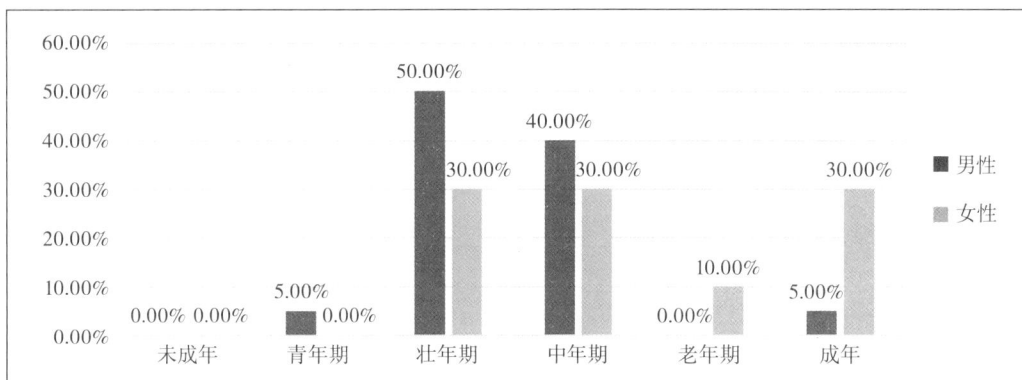

图七六　史家河人群死亡年龄分布柱状图

寿命较短。同时，史家河墓地未发现小于 14 岁的未成年个体，可能存在未成年人与成年人分别埋葬的习俗，如果确实存在这种习俗，史家河人群的实际人口平均寿命将会更低。

## 二、人口寿命研究

简略生命年表可以反映出一段时间内一个群体的死亡和生存经历，折射出这个地区居民的健康状况。简略生命年表计算出的平均预期寿命则有助于比较各地区古代居民死亡资料，评估死亡趋势[1]。

下面采用编制简略生命年表的方法对史家河先民的平均预期寿命进行推算，方法为根据

表三　史家河居民简略生命年表

| 年龄组 X | 死亡概率 nqx | 尚存人数 lx | 各年龄组死亡人数 ndx | 各年龄组内生存人年数 nLx | 未来生存人年数累计 Tx | 平均预期寿命 Ex |
|---|---|---|---|---|---|---|
| 0– | 0.00 | 27 | 0 | 27.0 | 937.5 | 34.72 |
| 1– | 0.00 | 27 | 0 | 108.0 | 910.5 | 33.72 |
| 5– | 0.00 | 27 | 0 | 135.0 | 802.5 | 29.72 |
| 10– | 0.00 | 27 | 0 | 135.0 | 667.5 | 24.72 |
| 15– | 3.70 | 27 | 1 | 132.5 | 532.5 | 19.72 |
| 20– | 0.00 | 26 | 0 | 130.0 | 400.0 | 15.38 |
| 25– | 30.77 | 26 | 8 | 110.0 | 270.0 | 10.38 |
| 30– | 33.33 | 18 | 6 | 75.0 | 160.0 | 8.89 |
| 35– | 41.67 | 12 | 5 | 47.5 | 85.0 | 7.08 |
| 40– | 85.71 | 7 | 6 | 20.0 | 37.5 | 5.36 |
| 45– | 0.00 | 1 | 0 | 5.0 | 17.5 | 17.50 |
| 50– | 0.00 | 1 | 0 | 5.0 | 12.5 | 12.50 |
| 55– | 0.00 | 1 | 0 | 5.0 | 7.5 | 7.50 |
| 60– | 100.00 | 1 | 1 | 2.5 | 2.5 | 2.50 |

---

[1] 黄荣清：《人口分析技术》，第 57~59、78~79、99 页，北京经济学院出版社，1989 年。

所有个体的平均年龄来统计死亡年龄段，推算时去除了死亡年龄段不明确的 4 例个体（M5、M9、M25、M38）。我们首先制作了全部人口的简略生命年表（表三），然后又编制了男性和女性各自的简略生命年表（表四、五），这三张表不仅可以相互参照，帮助我们了解史家河居民整体的平均寿命，也可以反映出不同性别的生存状况差异。

根据这三组简略生命年表计算出史家河人群总人口的平均预期寿命为 34.72 岁，男性为 32.76 岁，女性为 39.38 岁。男性平均预期寿命低于女性平均预期寿命 6.62 岁，造成这种现象的原因是男性在壮年期的死亡率较高。

### 表四  史家河男性居民简略生命年表

| 年龄组 X | 死亡概率 nqx | 尚存人数 lx | 各年龄组死亡人数 ndx | 各年龄组内生存人年数 nLx | 未来生存人年数累计 Tx | 平均预期寿命 Ex |
|---|---|---|---|---|---|---|
| 0- | 0.00 | 19 | 0 | 19.0 | 622.5 | 32.76 |
| 1- | 0.00 | 19 | 0 | 76.0 | 603.5 | 31.76 |
| 5- | 0.00 | 19 | 0 | 95.0 | 527.5 | 27.76 |
| 10- | 0.00 | 19 | 0 | 95.0 | 432.5 | 22.76 |
| 15- | 5.26 | 19 | 1 | 92.5 | 337.5 | 17.76 |
| 20- | 0.00 | 18 | 0 | 90.0 | 245.0 | 13.61 |
| 25- | 38.89 | 18 | 7 | 72.5 | 155.0 | 8.61 |
| 30- | 27.27 | 11 | 3 | 47.5 | 82.5 | 7.50 |
| 35- | 62.50 | 8 | 5 | 27.5 | 35.0 | 4.38 |
| 40- | 100.00 | 3 | 3 | 7.5 | 7.5 | 2.50 |

### 表五  史家河女性居民简略生命年表

| 年龄组 X | 死亡概率 nqx | 尚存人数 lx | 各年龄组死亡人数 ndx | 各年龄组内生存人年数 nLx | 未来生存人年数累计 Tx | 平均预期寿命 Ex |
|---|---|---|---|---|---|---|
| 0- | 0.00 | 8 | 0 | 8.0 | 315.0 | 39.38 |
| 1- | 0.00 | 8 | 0 | 32.0 | 307.0 | 38.38 |
| 5- | 0.00 | 8 | 0 | 40.0 | 275.0 | 34.38 |
| 10- | 0.00 | 8 | 0 | 40.0 | 235.0 | 29.38 |
| 15- | 0.00 | 8 | 0 | 40.0 | 195.0 | 24.38 |
| 20- | 0.00 | 8 | 0 | 40.0 | 155.0 | 19.38 |
| 25- | 12.50 | 8 | 1 | 37.5 | 115.0 | 14.38 |
| 30- | 42.86 | 7 | 3 | 27.5 | 77.5 | 11.07 |
| 35- | 0.00 | 4 | 0 | 20.0 | 50.0 | 12.50 |
| 40- | 75.00 | 4 | 3 | 12.5 | 30.0 | 7.50 |
| 45- | 0.00 | 1 | 0 | 5.0 | 17.5 | 17.50 |
| 50- | 0.00 | 1 | 0 | 5.0 | 12.5 | 12.50 |
| 55- | 0.00 | 1 | 0 | 5.0 | 7.5 | 7.50 |
| 60- | 100.00 | 1 | 1 | 2.5 | 2.5 | 2.50 |

## 第二节　头骨形态特征的研究

史家河墓地共采集 31 例人骨标本，保存较好、可供观察和测量的头骨有 19 例，其中男性 14 例、女性 5 例。在进行头骨的连续性形态观察时，统计数据也包括虽然残破但仍可观察部分颅面部形态特征的个体。

### 一、连续性形态特征

史家河墓地头骨的连续性形态特征观察统计结果见附表三（彩版六一至彩版六八）。具体观察项目分述如下。

1. 颅形

史家河墓地男女两性的颅形均以椭圆形为主，男性中占 43.75%，女性中占 42.86%；其次为卵圆形，男性中占 37.50%，女性中占 28.57%；五角形、菱形、楔形再次；不见圆形颅。1 例性别不明的个体为椭圆形颅。

2. 眉弓

眉弓的形态观察分为眉弓突度和眉弓范围两部分内容。

（1）眉弓突度：男女两性均以中等级为主，男性中占 57.89%，女性中占 57.14%；弱级其次，男性中占 21.05%，女性中占 28.57%；显著级再次，男性中占 15.79%；女性中占 14.29%；男性中还有极少为特显著级，占 5.26%。

（2）眉弓范围：眉弓范围分为五级，即 0~4 级。男女两性均以 1 级为主，分别占 73.68% 和 80.00%；其次为 2 级，分别占 26.32% 和 20.00%；无 0 级、3 级和 4 级出现。

总体来看，男女两性眉弓的形态差异很小。

3. 前额

男性以中等者和倾斜者为主，均占 40.00%；平直者最少，占 20.00%。女性以倾斜者为主，占 80.00%；平直者其次，占 20.00%；无中等者。女性前额出现了较多的男性化特征。

4. 额中缝

体质人类学研究一般认为，额中缝的出现与遗传因素、地理环境或种族变异有关。在史家河墓地的头骨中，男性有 2 例完整保留额中缝，占 12.50%，1 例保留 1/3~2/3，占 6.25%，1 例保留不到 1/3 此缝，占 6.25%；女性有 1 例保留小于 1/3 的额中缝，占 16.67%。

5. 颅顶缝

描述颅顶矢状缝的形态通常分前囟段、顶段、顶孔段和后段四部分记录。史家河墓地发现的头骨中，前囟段男女两性均以微波形为主，男性深波形次之，锯齿形再次，女性则以复杂形次之，表明此段总体以简单形为主。顶段区男女两性均以锯齿形为主，男性复杂形次之，深波形再次，女性深波形次之，复杂形再次，1 例性别不明者为深波形，表明此段复杂程度高于前囟段，但仍属于简单形。顶孔段男女两性均以深波形为主，其次为微波形，男性还有少量锯齿形和复杂形，1 例性别不明个体为深波形，复杂形出现比率极低，表明此段仍以简单形为主。后段区男女两性均以深波形为主，复杂形次之，微波形再次，男性有少量锯齿形，1 例性别不明个体为深波形，复杂形的出现比率较前三段明显提高，表明此段较为复杂。

综上所述，虽然男女两性在这四段中存在一些差异，但主要形态出现率一致，表明史家河墓地出土的头骨男女两性在颅顶缝的形态分布上差异较小。

6. 乳突

男性以中等者为主，占 52.94%；大者其次，占 23.53%；小者和特小者较少，均占 11.76%；无特大者。女性特小者和小者出现比率相同，占 37.50%；其次为中等者，占 25.00%。1 例性别不明个体为大者。在乳突的发育程度上，男性乳突明显大于女性。

7. 枕外隆突

枕外隆突的发育程度与乳突一样，也存在较明显的性别差异。男性稍显者最多，占 55.56%；中等者次之，占 16.67%；缺如者和显著者再次，均占 11.11%；极显者最少，仅占 5.56%；无喙突状者出现。女性以缺如者为主，占 44.44%；稍显者其次，占 33.33%；中等者再次，占 22.22%。1 例性别不明者为稍显级。

8. 眶形

男女两性眶形均以椭圆形为主，男性中占 66.67%，女性中占 60.00%。男性眶形长方形其次，占 20.00%；方形和斜方形再次，均占 6.67%。女性其余为圆形和斜方形，均占 20.00%。

9. 梨状孔

男性梨状孔为梨形者占 45.45%；其余为心形和三角形，均占 27.27%。女性心形和三角形者各有 1 例。

10. 梨状孔下缘

男女两性均以钝型为主，分别占 40.00% 和 60.00%。男性锐型和鼻前窝型其次，均占 26.67%；鼻前沟型再次，占 6.67%。女性其余均为鼻前窝型，占 40.00%。1 例性别不明者为钝型。

11. 鼻前棘

男女两性鼻前棘均以稍显级为主，男性中占 50.00%，女性中占 80.00%；不显者其次，男性中占 35.71%，女性中占 20.00%；男性还有少量为中等者，占 14.29%。1 例性别不明者属于中等级。

12. 鼻根凹陷

男性以鼻根凹陷浅者为主，占 66.67%；深者其次，占 33.33%。女性以无凹陷者和浅者为主，均占 42.86%；其次为深者，占 14.29%。男性鼻根凹陷发育程度大于女性。

13. 犬齿窝

不同人种犬齿窝的发育程度有明显区别，蒙古人种犬齿窝通常不发达，欧罗巴人种和澳大利亚—尼格罗人种犬齿窝相对较发达。犬齿窝一般分为 4 级。史家河墓地发现的个体中，男性以 2 级为主，占 37.50%；1 级次之，占 31.25%；0 级再次之，占 25.00%；3 级极少，只占 6.25%。女性以 1 级和 2 级为主，均占 40.00%；其余为 3 级，占 20.00%。男女两性均无 4 级者。

14. 翼区

翼区是指蝶骨大翼、顶骨、额骨和颞骨相交界的区域，除了这四块骨骼的骨缝可有多种衔接方式外，还可以观察到独立的翼上骨的存在。翼区包括四种类型：H 型（蝶顶型）、I 型（额颞型）、X 型（点型）和翼上骨型。本墓地的头骨男女两性均以 H 型为主，分别占 86.67% 和 60.00%；男性还有 I 型和翼上骨型各 1 例，均占 6.67%；女性另有 2 例翼上骨型，占 40.00%。

15. 鼻梁

在黄种人中，凹型鼻梁的出现率很高。本墓地头骨中男女两性也均以凹型为主，分别占 91.67% 和 100.00%；男性中还有 1 例凹凸型，占 8.33%。

16. 鼻骨形状

从正面观察鼻骨的形状，可分为 I 型（上下宽明显大于中部）、II 型（由上到下逐渐变宽）和 III 型（上下鼻骨宽度大体相等，变化不大）。本墓地发现的头骨中，男性以 II 型为主，占 53.33%；其次为 I 型，占 46.67%。女性则以 I 型为主，占 60.00%；II 型其次，占 40.00%。两性均不见 III 型鼻骨者。

17. 矢状嵴

黄种人矢状嵴的出现率居于各大人种之首，澳洲土著人种也有相当的分布。本墓地的头骨均存在发育程度不同的矢状嵴，男女两性均以弱级为主，男性中占 68.75%，女性中占 77.78%；中等级次之，男性中占 31.25%，女性中占 22.22%；无显著级。1 例性别不明者为弱级。

18. 腭形

男性腭形为"V"形者占 46.67%，居首位；椭圆形者次之，占 40.00%；"U"形者最少，占 13.33%。女性腭形为椭圆形者最多，占 60.00%；"U"形和"V"形次之，各占 20.00%。1 例性别不明者为椭圆形。

19. 腭圆枕

男性丘状腭圆枕者最多，占 50.00%；嵴状者其次，占 28.57%；无腭圆枕者占 21.43%。女性以无腭圆枕者为主，占 60.00%；丘状者其次，占 40.00%。1 例性别不明者为嵴状。

20. 顶孔数目

男性以仅见右侧顶孔者为主，占 50.00%；左右侧顶孔全者其次，占 37.50%；无顶孔者和仅左孔者较少，均占 6.25%。女性以仅见右侧顶孔和左右顶孔全者为主，均占 33.33%；无顶孔者其次，占 22.22%；有附加孔者再次，占 11.11%。1 例性别不明者仅有右侧顶孔。

21. 颏形

男女两性的颏孔形态有明显差异，男性一般以方形和圆形为主，女性以尖形为主。本墓地发现的头骨中，男性均为方形或圆形，分别占 55.56% 和 44.44%；女性以方形和尖形为主，均占 40.00%，其次为圆形，占 20.00%。1 例性别不明者为方形。

22. 颏孔位置

男性颏孔位置主要在 P1P2 位，占 61.11%；其余在 P2 位，占 38.89%。女性主要在 P2M1 位，占 44.44%；其次为 P1P2 位，占 33.33%；P2 位最少，占 22.22%。1 例性别不明者位于 P1P2 位。

23. 下颌圆枕

下颌圆枕指下颌骨舌侧出现的圆形、椭圆形或条纹形的骨质隆起，通常位于第一前臼齿到第二前臼齿之间，该项特征在蒙古人种中有较高的出现率。史家河墓地出土人骨中，男性有下颌圆枕者仅占 22.22%，其中小者和大者分别占 5.56%，中者占 11.11%；女性有下颌圆枕者占 25.00%，其中小者和大者各占 12.50%。1 例性别不明者无下颌圆枕。

24. 下颌角型

男女两性下颌角型均以外翻型为主，分别占 94.44% 和 57.14%。男性内翻型其次，占 5.56%。女性直型其次，占 28.57%；内翻型再次，占 14.29%。1 例性别不明者属于外翻型。

25. "摇椅型" 下颌

男性以非 "摇椅型" 和轻度 "摇椅型" 为主，均占 38.89%，明显 "摇椅型" 仅占 22.22%。女性属于 "摇椅型" 和非 "摇椅型" 者分别占 40.00%，属于轻度 "摇椅型" 者占 20.0%。1 例性别不明者为非 "摇椅型" 下颌。

根据以上各类观察项目统计，史家河墓地头骨的连续性形态特征可以概括如下：颅形以椭圆形为主，眉弓发育多为中等级，前额多倾斜，颅顶缝以简单形为主，眶形多为椭圆形，梨状孔以梨形为主，梨状孔下缘以钝型和鼻前窝型为主，鼻前棘以稍显级为主，鼻根凹陷发育较浅，翼区主要为蝶顶型，鼻梁以凹型为主，鼻骨形状主要为 I 型和 II 型，大多数个体存在较弱的矢状嵴，腭形以 V 型和椭圆形为主，额型以方形和圆形为主，大部分个体无下颌圆枕，下颌角多外翻。史家河人群头骨的连续性形态特征显示其属于蒙古大人种。

## 二、颅面部测量性形态特征

我们对史家河墓地人骨进行了详细测量，并对颅面部测量性形态特征出现率做了记录（附表四）。根据统计结果，我们可以从以下方面对史家河墓地出土人骨的颅面部特征进行分析。

1. 颅长宽指数（8：1）

男性以圆颅型为主，占 46.67%；中颅型其次，占 26.67%；特圆颅型再次，占 20.00%；长颅型最少，只占 6.67%；无特长颅型。女性以中颅型为主，占 50.00%；圆颅型其次，占 33.33%；特圆颅型最少，占 16.67%。从颅指数看，史家河人群颅型以短—中颅型居多。

2. 颅长高指数（17：1）

男性以高颅型为主，占 85.71%；其次为正颅型，占 14.29%；无低颅型。女性全部属于高颅型。

3. 颅宽高指数（17：8）

男性以狭颅型为主，占 46.67%；中颅型其次，占 33.33%；阔颅型最少，只占 20.00%。女性以狭颅型居多，占 50.00%；其次为中颅型，占 33.33%；阔颅型最少，占 16.67%。

4. 额宽指数（9：8）

男性以狭额型为主，占 53.33%；中额型其次，占 26.67%；阔额型最少，占 20.00%。女性中额型最多，占 60.00%；狭额型和阔额型各占 20.00%。

5. 垂直颅面指数（48：17）

男性以中等级为主，占 69.23%；小级和大级其次，均占 15.38%；无很大级和很小级者。女性也以中等级为主，占 75.00%；其余 25.00% 的为小级。

6. 上面指数（48：45）

男性以中上面型为主，占 90.00%；其余为阔上面型，占 10.00%。女性全部为中上面型。

7. 全面指数（47：45）

男性多狭上面型，占 44.44%；其次为阔上面型，占 33.33%；中上面型和特阔上面型最少，分别占 11.11%。女性仅有 1 例头骨可获得全面指数，为阔上面型。

8. 鼻指数（54：55）

男性以阔鼻型为主，占 53.85%；其次为中鼻型，占 23.08%；再次为狭鼻型，占 15.38%；特阔鼻型最少，占 7.69%。女性全部为阔鼻型。

9. 眶指数（52：51）

男女两性均以中眶型为主，分别占 76.92% 和 80.00%；高眶型其次，分别占 23.08% 和 20.00%；无低眶型。

10. 鼻根指数（SS：SC）

男性分布等级比较分散，中级、弱级和很弱级分别占 25.00%，突级占 16.67%，很突级占 8.33%。女性多弱级，占 75.00%；其余为很弱级，占 25.00%。

11. 面突度指数（40：5）

男性以平颌型为主，占 53.85%；中颌型其次，占 30.77%；突颌型最少，占 15.38%。女性全部为平颌型。

12. 腭指数（63：62）

男性以阔腭型为主，占 55.56%；狭腭型和中腭型其次，各占 22.22%。女性亦以阔腭型为主，占 60.00%；其次为狭腭型，占 40.00%；无中腭型。1 例性别不明者属于狭腭型。

13. 齿槽弓指数（61：60）

男性以短齿槽型为主，占 81.82%；中齿槽型其次，占 18.18%；无长齿槽型。女性亦以短齿槽型为主，占 80.00%；其余为中齿槽型，占 20.00%。1 例性别不明者为短齿槽型。

14. 面角（72）

男性以中颌型和平颌型为主，均占 38.46%；突颌型最少，占 23.08%；无超突颌型和超平颌型。女性中颌型和平颌型各占 50.00%。

15. 齿槽面角（74）

男性以中颌型为主，占 38.46%；平颌型其次，占 30.77%；突颌型再次，占 23.08%；超突颌型最少，占 7.69%；无超平颌型。女性中颌型最多，占 50.00%；其余为平颌型和突颌型，各占 25.00%。

16. 鼻骨角（75－1）

男性以小级为主，占 40.00%；很小级、中级和大级均占 20.00%；无很大级。女性全部为很小级。

17. 鼻颧角（77）

男女两性均以很大级为主，各自占 53.85% 和 60.00%。男性大级其次，占 23.08%；中级再次，占 15.38%；小级最少，占 7.69%。女性大级和小级各占 20.00%。

18. 颧上颌角（zm∠）

男性中级者最多，占 33.33%；很小级和小级其次，占 25.00%；大级最少，占 16.67%；无很大级。女性以小级为主，占 66.67%；其余为很小级，占 33.33%。

根据以上的统计分析，史家河墓地出土头骨的测量特征概括如下：颅型为中—圆颅型——高颅型——中—狭颅型相结合；面颅是阔面型与狭面型——偏高的中眶型——阔鼻型——中等偏弱的鼻根突度与中等的垂直颅面比例相结合；面部在矢状方向上多属于平颌型，上齿槽突度多为中颌型，较阔的腭型，很短的上齿槽类型。这些特征与蒙古人种头骨的测量特征最相符合。

## 第三节　颅骨的测量学研究

### 一、颅骨测量特征的种系纯度研究

史家河墓地作为与魏国、秦国关系密切的戎人墓地，使用时间自战国早中期一直到秦统一，墓地文化因素多样，人群交流互动频仍，很可能存在种族成分的混杂。因此，判断史家河人群是否存在种族成分的混杂，估算其混杂程度十分必要。以下采用生物统计学计算变异程度来讨论史家河人群的种系纯度。

本文引用了皮尔逊和莫兰特的 10 个同种系组的颅长、颅宽和颅指数的标准差，与史家河组进行比较，制成表六。如果史家河组的颅长、颅宽和颅指数三项标准差明显大于以下 10 个同种系组的标准差，那么史家河组有可能是异种系的，反之，则为同种系。根据皮尔逊对于颅骨组的种系纯正度研究，如果任意一个颅骨长和宽的标准差大于 6.5，这组头骨可能是异种系的，如果颅骨长度的标准差小于 5.5，宽度的标准差小于 3.3，则该组头骨可能属于同种系人群[1]。

与皮尔逊的 5 个同种系组比较，史家河组颅长的标准差小于所有对比组，颅宽的标准差也仅大于阿伊努组。与莫兰特的 5 个同种系组比较，史家河组颅长和颅宽的标准差均小于所有对比组。再将史家河组的数据与国内的殷墟中小墓组、殷墟祭祀坑组、上孙家寨卡约组、上孙家寨汉代组、火烧沟组和姜家梁组[2]进行比较，史家河组颅长和颅宽的标准差也小于全部对比组，颅指数的标准差小于姜家梁组。

根据对史家河组颅长、颅宽和颅指数的标准差分析，史家河组虽然在颅指数上存在某种

[1] 转引自韩康信、谭婧泽、张帆：《青海大通上孙家寨古墓地人骨的研究》，《中国西北地区古代居民种族研究》，第 1~190 页，复旦大学出版社，2005 年。
[2] 李法军：《河北阳原姜家梁新石器时代人骨研究》，科学出版社，2008 年。

表六　史家河组颅长、颅宽和颅指数标准差与其他组的比较（男性）

| | 种系组 | 颅长标准差 | 颅宽标准差 | 颅指数标准差 |
|---|---|---|---|---|
| 本文作者 | 史家河组 | 2.44 | 3.96 | 4.78 |
| 皮尔逊 | 阿伊努组 | 5.94 | 3.90 | |
| | 巴伐利亚组 | 6.01 | 5.85 | |
| | 帕里西安组 | 5.94 | 5.21 | |
| | 纳夸达组 | 5.72 | 4.62 | |
| | 英国组 | 6.09 | 4.80 | |
| 莫兰特 | 埃及 E 组 | 5.73 | 4.76 | 2.67 |
| | 纳夸达组 | 6.03 | 4.60 | 2.88 |
| | 维特卡普组 | 6.17 | 5.28 | 2.97 |
| | 莫菲尔德组 | 5.90 | 5.31 | 3.27 |
| | 刚果尼格罗组 | 6.55 | 5.00 | 2.88 |
| 韩康信等 | 殷墟中小墓组 | 5.79 | 4.44 | 2.85 |
| 杨希枚 | 殷墟祭祀坑组 | 6.20 | 5.90 | 3.98 |
| 韩康信 | 上孙家寨卡约组 | 5.80 | 5.10 | 3.60 |
| | 上孙家寨汉代组 | 5.90 | 4.80 | 2.90 |
| | 火烧沟组 | 5.94 | 4.78 | 3.14 |
| 李法军 | 姜家梁组 | 7.16 | 5.09 | 4.98 |

程度的变异，但应该只是一种量的变化，这种变化并未体现出大人种之间的差异。因此，史家河人群仍然属于同种系人群。

## 二、头骨种系类型的分析

### 1. 主干人种形态的确认

对史家河组种族类型的判断，要从区分东西方大人种特征入手，将史家河组面部测量项目和指数的变异范围值（附表五至附表九）与赤道人种、欧亚人种和亚美人种[1]进行比较，具体数据见表七。

与三大人种 3 项面部测量值、2 项角度测量值、5 项颅面部指数值变异范围以及 1 项观察项目进行比较，显示史家河组除鼻尖点指数和眶高未落入亚美人种的变异范围，其余各项均落入其变异范围，且史家河组鼻尖点指数和眶高的数值非常接近亚美人种变异范围的下限。与赤道人种相比，史家河组的鼻指数、鼻尖点指数、鼻根指数、面宽、眶高和垂直颅面指数落入其变异范围；与欧亚人种相比，史家河组仅上面高、面宽、眶高和垂直颅面指数落入其变异范围。上述比较表明，史家河人群属于亚美人种。

---

[1] 转引自韩康信、谭婧泽、张帆：《青海大通上孙家寨古墓地人骨的研究》，《中国西北地区古代居民种族研究》，第 1~190 页，复旦大学出版社，2005 年。

### 表七　史家河组与三大人种面部测量特征的比较（男性）

（长度：毫米；角度：度）

| 马丁号 | 比较项目 | 史家河 | 赤道人种 | 欧亚人种 | 亚美人种 |
|---|---|---|---|---|---|
| 54∶55 | 鼻指数 | 51.48 | 51~60 | 43~49 | 43~53 |
| SR∶O3 | 鼻尖点指数 | 29.92 | 20~35 | 40~48 | 30~39 |
| SS∶SC | 鼻根指数 | 38.95 | 20~45 | 46~53 | 31~49 |
| 74 | 齿槽面角 | 78.05 | 61~72 | 82~86 | 73~81 |
| 77 | 鼻颧角 | 148.50 | 140~142 | 约135 | 145~149 |
| 48 | 上面高 sd | 73.26 | 62~71 | 66~74 | 70~80 |
| 45 | 面宽 | 135.44 | 121~138 | 124~139 | 131~145 |
| 52 | 眶高 R | 33.98 | 30~34 | 33~34 | 34~37 |
| 61∶60 | 齿槽弓指数 | 123.90 | 109~116 | 116~118 | 116~126 |
| 48∶17 | 垂直颅面指数 sd | 52.86 | 47~53 | 50~54 | 52~60 |
|  | 犬齿窝 | 浅 | 深 | 深 | 浅 |

2. 与亚洲蒙古人种类型的比较

亚洲蒙古人种因受不同地理环境、气候影响可以划分为北亚类型、东北亚类型、东亚类型和南亚类型四个区域性小人种。在表八中，我们将史家河组与亚洲蒙古人种的四个区域类型[1]进行了比较。

根据表八的对比，史家河组17个比较项目均落入亚洲蒙古人种的变异范围，再次证明史家河人群属于亚洲蒙古人种。

与北亚蒙古人种比较，史家河组有8项落入其变异范围，分别是颅长、最小额宽、额角、上面高、颅指数、上面指数、鼻颧角和眶指数，鼻根指数的数值也较接近其上限。但是二者在体现颅型的颅高、颅长高指数、颅宽高指数和体现面型的面宽、面角、垂直颅面指数等项目上相差较大。

与东北亚蒙古人种对比，史家河组有7项落入其变异范围，分别是颅宽、颅高、颅宽高指数、上面指数、面角、眶指数和鼻根指数，最小额宽和垂直颅面指数的数值也较接近其下限。但二者在颅长、颅长高指数、鼻指数、垂直颅面指数等项目，尤其是额角项目上差异较大，反映出史家河人群与东北亚蒙古人种同样存在较大的体质形态上的差异。

与东亚蒙古人种比较，史家河组有12项落入其变异范围，分别是颅长、颅宽、颅高、面宽、上面高、颅指数、颅长高指数、颅宽高指数、垂直颅面指数、上面指数、面角和眶指数，此外最小额宽的数值也非常接近其上限。二者的差异主要体现在鼻部形态特征上，史家河组鼻更阔，鼻根隆起程度更高。

与南亚蒙古人种比较，史家河组有10项落入其变异范围，分别为颅长、颅宽、颅高、

[1] 潘其风、韩康信：《柳湾墓地的人骨研究》，《青海柳湾》，第261~303页，文物出版社，1984年。

## 表八　史家河组与亚洲蒙古人种的比较（男性）

（长度：毫米；角度：度；指数：%）

| 马丁号 | 比较项目 | 史家河组 | 亚洲蒙古人种 | | | |
|---|---|---|---|---|---|---|
| | | | 北亚类型 | 东北亚类型 | 东亚类型 | 南亚类型 |
| 1 | 颅长 | 175.12 | 174.90~192.70 | 180.70~192.40 | 175.00~182.20 | 169.90~181.30 |
| 8 | 颅宽 | 142.54 | 144.40~151.50 | 134.30~142.60 | 137.60~143.90 | 137.90~143.90 |
| 17 | 颅高 | 137.56 | 127.10~132.40 | 132.90~141.10 | 135.30~140.20 | 134.40~137.80 |
| 9 | 最小额宽 | 93.83 | 90.60~95.80 | 94.20~96.60 | 89.00~93.70 | 89.70~95.40 |
| 32 | 额角 n-mFH | 81.57 | 77.30~85.10 | 77.00~79.00 | 83.30~86.90 | 84.20~87.00 |
| 45 | 面宽 | 135.44 | 138.20~144.00 | 137.90~144.80 | 131.30~136.00 | 131.50~136.30 |
| 48 | 上面高 sd | 73.26 | 72.10~77.60 | 74.00~79.40 | 70.20~76.60 | 66.10~71.50 |
| 8:1 | 颅指数 | 81.28 | 75.40~85.90 | 69.80~79.00 | 76.90~81.50 | 76.90~83.30 |
| 17:1 | 颅长高指数 | 79.17 | 67.40~73.50 | 72.60~75.20 | 74.30~80.10 | 76.50~79.50 |
| 17:8 | 颅宽高指数 | 96.96 | 85.20~91.70 | 93.30~102.80 | 94.40~100.30 | 95.00~101.30 |
| 48:17 | 垂直颅面指数 sd | 52.86 | 55.80~59.20 | 53.00~58.40 | 52.00~54.90 | 48.00~52.20 |
| 48:45 | 上面指数 sd | 53.91 | 51.40~55.00 | 51.30~56.60 | 51.70~56.80 | 49.90~53.30 |
| 77 | 鼻颧角 | 148.50 | 147.00~151.40 | 149.00~152.00 | 145.00~146.60 | 142.10~146.00 |
| 72 | 面角 n-prFH | 82.85 | 85.30~88.10 | 80.50~86.30 | 80.60~86.50 | 81.10~84.20 |
| 52:51 | 眶指数 R | 82.06 | 79.30~85.70 | 81.40~84.90 | 80.70~85.00 | 78.20~81.00 |
| 54:55 | 鼻指数 | 51.48 | 45.00~50.70 | 42.60~47.60 | 45.20~50.20 | 50.30~55.50 |
| SS:SC | 鼻根指数 | 38.95 | 26.90~38.50 | 34.70~42.50 | 31.00~35.00 | 26.10~36.10 |

最小额宽、面宽、颅指数、颅长高指数、颅宽高指数、面角和鼻指数。二者存在一定的相似性，它们之间的差异主要体现在史家河组较为倾斜的额部，绝对值较大的上面高，更加扁平的上面部等特征上。

根据以上对比结果，史家河人群与东亚蒙古人种存在最为相似的形态特征，同时，史家河人群与南亚蒙古人种也存在一定相似性，它与北亚蒙古人种和东北亚蒙古人种存在较大的颅面部形态上的差异。

根据表八提供的数据，绘制了史家河组的平均值折线图（图七七）。平均值折线图中的波动可以反映史家河人群与亚洲蒙古人种中几个不同的区域性小人种间的关系。

据图七七显示，史家河组在北亚类型折线图中的波动范围最大，在东北亚类型折线图中波动范围也较大，可以看出史家河组与北亚及东北亚蒙古人种间差异较大。史家河组在东亚类型和南亚类型折线图中的波动范围较小，其中东亚类型折线图的波动范围最小，由此看出史家河组与东亚类型存在较多共性，种族特征较为接近，同时与南亚类型也存在一定相似性。

3. 与近现代蒙古人种的比较

表九列出了蒙古人种 6 个近现代组的 11 项测量项目和 8 项指数项目数据。对比组包括

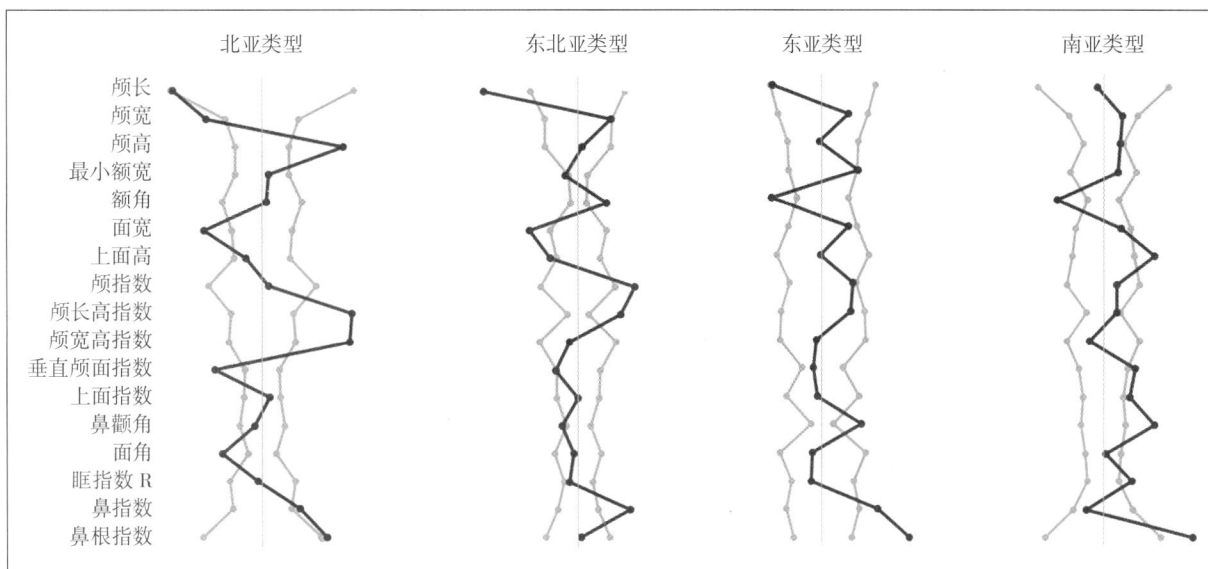

图七七 史家河组平均值折线图

## 表九 史家河组与近现代各人种的比较（男性）

（长度：毫米；角度：度；指数：%）

| 马丁号 | 项目 | 史家河组 | 华北组 | 华南组 | 爱斯基摩东南组 | 布里亚特外贝加尔湖组 | 蒙古组 | 通古斯驯鹿组 |
|---|---|---|---|---|---|---|---|---|
| 1 | 颅长 | 175.12 | 178.50 | 179.90 | 181.80 | 181.90 | 182.20 | 185.50 |
| 8 | 颅宽 | 142.54 | 138.20 | 140.90 | 140.70 | 154.60 | 149.00 | 145.70 |
| 17 | 颅高 | 137.56 | 137.20 | 137.80 | 135.00 | 131.90 | 131.40 | 126.30 |
| 9 | 最小额宽 | 93.83 | 89.40 | 91.50 | 94.90 | 95.60 | 94.30 | 90.60 |
| 45 | 面宽 | 135.44 | 132.70 | 132.60 | 137.50 | 143.50 | 141.80 | 141.60 |
| 48 | 上面高 sd | 73.26 | 75.30 | 73.80 | 77.50 | 77.20 | 78.00 | 75.40 |
| 54 | 鼻宽 | 26.83 | 25.00 | 25.20 | 24.40 | 27.30 | 27.40 | 27.10 |
| 55 | 鼻高 | 52.69 | 55.30 | 52.60 | 54.60 | 56.10 | 56.50 | 55.30 |
| 51 | 眶宽 R | 41.45 | 44.00 | 42.10 | 43.40 | 42.20 | 43.20 | 43.00 |
| 52 | 眶高 R | 33.98 | 35.50 | 34.60 | 35.90 | 36.20 | 35.80 | 35.00 |
| 72 | 面角 | 82.85 | 83.39 | 84.70 | 83.80 | 87.70 | 87.50 | 86.60 |
| 8:1 | 颅指数 | 81.28 | 77.56 | 78.75 | 77.60 | 85.10 | 82.00 | 78.80 |
| 17:1 | 颅长高指数 | 79.17 | 77.02 | 77.02 | [74.26] | [72.51] | [72.12] | [68.09] |
| 17:8 | 颅宽高指数 | 96.96 | 99.53 | 97.80 | [95.95] | [85.32] | [88.19] | [86.68] |
| 9:8 | 额宽指数 | 65.77 | 64.69 | [64.94] | [67.45] | [61.84] | [63.29] | [62.18] |
| 48:17 | 垂直颅面指数 | 52.86 | 54.20 | 53.60 | 57.40 | 58.80 | 59.40 | 60.00 |
| 48:45 | 上面指数 | 53.91 | 56.80 | 55.70 | 56.07 | 53.80 | 55.01 | [53.25] |
| 54:55 | 鼻指数 | 51.48 | 45.23 | 48.50 | 44.80 | 48.70 | 48.60 | 49.40 |
| 52:51 | 眶指数 | 82.06 | 80.66 | 84.90 | 83.00 | 86.00 | 82.90 | 81.50 |

注：方括号 [ ] 内的数值为根据平均数计算的近似值。

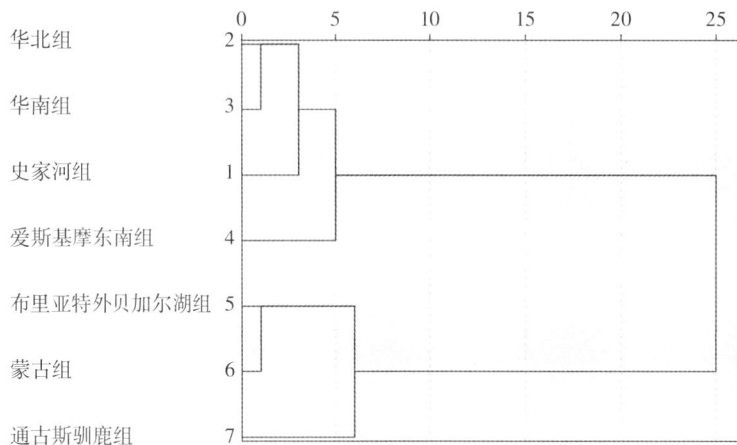

图七八　史家河组与近现代组聚类图

华北组[1]、华南组[2]、爱斯基摩东南组、布里亚特外贝加尔湖组、蒙古组和通古斯驯鹿组[3]。根据表中的数据，我们制作了史家河组与各近现代组的树状聚类图（图七八）。

聚类图显示上述7个对比组分成了2个大聚类群。第一聚类群由华北组、华南组、史家河组和爱斯基摩东南组组成。华北组为东亚蒙古人种，华南组为混有南亚蒙古人种成分的东亚蒙古人种，爱斯基摩东南组属于东北亚蒙古人种。第二聚类群由布里亚特外贝加尔湖组、蒙古组和通古斯驯鹿组组成，三组人群均属于北亚蒙古人种。史家河组与华北组和华南组距离最近，而与属于北亚蒙古人种的三组人群差距最大，这一结果也与前文得出的结论一致。

4. 与先秦时期其他古代组的比较

在探讨史家河组与其他古代组居民种系特征上的相互关系时，同属于先秦时期的数据更具有说服力。因此，我们将史家河组与代表"古东北类型"的庙后山组[4]、平洋组[5]、后套木嘎六期组[6]，代表"古华北类型"的姜家梁组[7]、庙子沟组[8]、夏家店上层组[9]，代表"古西北类型"的柳湾组[10]、菜园组[11]、阳山组[12]、磨沟齐家组[13]、东灰山组[14]，

［1］Davieson Black, A Study of Kansu and Honan Aeneolithic Skulls and Specimens from Later Kansu Prehistoric Sites in Comparison with North China and Other Recent Crania, *Palaeontologia Sinica*, 1928(6):1-83.

［2］Gordon Harrower, A Study of the Crania of the Hylam Chinese, *Biometrika*, 1928, 20B(3/40):245-278.

［3］爱斯基摩东南组、布里亚特外贝加尔湖组、蒙古组和通古斯驯鹿组数据均来自韩康信、潘其风：《安阳殷墟中小墓人骨的研究》，《安阳殷墟头骨研究》，第50~81页，文物出版社，1985年。

［4］魏海波、张振标：《辽宁本溪青铜时代人骨》，《人类学学报》1989年第4期。

［5］潘其风：《平洋墓葬人骨的研究》，《平洋墓葬》，第187~235页，文物出版社，1990年。

［6］肖晓鸣：《吉林大安后套木嘎遗址人骨研究》，吉林大学2014年博士学位论文。

［7］李法军：《河北阳原姜家梁新石器时代人骨研究》，科学出版社，2008年。

［8］朱泓：《内蒙古察右前旗庙子沟新石器时代颅骨的人类学特征》，《人类学学报》1994年第2期。

［9］朱泓：《夏家店上层文化居民的种族类型及相关问题》，《中国古代居民体质人类学研究》，第82~94页，科学出版社，2014年。

［10］潘其风、韩康信：《柳湾墓地的人骨研究》，《青海柳湾》，第261~303页，文物出版社，1984年。

［11］韩康信：《宁夏海原菜园村新石器时代墓地人骨的性别年龄鉴定与体质类型》，《宁夏菜园》，第349~357页，科学出版社，2003年。

［12］韩康信：《青海民和阳山墓地人骨》，《民和阳山》，第160~173页，文物出版社，1990年。

［13］赵永生：《甘肃临潭磨沟墓地人骨研究》，吉林大学2013年博士学位论文。

［14］朱泓：《东灰山墓地人骨的研究》，《中国古代居民体质人类学研究》，第385~399页，科学出版社，2014年。

代表"古中原类型"的仰韶合并组[1]、庙底沟组[2]、西村周组[3]、殷墟中小墓B组[4]，代表"古华南类型"的昙石山组[5]、甑皮岩组[6]、河姆渡组[7]，代表"古蒙古高原类型"的新店子组[8]、井沟子组[9]，以及邻近且文化面貌相似的寨头河组[10]进行了比较，具体数据见表一〇。

根据表中的数据，我们制作了史家河组与先秦时期各古代对比组的聚类图（图七九）。从图中可以

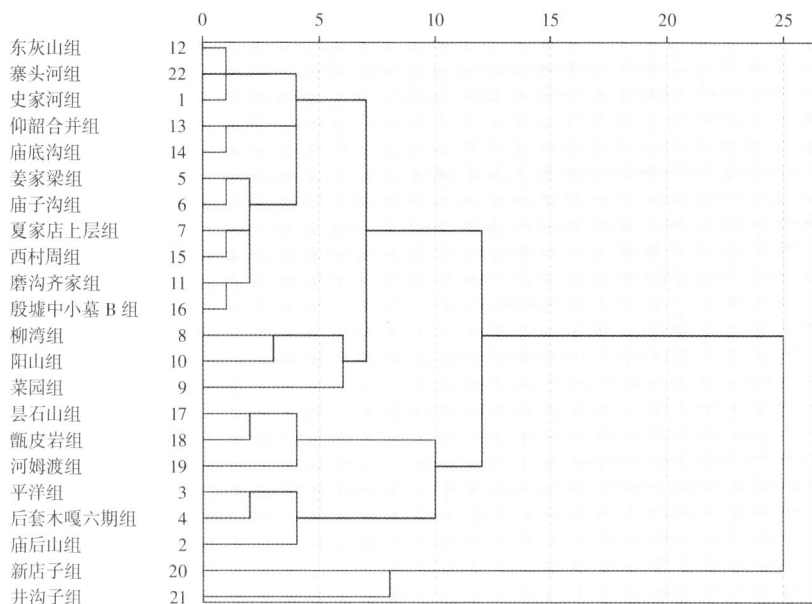

图七九 史家河组与先秦时期各古代组聚类图

看到，22个古代组大致分为了7个小的聚类群。第一聚类群为东灰山组、寨头河组和史家河组，第二聚类群为仰韶合并组和庙底沟组，第三聚类群为姜家梁组、庙子沟组、夏家店上层组、西村周组、磨沟齐家组和殷墟中小墓B组，第四聚类群为柳湾组、阳山组和菜园组，第五聚类群为昙石山组、甑皮岩组和河姆渡组，第六聚类群为平洋组、后套木嘎六期组和庙后山组，第七聚类群为新店子组和井沟子组。

"古西北类型"的特征为偏长和偏狭的高颅型，中等偏狭的面宽，高而狭的面型，中等的面部扁平度、中眶型、狭鼻型和正颌型。而东灰山组偏短的中颅型、偏大的面部扁平度、偏阔的鼻型以及中颌型是导致东灰山组与其他各"古西北类型"产生偏离的原因，可能受到"古中原类型"人群的影响。史家河组与东灰山组和邻近的寨头河组距离最近，三组在偏短的高颅配合狭颅、偏狭的额型、较阔的鼻型、中等的垂直颅面比例方面具有很高的相似性，拥有最相似的体质特征。史家河与寨头河的文化面貌均为戎人文化，人群体质特征也非常相似，属于同一人群的可能性非常大。

为了更具体地探讨史家河组与先秦时期不同地区人群的关系，利用表一〇的数据，采用

[1] 潘其凤、韩康信：《柳湾墓地的人骨研究》，《青海柳湾》，第261~303页，文物出版社，1984年。

[2] 韩康信、潘其凤：《陕县庙底沟二期文化墓葬人骨的研究》，《考古学报》1979年第2期。

[3] 焦南峰：《凤翔南指挥西村周墓人骨的初步研究》，《考古与文物》1985年第3期。

[4] 韩康信、潘其凤：《安阳殷墟中小墓人骨的研究》，《安阳殷墟头骨研究》，第50~81页，文物出版社，1985年。

[5] 韩康信、张振标、曾凡：《闽侯昙石山遗址的人骨》，《考古学报》1976年第1期。

[6] 张银运、王令红、董兴仁：《广西桂林甑皮岩新石器时代遗址的人类头骨》，《古脊椎动物学报》1977年第1期。

[7] 韩康信、潘其凤：《浙江余姚河姆渡新石器时代人类头骨》，《人类学学报》1983年第2期。

[8] 张全超：《内蒙古和林格尔县新店子墓地人骨研究》，科学出版社，2013年。

[9] 朱泓、张全超：《内蒙古林西县井沟子遗址西区墓地人骨研究》，《人类学学报》2007年第2期。

[10] 陕西省考古研究院、延安市文物研究所、黄陵县旅游文物局：《寨头河——陕西黄陵战国戎人墓地考古发掘报告》，第180~274页，上海古籍出版社，2018年。

表一〇　史家河组与先秦时期各古代组的比较（男性）

（长度：毫米；角度：度；指数：%）

| 组别\项目 | 1 | 2 | 3 | 4 | 5 | 6 | 7 | 8 | 9 | 10 | 11 | 12 | 13 | 14 | 15 | 16 | 17 | 18 | 19 | 20 | 21 | 22 |
|---|---|---|---|---|---|---|---|---|---|---|---|---|---|---|---|---|---|---|---|---|---|---|
| 颅长 | 175.12 | 192.80 | 190.54 | 187.29 | 178.27 | 177.63 | 181.19 | 185.93 | 179.60 | 181.80 | 181.17 | 176.70 | 180.70 | 179.43 | 180.63 | 183.66 | 189.70 | 193.30 | 190.75 | 173.80 | 184.43 | 176.66 |
| 颅宽 | 142.54 | 144.00 | 144.60 | 142.13 | 134.20 | 137.03 | 136.20 | 136.41 | 135.60 | 133.30 | 137.08 | 137.63 | 142.56 | 143.75 | 136.81 | 139.60 | 139.20 | 143.20 | 136.50 | 153.27 | 147.88 | 140.94 |
| 颅高 | 137.56 | 143.50 | 140.11 | 135.58 | 138.10 | 140.93 | 140.70 | 139.38 | 140.10 | 133.90 | 136.74 | 136.05 | 142.53 | 143.17 | 139.29 | 139.72 | 141.30 | 140.90 | 142.50 | 129.18 | 131.50 | 136.8 |
| 面宽 | 135.44 | 145.30 | 144.90 | 141.29 | 135.63 | 136.64 | 133.75 | 137.24 | 131.20 | 131.70 | 135.26 | 133.33 | 136.37 | 140.83 | 131.48 | 134.54 | 135.60 | 138.00 | 134.75 | 142.08 | 143.67 | 131.27 |
| 上面高 sd | 73.26 | 75.50 | 77.08 | 75.52 | 75.53 | 73.50 | 75.10 | 78.19 | 71.90 | 75.60 | 73.62 | 73.10 | 73.38 | 73.48 | 72.60 | 73.61 | 71.10 | 69.70 | 68.25 | 73.91 | 76.00 | 72.34 |
| 眶宽 R | 41.45 | 44.60 | 43.74 | 45.26 | 44.41 | 43.93 | 42.80 | 43.87 | 40.50 | 42.20 | 43.49 | 42.40 | 43.41 | 41.75 | 42.48 | 43.05 | 42.20 | 42.60 | 45.25 | 44.38 | 43.34 | 39.36 |
| 眶高 R | 33.98 | 32.60 | 33.91 | 33.59 | 33.39 | 32.93 | 34.44 | 34.27 | 33.30 | 33.30 | 33.66 | 34.33 | 33.48 | 32.42 | 33.62 | 33.54 | 33.80 | 34.40 | 34.50 | 33.12 | 32.84 | 32.48 |
| 鼻宽 | 26.83 | 25.90 | 28.90 | 28.06 | 27.04 | 26.23 | 28.08 | 27.26 | 25.80 | 25.90 | 26.11 | 26.30 | 27.56 | 27.31 | 27.74 | 26.98 | 29.50 | 28.30 | 26.50 | 27.12 | 27.66 | 26.52 |
| 鼻高 | 52.69 | 54.10 | 58.38 | 56.05 | 55.58 | 52.63 | 53.60 | 55.77 | 51.00 | 54.80 | 53.39 | 51.95 | 53.36 | 53.99 | 51.61 | 53.03 | 51.90 | 53.10 | 51.50 | 56.52 | 57.72 | 50.30 |
| 面角 | 82.85 | 85.00 | 90.80 | 89.27 | 82.59 | 82.33 | 80.60 | 89.21 | 93.30 | 89.20 | 84.99 | 83.83 | 81.39 | 85.75 | 81.05 | 84.45 | 81.00 | 84.00 | 82.50 | 88.00 | 89.90 | 84.05 |
| 鼻颧角 | 148.50 | 151.00 | 147.13 | 148.30 | 146.76 | 149.81 | 149.50 | 146.49 | 147.67 | 143.80 | 147.93 | 148.13 | 146.40 | 147.56 | 145.80 | 144.32 | 143.80 | 144.80 | 147.25 | 148.77 | 153.57 | 146.25 |
| 颅指数 | 81.28 | 74.80 | 75.89 | 75.98 | 75.76 | 77.22 | 75.06 | 73.92 | 75.20 | 73.31 | 75.73 | 78.39 | 79.10 | 80.31 | 75.75 | 76.18 | 73.40 | 73.20 | 71.52 | 88.13 | 80.39 | 79.88 |
| 颅长高指数 | 79.17 | 74.50 | 74.09 | 72.58 | 78.74 | 79.57 | 78.26 | 74.74 | 78.40 | 73.76 | 75.45 | 77.01 | 78.62 | 77.64 | 77.16 | 75.93 | 73.80 | 70.50 | 74.59 | 72.80 | 71.76 | 77.81 |
| 颅宽高指数 | 96.96 | 99.65 | 97.30 | 94.87 | 102.33 | 102.95 | 103.46 | 100.96 | 103.80 | 101.84 | 99.82 | 98.08 | 99.41 | 99.47 | 102.04 | 99.69 | 99.50 | 97.90 | 104.25 | 84.57 | 89.51 | 97.31 |
| 垂直颅面指数 | 52.86 | 52.61 | 54.43 | 55.24 | 54.58 | 52.05 | 53.38 | 56.57 | 52.30 | 56.29 | 53.84 | 53.81 | 51.60 | 54.06 | 52.30 | 53.17 | 50.32 | 49.47 | 47.83 | 57.90 | 56.89 | 52.83 |
| 上面指数 | 53.91 | 51.96 | 53.06 | 52.70 | 53.68 | 53.68 | 56.15 | 57.60 | 54.90 | 56.93 | 54.42 | 55.66 | 54.58 | 51.86 | 55.10 | 53.96 | 52.50 | 50.40 | 50.66 | 51.93 | 51.93 | 54.94 |
| 眶指数 | 82.06 | 74.94 | 77.77 | 74.59 | 74.94 | 74.94 | 80.48 | 78.46 | 82.20 | 79.29 | 77.50 | 81.16 | 77.18 | 77.71 | 79.25 | 77.62 | 80.00 | 80.40 | 76.12 | 74.71 | 75.88 | 81.02 |
| 鼻指数 | 51.48 | 48.02 | 49.40 | 50.56 | 49.00 | 49.90 | 52.43 | 49.09 | 50.70 | 47.25 | 49.05 | 50.63 | 52.08 | 50.15 | 53.84 | 53.84 | 57.00 | 53.30 | 51.66 | 48.06 | 47.99 | 51.43 |

注：1. 史家河组　2. 庙后山组　3. 平洋组　4. 后套木嘎六期组　5. 姜家梁组　6. 庙子沟组　7. 夏家店上层组　8. 柳湾组　9. 菜园组　10. 阳山组　11. 磨沟齐家组　12. 东灰山组　13. 仰韶合并组　14. 庙底沟组　15. 西村周组　16. 殷墟中小墓 B 组　17. 昙石山组　18. 甑皮岩组　19. 河姆渡组　20. 新店子组　21. 夏家店下层组　22. 寨头河组

表一一　　史家河组与先秦时期各古代组之间主成分分析结果

| | 主成分 | | | |
|---|---|---|---|---|
| | 第一主成分 | 第二主成分 | 第三主成分 | 第四主成分 |
| 颅长 | −0.025 | 0.872 | 0.313 | 0.092 |
| 颅宽 | 0.722 | 0.221 | −0.593 | 0.053 |
| 颅高 | −0.608 | 0.420 | 0.138 | −0.383 |
| 面宽 | 0.798 | 0.474 | −0.013 | −0.163 |
| 上面高 | 0.599 | −0.286 | 0.576 | 0.123 |
| 眶宽 R | 0.436 | 0.526 | 0.393 | −0.323 |
| 鼻宽 | 0.065 | 0.584 | −0.165 | 0.520 |
| 眶高 R | −0.385 | 0.341 | 0.254 | 0.430 |
| 鼻高 | 0.848 | 0.173 | 0.345 | 0.183 |
| 面角 | 0.552 | −0.159 | 0.302 | 0.290 |
| 鼻颧角 | 0.570 | −0.100 | −0.054 | −0.468 |
| 颅指数 | 0.568 | −0.448 | −0.632 | −0.038 |
| 颅长高指数 | −0.472 | −0.587 | −0.036 | −0.433 |
| 颅宽高指数 | −0.800 | 0.003 | 0.500 | −0.271 |
| 垂直颅面指数 | 0.756 | −0.497 | 0.247 | 0.265 |
| 上面指数 | −0.273 | −0.692 | 0.490 | 0.293 |
| 眶指数 | −0.612 | −0.315 | −0.183 | 0.528 |
| 鼻指数 | −0.687 | 0.367 | −0.393 | 0.272 |

因子分析的方法对 21 个对比组进行主成分分析，并将分析结果制成表一一。

在表一一中，第一主成分得分较高的因子包括颅宽、面宽、鼻高和垂直颅面指数，代表了颅面部的宽度和高度特征。第二主成分得分较高的因子包括颅长、眶宽、鼻宽等，代表了颅骨的长度和眼眶、鼻部的宽度。第三主成分得分较高的因子包括上面高、颅宽高指数和上面指数，代表了颅面部的高度。第四主成分得分较高的因子包括鼻宽、眶指数和眶高，代表了面部的特征。

主成分分析计算结果显示，第一主成分的方差贡献率为 34.76%，第二主成分的方差贡献率为 19.98%，第三主成分的方差贡献率为 13.33%，第四主成分的方差贡献率为 10.37%，前四个主成分累积贡献率为 78.45%，基本代表了大部分变量的信息。

图八○和图八一是利用因子得分绘制的散点图。图八○中，史家河组与代表"古西北类型"的磨沟齐家组、东灰山组，代表"古华北类型"的夏家店上层组以及代表"古中原类型"的庙底沟组、西村周组和殷墟中小墓 B 组较为接近。图八一中，史家河组与代表"古西北类型"的柳湾组、东灰山组，代表"古中原类型"的殷墟中小墓 B 组、庙底沟组、西村周组以及代表"古华南类型"的昙石山组较为接近。虽然两图中 22 个组的位置略有差异，但史家河组始终与东灰山组保持了非常密切的关系，并且与"古西北类型"和"古中原类型"其他

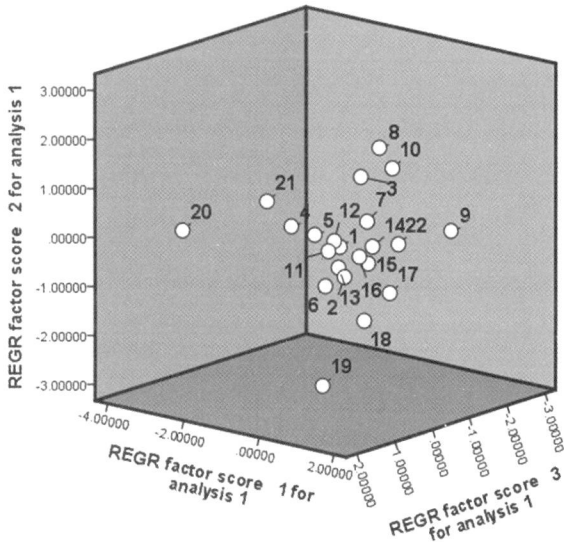

图八〇　第一、二、三主成分散点图
（图中数字所代表的组别与表一〇一致）

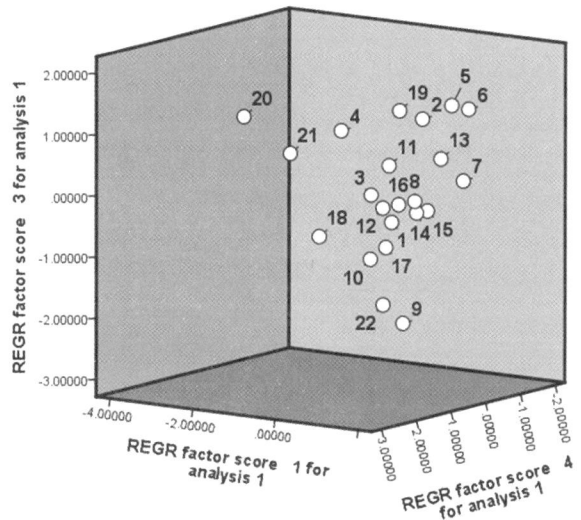

图八一　第一、三、四主成分散点图
（图中数字所代表的组别与表一〇一致）

组也距离较近。

根据聚类分析和主成分因子分析的结果，史家河人群与东灰山人群和寨头河人群在体质特征上有着较为密切的关系，与"古西北类型"和"古中原类型"人群具有一定的相似性。

## 第四节　肢骨的研究

美国学者研究发现，以采集和狩猎生计方式为主的人群中，男性肢骨比女性明显粗壮，进入农耕社会后男女两性之间的肢骨差异显著缩小，四肢骨的粗壮程度和尺寸与采集、狩猎人群相比明显降低，骨骼亦呈现薄化趋势[1]。因此，肢骨研究对于探讨男女社会分工和农业起源具有重要意义。以往国内学者把研究重点放在头骨和种族分析研究上，对颅后骨较为轻视，直到近年才意识到肢骨研究的重要性。为此，下面对史家河墓地出土人骨肢骨进行分析，首先按照《人体测量手册》中的相关测量项目和指数分级标准对史家河墓地出土的人骨肢骨进行测量（附表一〇至附表一九），后根据测量数据进行进一步研究。

### 一、肱骨各项测量数据及指数的研究

史家河墓地出土的可供测量的肱骨共 46 根，其中男性 36 根，女性 10 根。根据肱骨的各项测量数据的平均值制作了表一二。

从肱骨的粗壮指数来看，男性左右两侧的平均值约为 20.78，其中左侧为 20.89，右侧为 20.66，左侧比右侧略显粗壮；女性的平均值为 18.80，其中左侧为 19.29，右侧为 18.29，同

[1] Larsen CS, The Anthropology of St. Catherines Island: Prehistoric Human Biological Adaptation, *Anthropological Papers of the American Museum of Nature History*, 1982, 57(3):157-270. 转引自 Barbara Li Smith, *Diet, Health, and Lifestyle in Neolithic North China*, Dr. Dissertation, Harvard University, 2004.

### 表一二　史家河墓地肱骨各项测量值及指数

| 项目 | 侧别 | 男 | | | 女 | | |
|---|---|---|---|---|---|---|---|
| | | N | X | Sd | N | X | Sd |
| 肱骨最大长 | L | 16 | 305.14 | 10.60 | 3 | 289.70 | 5.47 |
| | R | 17 | 311.03 | 11.16 | 4 | 299.60 | 14.18 |
| 肱骨全长 | L | 16 | 301.63 | 9.79 | 3 | 286.07 | 5.64 |
| | R | 17 | 306.61 | 10.79 | 4 | 295.28 | 13.45 |
| 肱骨体中部最大径 | L | 18 | 23.38 | 1.73 | 5 | 21.02 | 0.99 |
| | R | 18 | 23.77 | 1.13 | 4 | 20.30 | 1.35 |
| 肱骨体中部最小径 | L | 18 | 17.53 | 1.83 | 5 | 16.10 | 0.67 |
| | R | 18 | 17.81 | 1.89 | 4 | 15.28 | 1.47 |
| 肱骨体最小周长 | L | 17 | 63.41 | 4.12 | 6 | 55.20 | 3.11 |
| | R | 18 | 63.81 | 3.67 | 4 | 54.55 | 3.07 |
| 肱骨头横径 | L | 9 | 42.80 | 2.15 | 3 | 36.33 | 0.33 |
| | R | 8 | 44.10 | 2.56 | 1 | 40.10 | 0.00 |
| 肱骨头矢径 | L | 13 | 45.34 | 2.34 | 3 | 40.30 | 0.78 |
| | R | 13 | 46.32 | 2.33 | 3 | 42.40 | 2.10 |
| 肱骨下端宽 | L | 15 | 61.43 | 3.56 | 3 | 52.20 | 1.70 |
| | R | 11 | 61.47 | 2.97 | 1 | 56.90 | 0.00 |
| 滑车宽 | L | 14 | 42.39 | 2.17 | 2 | 38.70 | 0.40 |
| | R | 10 | 42.43 | 2.60 | — | — | — |
| 肱骨髁干角 | L | 16 | 84.59 | 2.53 | 1 | 84.00 | 0.00 |
| | R | 14 | 84.61 | 2.55 | 2 | 81.50 | 0.50 |
| 肱骨体横断面指数 | L | 18 | 75.03 | 5.81 | 5 | 76.66 | 2.58 |
| | R | 18 | 74.79 | 5.77 | 4 | 75.25 | 5.58 |
| 肱骨粗壮指数 | L | 15 | 20.89 | 1.67 | 3 | 19.29 | 0.88 |
| | R | 17 | 20.66 | 1.39 | 4 | 18.29 | 1.81 |

注：N 为例数，X 为平均值，Sd 为标准差。X 项中除角度和指数外，单位为毫米。

样左侧较右侧略显粗壮。总体来说，女性肱骨的粗壮程度比男性发育弱。史家河墓地男女左右两侧肱骨均保存完整的共 15 例，其中男性 14 例，女性 1 例。在男性标本中，M8（左侧23.4，右侧 22.3）、M12（左侧 23.9，右侧 23.0）、M18（左侧 22.1，右侧 21.4）、M20（左侧 20.4，右侧 19.8）、M26（左侧 20.7，右侧 20.2）、M30（左侧 21.5，右侧 20.6）、M33（左侧 22.2，右侧 21.6）人骨左侧肱骨均较右侧更为粗壮。女性 M19 人骨左侧肱骨粗壮程度（18.2）也超过右侧（17.3）。表明上述 8 人在日常生活中惯用左手进行生产劳动。初步统计，史家河人群"左利手"的人数占所测量个体总数的 53.33%，而现代人中大约 90% 的人使用右手[1]。

---

[1]［英］科林·伦福儒、保罗·巴恩著，中国社会科学院考古研究所译：《考古学：理论、方法与实践》，第 425~464 页，文物出版社，2004 年。

### 二、股骨各项测量数据及指数的研究

史家河墓地出土的可供测量的股骨共 46 根，其中男性 36 根，女性 10 根。根据股骨的各项平均值制作了表一三。

表一三　史家河墓地股骨各项测量值及指数

| 项目 | 侧别 | 男 | | | 女 | | |
|---|---|---|---|---|---|---|---|
| | | N | X | Sd | N | X | Sd |
| 股骨最大长 | L | 17 | 437.55 | 16.15 | 3 | 429.30 | 18.97 |
| | R | 17 | 436.00 | 15.82 | 5 | 422.68 | 18.20 |
| 股骨全长 | L | 16 | 431.98 | 13.86 | 3 | 424.40 | 15.34 |
| | R | 17 | 432.73 | 16.07 | 5 | 417.68 | 17.42 |
| 股骨体上部矢径 | L | 18 | 26.18 | 1.85 | 5 | 23.20 | 1.18 |
| | R | 17 | 26.22 | 1.75 | 5 | 22.90 | 0.40 |
| 股骨体上部横径 | L | 18 | 33.11 | 3.15 | 5 | 30.78 | 0.87 |
| | R | 17 | 33.06 | 2.34 | 5 | 31.30 | 0.90 |
| 股骨体中部矢径 | L | 18 | 30.57 | 2.16 | 5 | 26.30 | 1.17 |
| | R | 18 | 31.15 | 2.26 | 5 | 27.08 | 1.59 |
| 股骨体中部横径 | L | 18 | 28.01 | 1.69 | 5 | 26.22 | 1.36 |
| | R | 18 | 27.59 | 2.03 | 5 | 25.80 | 1.30 |
| 股骨体中部周长 | L | 18 | 91.39 | 4.70 | 5 | 82.48 | 3.27 |
| | R | 18 | 92.04 | 5.15 | 5 | 81.72 | 3.53 |
| 股骨头垂直径 | L | 11 | 47.42 | 2.60 | 3 | 43.07 | 1.84 |
| | R | 13 | 47.42 | 2.66 | 4 | 42.53 | 1.63 |
| 股骨头矢径 | L | 9 | 47.13 | 3.10 | 2 | 43.70 | 1.50 |
| | R | 11 | 47.41 | 2.81 | 4 | 42.45 | 1.79 |
| 股骨下端宽 | L | 9 | 79.62 | 4.48 | 3 | 72.40 | 1.96 |
| | R | 11 | 81.25 | 4.19 | 4 | 73.58 | 2.84 |
| 股骨颈干角 | L | 13 | 132.15 | 4.33 | 3 | 131.67 | 4.64 |
| | R | 14 | 130.21 | 4.78 | 5 | 130.40 | 4.72 |
| 股骨长厚指数 | L | 13 | 21.25 | 0.73 | 3 | 19.79 | 1.21 |
| | R | 14 | 21.50 | 1.09 | 5 | 19.60 | 1.15 |
| 股骨粗壮指数 | L | 13 | 13.64 | 0.60 | 4 | 12.78 | 0.52 |
| | R | 14 | 13.74 | 0.67 | 4 | 12.53 | 0.81 |
| 肱股指数 | L | 14 | 70.42 | 1.67 | 1 | 72.61 | 0.00 |
| | R | 16 | 71.63 | 1.61 | 4 | 71.46 | 1.70 |
| 股骨扁平指数 | L | 18 | 79.57 | 7.31 | 5 | 75.34 | 2.26 |
| | R | 17 | 79.66 | 7.20 | 5 | 73.20 | 1.78 |
| 股骨嵴指数 | L | 18 | 109.33 | 7.73 | 5 | 100.61 | 7.41 |
| | R | 18 | 113.42 | 10.56 | 5 | 104.93 | 2.01 |

注：N 为例数，X 为平均值，Sd 为标准差。X 项中除角度和指数外，单位为毫米。

从股骨的粗壮指数来看，男性左右两侧平均值约为 13.69，其中左侧为 13.64，右侧为 13.74，右侧比左侧略显粗壮；女性左右两侧平均值约为 12.66，其中左侧为 12.78，右侧为 12.53，左侧较右侧稍显粗壮。男性比女性更为粗壮。

股骨扁平指数代表股骨骨干上部的发育程度。史家河墓地男性左右两侧平均值约为 79.61，属于扁型，左侧扁平指数为 79.57，右侧为 79.66，左侧较右侧更为扁平；女性的平均值约为 74.27，属于超扁型，左侧为 75.34，属于扁型，右侧为 73.20，属于超扁型，右侧扁平程度明显超过左侧。女性与男性相比，更显扁平。

股骨嵴指数代表股骨嵴的发育程度。史家河墓地男性两侧平均值约为 111.37，左侧为 109.33，右侧为 113.42，右侧的发育程度明显超过左侧；女性的平均值约为 102.77，左侧为 100.61，右侧为 104.93，右侧的发育程度也明显超过左侧。男性的股骨嵴指数超过了 110，股骨嵴非常发达，男性股骨嵴发育程度明显强于女性。

股骨的长厚指数反映出股骨骨干的厚度。男性左右两侧平均值约为 21.38，左侧为 21.25，右侧为 21.50；女性两侧平均值约为 19.69，左侧为 19.79，右侧为 19.60。男性股骨骨干的厚度大于女性。

整体来说，史家河男性居民的骨骼发育明显粗壮，且发育程度明显强于女性。

### 三、胫骨各项测量数据及指数的研究

史家河墓地共发现可供测量的胫骨 48 根，其中男性 36 根，女性 12 根。根据有关胫骨的各项平均值统计制作了表一四。

从胫骨指数来看，男性左右两侧平均值约为 66.96，属于中胫型，左侧为 67.81，右侧为 66.11，左侧比右侧宽；女性两侧平均值为 72.62，属于宽胫型，左侧为 71.91，右侧为 73.33，右侧比左侧更宽。女性的胫骨骨干形态比男性宽。

胫骨中部断面指数显示，男性左右两侧平均约为 70.38，左侧为 70.47，右侧为 70.28，左侧较右侧略圆；女性左右两侧平均约为 75.60，左侧为 74.25，右侧为 76.94，右侧较左侧更圆。女性胫骨中部发育程度强于男性。

### 四、四肢骨数据的分析

对肢骨的发育程度进行观察和测量，能够为推测当时人群的生计方式提供重要参考。我们选取以下几个古代组的股骨指数与史家河组进行对比，以便了解史家河人群股骨发育程度在相对较大时空范围内所处的位置。对比组包括河南灵宝西坡组、广西桂林甑皮岩组、陕西华县组、内蒙古赤峰兴隆洼组、山东曲阜西夏侯组、河南舞阳贾湖组、内蒙古和林格尔新店子组、陕西临潼姜寨Ⅰ期组。根据比较数据制作了表一五。

根据表一五，史家河组在股骨骨干中部指数、股骨嵴指数、股骨扁平指数三项数值上均与兴隆洼组最为接近，与姜寨Ⅰ期A组也相对接近。兴隆洼人群的生业模式以早期农业生产、狩猎和采集为主。姜寨人群以农业为主，家畜饲养和采集狩猎为辅。由此推测，在史家河人群的经济生产生活中，农业、畜牧、狩猎都具有重要作用。

**表一四　史家河墓地胫骨各项测量值及指数**

| 项目 | 侧别 | 男 | | | 女 | | |
|---|---|---|---|---|---|---|---|
| | | N | X | Sd | N | X | Sd |
| 胫骨最大长 | L | 15 | 355.99 | 15.34 | 4 | 344.93 | 11.07 |
| | R | 16 | 357.34 | 15.67 | 4 | 337.95 | 5.62 |
| 胫骨全长 | L | 15 | 348.48 | 15.46 | 3 | 343.27 | 7.93 |
| | R | 16 | 350.71 | 15.24 | 4 | 332.75 | 6.42 |
| 胫骨生理长 | L | 16 | 328.56 | 15.13 | 4 | 319.75 | 11.97 |
| | R | 18 | 331.13 | 15.16 | 4 | 313.10 | 5.01 |
| 胫骨体最小周长 | L | 18 | 79.26 | 7.44 | 5 | 67.20 | 4.45 |
| | R | 18 | 77.82 | 5.49 | 4 | 67.93 | 4.38 |
| 胫骨体中部最大径 | L | 18 | 32.32 | 2.20 | 5 | 26.86 | 1.95 |
| | R | 18 | 32.33 | 1.94 | 5 | 26.70 | 1.60 |
| 胫骨体中部横径 | L | 18 | 22.71 | 2.37 | 5 | 19.86 | 1.54 |
| | R | 18 | 22.72 | 2.56 | 5 | 20.44 | 2.01 |
| 滋养孔处矢径 | L | 18 | 35.90 | 2.43 | 6 | 30.13 | 2.65 |
| | R | 18 | 37.12 | 2.78 | 6 | 30.53 | 2.87 |
| 滋养孔处横径 | L | 18 | 24.29 | 2.06 | 6 | 21.45 | 1.59 |
| | R | 18 | 24.52 | 2.80 | 6 | 22.15 | 1.97 |
| 胫骨上端宽 | L | 11 | 76.68 | 4.75 | 3 | 70.87 | 2.92 |
| | R | 10 | 77.14 | 3.87 | 2 | 68.35 | 2.05 |
| 胫骨下端宽 | L | 9 | 53.80 | 2.46 | 2 | 46.40 | 2.10 |
| | R | 14 | 51.64 | 3.21 | 3 | 46.50 | 4.20 |
| 胫骨指数 | L | 18 | 67.81 | 5.38 | 6 | 71.91 | 9.60 |
| | R | 18 | 66.11 | 6.21 | 6 | 73.33 | 10.29 |
| 胫骨中部断面指数 | L | 18 | 70.47 | 7.55 | 5 | 74.25 | 7.11 |
| | R | 18 | 70.28 | 6.27 | 5 | 76.94 | 9.88 |
| 胫骨长厚指数 | L | 15 | 22.73 | 1.86 | 3 | 20.32 | 1.32 |
| | R | 16 | 22.34 | 1.61 | 4 | 20.40 | 1.03 |
| 胫股指数 | L | 15 | 76.34 | 2.42 | 3 | 76.44 | 0.34 |
| | R | 17 | 76.64 | 2.70 | 3 | 77.30 | 0.88 |

注：N 为例数，X 为平均值，Sd 为标准差。X 项中除指数外，单位为毫米。

# 第五节　身高的推算

从肢骨的长度可以推算身高，从而了解古代居民的身体发育状况，进而为推测其食物组成、营养状况和疾病现象等提供参考。目前人类学界推算身高的公式很多，计算标准尚未统一，不同计算公式推算出的身高具有一定差异。根据以往经验和史家河墓地的实际情况，我们在

## 表一五　史家河组与古代对比组股骨各项指数的比较

| 组别 | 骨干中部指数 | | 股骨嵴指数 | | 股骨扁平指数 | |
|---|---|---|---|---|---|---|
| | 男性 | 女性 | 男性 | 女性 | 男性 | 女性 |
| 史家河组 | 90.46 | 97.64 | 111.37 | 102.77 | 79.61 | 74.27 |
| 西坡组 | 96.05 | 113.67 | 105.23 | 88.39 | 76.51 | 72.41 |
| 甑皮岩组 | 95.15 | 86.40 | 105.10 | 115.95 | 67.09 | 74.95 |
| 华县组 | 89.31 | 92.05 | 111.47 | 108.04 | 77.60 | 71.89 |
| 兴隆洼组 | 88.19 | 94.87 | 114.51 | 105.72 | 76.12 | 74.89 |
| 西夏侯组 | 99.50 | 103.00 | 100.90 | 97.50 | 75.85 | 75.00 |
| 贾湖组 | 88.00 | 90.41 | 113.35 | 109.40 | 76.70 | 74.05 |
| 新店子组 | 96.36* | 101.55* | 103.61 | 98.70 | 69.61 | 71.79 |
| 姜寨 I 期 A 组 | 89.93 | 93.16 | 111.89 | 107.29 | 68.29 | 75.10 |
| 姜寨 I 期 B 组 | 89.37 | 103.21 | 111.79 | 97.18 | 75.46 | 72.12 |

注：新店子组数据引自张全超、常娥：《内蒙古和林格尔县新店子墓地古代居民的肢骨研究》，《边疆考古研究（第五辑）》，科学出版社，2007 年，其中加 * 号的数据为本文作者陈靓根据文中数据计算的近似值。其余各组数据引自中国社会科学院考古研究所、河南省文物考古研究所：《灵宝西坡墓地》，第 115~177 页，第三章"人骨综合研究"，文物出版社，2010 年。

推算史家河墓地男女两性身高时选用了不同的公式，男性身高推算选择了 K. Pearson[1] 和邵象清[2] 的公式，女性身高推算选择了 K. Pearson 和张继宗[3] 的公式。根据公式推算的结果，我们制作了表一六和表一七。

K. Pearson 的男、女性身高推算公式为：

男性 S=81.306+1.880F

S=78.664+2.376T

女性 S=72.844+1.945F

S=72.774+2.352T

邵象清的中国汉族男性身高推算公式为：

男性 S=64.021+2.32F ± 3.332（左）

S=77.634+2.44T ± 3.866（左）

S=63.564+2.33F ± 3.298（右）

S=75.927+2.49T ± 3.802（右）

张继宗的女性身高推算公式为：

女性 S=48.391+2.671F（左）

S=59.733+2.899T（左）

[1] K. Pearson, Bell Julia, *A Study of the Long Bones of the English Skeleton*, London: Cambridge University Press, 1917. 转引自张君：《河南商丘潘庙古代人骨种系研究》，《考古求知集：'96 考古研究所中青年学术讨论会文集》，第 496~498 页，中国社会科学出版社，1997 年。

[2] 邵象清：《人体测量手册》，第 395 页，上海辞书出版社，1985 年。

[3] 张继宗：《中国汉族女性长骨推断身高的研究》，《人类学学报》2001 年第 4 期。

### 表一六　史家河居民身高推算（男性）

| | | 股骨最大长 /mm | 胫骨最大长 /mm | K.Pearson 公式 | | 邵象清公式 | |
| --- | --- | --- | --- | --- | --- | --- | --- |
| | | | | 股骨 /mm | 胫骨 /mm | 股骨 /mm | 胫骨 /mm |
| M3 | L | 425.0 | 353.2 | 161.21 | 162.58 | 162.62 | 163.81 |
| | R | 422.4 | 353.0 | 160.72 | 162.54 | 161.98 | 163.82 |
| M4 | L | 448.0 | — | 165.53 | — | 167.96 | — |
| | R | 449.0 | 358.7 | 165.72 | 163.89 | 168.18 | 165.24 |
| M6 | L | 443.5 | 349.7 | 164.68 | 161.75 | 166.91 | 162.96 |
| | R | 442.0 | 347.0 | 164.40 | 161.11 | 166.55 | 162.33 |
| M7（盗） | L | — | 345.0 | — | 160.64 | — | 161.81 |
| | R | 441.0 | 346.6 | 164.21 | 161.02 | 166.32 | 162.23 |
| M8 | L | 444.3 | — | 164.83 | — | 167.10 | — |
| | R | 441.0 | 343.6 | 164.21 | 160.30 | 166.32 | 161.48 |
| M12 | L | 415.0 | 327.0 | 159.33 | 156.36 | 160.30 | 157.42 |
| | R | 410.4 | 332.0 | 158.46 | 157.55 | 159.19 | 158.60 |
| M13 | L | 475.0 | — | 170.61 | — | 174.22 | — |
| | R | 469.6 | 384.0 | 169.59 | 169.90 | 172.98 | 171.54 |
| M18 | L | 424.2 | 344.0 | 161.06 | 160.40 | 162.44 | 161.57 |
| | R | 423.0 | — | 160.83 | — | 162.12 | — |
| M20 | L | 430.3 | 377.5 | 162.20 | 168.36 | 163.85 | 169.74 |
| | R | 432.2 | 383.2 | 162.56 | 169.71 | 164.27 | 171.34 |
| M22 | L | 439.7 | 381.0 | 163.97 | 169.19 | 166.03 | 170.60 |
| | R | 431.0 | 358.5 | 162.33 | 163.84 | 163.99 | 165.19 |
| M26 | L | 437.5 | 351.0 | 163.56 | 162.06 | 165.52 | 163.28 |
| | R | 439.0 | 346.0 | 163.84 | 160.87 | 165.87 | 162.08 |
| M27 | L | 423.9 | 340.2 | 161.00 | 159.50 | 162.37 | 160.64 |
| | R | 421.7 | 340.1 | 160.59 | 159.47 | 161.92 | 160.61 |
| M28 | L | 454.6 | 379.0 | 166.77 | 168.71 | 164.49 | 170.11 |
| | R | 444.7 | 380.0 | 164.91 | 168.95 | 167.18 | 170.55 |
| M30 | L | 458.0 | 373.0 | 167.41 | 167.29 | 170.28 | 168.65 |
| | R | 456.2 | 374.0 | 167.07 | 167.53 | 169.86 | 169.05 |
| M31 | L | 436.6 | 352.1 | 163.39 | 162.32 | 165.31 | 163.55 |
| | R | — | — | — | — | — | — |
| M33 | L | 407.0 | 345.4 | 157.82 | 160.73 | 158.45 | 161.91 |
| | R | 405.0 | 344.0 | 157.45 | 160.40 | 157.93 | 161.58 |
| M36 | L | 430.4 | 357.7 | 162.22 | 163.65 | 163.87 | 164.91 |
| | R | 435.0 | 361.4 | 163.09 | 164.53 | 164.92 | 165.92 |
| M37 | L | 445.3 | 364.0 | 165.02 | 165.15 | 167.33 | 166.45 |
| | R | 448.8 | 365.4 | 165.68 | 165.48 | 168.13 | 166.91 |
| 两侧合计平均身高 /cm | | | | 163.42 | 163.41 | 165.20 | 164.71 |
| 平均身高 /cm | | | | 163.42 | | 164.96 | |

### 表一七 史家河居民身高推算（女性）

| | | 股骨最大长 /mm | 胫骨最大长 /mm | K.Pearson 公式 | | 张继宗公式 | |
|---|---|---|---|---|---|---|---|
| | | | | 股骨 /mm | 胫骨 /mm | 股骨 /mm | 胫骨 /mm |
| M16 | L | 423.1 | 350.2 | 155.14 | 155.14 | 161.40 | 161.26 |
| | R | 421.5 | 345.7 | 154.83 | 154.08 | 161.93 | 160.84 |
| M19 | L | 409.8 | 338.5 | 152.55 | 152.39 | 157.85 | 157.86 |
| | R | 409.5 | 340.0 | 152.49 | 152.74 | 158.62 | 159.18 |
| M23 | L | 455.0 | 331.0 | 161.34 | 150.63 | 169.92 | 155.69 |
| | R | 457.5 | 330.4 | 161.83 | 150.48 | 171.83 | 156.39 |
| M24 | L | — | 360.0 | — | 157.45 | — | 164.10 |
| | R | 417.9 | — | 154.13 | — | 160.94 | — |
| M29 | L | — | — | — | — | — | — |
| | R | 407.0 | — | 152.01 | — | 157.94 | — |
| 两侧合计平均身高 /cm | | | | 155.54 | 153.27 | 162.55 | 159.33 |
| 平均身高 /cm | | | | 154.48 | | 161.05 | |

S=45.929+2.752F（右）

S=60.307+2.908T（右）

其中 F 为股骨最大长，T 为胫骨最大长。

从表一六和表一七的推算结果看，史家河男性居民平均身高 163.42~164.96 厘米，女性居民平均身高 154.48~161.05 厘米。

虽然不同遗址采用不同计算方式推算出的身高准确性有所差别，但差距不会太大。以下选择了部分古代组的身高数据与史家河组进行比较，制作了表一八。

### 表一八 史家河组与部分古代组身高的比较

| 组别 | 地点 | 时代 / 文化 | 身高 /cm | |
|---|---|---|---|---|
| | | | 男性 | 女性 |
| 史家河组 | 陕西黄陵 | 战国—秦 | 164.20 | 157.77 |
| 仰韶组 | 河南渑池 | 仰韶文化 | 171.10 | — |
| 西坡组 | 河南灵宝 | 仰韶文化 | 168.59 | 159.23 |
| 大汶口组 | 山东泰安 | 大汶口文化 | 171.68 | — |
| 姜家梁组 | 河北阳原 | 仰韶 / 龙山 | 169.69 | 160.39 |
| 大甸子组 | 内蒙古赤峰 | 夏家店下层文化 | 163.28 | 154.40 |
| 少陵原组 | 陕西西安 | 西周 | 164.22 | 155.11 |
| 新店子组 | 内蒙古和林格尔 | 东周 | 164.76 | 159.31 |
| 土城子组 | 内蒙古和林格尔 | 战国 | 164.82 | 153.15 |
| 余吾组 | 山西屯留 | 战国—汉代 | 165.60 | 153.19 |

注：仰韶组、西坡组、大汶口组、姜家梁组、大甸子组、新店子组数据引自中国社会科学院考古研究所、河南省文物考古研究所：《灵宝西坡墓地》，第115~177页，第三章"人骨综合研究"，文物出版社，2010年。土城子组数据引自顾玉才：《内蒙古和林格尔县土城子遗址战国时期人骨研究》，科学出版社，2010年。少陵原组和余吾组由本文作者陈靓测量完成。

表一八显示，相较于各对比组，史家河男女两性的身高差异较小。史家河组男性居民的身高低于除大甸子组外的其余各组，身高偏低；而女性身高则高于大甸子组、少陵原组、土城子组和余吾组，在年代较晚的对比组中身高较高。资料显示，从事农业生产的劳动强度和压力功能远大于采集经济，会对骨骼生长发育造成一定影响，从而导致农业人群的身高逐渐下降[1]。史家河居民的身高与年代较晚的各对比组较为接近，整体变化符合上述规律。

## 第六节　骨骼上的疾病现象与创伤

### 一、口腔疾病

1. 龋齿

龋齿患病率的高低可以反映特定人群饮食结构的差异。美国学者 Turner. C.G. 对不同生计方式人群的龋齿患病率进行统计后得出，以采集狩猎为主要生计方式的人群患病率很低，范围为 0~5.3%，平均患病率为 1.3%；以定居农业为主要生计方式的人群患病率最高，范围为 2.1%~26.9%，平均患病率为 8.6%[2]。对史家河古代居民龋齿现象的观察和发病率的统计，对于推测其生业方式、医疗卫生情况、社会分工等具有重要参考价值。

对史家河不同年龄段头骨附带牙齿的 26 例个体和 522 颗牙齿（未萌出的牙齿不列入计算）进行了龋齿的统计，发现罹患龋齿的个体数为 11 例（彩版七二，6）。特定人群的患龋率公式为患龋病人数 / 受检人数 ×100%。经过计算和统计，史家河古代居民总的患龋率为 42.31%（表一九），男性患龋率为 52.38%，女性患龋率为 0.00%（表二○）。从龋齿的患病部位看，多发生在两牙相邻的近中、远中齿颈处，有些龋面腐蚀后会延伸到齿冠部，部分还见于颊侧齿颈和牙面。

根据上述两项统计我们发现，史家河居民患龋率随年龄增长呈现正比例上升的态势。一

**表一九　史家河墓地不同年龄组个体患龋率统计表**

| 年龄段 | 总人数 | 患龋人数 | 患龋率 |
|---|---|---|---|
| 未成年（<14 岁） | 0 | 0 | — |
| 青年期（15~23 岁） | 1 | 0 | 0.00% |
| 壮年期（24~35 岁） | 12 | 3 | 25.00% |
| 中年期（36~55 岁） | 10 | 5 | 50.00% |
| 老年期（>56 岁） | 0 | 0 | — |
| 成年（具体年龄不详） | 3 | 3 | 100.00% |
| 合计 | 26 | 11 | 42.31% |

---

［1］王建华：《黄河流域史前人口健康状况的初步考察》，《考古》2009 年第 5 期。

［2］Tuener. C.G, Dental Anthropological Indications of Agriculture among Jomon People of Central Japan, *American Journal of Physical Anthropology*, 1979, 51(4): 619-636.

### 表二〇　史家河墓地不同性别个体患龋率统计表

| 性别 | 总人数 | 患龋人数 | 患龋率 |
| --- | --- | --- | --- |
| 男性 | 21 | 11 | 52.38% |
| 女性 | 5 | 0 | 0.00% |
| 合计 | 26 | 11 | 42.31% |

般来说，女性的患龋率要高于男性，但史家河墓地 11 例患龋个体全部为男性，说明男女两性可能存在饮食差异，但也不排除是女性个体数量过少造成的误差。

龋齿发生率能够更直观地显示出史家河居民的生计方式，龋齿率的计算公式为龋齿数目/受检牙齿 ×100%。据统计，在农业与采集狩猎混合经济下，平均龋齿发生率为 4.8%；在农业为主要经济方式的人群中，平均龋齿发生率为 8.6%。史家河居民的龋齿发生率为 6.70%（表二一），低于农业人群的平均水平，可能是采集狩猎和畜牧也在经济生产活动中占据了较为重要的地位。

### 表二一　史家河墓地龋齿发生率统计表

| 性别 | 牙齿数目 | 龋齿数目 | 龋齿率 |
| --- | --- | --- | --- |
| 男性 | 434 | 35 | 8.06% |
| 女性 | 88 | 0 | 0.00% |
| 合计 | 522 | 35 | 6.70% |

2. 根尖脓肿

根尖脓肿的发生一般认为与龋齿、牙周病、创伤以及细菌性炎症有关。经过统计，史家河居民根尖脓肿的患病率为 38.46%（表二二），男性患病率为 38.10%，女性患病率为 40.00%（表二三）。女性根尖脓肿的患病率略高于男性，但差异并不明显（彩版七〇，2、3）。从统计结果来看，根尖脓肿的患病率随年龄增长而提高，年龄越大，患病率越高。比较严重的有以下几个死者：M8、M12、M20 和 M28 墓主，均为患有龋病的男性。

3. 错颌以及牙齿畸形

史家河墓地一些死者的牙齿发生了错位及畸形：M20 墓主（男）下颌只有三个门齿；M24 墓主（女）上颌左侧犬齿排列不齐，舌面靠近近中；M26 墓主（男）上颌左侧第三臼齿前臼齿化；M33 墓主（男）下颌左侧中门齿先天缺失。

牙齿阻生常发生于上下颌第三臼齿，史家河墓地共发现两例：M3 墓主（男）下颌右侧第三臼齿向近中方向阻生；M36 墓主（男）下颌右侧第三臼齿未萌出，在齿槽内阻生。

4. 釉质崩落

史家河墓地共发现 3 例釉质崩落现象：M6 墓主（男）下颌左侧第一臼齿近中舌侧釉质崩落（彩版六九，6），下颌右侧第二臼齿近中舌侧釉质崩落；M7 墓主（男）上颌右侧第一臼齿舌侧齿冠崩落；M9 墓主（男）下颌左侧第二臼齿和下颌右侧第二臼齿舌侧釉质崩落。

表二二　史家河墓地不同年龄组个体根尖脓肿患病率统计表

| 年龄段 | 总人数 | 患根尖脓肿人数 | 患病率 |
|---|---|---|---|
| 未成年（<14岁） | 0 | 0 | — |
| 青年期（15~23岁） | 1 | 0 | 0.00% |
| 壮年期（24~35岁） | 12 | 3 | 25.00% |
| 中年期（36~55岁） | 10 | 6 | 60.00% |
| 老年期（>56岁） | 0 | 0 | — |
| 成年（具体年龄不详） | 3 | 1 | 33.33% |
| 合计 | 26 | 10 | 38.46% |

表二三　史家河墓地不同性别个体根尖脓肿患病率统计表

| 性别 | 总人数 | 患病人数 | 患病率 |
|---|---|---|---|
| 男性 | 21 | 8 | 38.10% |
| 女性 | 5 | 2 | 40.00% |
| 合计 | 26 | 10 | 38.46% |

### 5. 牙齿磨耗

牙齿磨耗并不是一种疾病，它是人类在进食时牙齿与食物或牙齿与牙齿摩擦的结果。牙齿磨耗与饮食结构、进食习惯、牙齿发育、特定劳作方式等有关。由于饮食结构、进食习惯等对口腔疾病的发生有重要影响，因此在研究口腔疾病时也需要将牙齿磨耗作为重要参考。在对牙齿磨耗进行分级时，我们采用的是美国学者 Smith 的分级标准[1]。

史家河墓地 26 例个体共保存 517 枚恒齿（未萌出和齿冠釉质崩落的牙齿不列入计算），其中男性 21 例个体共计 429 枚，女性 5 例个体共计 88 枚。史家河居民的牙齿平均磨耗为 3.86°，其中男性为 3.83°，女性为 3.99°（表二四；彩版七〇，4）。

517 枚恒齿中，I1 保存了 34 枚，平均磨耗为 4.18°；I2 保存了 59 枚，平均磨耗为 3.83°；C 保存了 73 枚，平均磨耗为 4.15°；P1 保存了 80 枚，平均磨耗为 3.86°；P2 保存了 83 枚，平均磨耗为 3.51°；M1 保存了 79 枚，平均磨耗为 4.47°；M2 保存了 72 枚，平均磨耗为 3.72°；M3 保存了 37 枚，平均磨耗为 2.78°（表二五）。

表二四　史家河居民牙齿磨耗统计表

| | 个体数 | 牙齿数 | 磨耗总数 | 平均磨耗 |
|---|---|---|---|---|
| 男性 | 21 | 429 | 1644 | 3.83° |
| 女性 | 5 | 88 | 351 | 3.99° |
| 合计 | 26 | 517 | 1995 | 3.86° |

---

[1] Smith H, Patterns of molarwear in hunter-gatherers and agriculturalists, *Am.J.Phys Anthropol.*, 1984, 63(1):39-56.

表二五　史家河居民同名牙齿磨耗统计表

| 牙位 | 1 | 2 | 3 | 4 | 5 | 6 | 7 | 8 | 合计 | 总磨耗 | 平均磨耗 |
|---|---|---|---|---|---|---|---|---|---|---|---|
| I1 | 0 | 4 | 11 | 4 | 7 | 7 | 0 | 1 | 34 | 142 | 4.18° |
| I2 | 2 | 13 | 12 | 10 | 12 | 8 | 2 | 0 | 59 | 226 | 3.83° |
| C | 0 | 9 | 19 | 13 | 20 | 9 | 2 | 1 | 73 | 303 | 4.15° |
| P1 | 4 | 22 | 12 | 11 | 12 | 15 | 1 | 3 | 80 | 309 | 3.86° |
| P2 | 4 | 28 | 15 | 16 | 8 | 7 | 0 | 5 | 83 | 291 | 3.51° |
| M1 | 1 | 7 | 14 | 20 | 18 | 10 | 6 | 3 | 79 | 353 | 4.47° |
| M2 | 0 | 16 | 22 | 17 | 10 | 2 | 0 | 5 | 72 | 268 | 3.72° |
| M3 | 6 | 8 | 16 | 5 | 1 | 0 | 0 | 1 | 37 | 103 | 2.78° |
| 总计 | 17 | 107 | 121 | 96 | 88 | 58 | 11 | 19 | 517 | 1995 | 3.86° |

表二六　史家河居民不同性别同名牙齿磨耗统计表

| 牙位 | 男性 | | 女性 | | 分布范围 |
|---|---|---|---|---|---|
| | 牙数 | 平均磨耗 | 牙数 | 平均磨耗 | |
| I1 | 28 | 4.01° | 6 | 5.00° | 2~8 |
| I2 | 49 | 3.85° | 10 | 3.70° | 1~7 |
| C | 61 | 4.21° | 12 | 3.83° | 2~8 |
| P1 | 67 | 3.79° | 13 | 4.23° | 1~8 |
| P2 | 69 | 3.52° | 14 | 3.43° | 1~8 |
| M1 | 65 | 4.47° | 14 | 4.43° | 1~8 |
| M2 | 58 | 3.57° | 14 | 4.36° | 2~8 |
| M3 | 32 | 2.85° | 5 | 2.40° | 1~8 |
| 合计 | 429 | 3.84° | 88 | 3.99° | 1~8 |

从表二五可以看出，史家河居民同名牙齿平均磨耗度最低的是 M3，最高的是 M1，同名牙齿平均磨耗度从高到低依次是：M1>I1>C>P1>I2>M2>P2>M3。门齿主要承担的任务是切断食物，犬齿和前臼齿的主要功能是撕裂食物尤其是肉食，臼齿的主要功能是研磨食物。从同名牙齿的平均磨耗程度以及龋齿率来看，史家河居民可能以植物性食物为主，但动物性食物也占了较大比重。

将史家河居民不同性别的同名牙齿磨耗程度统计数据制作成表二六。从结果来看，男性 I2、C、P2、M1 和 M3 的平均磨耗程度高于女性，女性 I1、P1 和 M2 的平均磨耗程度高于男性。总体来说，男女之间的差异不大。男性同名牙齿平均磨耗程度从高到低为：M1>C>I1>I2>P1>M2>P2>M3。女性同名牙齿平均磨耗程度从高到低为：I1>M1>M2>P1>C>I2>P2>M3。

6. 牙齿生前脱落

严格来说，牙齿生前脱落并不能算是疾病，除因老年性齿槽退行性变化外，龋齿、牙周病、根尖脓肿等疾病，以及外力冲撞、人工拔牙等均会造成牙齿的生前脱落。经过统计，史家河居民共有12例个体发生牙齿生前脱落（彩版七〇，7），占个体总数的46.15%；其中男性11例，比率为52.38%；女性1例，比率为20.00%（表二七）。女性牙齿生前脱落的比率明显低于男性，说明两性在食物选择上可能存在差异，但也有可能是女性个体数量过少引起的误差。

史家河居民共保存恒齿522枚，其中男性434枚，女性88枚。而生前脱落的牙齿总数为34枚，其中男性32枚，女性2枚。史家河居民生前脱落的牙齿与保存的牙齿的比率为1：15.35，其中男性的比率为1：13.56；女性的比率为1：44.00（表二八）。

在不同年龄组的分布上，史家河墓地没有未成年和老年个体可供观察。青年组没有出现牙齿生前脱落个体；壮年组共4人出现牙齿生前脱落，占全组总人数的33.33%；中年组共6人出现牙齿生前脱落，占全组人数的60.00%；成年组共2人出现牙齿生前脱落，占全组人数的66.66%（表二九）。从牙齿生前脱落的趋势来看，其发生率随着年龄的增长而提高。但观察个体中没有老年个体，这种高发的牙齿生前脱落现象可能与罹患龋齿、根尖脓肿等口腔疾病或食物较为粗糙有关。

## 二、贫血

普遍认为缺铁性贫血与生计方式从采集狩猎到农业生产的转变使得动物性食物比例下

### 表二七　史家河居民牙齿生前脱落个体统计表

| 性别 | 脱落人数 | 总人数 | 比率 |
|---|---|---|---|
| 男性 | 11 | 21 | 52.38% |
| 女性 | 1 | 5 | 20.00% |
| 合计 | 12 | 26 | 46.15% |

### 表二八　史家河居民生前脱落牙齿与保留恒齿比率统计表

| 性别 | 生前脱落牙齿数 | 恒齿数 | 比率 |
|---|---|---|---|
| 男性 | 32 | 434 | 1：13.56 |
| 女性 | 2 | 88 | 1：44.00 |
| 合计 | 34 | 522 | 1：15.35 |

### 表二九　史家河居民不同年龄组牙齿生前脱落情况统计表

| 年龄段 | 脱落人数 | 脱落人数占比 | 脱落牙齿数 | 比率 |
|---|---|---|---|---|
| 青年期（15~23岁） | 0 | 0.00% | 0 | 0：6.00 |
| 壮年期（24~35岁） | 4 | 33.33% | 8 | 1：35.38 |
| 中年期（36~55岁） | 6 | 60.00% | 15 | 1：11.80 |
| 成年（具体年龄不详） | 2 | 66.66% | 11 | 1：5.18 |
| 合计 | 12 | 46.15% | 34 | 1：15.35 |

降、食物结构广谱性降低有关。判断贫血发生的标准一般为眼眶顶部（额骨眶面）出现筛状小孔和额骨、顶骨对称出现多孔性骨肥厚现象。

史家河墓地共发现 4 例贫血患者。M8 墓主左侧眶面中 1/3 的中部存在大小不一但独立分布的孔隙（彩版七〇，1），右侧眶面中 1/3 的中部亦存在独立散布的小孔隙。M26 墓主左右侧眶面上 1/3 的中部存在芝麻粒大小的相互连接的小孔（彩版七一，5、6），形成类似骨小梁的结构。M28 墓主顶骨内板上对称出现筛孔。M37 墓主的顶骨前部对称出现较密集的多孔样改变。M8、M26、M28、M37 这 4 例罹患贫血的个体均为男性，结合龋齿率和牙齿磨耗情况推测，男性居民可能更多摄入了植物性食物。

### 三、退行性关节病

退行性关节病又称骨性关节炎，是由于年龄增长、关节损伤、承受压力等原因导致身体上的关节部位持续磨损进而发生退行性变化，可以在一定程度上反映特定群体生活劳动的强度，主要表现为关节表面多孔性变、象牙质化、关节边缘生成骨赘或唇形变、关节形状或轮廓改变、关节融合及侵蚀。

M6 墓主（男）枢椎（第二颈椎）左右侧横突下关节面打磨成光滑的象牙样平面，周缘生有骨刺（彩版六九，1）；第六、第七颈椎椎体周缘遍布骨刺，骨刺向上、向下增长，尤其是椎体右侧下关节面骨刺斜向下方增生，几乎与下一关节形成连桥（彩版六九，2）；右侧锁骨后端膨胀，并有一根 7 毫米长的骨刺（彩版六九，3）；肩胛骨肩胛突肥厚，右肩胛骨外侧角肥厚可见大量骨刺，腋窝缘处肥厚；右髋髋臼下部、坐骨背侧和耻骨闭孔内角生有骨刺，耻骨下支和右侧胫骨下端内侧亦可见骨刺。

M8 墓主（男）和 M36 墓主（男）左右两侧肩胛骨肩峰前缘有倾斜平面，疑似磨损所致。

M22 墓主（男）左侧胫骨下端肥大，发生退行性关节炎（彩版七一，3、4）；左侧距骨肥大，且多出一个关节面。

M26 墓主（男）左侧尺骨上端（彩版七二，1、2）及桡骨下端关节面发生退行性关节炎，有缘，胫骨下端关节面亦如此；两侧肩胛骨肩峰圆顿，有磨损面；髌骨和右侧髋骨闭孔上有骨刺；两侧距骨变宽，并有隆起的缘；胫骨下端关节面及距骨上关节面有筛孔。

M30 墓主（男）耻骨闭孔和股骨小转子骨刺发达；左侧跟骨变异、胀大，上面骨刺发达。

史家河墓地中 6 例个体患有退行性关节病，均为男性，或许与男性比女性承受更大的劳动强度有关。

### 四、活动性关节病

活动性关节病是指由于长期从事某种特定的活动或特殊的职业，诱使身体发生特殊的功能性改变。活动性关节病只与特殊的人类活动有关，不受遗传基因的影响，一般从事特殊活动的时间越长、强度越大，其患病程度越明显。因此，对活动性关节病的观察，对于推测特定人群的生产生活方式有重要意义。

M6（男）、M13（男）、M20（男）、M26（男）、M27（男）、M30（男）、M31（男）、

M37（男）墓主股骨颈上有骨质隆起小平面（彩版六九，4；彩版七一，7）。

M12墓主（男）右侧跟骨内侧、M26墓主（男）左侧跟骨内侧和M27（男）、M36（男）墓主两侧跟骨内侧有骨质隆起小平面，如四季豆大小。

M13（男）、M16（女）墓主股骨扭曲（彩版七〇，5、6）。

M7墓主（男）左侧胫骨前嵴发达，骨干向前弓。M30墓主（男）胫骨滋养孔处骨嵴发达。

M8墓主（男）右侧胫骨内侧上段有一横向1厘米的骨质隆起。M26墓主（男）右侧肱骨骨干上段前面有一核桃大小的骨质隆起。

M19墓主（女）股骨上端背部外侧有骨质隆起，类似小转子，但小于小转子。

M37墓主（男）左侧桡骨干向下弯曲曲度较大。

史家河墓地大量男性个体股骨颈上出现骨质隆起小平面，可能与骑乘行为有关。

## 五、强直性脊柱炎

强直性脊柱炎属于自身免疫性的进行性炎症反应性关节病，受累部位常涉及中轴骨，"骶髂关节融合"是其鉴别诊断的重点。男性患者明显多于女性，男女比例约为5∶1[1]。史家河墓地共发现1例个体可能罹患强直性脊柱炎，M30墓主（男）第九、第十胸椎椎体融合（彩版七二，3、4）。

## 六、非特异性感染

非特异性感染是一种较为常见的非特异性感染类骨炎症，由多种细菌感染引发，表现为骨组织被破坏，骨骼表面粗糙凹陷，骨干骨骺端形成脓肿。史家河墓地共发现3例个体患非特异性感染：M6（男）和M26（男）墓主胫骨骨干中部内侧面、外侧面感染（彩版六九，5；彩版七一，8），形成条状编织骨，在恢复过程中，新骨生成，成层连片。M22墓主（男）左侧股骨骨干下端膨胀（彩版七一，1、2），右侧股骨骨干上端膨胀，大转子肥大，新骨生成，高出股骨头，股骨头形状发生改变，从球状变成蘑菇状，头变扁平，髋臼增大，髋臼外侧边缘环状缺失；胫骨骨干显示条纹样骨的重塑，与骨膜炎痊愈后新骨的生成相似。诊断为股骨头坏死病（LCPD）[2]。

## 七、先天发育异常

M3（男）、M12（男）、M16（女）、M18（男）、M30（男）墓主骶骨有六块骶椎。M26墓主（男）有六块腰椎。M3墓主（男）左侧胫骨非常扁，左侧第二至第十一胸肋中的某一支肋骨前端分叉。M23墓主（女）耻骨联合面无腹侧斜面；左侧锁骨外端呈直角；左侧桡骨下端变异，略向下弯曲。

---

[1]　［英］夏洛特·罗伯茨、基思·曼彻斯特著，张桦译：《疾病考古学》，第145~178页，山东画报出版社，2010年。

[2]　Elizabeth Berger, Liang Chen, Zhouyong Sun, Zhanwei Sun, A probable case of Legg-Calvé-Perthes disease in Warring States-era China, *International Journal of Paleopathology*, 2017(16): 27-30.

## 八、骨骼创伤

创伤指人身体上的任何破损或者伤口。史家河墓地仅发现 1 例骨折个体：M6 墓主（男）右侧第二至第十胸肋中的某一肋骨后端处有骨折愈合痕迹（彩版六九，7）。表明人群之间的冲突发生较少。

# 第七节　头骨上的其他特征分析

额中缝、缝间骨、下颌圆枕以及第三臼齿的萌出率在不同人群中差异明显，可以作为划分人群种族类型的标准。史家河墓地人骨头骨上也发现了上述小变异现象。

## 一、额中缝

额中缝是指保留在额骨中部的一条骨缝，一般在一周岁左右开始愈合，至六周岁完全愈合，但也有少数人未愈合或者部分愈合。额中缝被认为是受遗传因素影响、具有明显种族差异的小变异特征。现代中国人和欧洲人额中缝的出现率最高，为 8%~13%；澳大利亚人和黑人的出现率较低，约为 1%[1]。史家河居民中共有 5 例个体出现了额中缝，占全部可观察总数的 22.73%。其中男性 4 例，占男性总数的 25.00%；女性 1 例，占女性总数的 16.67%。

## 二、缝间骨

缝间骨指出现在颅骨骨缝间的小骨块，多见于人字缝内。其中印加骨是最大的缝间骨，因在南美古印加人中出现率高达 20% 而得名。史家河墓地共有 2 例男性个体出现印加骨，占男性可观察个体总数的 14.29%，占全部可观察个体总数的 10.53%。

## 三、下颌圆枕

下颌圆枕指下颌齿槽突内侧的骨质隆起结构，一般位于第一前臼齿到第二臼齿之间的齿槽突内侧面，在蒙古人种中有较高的出现率。一般认为下颌圆枕的出现与食物的硬度和粗糙程度相关，如果咀嚼压力很大，就会在下颌骨的舌侧出现代偿性增厚而产生下颌圆枕[2]。对史家河人群下颌圆枕出现率作了统计，制成表三〇。统计显示，史家河墓地男性下颌圆枕的出现率为 22.22%，女性下颌圆枕的出现率为 25.00%，男女两性之间没有明显的差异。史家河所有可观察个体下颌圆枕的出现率为 22.22%，出现率属于中等水平。

## 四、第三臼齿先天缺失

人类学研究表明，牙齿随着人类的演化而逐渐退化，有些牙齿甚至终生不萌出，其中以

---

[1] 李应义：《西北地区国人头骨额中缝的观察》，《人类学学报》1983 年第 3 期。
[2] 李海军：《中国现代人群下颌骨的形态变异与功能适应》，中国科学院古脊椎动物与古人类研究所 2010 年博士学位论文。

表三〇　史家河居民下颌圆枕出现率统计表

| 发育等级 | 男性 | | 女性 | | 性别不明 | |
|---|---|---|---|---|---|---|
| | 人数 | 比率 | 人数 | 比率 | 人数 | 比率 |
| 无 | 14 | 77.78% | 6 | 75.00% | 1 | 100.00% |
| 微弱 | 1 | 5.56% | 1 | 12.50% | 0 | 0.00% |
| 中等 | 2 | 11.11% | 0 | 0.00% | 0 | 0.00% |
| 显著 | 1 | 5.56% | 1 | 12.50% | 0 | 0.00% |

第三臼齿先天缺失最为常见[1]。吴汝康、吴新智等根据蓝田直立人下颌骨第三臼齿先天缺失以及包括现代中国人在内的东亚蒙古人种第三臼齿先天缺失的出现率较高的情况，认为第三臼齿先天性缺失是支持中国古人类连续进化的形态学证据之一[2]。

史家河墓地 26 例个体中共有 2 例男性个体出现第三臼齿先天性缺失，分别是 M22 墓主（左侧上颌）和 M31 墓主（右侧下颌），占男性个体总数的 9.52%，占全部个体总数的 7.69%，出现率较低。

# 第八节　人骨的特点

史家河墓地 37 座墓葬共发现 31 具人骨个体。在前面的几节中，我们对其中的 30 例个体进行了性别和年龄段分布的统计，编制了简略生命年表。对其中保存较好的 19 例头骨和部分破碎但仍可用于观察测量的头骨进行了形态观察和测量。测量了四肢骨中的 46 根肱骨、46 根股骨和 48 根胫骨，据此对史家河人群的身高进行了推测。依据以上人骨数据探讨了史家河人群的年龄分布结构、男女性别比、头骨的形态特征，检验了他们的种系纯度，统计了种族形态学特征；并且运用聚类分析和主成分分析等统计学方法，与先秦时期各古代组和近代组的形态距离进行了比较，确定了史家河人群的种族归属。此外，我们还统计了史家河人群骨骼上的病理状况等。

史家河墓地人骨的特点可以总结如下。

## 一、性别、年龄和死亡年龄分布的特点

史家河墓地出土人骨的男女性比为 2：1，性别比例严重失调，可能与战争等原因有关。从简略生命年表看，史家河居民的平均预期寿命为 34.72 岁，男性平均预期寿命远小于女性。

---

［1］刘武等：《第三臼齿退化及其在人类演化上的意义》，《人类学学报》1996 年第 3 期。

［2］吴汝康：《古人类学》，第 203 页，文物出版社，1989 年。吴汝康等主编：《中国远古人类》，第 24~41 页，吴新智主笔的第三章"中国的早期智人"，科学出版社，1989 年。

### 二、头骨的形态特征

1. 观察特征

史家河人群的颅形以椭圆形为主，眉弓发育多为中等级，前额多倾斜，颅顶缝以简单形为主，眶形多为椭圆形，梨状孔以梨形为主，梨状孔下缘以钝型和鼻前窝型为主，鼻前棘以稍显级为主，鼻根凹陷发育较浅，翼区主要为蝶顶型，鼻梁以凹型为主，鼻骨形状主要为Ⅰ型和Ⅱ型，大多数个体存在较弱的矢状嵴，腭形以"V"形和椭圆形为主，颏形以方形和圆形为主，大部分个体无下颌圆枕，下颌角多外翻。史家河组人群头骨在连续性形态特征方面体现出了同种系的特征，属于蒙古大人种。

2. 测量特征

史家河居民的头骨测量特征可以从脑颅、面颅、面部等几个方面概况：颅型为中—圆颅型——高颅型——中—狭颅型相结合；面颅是阔面型与狭面型——偏高的中眶型——阔鼻型——中等偏弱的鼻根突度与中等的垂直颅面比例相结合；面部在矢状方向上多属于平颌型，上齿槽突度多为中颌型，较阔的腭型，短的齿槽型。

### 三、头骨的种系纯度和类型

种系研究包括人种的纯度和种族的分析，从这两个方面与其他地区人骨进行比较，不仅可以确认墓地中的死者属于什么人种，而且能够确认有无外族的成员，甚至找到不同时代死者的传承关系。

1. 种系纯度

通过与欧洲、亚洲、非洲各个组的多项测量项目的同种系头骨变异度比较，确认史家河居民在大人种上属于同一种系。

2. 种族人类学

在与三大人种的比较中，史家河全组居民最接近亚美人种。与亚洲蒙古人种的四个支系比较，史家河组与东亚蒙古人种最为接近，与南亚蒙古人种也存在一定相似性。与近现代亚洲蒙古人种比较，史家河组与属于东亚蒙古人种的华北组和含有一定南亚蒙古人种成分的华南组最接近。与先秦时期各古代组比较，史家河人群与寨头河人群和东灰山人群在体质特征上非常相似，与"古中原类型"和"古西北类型"具有一定相似性。

### 四、身高的推算

根据下肢骨的最大长度推算身高，史家河男性居民平均身高 163.42~164.96 厘米，女性居民平均身高 154.48~161.05 厘米。与新石器时代其他古代组相比，史家河居民的身材偏低，但与年代较晚的先秦、汉代组相比则较为接近。

### 五、肢骨特征

四肢骨的研究表明，史家河人群中约 53.33% 的人属于"左利手"。男性居民的骨骼发育明显粗壮，且发育程度明显强于女性。与其他各古代组进行对比，发现史家河组与兴隆洼组的各项数值最为接近，农业和狩猎、畜牧可能都在经济生产生活中占有重要地位。

### 六、病理现象

**1. 口腔疾病**

史家河居民的龋齿发生率为 6.70%，低于农业人群的平均水平，可能是因采集狩猎、畜牧也在经济生产活动中占据了重要的地位。患龋个体全部为男性，说明男女两性可能存在饮食差异，但也不排除是女性个体数量过少造成的误差。史家河居民根尖脓肿的患病率为 38.46%。从同名牙齿的平均磨耗程度以及史家河居民的龋齿率来看，史家河居民可能以植物性食物为主，但动物性食物也占了较大的比重。约 46.15% 的居民出现了牙齿生前脱落，考虑到可观察个体中无老年个体，这种高发的牙齿生前脱落现象可能与罹患龋齿、根尖脓肿等口腔疾病或食物较为粗糙有关。

**2. 贫血**

史家河墓地仅发现 4 例贫血患者，贫血患病率较低。这 4 例患者均为男性，结合龋齿率和牙齿磨耗情况推测，史家河男性居民食物结构中动物性食物的摄入略显不足。

**3. 其他疾病**

史家河墓地患退行性关节病的个体均为男性，表明男性可能比女性承受更大的劳动强度。强直性脊柱炎、非特异性感染和先天发育异常也有一定的发病率。

**4. 创伤**

骨骼创伤很少，仅有 1 例，为多根肋骨的骨折，可能暗示人群之间冲突较少。

# 第四章　结　语

## 第一节　随葬品类型学分析

### 一、陶器

史家河墓地出土陶器整体而言数量不多，可供分析的陶器共54件，分鬲、罐、壶、缶、釜五大类；其中又以罐为多，形制多样且复杂，可分为十二类，与寨头河墓地陶罐有较多相似之处。

1. 鬲

共7件。可分为罐式鬲、双耳鬲、无领鬲三类。

**罐式鬲**　5件。腹相对较浅、呈球形，鬲足较小。根据领部特征分两式。

Ⅰ式　2件。领较矮，无肩。标本 M27：1、M27：2。

Ⅱ式　3件。领较高，有肩。标本 M4：2、M4：3、M39：1。

**双耳鬲**　1件。鬲肩上有两系耳。标本 M13：1。

**无领鬲**　1件。形制较少见。口微侈，方唇，无领，三矮足。标本 M29：1。

2. 罐

共35件。是该墓地出土数量最多的一类陶器，种类多样，形制复杂，可分为单耳罐、双耳罐、高领罐、侈口罐、球腹罐、直领罐、折腹罐、浅腹罐、垂腹罐、圆肩罐、广肩罐、大喇叭口罐等十二类。

**单耳罐**　6件。根据领、腹部特征，分三型。

A型　2件。夹砂红褐陶。高领，深腹，平底。口沿下和肩部饰一周戳刺纹。标本 M7：2、M30：1。

B型　2件。夹砂灰陶。高领，折腹，平底。素面。标本 M33：1、M38：1。

C型　2件。夹砂褐陶。无领，单耳齐口，圜底。饰竖绳纹或素面。标本 M2：2、M5：1。

**双耳罐**　4件。器形各不相同，可分为四型。

A型　1件。夹砂红褐陶。侈口，大斜领，两耳附于斜领上，鼓腹，平底。腹饰竖绳纹。标本 M37：2。

B型　1件。夹砂灰陶。方唇，直领，双耳齐口附于领部，鼓腹，平底。饰斜绳纹。标本 M10：1。

C 型　1 件。夹砂浅褐陶。高直领，圆腹，两耳位于领下，平底。饰竖绳纹。标本 M10：2。

D 型　1 件。泥质灰黑陶。侈口，束颈，圆鼓腹，两耳贴附于腹部，平底。素面。标本 M13：3。

**高领罐**　1 件。夹砂红褐陶。侈口，方唇，高领，鼓腹，平底。口沿和领下部各饰一周戳刺纹。标本 M21：2。

**侈口罐**　5 件。侈口，卷沿，高领，圆肩，腹斜收，平底。素面。根据陶系可分为两型。

A 型　4 件。泥质灰陶。标本 M6：1、M6：2、M16：2、M16：4。

B 型　1 件。夹砂红褐陶。标本 M30：2。

**球腹罐**　2 件。泥质浅褐陶。标本 M16：1、M16：3。

**直领罐**　5 件。泥质灰陶。胎较厚，制作粗糙。直领稍高，折肩，腹斜收，平底。素面。标本 M19：1、M19：2、M21：1、M23：1、M23：3。

**折腹罐**　2 件。泥质灰陶。侈口，卷沿，高斜领，折腹，平底。腹上饰竖绳纹。标本 M7：1、M7：3。

**浅腹罐**　1 件。泥质褐陶。红褐胎较厚，烧制温度低，易碎。直口，颈腹区分不明显，浅腹，平底。腹饰网格纹。标本 M28：1。

**垂腹罐**　1 件。泥质浅褐陶。侈口，卷沿，垂腹，平底。素面。标本 M28：2。

**圆肩罐**　3 件。泥质深灰或浅灰陶。侈口，矮领，圆肩，腹斜收，腹最大径在肩部，平底。素面。标本 M9：2、M23：2、M29：2。

**广肩罐**　4 件。泥质浅灰陶。侈口，矮领，广折肩，平底。多素面。标本 M4：1、M8：1、M11：1、M18：1。

**大喇叭口罐**　1 件。泥质灰陶。大喇叭口，束颈，鼓腹，平底。素面。标本 M14：1。

3. 壶

共 5 件。侈口，圆腹或鼓腹，平底。从腹部形态上可分为三型。

A 型　1 件。侈口，直领，圆腹，领、腹饰宽凹弦纹，腹下部有刮削痕迹。标本 M2：1。

B 型　3 件。侈口、卷沿，圆鼓腹，平底，颈饰一周凸弦纹，腹饰两周凹弦纹。标本 M10：3、M36：1、M37：1。

C 型　1 件。侈口、卷沿，束颈，鼓腹，腹下内弧收较甚，平底。标本 M33：2。

该三型壶之间有着较明显的差别，暂无法判断是否是年代上的差异，仅列于此。

4. 缶

5 件。泥质灰陶。整体体形较大，小口，矮领，广肩，圆鼓腹，平底。腹饰间断绳纹。标本 M8：2、M8：4、M9：1、M11：3、M38：2。

5. 釜

2 件。泥质灰陶。方唇，微束颈，鼓腹，圜底。腹、底饰方格纹。标本 M8：3、M11：2。

## 二、铜器

共 69 件。包括容器、兵器、车马器、束衣器、饰件和工具。

**1. 镞**

2 件。形制相同。标本 M6：3、M14：2。

**2. 戈**

2 件。形制相同。标本 M6：19、M13：4。

**3. 镈**

1 件。标本 M6：10。

**4. 车軎**

2 件。形制相同，其中 1 件无车辖。标本 M6：11、M6：12。

**5. 马衔**

共 4 件。两两成对，可分两型。

A 型　2 件。两端为单环。标本 M6：23-1、M6：23-2。

B 型　2 件。两端环外又附有纽。标本 M7：4、M7：5。

**6. 马面饰**

共 4 件。两两成套，形制相同。标本 M6：21、M6：22。

**7. 铃**

共 10 件。可分两型。

A 型　3 件。器形较大，制作精美，器壁较厚。形制相同，大小有别，铃舌有骨质、铜质之分。根据大小，可分三亚型。

Aa 型　1 件。大铜铃。标本 M6：14。

Ab 型　1 件。中铜铃。标本 M6：27。

Ac 型　1 件。小铜铃。标本 M6：26。

B 型　7 件。个体较小，制作粗糙，铃体镂空。形制、大小相同，铃舌木质。标本 M16：23~29。

**8. 铃形饰**

2 件。标本 M16：32、M16：33。

**9. 带钩**

共 8 件。其中 1 件（M2：3）钩体残缺，其余根据钩体特征，可分四型。

A 型　2 件。长牌形，钩体呈长方形或圆角长方形，一般都比较长大。标本 M6：7、M30：5。

B 型　2 件。琵琶形，钩体似琵琶形。根据形制特征，分为两亚型。

Ba 型　1 件。钩为宽体，钩面凸起。标本 M31：1。

Bb 型　1 件。钩体较窄，钩面圆弧。标本 M17：1。

C 型　2 件。曲棍形，钩体似棒形，粗细较均匀。标本 M13：5、M16：5。

D 型　1 件。水禽形，钩首似鸭嘴形，钩体有简化的双翅。标本 M36：2。

10. 管

共 10 件。可分两型。

A 型　6 件。直圆管状，饰箍状纹饰。标本 M16：7、M16：9、M16：10、M16：11、M16：13、M16：14。

B 型　4 件。直圆管，中间有一凸起。标本 M6：5、M6：6、M16：8、M16：12。

11. 扣饰

共 8 件。根据形态特征，可分三型。

A 型　5 件。圆纽形，表面多花状纹饰，个别素面。标本 M16：6、M16：15、M16：17、M16：18、M18：3。

B 型　2 件。两个 A 型铜扣相连，中间为梭形。标本 M18：4、M18：5。

C 型　1 件。四个 A 型铜扣相连。标本 M16：16。

12. 环

共 11 件。根据形态特征，可分两型。

A 型　9 件。单体铜环。形制相同，大小略有差别。标本 M6：20-3、M6：20-4、M8：6、M16：19~22、M18：2、M18：6。

B 型　2 件。三连环。两端两大环，中间以一小环相连。标本 M6：20-1、M6：20-2。

13. 阳燧

4 件。形制、大小相同。标本 M6：32~35。

14. 凿

1 件。标本 M6：4。


## 三、骨器

1. 镳

共 14 件。其中 1 件残断，可分型的有 13 件。根据形制特征，可分两类。

（1）甲类　10 件。整体半弯曲。根据孔的数量和位置，可分两型。

A 型　4 件。两椭方形穿孔之间有一圆孔。标本 M6：31-1、M6：31-2、M30：3、M30：4。

B 型　6 件。两椭方形穿孔之间无圆孔。标本 M6：31-3~31-8。

（2）乙类　3 件。整体呈"S"形。根据孔的数量，分两型。

A 型　2 件。两个孔。标本 M6：30。

B 型　1 件。一个圆孔。标本 M6：24。

2. 络饰

共 37 件。根据形态特征，分为三型。

A 型　31 件。圆形。中间有一圆孔；正面中间厚，边缘薄；背面修平。标本 M6：16、M14：3、M14：4、M14：7。

B 型　2 件。椭圆形。中间有一圆角长方形孔。标本 M14：5、M14：6。

C 型　4 件。长牌形。一端呈弧状一端齐平。面饰一组或两组"S"形纹。标本 M6：8、M6：9、M6：17、M6：18。

3. 镦

1 件。底端分成三叉形，上部圆管状，中空，其上有一圆孔。标本 M6：15。

4. 珠串

1 组 21 件。由较短的骨管珠组合而成。标本 M6：13。

5. 笄

共 7 件。其中 2 件残断，可分型的有 5 件。圆细，均较长。根据有无笄帽，分为两型。

A 型　4 件。有笄帽。标本 M10：4、M12：1、M16：30、M19：3。

B 型　1 件。无笄帽。标本 M24：1。

6. 镞

共 4 件。有鋬。根据形态特征，分两型。

A 型　1 件。圆锥形。标本 M13：6。

B 型　3 件。三棱锥形。标本 M13：7~9。

7. 钉

1 件。标本 M18：8。

8. 珠

1 件。标本 M28：4。

9. 牙饰

1 件。标本 M6：29。

## 四、玉石器

出土数量较少，仅 3 件。有砺石（M30：6）、石饰（M18：7，残）和绿松石珠（M6：28）。

## 五、铁器

主要为铁带钩，多锈蚀严重。

# 第二节　分期与年代

史家河墓地在年代判定方面，面临与寨头河墓地同样的问题。一是地层简单，耕土层或晚期垫土层下即为墓葬开口，墓葬之间极少有打破关系。二是以往可资对比的器物太少，加之墓葬多被盗，信息不完整，为年代判定带来诸多困难。

对于史家河墓地年代的判定，主要依据墓葬中出土的陶器和铜器。通过典型器物的类型学对比分析，区分文化因素构成，并结合与之相邻的寨头河墓地分期成果，确定该墓地出土器物的年代框架，进而为判定整个墓地的形成年代提供依据。

史家河出土的罐式鬲为侈口、球形腹、矮乳状足，腹饰方格纹，其形态特征与山西下平望和寨头河陶鬲极为相似。如史家河（以下简称"史"）M27：1、M27：2（图八二，7、8）与下平望92HXM1012：1[1]及寨头河（以下简称"寨"）M10：1[2]（图八二，9、10）陶鬲形态相近，均为球形腹、矮足外撇，其年代应为战国早期。史M30：1、史M21：2高领罐（图八二，1、2）与寨M3：1、寨M19：5[3]（图八二，4、5）如出一辙，均是侈口、高领、圆腹、口沿或颈部饰附加堆纹，陶色斑驳，质感较轻，时代应为战国早中期。史M7：2单耳罐与寨M38：2类同（图八二，3、6），单耳均在口沿以下，高领、平底，时代应在战国早中期之间。史M36：1弦纹罐与咸阳塔儿坡（以下简称"塔"）28025：2[4]（图八二，37、42）、西安半坡M115：3[5]相似，均为侈口、鼓腹、平底，饰数周弦纹。史M33：2弦纹壶与塔33171：4[6]（图八二，38、43）、朝邑M107：6[7]形制相同。这两类器原报告定在战国晚期，根据秦文化器物发展演变特征，时代定在战国中期偏晚较合适。史M8：2、史M9：1缶（图八二，39、40）分别与塔27070：1[8]、塔18052：5[9]（图八二，44、45）类似，小口、圆肩、深腹、体态较大，时代应在战国晚期至秦代。史M8：3釜与蓝田泄湖M14：4[10]（图八二，41、46）、塔24135：3[11]相似，折肩、圜底，腹及底饰方格纹，时代应为战国晚期至秦代。

　　史家河墓地出土的铜器也具有较为鲜明的地域和时代特征。史M6：19铜戈与侯马上马墓地M15：39[12]（图八二，11、14）、陕县东周秦汉墓M2040：220[13]相似，均三穿，援身前窄后稍宽，弧线形尖锋，时代应为战国早期。史M31：1铜带钩与郑州二里冈M401：1[14]相似（图八二，12、15），琵琶形、短颈、宽钩体，时代应为战国早中期。史M36：2铜带钩与二里冈M428：7[15]一致（图八二，13、16），钩体为合翅水禽形，时代应在战国中期。史M14：2铜镀与绥德南关（图八二，25、28）、安塞井沟村的发现[16]相同，均为椭方形口、深腹、喇叭形圈足，年代应在春秋晚期至战国早期。史M7：4双环首马衔与固原杨郎M11：5[17]（图八二，17、20）、中卫狼窝子M3：20[18]类似，中间单环相连，大环首外附一个小环，时代可能为春秋晚期至战国早期。史M6：35圆形马面饰与彭堡于家庄（以下简

［1］山西省考古研究所侯马工作站等：《侯马下平望墓地南区调查简报》，《三晋考古（第一辑）》，山西人民出版社，1994年。

［2］陕西省考古研究院等：《寨头河——陕西黄陵战国戎人墓地考古发掘报告》，第36页图一九-4，上海古籍出版社，2018年。

［3］陕西省考古研究院等：《寨头河——陕西黄陵战国戎人墓地考古发掘报告》，第52页图三三-4，上海古籍出版社，2018年。

［4］咸阳市文物考古研究所：《塔儿坡秦墓》，第112页图八六-1，三秦出版社，1998年。

［5］金学山：《西安半坡的战国墓葬》，《考古学报》1957年第3期。

［6］咸阳市文物考古研究所：《塔儿坡秦墓》，第104页图八一-6，三秦出版社，1998年。

［7］陕西省文管会等：《朝邑战国墓葬发掘简报》，《文物资料丛刊（第2辑）》，文物出版社，1978年。

［8］咸阳市文物考古研究所：《塔儿坡秦墓》，第109页图八四-5，三秦出版社，1998年。

［9］咸阳市文物考古研究所：《塔儿坡秦墓》，第109页图八四-2，三秦出版社，1998年。

［10］中国社会科学院考古研究所陕西六队：《陕西蓝田泄湖战国墓发掘简报》，《考古》1988年第12期。

［11］咸阳市文物考古研究所：《塔儿坡秦墓》，第114页图八七-6，三秦出版社，1998年。

［12］山西省考古研究所：《上马墓地》，第81页图六六-10，文物出版社，1994年。

［13］中国社会科学院考古研究所：《陕县东周秦汉墓》，第73页图五八-2，科学出版社，1994年。

［14］河南省文化局文物工作队：《郑州二里冈》，图四十-16，科学出版社，1959年。

［15］河南省文化局文物工作队：《郑州二里冈》，图四十-6，科学出版社，1959年。

［16］曹玮：《陕北出土青铜器》，第三册第322、329页，巴蜀书社，2009年。

［17］宁夏文物考古研究所等：《宁夏固原杨郎青铜文化墓地》，《考古学报》1993年第1期。

［18］周兴华：《宁夏中卫县狼窝子坑的青铜短剑墓群》，《考古》1989年第11期。

称"于")M17：8[1]相似（图八二，18、21），圆形，背面为弧面，唯前者弧面饰一个较宽桥形纽，后者为两个桥形纽，时代应在春秋战国之际。史 M6：21 马面饰与桃红巴拉（以下简称"桃"）M1：14[2]一样（图八二，19、22），圆牌形，正面稍鼓，饰有两个圆孔形穿纽，牌的下端有一环，环内套连柳叶形铜片，前者弧面有两个圆形穿，后者为一个半圆形穿，原报告将后者时代定在春秋晚期。史 M6：26 铜铃与杨郎Ⅲ M4：73[3]（图八二，23、26）、彭阳白岔村 BCH：04[4]相同，顶部平，有一半圆形纽，铃身呈桶状，每面各有两个长条形镂孔，铃口近椭圆形，报告认为其年代为战国早期。史 M16：32 铜铃形饰与于 SM3：9[5]（图八二，24、27）、怀来北辛堡 M2：2[6]相似，呈"八"字形，上有圆形纽，报告认为于 SM3：9 的年代为战国早期，北辛堡 M2 时代属于春秋以前；但北辛堡 M2：2"八"字形的开口更大更向上，因此史家河铜铃形饰的年代定在战国早期更合适。另外，史家河墓地出土的铜扣饰、连珠饰、管饰等（图八二，29~36）从春秋晚期至战国中期都较为流行，战国晚期后少见。

由上述分析可知，史家河墓地出土的陶罐式鬲、双耳罐、单耳罐、高领圆肩罐和铜戈、带钩、镞、马面饰、铃形饰、扣饰、管饰、双环首马衔及镂空铜铃等器物（A、B、C 类器物，见下文）时代集中在战国早中期，晚期以后少见。因此，以随葬 A、B、C 类器物为主的竖穴土坑墓年代也集中在战国早中期。陶缶、釜、弦纹罐、弦纹壶等器物（D 类器物，见下文）战国晚期开始出现，且又多发现于洞室墓中，个别见于竖穴墓葬。因此，以随葬 D 类器物为主的墓葬年代为战国晚期，下限也有可能已进入秦代。

综之，从随葬品、墓葬形制特征等方面考察，史家河墓地大致经历了两个大的发展阶段：第一阶段墓葬有 M2、M5~M7、M13、M14、M16、M18、M19、M21、M23、M27~M30、M33、M36~M39，时代为战国早中期；第二阶段墓葬有 M4、M8~M12、M17、M20、M24、M38，时代为战国晚期至秦统一时期。

## 第三节　关于墓地族属的初步认识

### 一、文化因素分析

史家河墓地出土的随葬品，以陶器和铜器最具特色，可以大致分为 A、B、C、D、E 五类。A 类器物以各式陶罐为代表，包括单耳罐、双耳罐、高领圆腹罐及侈口圆腹罐等。B 类器物以罐式鬲、铜戈、铜带钩为代表。C 类器物以铜镞、马面饰、铃形饰、扣饰、管饰、双环首马衔及镂空铜铃为代表。D 类器物以大喇叭口罐、缶、釜、弦纹罐和弦纹壶等为代表。E 类

［1］宁夏文物考古研究所：《宁夏彭堡于家庄墓地》，《考古学报》1995 年第 1 期。

［2］田广金：《桃红巴拉墓群》，《鄂尔多斯式青铜器》，文物出版社，1986 年。

［3］宁夏文物考古研究所等：《宁夏固原杨郎青铜文化墓地》，《考古学报》1993 年第 1 期。

［4］杨宁国、祁悦章：《宁夏彭阳县近年出土的北方系青铜器》，《考古》1999 年第 12 期。

［5］宁夏文物考古研究所：《宁夏彭堡于家庄墓地》，《考古学报》1995 年第 1 期。

［6］河北省文化局文物工作队：《河北怀来北辛堡战国墓》，《考古》1966 年第 5 期。

| 时代 | 类型 | A类 | B类 | C类 |
|---|---|---|---|---|

周边区域文化遗存

西戎文化遗存

6. 寨 M38：2
5. 寨 M19：5
4. 寨 M3：1

晋系文化遗存

14. 上马墓地 M15：39
10. 寨 M10：1
16. 二里冈 M428：7
9. 下平望 92HXM1012：1
15. 二里冈 M401：1

北方系青铜文化遗存

27. 于 SM3：9
26. 杨郎Ⅲ M4：73
22. 桃 M1：14
20. 杨郎 M11：5
21. 于 M17：8

史家河墓地

3. 史 M7：2
2. 史 M21：2
1. 史 M30：1

11. 史 M6：19
8. 史 M27：2
7. 史 M27：1
13. 史 M36：2
12. 史 M31：1

24. 史 M16：32
23. 史 M6：26
19. 史 M6：21
17. 史 M7：4
18. 史 M6：10

战国早中期

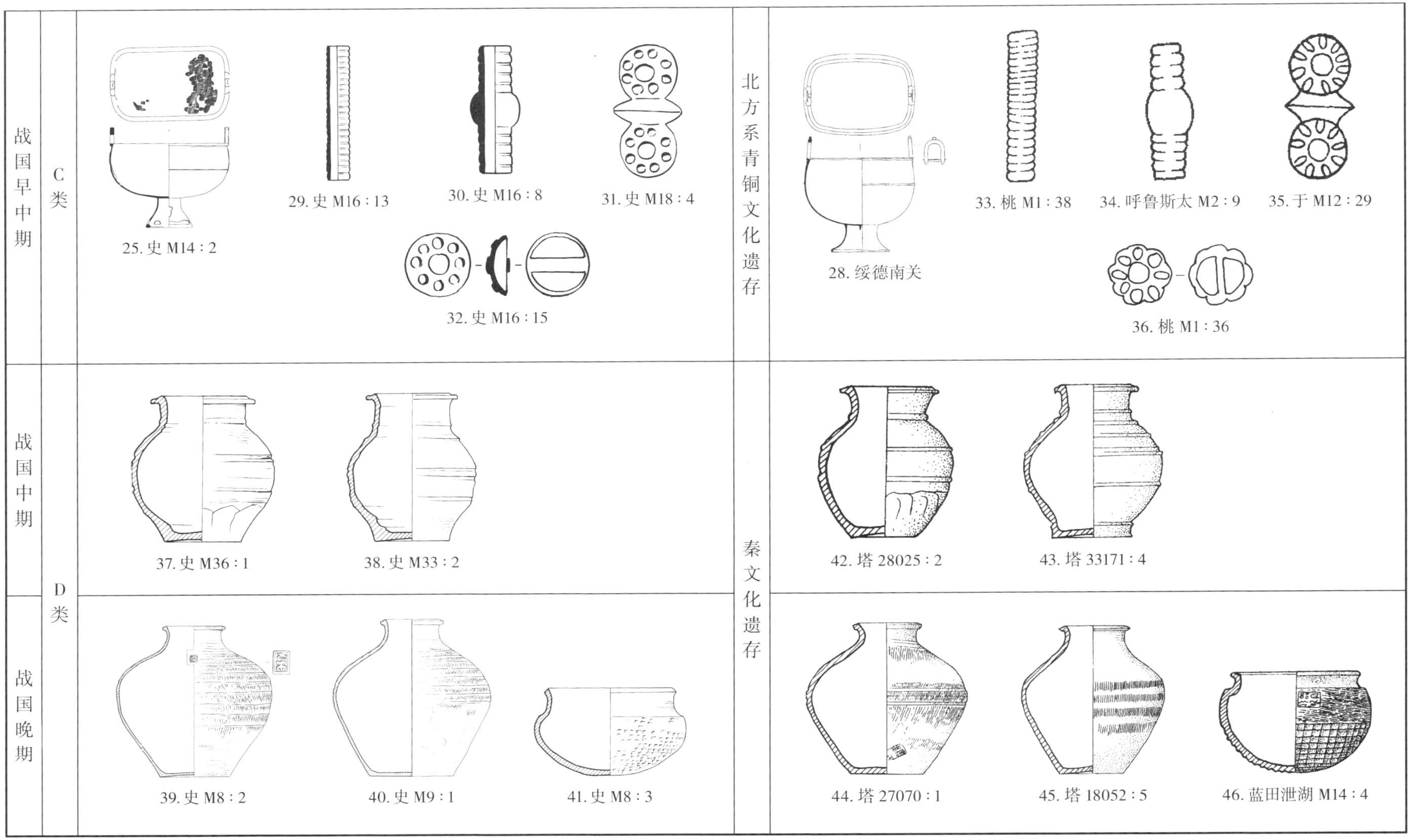

图八二 史家河墓地出土器物与周边区域出土器物对比图

1~6. 陶罐 7~10. 陶罐武式高 11、14. 铜戈 12、13、15、16. 铜带钩 17、20. 铜马衔 18、19、21、22. 铜马面饰 23、26. 铜铃 24、27. 铜铃形饰 25、28. 铜镂 29、30、33、34. 铜管饰 31、32、35、36. 铜扣饰 37、38、42、43. 陶壶 39、40、44、45. 陶釜 41、46. 陶缶（史：史家河，塔：塔儿坡，寨：寨头河，于：于家庄，桃：桃红巴拉）

器物主要有薄胎单耳灰陶罐、双耳罐，数量较少。

史家河墓地文化因素复杂，上述 A、B、C、D、E 类器物组分别代表了陇山两侧的西戎文化因素、中原地区的三晋文化因素、北方地区的青铜文化因素、关中地区的秦文化因素、陕北白狄文化因素。

西戎文化因素主要体现在以各式陶罐为主的 A 类器物上。这类器物多为夹砂红褐陶质，器表色泽不匀，陶色斑驳，烧制温度低，口沿及颈部多饰由戳印圆点组成的纹饰圈。A 类器物以往多发现于甘肃东部、宁夏固原地区[1]，在关中个别墓葬中也有偶见。而寨头河墓地出土的该类器物数量丰富，器形完整，共存关系明确，将这类遗存的分布范围扩大至子午岭以东地区。史家河墓地距离寨头河墓地只有 4 千米，出土的同类器物也与寨头河墓地相似，陶质陶色、装饰手法、制作工艺等方面均如出一辙，无显著区别，可以视为同类同期遗存。据以往研究，以 A 类器物为代表的文化遗存被认为是戎人文化遗存[2]。甘谷毛家坪出土的与秦文化共存的 B 组遗存被认为是冀戎文化的遗存[3]，张家川马家塬墓地被认为是一处西戎部落首领及贵族墓地[4]，寨头河墓地是战国时期魏国统治下的一支戎人遗存[5]。

三晋文化因素主要体现在以铜戈、带钩为主的 B 类器物上。这类器物在山西、河南等地东周时期墓葬中常见，与其无明显区别。这类文化遗存在整个墓地中出土比例最小，见于戎人文化墓葬中，常与 A 类器物共出。

北方系青铜文化因素主要体现在以铜鍑、马面饰、铃形饰、扣饰、管饰、双环首马衔及镂空铜铃为代表的 C 类器物上。这类器物常被称为北方系青铜器[6]，可大致分为武器工具类、生活用具类、车马器类、服饰类，其中又以服饰类最为发达，在我国主要分布在北方长城沿线，目前在甘青地区、内蒙古地区、燕山南北地区均有发现[7]。寨头河墓地有少量类似器物出土。该类器物从春秋晚期开始出现并逐步流行，延至战国秦汉时期。史家河墓地出土的北方系青铜器以铜管饰、扣饰、铃形饰、马面饰、双环首马衔等服饰类和车马器类为多，不见武器类，形制特征与以往出土的同类器物一致，前文已做详细对比，不再赘述。史家河墓地出土的两件铜鍑均为椭圆形口，两立耳上有凸起，圜底，矮圈足。滕铭予基于铜鍑的腹部形态差异将中国北方地区两周时期铜鍑划分为三型[8]，其中 C 型铜鍑口部为椭方形，耳位于短边上，器高 19~23 厘米，仅发现于陕北地区，史家河墓地的铜鍑与之相同。陕北以往发现的 C 型铜鍑均为采集品，史家河这两件铜鍑的发现不仅充实了该器形的考古材料，还为其年代判定提供了科学依据。另外寨头河 M48 中出土的一件陶鍑[9]，椭方口，两窄边口沿

[1] 甘肃省文物工作队等：《甘肃甘谷毛家坪遗址发掘报告》，《考古学报》1987 年第 3 期。赵化成：《甘肃东部秦和羌戎文化的考古学探索》，《考古类型学的理论与实践》，文物出版社，1989 年。

[2] 俞伟超：《古代"西戎"和"羌"、"胡"考古学文化归属问题的探讨》，《先秦两汉考古学论集》，文物出版社，1985 年。

[3] 甘肃省文物工作队等：《甘肃甘谷毛家坪遗址发掘报告》，《考古学报》1987 年第 3 期。赵化成：《甘肃东部秦和羌戎文化的考古学探索》，《考古类型学的理论与实践》，文物出版社，1989 年。

[4] 王辉：《张家川马家塬墓地相关问题初探》，《文物》2009 年第 10 期。

[5] 陕西省考古研究院等：《寨头河——陕西黄陵战国戎人墓地考古发掘报告》，上海古籍出版社，2018 年。

[6] 林沄：《早期北方系青铜器的几个年代问题》，《林沄学术文集》，中国大百科全书出版社，1998 年。

[7] 杨建华：《春秋战国时期中国北方文化带的形成》，文物出版社，2004 年。

[8] 滕铭予：《中国北方地区两周时期铜鍑的再探讨——兼论秦文化中所见铜鍑》，《边疆考古研究（第 1 辑）》，科学出版社，2002 年。

[9] 陕西省考古研究院等：《寨头河——陕西黄陵战国戎人墓地考古发掘报告》，上海古籍出版社，2018 年。

处各有一方形立耳，深腹，圜底，喇叭口形矮圈足，与史家河墓地的铜镀相同，二者或有一定的渊源关系。

秦文化因素主要体现在以大喇叭口罐、缶、釜、弦纹罐和弦纹壶等为主的 D 类器物上。这些随葬品多为日用陶器，与关中秦墓中的同类器物几无区别，也是我们进行墓地年代判定的依据之一。

白狄文化因素主要体现在双耳罐和单耳罐为代表的 E 类器物上（图八三，2、4、6）。这类陶器与 A 类器物相比虽均有双耳或单耳，但有明显区别。最主要的差别是陶系，E 类器为夹细砂浅灰陶，陶胎较薄，烧制温度高，敲击声清脆，与 A 类器普遍夹粗砂颗粒，陶色灰褐斑驳，陶胎较厚，烧制温度低，敲击声沉闷明显不同。另外从器形上看，E 类器普遍浅腹，单耳罐折腹明显，而 A 类器普遍深腹，腹部外鼓。E 类器以往极少见，尚未被辨识，我们在黄龙县和佳县博物馆见到了相似器物（图八三，7、8）。这类器物特征与广泛分布在陕北中部的"辛庄类遗存"类同，应属同一文化性质，为战国时期白狄族群所创造[1]。史家河墓

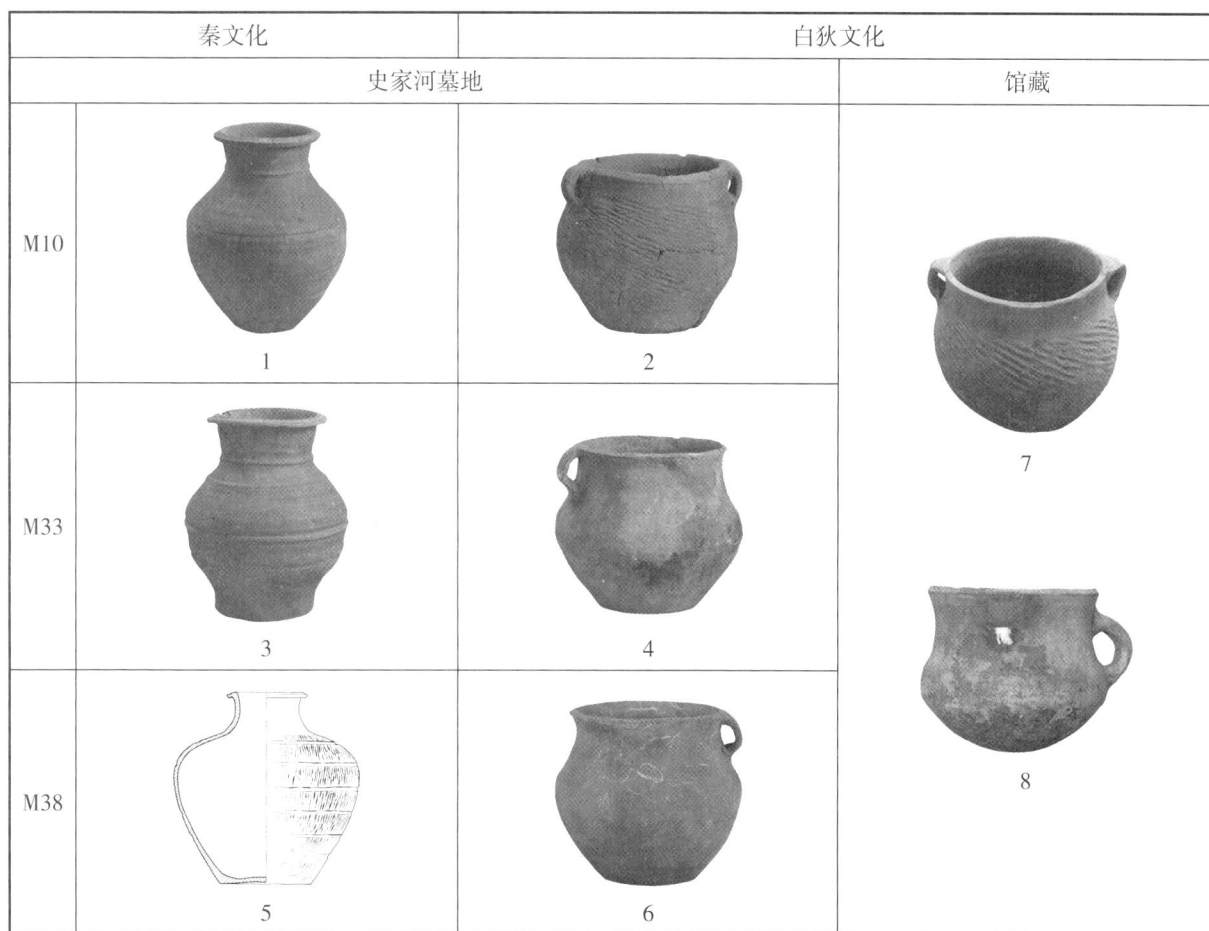

图八三　史家河墓地 E 类器物文化因素分析图

1. M10：3　2. M10：1　3. M33：2　4. M33：1　5. M38：2　6. M38：1　7. 黄龙县博物馆馆藏　8. 佳县博物馆馆藏

[1] 孙战伟：《陕北战国时期"辛庄类遗存"初论》，《考古与文物》2020 年第 5 期。

地 E 类器物的年代，有很明确的共存关系器物可资判定，与之共存的有弦纹罐、壶和缶（图八三，1、3、5），年代为战国晚期。

史家河墓地文化因素虽然复杂多样，但所占比例各有不同。简单统计发现，陶器中，西戎文化因素占 62.5%，秦文化因素占 30.4%，中原文化和白狄文化因素占比极少；铜器中，北方系青铜文化因素占 68.9%，中原文化因素占 31.1%，且仅有带钩和铜戈。

## 二、族属判定

我们认为史家河墓地所属人群应是西戎的一支，理由如下。

首先，通过上述统计可知，西戎文化因素在陶器中占比在 60% 以上，北方系青铜文化因素在铜器中占比高达近 70%；且史家河墓地中的北方系青铜器以小饰件为主，而不见工具、兵器等铜器，与寨头河墓地中的北方系青铜器一样，这些青铜器应属戎人所使用。两者相合，陶、铜器中西戎文化因素占 65.3%，显然是以西戎文化为主体。

第二，墓葬多为东西向，仰身直肢葬，头朝东，木质葬具，葬俗与寨头河戎人墓地一致。晚期墓葬多为洞室结构，且多随葬秦式陶器，可能是戎人在战国晚期受秦人影响所致。葬俗是族群最为固守的特征，从这一角度分析，史家河墓地所属人群也应当是西戎人。而该区域典型的战国晚期秦人墓仍是以屈肢葬、头朝西者为多，葬俗和随葬品组合同关中地区一致，这在距离史家河墓地东南约 40 千米的洛川月家庄战国中晚期秦人墓地中有明确表现。

史家河墓地是西戎遗存，年代从战国早期至秦统一，以战国中期偏晚为界，可以分为两个发展阶段。第一阶段，战国早中期，文化面貌与寨头河墓地相同。这一阶段的墓葬在 4 个台地上均有发现，由下及上数量逐渐减少。如前所述，史家河墓地与寨头河墓地同处葫芦河北岸，相距仅 4 千米左右，均位于战国时期魏之"河西"北部范围内，国别上同属魏国管辖[1]。第二阶段，战国晚期至秦统一，该阶段戎人受秦人影响较大，暗示着秦人势力已经完全深入这一区域。这一阶段的墓葬多分布在第 I 台地的东缘和西部以及第 III 台地。《史记·秦本纪》："（秦惠文君）七年，公子印与魏战，虏其将龙贾，斩首八万。八年，魏纳河西地。"[2]此役后，秦取代魏，完全占据了河西地区，可知至迟在公元前 330 年，包括史家河在内的河西地区已完全纳入秦国的统治下，此时史家河墓地国别上应属秦管辖。

## 第四节　与寨头河墓地的关系

史家河墓地与寨头河墓地两者关系密切，既有相同之处，也有不同的地方，体现在以下几个方面。

相同点：

第一，位置相近。都位于葫芦河下游，相距仅 4 千米。墓地都是选择在凸向河道的舌形

[1] 陕西省考古研究院等：《寨头河——陕西黄陵战国戎人墓地考古发掘报告》，上海古籍出版社，2018 年。

[2] 司马迁：《史记》卷五《秦本纪》，第 206 页，中华书局，1982 年。

台地上，靠近河道、地势开阔。

第二，时间共时。两处墓地使用时间在战国早中期重叠。

第三，国别相同。两处墓地在战国早中期同属于魏国管辖。

第四，拥有共同的族群。两处墓地都以西戎人群为主要族属。

不同点：

第一，史家河墓地使用时间延续更长。史家河墓地从战国早期延续使用到战国晚期至秦统一，而寨头河墓地在战国中期后结束使用。

第二，史家河墓地在文化因素构成上比寨头河更为复杂。史家河墓地在第二阶段包括秦人文化因素和白狄文化因素，而这两种文化因素在寨头河墓地没有发现。

第三，史家河墓地罕见殉牲现象。寨头河墓地殉牲墓葬占比达45%[1]，是一种比较常见的现象，殉牲动物种类有牛、马、羊、狗、猪及环颈雉6种。而史家河墓地仅在个别墓葬中殉狗和肩胛骨，与寨头河差别明显。

史家河墓地与寨头河墓地同处于葫芦河下游，是贯通东西、连接南北的文化交流中枢之地，地理位置非常重要，各种文化因素并存，不同族群在此共处、繁衍，国属经历了由魏到秦的过程，反映了秦魏两国在该地的争夺及历史关系演变，同时为探讨东周时期列国纷争背景下民族迁徙、融合与互动提供了新的考古材料。

---

[1]陕西省考古研究院等：《寨头河——陕西黄陵战国戎人墓地考古发掘报告》，上海古籍出版社，2018年。

## 附表一 史家河墓地竖穴土坑墓登记表

| 墓号 | 墓向 | 形制 | 墓葬尺寸/cm | | | 葬具 | 葬具尺寸/cm | | | | 出土器物 | 葬式 | 被盗情况 |
|---|---|---|---|---|---|---|---|---|---|---|---|---|---|
| | | | 长 | 宽 | 深 | | 长 | 宽 | 高 | 厚 | | | |
| M2 | 92° | A型 | 280 | 180 | 250 | 单棺 | 200 | 100 | 60 | 6 | 陶壶1、陶罐1、铜带钩1 | 仰身直肢 | |
| M3 | 12° | A型 | 260 | 140 | 150 | 单棺 | 200 | 70~90 | 30 | 6 | 铁带钩1 | 仰身直肢 | |
| M5 | 285° | A型 | 250 | 160 | 150 | 单棺 | 184 | 90 | 40 | 6 | 陶罐1、骨笄1 | 仰身屈肢 | |
| M6 | 300° | B型 | 290 | 180~200 | 370 | 一椁二棺 | S：250 N：200 | S：140 N：80 | S：90 N：50 | S：10/15 N：15 | 陶罐2、铜镞1、铜凿1、铜管2、铜带钩1、铜镈1、铜车軎2、骨珠串1、骨镦1、骨络饰（若干）、铜戈1、铜马面饰4、铜马衔2、小骨镳2、骨镳10、铜铃3、绿松石珠1、牙饰1、铜环4、铜阳燧4 | 仰身微屈肢 | |
| M7 | 103° | A型 | 280 | 140 | 270 | 一椁一棺 | S：260 N：110 | S：120 N：70 | S：84 N：26 | N：10 | 陶罐3、铜马衔2 | 不详 | 盗扰严重 |
| M10 | 122° | C型 | 310 | 224~240 | 430 | 一椁一棺 | S：264 N：200 | S：154 N：128 | S：126 N：6 | N：4 | 陶罐2、陶壶1、骨笄2 | 仰身直肢 | |
| M13 | 102° | A型 | 206 | 120 | 100 | 单棺 | 170 | 60 | 40 | 6 | 陶鬲1、陶罐2、铜带钩1、铜戈1、骨镞4 | 仰身屈肢 | |
| M14 | 102° | A型 | 300~310 | 190~206 | 364 | 一椁一棺 | 266 | 156 | | | 陶罐1、铜镞1、骨络饰5、陶罐残片1 | 不详 | 盗扰严重 |
| M15 | 345° | C型 | 290~310 | 180~200 | 316 | 单棺 | 196 | 90 | 14 | 5 | 无 | 仰身直肢 | |
| M16 | 304° | C型 | 240~270 | 160~180 | 355 | 一椁一棺 | S：240 N：190 | S：145 N：88 | S：65 N：50 | | 陶罐4、铜带钩1、铜扣饰5、铜管8、铜环4、铜铃7、骨笄1、铁管1、铜铃形饰2 | 仰身微屈肢 | |
| M18 | 335° | B型 | 260 | 120 | 240 | 一椁一棺 | S：220 N：184 | S：106 N：70 | S：50 N：25 | S：6 N：8 | 陶罐1、铜扣饰3、铜环2、石饰1、骨钉1 | 仰身直肢 | |
| M19 | 320° | A型 | 270 | 144 | 520 | 一椁一棺 | S：236 N：180 | S：114~126 N：64 | S：58 N：30 | S：6 N：4 | 陶罐2、骨笄1 | 仰身直肢 | |
| M21 | 293° | A型 | 240 | 140 | 204 | 单棺 | 190 | 100 | 60 | | 陶罐2 | 不详 | 已盗扰 |

### 续附表一

| 墓号 | 墓向 | 形制 | 墓葬尺寸 /cm | | | 葬具 | 葬具尺寸 /cm | | | | 出土器物 | 葬式 | 被盗情况 |
|---|---|---|---|---|---|---|---|---|---|---|---|---|---|
| | | | 长 | 宽 | 深 | | 长 | 宽 | 高 | 厚 | | | |
| M22 | 355° | B型 | 224 | 104 | 200 | 单棺 | 186 | 54 | 30 | 4 | 铁带钩1 | 仰身直肢 | |
| M23 | 82° | B型 | 320 | 190 | 320 | 一椁一棺 | S：290 | S：160 | S：90 | | 陶罐3 | 不详 | 已被盗 |
| M25 | 140° | A型 | 200 | 80 | 30 | 不详 | | | | | 无 | 不详 | 因M26塌陷被破坏 |
| M27 | 313° | C型 | 240~260 | 120~160 | 270 | 单棺 | 210 | 80 | 50 | | 陶鬲2、铁带钩1 | 仰身直肢 | |
| M28 | 133° | B型 | 320~350 | 170~220 | 590 | 一椁一棺 | S：270 N：204 | S：130 N：90 | | | 陶罐3、骨珠1、铁带钩1 | 仰身直肢 | |
| M29 | 123° | A型 | 270 | 160 | 410 | 单棺 | 220 | 100 | 30 | 5 | 陶鬲1、陶罐1、铁带钩1 | 仰身直肢 | |
| M30 | 122° | A型 | 275 | 136 | 420 | 一椁二棺 | S：260 N1：203 N2：186 | S：128 N1：80 N2：55 | S：90 N1：70 N2：50 | S：8 N1：5~8 N2：5 | 陶罐2、骨镞2、铜带钩1、砺石1、漆盒1 | 仰身直肢 | |
| M31 | 326° | C型 | 280~300 | 190~200 | 420 | 单棺 | 220 | 130 | 70 | 5 | 铜带钩1 | 仰身直肢 | |
| M32 | 334° | B型 | 280~290 | 220~230 | 430 | 一椁一棺 | S：220 N：180 | S：130 N：90 | S：130 | S：5 | 无 | 不详 | 盗扰严重 |
| M33 | 157° | A型 | 290 | 200 | 340 | 单棺 | 220 | 130 | 30 | 8 | 陶罐1、陶壶1、铁带钩1 | 仰身直肢 | |
| M35 | 157° | A型 | 250 | 140 | 88 | 单棺 | 200 | 70 | 40 | 6 | 无 | 不详 | 盗扰严重 |
| M38 | 323° | A型 | 275 | 185 | 65 | 单棺 | 205 | 115 | 90 | 5 | 陶罐1、陶缶1 | 不详 | 已被盗 |
| M39 | 302° | A型 | 300 | 200 | 75 | 不详 | | | | | 陶罐1、陶鬲2、铁带钩1 | 不详 | 盗扰严重 |

注：表内"S"表示椁，"N"表示棺（N1表示外棺，N2表示内棺）。

### 附表二　史家河墓地洞室墓登记表

| 墓号 | 墓向 | 形制 | 墓葬尺寸 /cm | | | | | | 葬具 | 葬具尺寸 /cm | | | | 出土器物 | 葬式 |
|---|---|---|---|---|---|---|---|---|---|---|---|---|---|---|---|
| | | | 墓道 | | | 墓室 | | | | 长 | 宽 | 高 | 厚 | | |
| | | | 长 | 宽 | 深 | 长 | 宽 | 高 | | | | | | | |
| M4 | 273° | B 型 | 240 | 190 | 120 | 230 | 110 | 100 | 单棺 | 180 | 80 | 10 | 6 | 陶罐1、陶鬲2 | 仰身屈肢 |
| M8 | 117° | B 型 | 190~196 | 150~170 | 100~120 | 270 | 140 | 76~84 | 单棺 | 180 | 60 | | 5 | 陶罐1、陶缶2、陶釜1、铁环1 | 仰身直肢 |
| M9 | 118° | B 型 | 270~280 | 192~205 | 152 | 255 | 120 | 130 | 不详 | | | | | 陶缶1、陶罐1 | 不详 |
| M11 | 98° | B 型 | 300~320 | 210~230 | 288 | 300 | 60 | | 单棺 | 200 | 110 | 45 | | 陶罐1、陶釜1、陶缶1 | 仰身微屈 |
| M12 | 105° | B 型 | 350~370 | 240~270 | 390 | 279 | 180 | 160 | 一椁一棺 | N:270 | N:90 | N:70 | N:8 | 骨笄1、铁锸3、漆器1 | 俯身葬 |
| M17 | 347° | A 型 | 290~306 | 164~184 | 320~370 | 210 | 110 | 200 | 单棺 | | | | | 铜带钩1、铁片1 | 仰身直肢 |
| M20 | 341° | A 型 | 250~290 | 110~130 | 300 | 150 | 130 | 130 | 单棺 | 100 | 60 | 20 | 4 | 无 | 仰身直肢 |
| M24 | 113° | A 型 | 285 | 140 | 425 | 320 | 120 | 100 | 单棺 | 190 | 70 | 30 | 8 | 骨笄1、铁带钩1 | 仰身直肢 |
| M26 | 74° | A 型 | 200~280 | 160 | 380 | 200 | 120 | | 单棺 | 188 | 76 | 30 | 4 | 铁带钩1 | 仰身直肢 |
| M36 | 135° | A 型 | 250~290 | 130~180 | 372 | 210~240 | 130 | 90 | 单棺 | 180 | 70 | 30 | | 陶壶1、铜带钩1 | 仰身直肢 |
| M37 | 124° | A 型 | 230~300 | 130~160 | 200 | 220 | 84~110 | 40 | 单棺 | 180 | 70 | 40 | | 陶壶1、陶罐1、长条形铁器1 | 仰身直肢 |

## 附表三 史家河墓地头骨连续性形态特征观察统计表

| 项目 | 性别 | 例数 | 形态分类及出现率（例数） | | | | | |
|------|------|------|------|------|------|------|------|------|
| | | | 椭圆形 | 卵圆形 | 圆形 | 五角形 | 楔形 | 菱形 |
| 颅形 | 男性 | 16 | 43.75%（7） | 37.50%（6） | 0.00%（0） | 6.25%（1） | 6.25%（1） | 6.25%（1） |
| | 女性 | 7 | 42.86%（3） | 28.57%（2） | 0.00%（0） | 14.29%（1） | 0.00%（0） | 14.29%（1） |
| | 不明 | 1 | 100%（1） | 0.00%（0） | 0.00%（0） | 0.00%（0） | 0.00%（0） | 0.00%（0） |
| | 合计 | 24 | 45.83%（11） | 33.33%（8） | 0.00%（0） | 8.33%（2） | 4.17%（1） | 8.33%（2） |
| | | | 弱 | 中等 | 显著 | 特显著 | 粗壮 | |
| 眉弓突度 | 男性 | 19 | 21.05%（4） | 57.89%（11） | 15.79%（3） | 5.26%（1） | 0.00%（0） | |
| | 女性 | 7 | 28.57%（2） | 57.14%（4） | 14.29%（1） | 0.00%（0） | 0.00%（0） | |
| | 合计 | 26 | 23.08%（6） | 57.69%（15） | 15.38%（4） | 3.85%（1） | 0.00%（0） | |
| | | | 0级 | 1级 | 2级 | 3级 | 4级 | |
| 眉弓范围 | 男性 | 19 | 0.00%（0） | 73.68%（14） | 26.32%（5） | 0.00%（0） | 0.00%（0） | |
| | 女性 | 5 | 0.00%（0） | 80.00%（4） | 20.00%（1） | 0.00%（0） | 0.00%（0） | |
| | 合计 | 24 | 0.00%（0） | 75.00%（18） | 25.00%（6） | 0.00%（0） | 0.00%（0） | |
| | | | 平直 | 中等 | 倾斜 | | | |
| 前额 | 男性 | 15 | 20.00%（3） | 40.00%（6） | 40.00%（6） | | | |
| | 女性 | 5 | 20.00%（1） | 0.00%（0） | 80.00%（4） | | | |
| | 合计 | 20 | 20.00%（4） | 30.00%（6） | 50.00%（10） | | | |
| | | | 无 | ≤ 1/3 | 1/3~2/3 | ≥ 2/3 | 全 | |
| 额中缝 | 男性 | 16 | 75.00%（12） | 6.25%（1） | 6.25%（1） | 0.00%（0） | 12.50%（2） | |
| | 女性 | 6 | 83.33%（5） | 16.67%（1） | 0.00%（0） | 0.00%（0） | 0.00%（0） | |
| | 合计 | 22 | 77.27%（17） | 9.09%（2） | 4.55%（1） | 0.00%（0） | 9.09%（2） | |
| | | | 微波形 | 深波形 | 锯齿形 | 复杂形 | | |
| 前囟段 | 男性 | 17 | 70.59%（12） | 23.53%（4） | 5.88%（1） | 0.00%（0） | | |
| | 女性 | 7 | 85.71%（6） | 0.00%（0） | 0.00%（0） | 14.29%（1） | | |
| | 合计 | 24 | 75.00%（18） | 16.67%（4） | 4.17%（1） | 4.17%（1） | | |
| | | | 微波形 | 深波形 | 锯齿形 | 复杂形 | | |
| 顶段 | 男性 | 18 | 0.00%（0） | 11.11%（2） | 61.11%（11） | 27.78%（5） | | |
| | 女性 | 7 | 0.00%（0） | 28.57%（2） | 57.14%（4） | 14.29%（1） | | |
| | 不明 | 1 | 0.00%（0） | 100.00%（1） | 0.00%（0） | 0.00%（0） | | |
| | 合计 | 26 | 0.00%（0） | 19.23%（5） | 57.69%（15） | 23.08%（6） | | |
| | | | 微波形 | 深波形 | 锯齿形 | 复杂形 | | |
| 顶孔段 | 男性 | 18 | 33.33%（6） | 50.00%（9） | 11.11%（2） | 5.56%（1） | | |
| | 女性 | 7 | 42.86%（3） | 57.14%（4） | 0.00%（0） | 0.00%（0） | | |
| | 不明 | 1 | 0.00%（0） | 100.00%（1） | 0.00%（0） | 0.00%（0） | | |
| | 合计 | 26 | 34.62%（9） | 53.85%（14） | 7.69%（2） | 3.85%（1） | | |

**续附表三**

| 项目 | 性别 | 例数 | 形态分类及出现率（例数） | | | | | |
|---|---|---|---|---|---|---|---|---|
| | | | 微波形 | 深波形 | 锯齿形 | 复杂形 | | |
| 后段 | 男性 | 18 | 16.67%（3） | 50.00%（9） | 11.11%（2） | 22.22%（4） | | |
| | 女性 | 6 | 16.67%（1） | 50.00%（3） | 0.00%（0） | 33.33%（2） | | |
| | 不明 | 1 | 0.00%（0） | 100.00%（1） | 0.00%（0） | 0.00%（0） | | |
| | 合计 | 25 | 16.00（4） | 52.00%（13） | 8.00%（2） | 24.00%（6） | | |
| | | | 特小 | 小 | 中等 | 大 | 特大 | |
| 乳突 | 男性 | 17 | 11.76%（2） | 11.76%（2） | 52.94%（9） | 23.53%（4） | 0.00%（0） | |
| | 女性 | 8 | 37.50%（3） | 37.50%（3） | 25.00%（2） | 0.00%（0） | 0.00%（0） | |
| | 不明 | 1 | 0.00%（0） | 0.00%（0） | 0.00%（0） | 100.00%（1） | 0.00%（0） | |
| | 合计 | 26 | 19.23%（5） | 19.23%（5） | 42.31%（11） | 19.23%（5） | 0.00%（0） | |
| | | | 阙如 | 稍显 | 中等 | 显著 | 极显 | 喙突 |
| 枕外隆突 | 男性 | 18 | 11.11%（2） | 55.56%（10） | 16.67%（3） | 11.11%（2） | 5.56%（1） | 0.00%（0） |
| | 女性 | 9 | 44.44%（4） | 33.33%（3） | 22.22%（2） | 0.00%（0） | 0.00%（0） | 0.00%（0） |
| | 不明 | 1 | 0.00%（0） | 100.00%（1） | 0.00%（0） | 0.00%（0） | 0.00%（0） | 0.00%（0） |
| | 合计 | 28 | 21.43%（6） | 50.00%（14） | 17.86%（5） | 7.14%（2） | 3.57%（1） | 0.00%（0） |
| | | | 圆形 | 椭圆形 | 方形 | 长方形 | 斜方形 | |
| 眶形 | 男性 | 15 | 0.00%（0） | 66.67%（10） | 6.67%（1） | 20.00%（3） | 6.67%（1） | |
| | 女性 | 5 | 20.00%（1） | 60.00%（3） | 0.00%（0） | 0.00%（0） | 20.00%（1） | |
| | 合计 | 20 | 5.00%（1） | 65.00%（13） | 5.00%（1） | 15.00%（3） | 10.00%（2） | |
| | | | 心形 | 梨形 | 三角形 | | | |
| 梨状孔 | 男性 | 11 | 27.27%（3） | 45.45%（5） | 27.27%（3） | | | |
| | 女性 | 2 | 50.00%（1） | 0.00%（0） | 50.00%（1） | | | |
| | 合计 | 13 | 30.77%（4） | 38.46%（5） | 30.77%（4） | | | |
| | | | 锐型 | 钝型 | 鼻前沟型 | 鼻前窝型 | | |
| 梨状孔下缘 | 男性 | 15 | 26.67%（4） | 40.00%（6） | 6.67%（1） | 26.67%（4） | | |
| | 女性 | 5 | 0.00%（0） | 60.00%（3） | 0.00%（0） | 40.00%（2） | | |
| | 不明 | 1 | 0.00%（0） | 100.00%（1） | 0.00%（0） | 0.00%（0） | | |
| | 合计 | 21 | 19.05%（4） | 47.62%（10） | 4.76%（1） | 28.57%（6） | | |
| | | | 不显 | 稍显 | 中等 | 显著 | 特显 | |
| 鼻前棘 | 男性 | 14 | 35.71%（5） | 50.00%（7） | 14.29%（2） | 0.00%（0） | 0.00%（0） | |
| | 女性 | 5 | 20.00%（1） | 80.00%（4） | 0.00%（0） | 0.00%（0） | 0.00%（0） | |
| | 不明 | 1 | 0.00%（0） | 0.00%（0） | 100.00%（1） | 0.00%（0） | 0.00%（0） | |
| | 合计 | 20 | 30.00%（6） | 55.00%（11） | 15.00%（3） | 0.00%（0） | 0.00%（0） | |
| | | | 无 | 浅 | 深 | | | |
| 鼻根凹陷 | 男性 | 15 | 0.00%（0） | 66.67%（10） | 33.33%（5） | | | |
| | 女性 | 7 | 42.86%（3） | 42.86%（3） | 14.29%（1） | | | |
| | 合计 | 22 | 13.64%（3） | 59.09%（13） | 27.27%（6） | | | |

**续附表三**

| 项目 | 性别 | 例数 | 形态分类及出现率（例数） | | | | |
|---|---|---|---|---|---|---|---|
| | | | 0 级 | 1 级 | 2 级 | 3 级 | 4 级 |
| 犬齿窝 | 男性 | 16 | 25.00%（4） | 31.25%（5） | 37.50%（6） | 6.25%（1） | 0.00%（0） |
| | 女性 | 5 | 0.00%（0） | 40.00%（2） | 40.00%（2） | 20.00%（1） | 0.00%（0） |
| | 合计 | 21 | 19.05%（4） | 33.33%（7） | 38.10%（8） | 9.52%（2） | 0.00%（0） |
| | | | 蝶顶型 | 额颞型 | 点型 | 翼上骨型 | |
| 翼区 | 男性 | 15 | 86.67%（13） | 6.67%（1） | 0.00%（0） | 6.67%（1） | |
| | 女性 | 5 | 60.00%（3） | 0.00%（0） | 0.00%（0） | 40.00%（2） | |
| | 合计 | 20 | 80.00%（16） | 5.00%（1） | 0.00%（0） | 15.00%（3） | |
| | | | 凹凸型 | 凹型 | 直型 | | |
| 鼻梁 | 男性 | 12 | 8.33%（1） | 91.67%（11） | 0.00%（0） | | |
| | 女性 | 4 | 0.00%（0） | 100.00%（4） | 0.00%（0） | | |
| | 合计 | 16 | 6.25%（1） | 93.75%（15） | 0.00%（0） | | |
| | | | Ⅰ 型 | Ⅱ 型 | Ⅲ 型 | | |
| 鼻骨形状 | 男性 | 15 | 46.67%（7） | 53.33%（8） | 0.00%（0） | | |
| | 女性 | 5 | 60.00%（3） | 40.00%（2） | 0.00%（0） | | |
| | 合计 | 20 | 50.00%（10） | 50.00%（10） | 0.00%（0） | | |
| | | | 弱 | 中等 | 显著 | | |
| 矢状嵴 | 男性 | 16 | 68.75%（11） | 31.25%（5） | 0.00%（0） | | |
| | 女性 | 9 | 77.78%（7） | 22.22%（2） | 0.00%（0） | | |
| | 不明 | 1 | 100.00%（1） | 0.00%（0） | 0.00%（0） | | |
| | 合计 | 26 | 73.08%（19） | 26.92%（7） | 0.00%（0） | | |
| | | | "U" 形 | "V" 形 | 椭圆形 | | |
| 腭形 | 男性 | 15 | 13.33%（2） | 46.67%（7） | 40.00%（6） | | |
| | 女性 | 5 | 20.00%（1） | 20.00%（1） | 60.00%（3） | | |
| | 不明 | 1 | 0.00%（0） | 0.00%（0） | 100.00%（1） | | |
| | 合计 | 21 | 14.29%（3） | 38.10%（8） | 47.62%（10） | | |
| | | | 无 | 嵴状 | 丘状 | 瘤状 | |
| 腭圆枕 | 男性 | 14 | 21.43%（3） | 28.57%（4） | 50.00%（7） | 0.00%（0） | |
| | 女性 | 5 | 60.00%（3） | 0.00%（0） | 40.00%（2） | 0.00%（0） | |
| | 不明 | 1 | 0.00%（0） | 100.00%（1） | 0.00%（0） | 0.00%（0） | |
| | 合计 | 20 | 30.00%（6） | 25.00%（5） | 45.00%（9） | 0.00%（0） | |
| | | | 无 | 仅左孔 | 仅右孔 | 左右全 | 附加孔 |
| 顶孔数目 | 男性 | 16 | 6.25%（1） | 6.25%（1） | 50.00%（8） | 37.50%（6） | 0.00%（0） |
| | 女性 | 9 | 22.22%（2） | 0.00%（0） | 33.33%（3） | 33.33%（3） | 11.11%（1） |
| | 不明 | 1 | 0.00%（0） | 0.00%（0） | 100.00%（1） | 0.00%（0） | 0.00%（0） |
| | 合计 | 26 | 11.54%（3） | 3.85%（1） | 46.15%（12） | 34.62%（9） | 3.85%（1） |

**续附表三**

| 项目 | 性别 | 例数 | 形态分类及出现率（例数） | | | | |
|---|---|---|---|---|---|---|---|
| | | | 方形 | 圆形 | 尖形 | 角形 | 杂形 |
| 颏形 | 男性 | 18 | 55.56%（10） | 44.44%（8） | 0.00%（0） | 0.00%（0） | 0.00%（0） |
| | 女性 | 5 | 40.00%（2） | 20.00%（1） | 40.00%（2） | 0.00%（0） | 0.00%（0） |
| | 不明 | 1 | 100.00%（1） | 0.00%（0） | 0.00%（0） | 0.00%（0） | 0.00%（0） |
| | 合计 | 24 | 54.17%（13） | 37.50%（9） | 8.33%（2） | 0.00%（0） | 0.00%（0） |
| | | | P1P2位 | P2位 | P2M1位 | M1位 | |
| 颏孔位置 | 男性 | 18 | 61.11%（11） | 38.89%（7） | 0.00%（0） | 0.00%（0） | |
| | 女性 | 9 | 33.33%（3） | 22.22%（2） | 44.44%（4） | 0.00%（0） | |
| | 不明 | 1 | 100.00%（1） | 0.00%（0） | 0.00%（0） | 0.00%（0） | |
| | 合计 | 28 | 53.57%（15） | 32.14%（9） | 14.29%（4） | 0.00%（0） | |
| | | | 无 | 小 | 中 | 大 | |
| 下颌圆枕 | 男性 | 18 | 77.78%（14） | 5.56%（1） | 11.11%（2） | 5.56%（1） | |
| | 女性 | 8 | 75.00%（6） | 12.50%（1） | 0.00%（0） | 12.50%（1） | |
| | 不明 | 1 | 100.00%（1） | 0.00%（0） | 0.00%（0） | 0.00%（0） | |
| | 合计 | 27 | 77.78%（21） | 7.41%（2） | 7.41%（2） | 7.41%（2） | |
| | | | 外翻 | 直型 | 内翻 | | |
| 下颌角型 | 男性 | 18 | 94.44%（17） | 0.00%（0） | 5.56%（1） | | |
| | 女性 | 7 | 57.14%（4） | 28.57%（2） | 14.29%（1） | | |
| | 不明 | 1 | 100.00%（1） | 0.00%（0） | 0.00%（0） | | |
| | 合计 | 26 | 84.62%（22） | 7.69%（2） | 7.69%（2） | | |
| | | | 非摇椅 | 轻度摇椅 | 明显摇椅 | | |
| "摇椅"下颌 | 男性 | 18 | 38.89%（7） | 38.89%（7） | 22.22%（4） | | |
| | 女性 | 5 | 40.00%（2） | 20.00%（1） | 40.00%（2） | | |
| | 不明 | 1 | 100.00%（1） | 0.00%（0） | 0.00%（0） | | |
| | 合计 | 24 | 41.67%（10） | 33.33%（8） | 25.00%（6） | | |

## 附表四　史家河墓地主要颅面部测量性特征出现率统计表

| 项目 | 性别 | 形态类型及出现率（例数） | | | | |
|---|---|---|---|---|---|---|
| 颅长宽指数（8:1） | | 特长（<69.9） | 长（70~74.9） | 中（75~79.9） | 圆（80~84.9） | 特圆（>85） |
| | 男（15） | 0.00%（0） | 6.67%（1） | 26.67%（4） | 46.67%（7） | 20.00%（3） |
| | 女（6） | 0.00%（0） | 0.00%（0） | 50.00%（3） | 33.33%（2） | 16.67%（1） |
| | 合计（21） | 0.00%（0） | 4.76%（1） | 33.33%（7） | 42.86%（9） | 19.05%（4） |
| 颅长高指数（17:1） | | 低（<69.9） | 正（70~74.9） | 高（>75） | | |
| | 男（14） | 0.00%（0） | 14.29%（2） | 85.71%（12） | | |
| | 女（5） | 0.00%（0） | 0.00%（0） | 100.00%（5） | | |
| | 合计（19） | 0.00%（0） | 10.53%（2） | 89.43%（17） | | |
| 颅宽高指数（17:8） | | 阔（<91.9） | 中（92~97.9） | 狭（>98） | | |
| | 男（15） | 20.00%（3） | 33.33%（5） | 46.67%（7） | | |
| | 女（6） | 16.67%（1） | 33.33%（2） | 50.00%（3） | | |
| | 合计（21） | 19.05%（4） | 33.33%（7） | 47.62%（10） | | |
| 额宽指数（9:8） | | 狭（<65.9） | 中（66~68.9） | 阔（>69） | | |
| | 男（15） | 53.33%（8） | 26.67%（4） | 20.00%（3） | | |
| | 女（5） | 20.00%（1） | 60.00%（3） | 20.00%（1） | | |
| | 合计（20） | 45.00%（9） | 35.00%（7） | 20.00%（4） | | |
| 垂直颅面指数（48:17） | | 很小（<47.8） | 小（47.9~51.1） | 中（51.2~54.8） | 大（54.9~58.1） | 很大（>58.2） |
| | 男（13） | 0.00%（0） | 15.38%（2） | 69.23%（9） | 15.38%（2） | 0.00%（0） |
| | 女（4） | 0.00%（0） | 25.00%（1） | 75.00%（3） | 0.00%（0） | 0.00%（0） |
| | 合计（17） | 0.00%（0） | 17.65%（3） | 70.59%（12） | 11.76%（2） | 0.00%（0） |
| 上面指数（48:45） | | 特阔（<44.9） | 阔（45~49.9） | 中（50~54.9） | 狭（55~59.9） | 特狭（>60） |
| | 男（10） | 0.00%（0） | 10.00%（1） | 90.00%（9） | 0.00%（0） | 0.00%（0） |
| | 女（2） | 0.00%（0） | 0.00%（0） | 100.00%（2） | 0.00%（0） | 0.00%（0） |
| | 合计（12） | 0.00%（0） | 8.33%（1） | 91.67%（11） | 0.00%（0） | 0.00%（0） |
| 全面指数（47:45） | | 特阔（<79.9） | 阔（80~84.9） | 中（85~89.9） | 狭（90~94.9） | 特狭（>95） |
| | 男（9） | 11.11%（1） | 33.33%（3） | 11.11%（1） | 44.44%（4） | 0.00%（0） |
| | 女（1） | 0.00%（0） | 100.00%（1） | 0.00%（0） | 0.00%（0） | 0.00%（0） |
| | 合计（10） | 10.00%（1） | 40.00%（4） | 10.00%（1） | 40.00%（4） | 0.00%（0） |
| 鼻指数（54:55） | | 狭（<46.9） | 中（47~50.9） | 阔（51~57.9） | 特阔（>58） | |
| | 男（13） | 15.38%（2） | 23.08%（3） | 53.85%（7） | 7.69%（1） | |
| | 女（4） | 0.00%（0） | 0.00%（0） | 100.00%（4） | 0.00%（0） | |
| | 合计（17） | 11.76%（2） | 17.65%（3） | 64.71%（11） | 5.88%（1） | |
| 眶指数L（52:51） | | 低眶型（<75.9） | 中眶型（76~84.9） | 高眶型（>85） | | |
| | 男（13） | 0.00%（0） | 76.92%（10） | 23.08%（3） | | |
| | 女（5） | 0.00%（0） | 80.00%（4） | 20.00%（1） | | |
| | 合计（18） | 0.00%（0） | 77.78%（14） | 22.22%（4） | | |

**续附表四**

| 项目 | 性别 | 形态类型及出现率（例数） | | | | |
|---|---|---|---|---|---|---|
| **鼻根指数**<br>（SS∶SC） | | 很弱（<23.4） | 弱（23.5~35） | 中（35.1~47.9） | 突（48~59.5） | 很突（>59.6） |
| | 男（12） | 25.00%（3） | 25.00%（3） | 25.00%（3） | 16.67%（2） | 8.33%（1） |
| | 女（4） | 25.00%（1） | 75.00%（3） | 0.00%（0） | 0.00%（0） | 0.00%（0） |
| | 合计（16） | 25.00%（4） | 37.50%（6） | 18.75%（3） | 12.50%（2） | 6.25%（1） |
| **面突度指数**<br>（40∶5） | | 平颌（<97.9） | 中颌（98~102.9） | 突颌（>103） | | |
| | 男（13） | 53.85%（7） | 30.77%（4） | 15.38%（2） | | |
| | 女（4） | 100.00%（4） | 0.00%（0） | 0.00%（0） | | |
| | 合计（17） | 64.71%（11） | 23.53%（4） | 11.76%（2） | | |
| **腭指数**<br>（63∶62） | | 狭（<79.9） | 中（80~84.9） | 阔（>85） | | |
| | 男（9） | 22.22%（2） | 22.22%（2） | 55.56%（5） | | |
| | 女（5） | 40.00%（2） | 0.00%（0） | 60.00%（3） | | |
| | 不明（1） | 100.00%（1） | 0.00%（0） | 0.00%（0） | | |
| | 合计（15） | 33.33%（5） | 13.33%（2） | 53.33%（8） | | |
| **齿槽弓指数**<br>（61∶60） | | 长（<109.9） | 中（110~114.9） | 短（>115） | | |
| | 男（11） | 0.00%（0） | 18.18%（2） | 81.82%（9） | | |
| | 女（5） | 0.00%（0） | 20.00%（1） | 80.00%（4） | | |
| | 不明（1） | 0.00%（0） | 0.00%（0） | 100.00%（1） | | |
| | 合计（17） | 0.00%（0） | 17.65%（3） | 82.35%（14） | | |
| **面角**<br>（72） | | 超突（<69.9） | 突（70~79.9） | 中（80~84.9） | 平（85~92.9） | 超平（>93） |
| | 男（13） | 0.00%（0） | 23.08%（3） | 38.46%（5） | 38.46%（5） | 0.00%（0） |
| | 女（4） | 0.00%（0） | 0.00%（0） | 50.00%（2） | 50.00%（2） | 0.00%（0） |
| | 合计（17） | 0.00%（0） | 17.65%（3） | 41.18%（7） | 41.18%（7） | 0.00%（0） |
| **齿槽面角**<br>（74） | | 超突（<69.9） | 突（70~79.9） | 中（80~84.9） | 平（85~92.9） | 超平（>93） |
| | 男（13） | 7.69%（1） | 23.08%（3） | 38.46%（5） | 30.77%（4） | 0.00%（0） |
| | 女（4） | 0.00%（0） | 25.00%（1） | 50.00%（2） | 25.00%（1） | 0.00%（0） |
| | 合计（17） | 5.88%（1） | 23.53%（4） | 41.18%（7） | 29.41%（5） | 0.00%（0） |
| **鼻骨角**<br>（75-1） | | 很小（<18.9） | 小（19~23） | 中（24~28） | 大（29~33） | 很大（>34） |
| | 男（5） | 20.00%（1） | 40.00%（2） | 20.00%（1） | 20.00%（1） | 0.00%（0） |
| | 女（2） | 100.00%（2） | 0.00%（0） | 0.00%（0） | 0.00%（0） | 0.00%（0） |
| | 合计（7） | 42.86%（3） | 28.57%（2） | 14.29%（1） | 14.29%（1） | 0.00%（0） |
| **鼻颧角**<br>（77） | | 很小（<135） | 小（136~139） | 中（140~144） | 大（145~148） | 很大（>149） |
| | 男（13） | 0.00%（0） | 7.69%（1） | 15.38%（2） | 23.08%（3） | 53.85%（7） |
| | 女（5） | 0.00%（0） | 20.00%（1） | 0.00%（0） | 20.00%（1） | 60.00%（3） |
| | 合计（18） | 0.00%（0） | 11.11%（2） | 11.11%（2） | 22.22%（4） | 55.56%（10） |
| **颧上颌角**<br>（zm∠） | | 很小（<124） | 小（125~130） | 中（131~136） | 大（137~142） | 很大（>143） |
| | 男（12） | 25.00%（3） | 25.00%（3） | 33.33%（4） | 16.67%（2） | 0.00%（0） |
| | 女（3） | 33.33%（1） | 66.67%（2） | 0.00%（0） | 0.00%（0） | 0.00%（0） |
| | 合计（15） | 26.67%（4） | 33.33%（5） | 26.67%（4） | 13.33%（2） | 0.00%（0） |

## 附表五　史家河墓地男性头骨测量值

| 马丁号 | 测量项 | 测量项 | 例数 | 最大值 | 最小值 | 平均值 | 标准差 | 变异系数 |
|---|---|---|---|---|---|---|---|---|
| 1 | g–op | 颅长 | 16 | 183.5 | 168.0 | 175.12 | 4.28 | 2.44 |
| 8 | eu–eu | 颅宽 | 16 | 149.8 | 128.2 | 142.54 | 5.64 | 3.96 |
| 17 | b–ba | 颅高 | 15 | 149.1 | 121.8 | 137.56 | 6.97 | 5.07 |
| 21 | po–po | 耳上颅高 | 13 | 122.0 | 110.9 | 115.61 | 3.36 | 2.91 |
| 9 | ft–ft | 最小额宽 | 16 | 103.1 | 86.1 | 93.83 | 4.12 | 4.39 |
| 7 | ba–o | 枕骨大孔长 | 15 | 41.2 | 31.4 | 36.90 | 2.50 | 6.79 |
| 16 | FOR.MA.B | 枕骨大孔宽 | 15 | 37.3 | 26.2 | 31.21 | 2.40 | 7.70 |
| 25 | n–o | 颅矢状弧 | 12 | 376.8 | 350.5 | 368.94 | 8.89 | 2.41 |
| 26 | n–b | 额骨矢状弧 | 15 | 140.2 | 116.8 | 127.85 | 5.94 | 4.65 |
| 27 | b–l | 顶骨矢状弧 | 16 | 132.7 | 111.9 | 122.76 | 5.00 | 4.07 |
| 28 | l–o | 枕骨矢状弧 | 16 | 128.8 | 106.9 | 116.76 | 7.29 | 6.24 |
| 29 | n–b | 额骨矢状弦 | 14 | 119.7 | 96.2 | 111.89 | 5.97 | 5.33 |
| 30 | b–l | 顶骨矢状弦 | 16 | 117.4 | 100.9 | 110.75 | 4.19 | 3.78 |
| 31 | l–o | 枕骨矢状弦 | 17 | 110.0 | 93.2 | 99.39 | 5.17 | 5.20 |
| 23 | g–po–g | 颅周长 | 14 | 530.2 | 487.5 | 512.33 | 11.94 | 2.33 |
| 24 | po–b–po | 颅横弧 | 14 | 332.1 | 225.2 | 311.58 | 25.09 | 8.05 |
| 5 | n–enba | 颅基底长 | 13 | 103.4 | 85.3 | 97.62 | 4.65 | 4.77 |
| 40 | pr–enba | 面基底长 | 13 | 100.0 | 83.5 | 94.82 | 4.39 | 4.63 |
| 48 | pr (n–pr) | 上面高 | 14 | 74.8 | 65.2 | 70.42 | 3.11 | 4.42 |
| 48 | sd (n–sd) | 上面高 | 14 | 77.3 | 68.6 | 73.26 | 2.69 | 3.67 |
| 47 | n–gn | 全面高 | 12 | 126.8 | 104.8 | 117.50 | 6.22 | 5.30 |
| 45 | zy–zy | 面宽 | 10 | 142.1 | 128.7 | 135.44 | 4.71 | 3.48 |
| 46 | zm–zm | 中面宽 I | 12 | 109.0 | 91.3 | 98.98 | 5.05 | 5.10 |
| 46 | zm1–zm1 | 中面宽 II | 12 | 108.8 | 92.2 | 99.36 | 4.85 | 4.89 |
| 43 | fmt–fmt | 上面宽 | 14 | 109.4 | 99.1 | 104.27 | 3.21 | 3.08 |
| 50 | mf–mf | 前眶间宽 | 12 | 21.0 | 16.4 | 18.60 | 1.43 | 7.69 |
| MH L | fmo–zm | 颧骨高 | 13 | 50.3 | 41.3 | 44.95 | 2.48 | 5.52 |
| MH R | | | 14 | 51.1 | 41.1 | 44.51 | 3.24 | 7.28 |
| MB L | zm–rim | 颧骨宽 | 14 | 30.1 | 21.1 | 24.61 | 2.57 | 10.45 |
| MB R | | | 15 | 30.3 | 20.1 | 24.78 | 2.94 | 11.85 |
| 54 | Nadal.breadth | 鼻宽 | 13 | 29.1 | 24.2 | 26.83 | 1.38 | 5.13 |
| 55 | n–ns | 鼻高 | 14 | 58.2 | 46.8 | 52.69 | 3.34 | 6.35 |
| SC | Simotic chord | 鼻骨最小宽 | 13 | 10.1 | 3.7 | 7.52 | 1.82 | 24.27 |
| SS | Sim.cho.to SC | 鼻骨最小宽高 | 11 | 4.7 | 1.3 | 2.78 | 0.88 | 31.67 |
| O3 | Mid-orbital breadth | 眶中宽 | 13 | 64.4 | 44.0 | 54.10 | 5.37 | 9.94 |
| SR | Subtense of rhinion | 鼻尖高 | 7 | 19.4 | 12.4 | 15.63 | 2.54 | 16.24 |

**续附表五**

| 马丁号 | 测量项 | 测量项 | 例数 | 最大值 | 最小值 | 平均值 | 标准差 | 变异系数 |
|---|---|---|---|---|---|---|---|---|
| 51 | mf-ek L | 眶宽Ⅰ | 13 | 44.7 | 39.1 | 42.05 | 1.54 | 3.66 |
| 51 | mf-ek R | | 14 | 44.8 | 38.8 | 41.45 | 1.55 | 3.74 |
| 51a | d-ek L | 眶宽Ⅱ | 7 | 41.5 | 37.2 | 39.53 | 1.67 | 4.22 |
| 51a | d-ek R | | 7 | 41.3 | 36.7 | 39.03 | 1.70 | 4.36 |
| 52 | Orb. Brea. L | 眶高 | 13 | 37.6 | 33.1 | 34.68 | 1.31 | 3.78 |
| 52 | Orb. Brea. R | | 14 | 36.2 | 31.0 | 33.98 | 1.58 | 4.65 |
| 60 | pr-alv | 上颌齿槽弓长 | 11 | 56.2 | 47.1 | 51.03 | 2.55 | 5.00 |
| 61 | ekm-ekm | 上颌齿槽弓宽 | 12 | 69.3 | 55.2 | 62.61 | 3.78 | 6.04 |
| 62 | ol-sta | 腭长 | 11 | 48.8 | 42.1 | 44.81 | 2.28 | 5.09 |
| 63 | enm-enm | 腭宽 | 10 | 42.5 | 34.5 | 38.34 | 2.04 | 5.31 |
| 12 | ast-ast | 枕骨最大宽 | 16 | 114.9 | 104.2 | 109.56 | 3.35 | 3.06 |
| 11 | au-au | 耳点间宽 | 14 | 135.4 | 110.1 | 127.10 | 5.91 | 4.65 |
| 44 | ek-ek | 两眶宽 | 13 | 104.2 | 94.8 | 98.44 | 2.47 | 2.51 |
| FC | fmo-fmo | 两眶内宽 | 13 | 105.1 | 93.4 | 98.15 | 3.01 | 3.06 |
| FS | Sub.Fmo-n-fmo | 鼻眶内宽矢高 | 11 | 16.5 | 8.2 | 13.60 | 2.17 | 15.94 |
| DC | d-d | 眶间宽 | 7 | 25.4 | 17.2 | 21.01 | 3.00 | 14.26 |
| DN | | 眶内缘点鼻根突度 | 11 | 7.0 | 3.1 | 5.49 | 0.98 | 17.89 |
| DS | | 鼻梁眶内缘宽高 | 6 | 12.3 | 8.1 | 9.62 | 1.47 | 15.33 |
| 32 | ∠ n-m FH | 额侧角Ⅰ | 13 | 94.0 | 70.0 | 81.57 | 6.59 | 8.07 |
| | ∠ g-m FH | 额侧角Ⅱ | 13 | 87.0 | 70.3 | 79.91 | 4.91 | 6.14 |
| | ∠ g-b FH | 前囟角 | 13 | 52.0 | 43.5 | 48.10 | 2.46 | 5.11 |
| 72 | ∠ n-pr FH | 面角 | 13 | 89.5 | 77.5 | 82.85 | 3.37 | 4.06 |
| 73 | ∠ n-ns FH | 鼻面角 | 13 | 88.7 | 75.7 | 83.14 | 4.13 | 4.97 |
| 74 | ∠ ns-pr FH | 齿槽面角 | 13 | 85.5 | 69.0 | 78.05 | 5.07 | 6.50 |
| 75 | ∠ n-rhi FH | 鼻梁侧角 | 8 | 75.0 | 66.0 | 70.41 | 3.17 | 4.50 |
| 77 | ∠ fmo-n-fmo | 鼻颧角 | 13 | 158.8 | 138.1 | 148.50 | 5.62 | 3.79 |
| SSA | ∠ zm-ss-zm | 颧上颌角Ⅰ | 12 | 137.1 | 121.6 | 129.67 | 4.80 | 3.70 |
| | ∠ n-pr-ba | 面三角Ⅰ | 12 | 76.3 | 64.2 | 70.78 | 3.73 | 5.27 |
| | ∠ pr-n-ba | 面三角Ⅱ | 12 | 72.1 | 58.7 | 65.83 | 4.37 | 6.64 |
| | ∠ n-ba-pr | 面三角Ⅲ | 12 | 49.9 | 38.6 | 43.40 | 3.00 | 6.92 |
| 75(1) | ∠ pr-n-rhi | 鼻骨角 | 5 | 29.6 | 15.8 | 22.38 | 5.10 | 22.77 |
| 8:1 | | 颅长宽指数 | 15 | 86.8 | 73.6 | 81.28 | 3.89 | 4.78 |
| 17:1 | | 颅长高指数 | 14 | 83.2 | 74.5 | 79.17 | 2.86 | 3.61 |
| 17:8 | | 颅宽高指数 | 15 | 106.4 | 84.8 | 96.96 | 6.21 | 6.41 |
| 9:8 | | 额宽指数 | 15 | 71.5 | 60.3 | 65.77 | 3.07 | 4.67 |
| 16:7 | | 枕骨大孔指数 | 15 | 97.2 | 73.6 | 84.74 | 5.50 | 6.49 |
| DS:DC | | 眶间宽高指数 | 6 | 54.0 | 32.3 | 46.28 | 8.33 | 18.01 |

## 续附表五

| 马丁号 | 测量项 | 测量项 | 例数 | 最大值 | 最小值 | 平均值 | 标准差 | 变异系数 |
|---|---|---|---|---|---|---|---|---|
| SR：O3 | | 鼻面扁度指数 | 7 | 43.4 | 19.3 | 29.92 | 7.60 | 25.41 |
| 40：5 | | 面突指数 | 13 | 104.1 | 89.1 | 97.23 | 4.28 | 4.40 |
| 48：17pr | | 垂直颅面指数 | 13 | 55.5 | 47.4 | 50.78 | 2.12 | 4.17 |
| 48：17sd | | | 13 | 56.7 | 49.6 | 52.86 | 1.78 | 3.37 |
| 48：45pr | | 上面指数（K） | 10 | 54.5 | 49.5 | 51.82 | 1.43 | 2.75 |
| 48：45sd | | | 10 | 56.4 | 51.5 | 53.91 | 1.49 | 2.77 |
| 48：46pr | | 中面指数（V） | 12 | 77.9 | 67.0 | 70.63 | 3.29 | 4.66 |
| 48：46sd | | | 12 | 80.1 | 69.1 | 73.64 | 3.36 | 4.56 |
| 47：45 | | 全面指数 | 9 | 91.8 | 77.6 | 86.36 | 5.00 | 5.79 |
| 54：55 | | 鼻指数 | 13 | 60.0 | 41.6 | 51.48 | 4.67 | 9.08 |
| 52：51L | | 眶指数Ⅰ | 13 | 90.8 | 77.9 | 82.58 | 3.52 | 4.26 |
| 52：51R | | | 14 | 91.0 | 76.2 | 82.06 | 4.56 | 5.56 |
| 52：51a L | | 眶指数Ⅱ | 7 | 97.2 | 85.7 | 90.47 | 4.06 | 4.48 |
| 52：51a R | | | 7 | 96.3 | 83.3 | 89.54 | 4.08 | 4.56 |
| 54：51 L | | 鼻眶指数Ⅰ | 13 | 72.4 | 56.3 | 63.90 | 4.03 | 6.31 |
| 54：51 R | | | 13 | 70.3 | 57.9 | 64.78 | 4.19 | 6.48 |
| 54：51a L | | 鼻眶指数Ⅱ | 7 | 73.1 | 59.5 | 67.09 | 4.56 | 6.79 |
| 54：51a R | | | 7 | 73.2 | 60.3 | 67.90 | 4.33 | 6.37 |
| SS：SC | | 鼻根指数 | 11 | 65.3 | 16.5 | 38.95 | 15.34 | 39.40 |
| 63：62 | | 腭指数 | 9 | 94.5 | 77.1 | 84.78 | 5.60 | 6.60 |
| 61：60 | | 齿槽弓指数 | 11 | 131.0 | 114.2 | 123.90 | 6.14 | 4.96 |
| 45：(1+8)/2 | | 横颅面指数 | 10 | 88.2 | 82.1 | 85.50 | 2.04 | 2.38 |
| 17：(1+8)/2 | | 高平面指数 | 14 | 93.4 | 81.1 | 87.47 | 3.40 | 3.88 |
| 65 | cdl-cdl | 下颌髁突间宽 | 14 | 134.5 | 114.5 | 124.56 | 5.80 | 4.66 |
| 66 | go-go | 下颌角间宽 | 15 | 117.1 | 96.6 | 104.87 | 5.56 | 5.30 |
| 67 | Bimen. brea. | 颏孔间宽 | 17 | 54.4 | 42.6 | 47.86 | 3.10 | 6.49 |
| 68 | mandi.body.len. | 下颌体长 | 16 | 82.2 | 54.3 | 68.52 | 5.87 | 8.56 |
| 68(1) | | 下颌体最大投影长 | 16 | 114.7 | 93.7 | 102.09 | 5.08 | 4.98 |
| 69 | id-gn | 下颌联合高 | 14 | 38.1 | 26.8 | 32.54 | 2.79 | 8.59 |
| MBH Ⅰ L | | 下颌体高Ⅰ | 17 | 35.8 | 23.8 | 29.72 | 3.57 | 12.01 |
| MBH Ⅰ R | | | 16 | 36.7 | 24.1 | 30.08 | 3.37 | 11.19 |
| MBH Ⅱ L | | 下颌体高Ⅱ | 16 | 32.3 | 23.6 | 28.49 | 2.65 | 9.31 |
| MBH Ⅱ R | | | 16 | 32.3 | 24.1 | 28.45 | 2.51 | 8.84 |
| MBT Ⅰ L | | 下颌体厚Ⅰ | 16 | 14.7 | 10.0 | 12.08 | 1.40 | 11.56 |
| MBT Ⅰ R | | | 16 | 15.3 | 10.0 | 12.48 | 1.33 | 10.67 |
| MBT Ⅱ L | | 下颌体厚Ⅱ | 16 | 17.4 | 13.0 | 15.12 | 1.43 | 9.46 |
| MBT Ⅱ R | | | 16 | 18.3 | 13.1 | 15.48 | 1.38 | 8.89 |

**续附表五**

| 马丁号 | 测量项 | 测量项 | 例数 | 最大值 | 最小值 | 平均值 | 标准差 | 变异系数 |
|---|---|---|---|---|---|---|---|---|
| 70L | | 下颌支高 | 16 | 72.2 | 56.3 | 64.96 | 4.58 | 7.05 |
| 70R | | | 15 | 68.2 | 57.7 | 63.14 | 3.57 | 5.66 |
| 71L | | 下颌支宽 | 16 | 47.0 | 39.0 | 41.91 | 2.20 | 5.24 |
| 71R | | | 14 | 46.8 | 40.1 | 42.60 | 1.89 | 4.43 |
| 71a L | | 下颌支最小宽 | 16 | 36.1 | 28.8 | 32.54 | 2.17 | 6.66 |
| 71a R | | | 15 | 38.1 | 27.1 | 32.32 | 2.68 | 8.29 |
| 79 | | 下颌角 | 16 | 131.5 | 116.0 | 123.68 | 3.72 | 3.01 |
| 68：65 | | 下颌骨指数 | 14 | 61.9 | 43.2 | 54.36 | 5.08 | 9.34 |
| 71：70 L | | 下颌支指数 | 16 | 74.9 | 55.9 | 64.81 | 5.14 | 7.93 |
| 71：70 R | | | 13 | 74.1 | 60.3 | 68.07 | 4.39 | 6.45 |
| | Bimen.bogen | 额孔间弧 | 17 | 62.4 | 48.2 | 55.14 | 3.84 | 6.97 |

注：变异系数常用的为标准差系数，即标准差与平均值的比率。

## 附表六　史家河墓地女性头骨测量值

| 马丁号 | 测量项 | 测量项 | 例数 | 最大值 | 最小值 | 平均值 | 标准差 | 变异系数 |
|---|---|---|---|---|---|---|---|---|
| 1 | g-op | 颅长 | 6 | 181.4 | 169.5 | 176.10 | 3.68 | 2.09 |
| 8 | eu-eu | 颅宽 | 7 | 144.1 | 136.5 | 139.71 | 3.34 | 2.39 |
| 17 | b-ba | 颅高 | 7 | 141.8 | 128.3 | 136.34 | 5.61 | 4.11 |
| 21 | po-po | 耳上颅高 | 5 | 117.7 | 111.0 | 115.08 | 2.36 | 2.05 |
| 9 | ft-ft | 最小额宽 | 5 | 97.1 | 90.0 | 93.60 | 2.66 | 2.84 |
| 7 | ba-o | 枕骨大孔长 | 7 | 38.0 | 30.6 | 35.74 | 2.65 | 7.42 |
| 16 | FOR.MA.B | 枕骨大孔宽 | 7 | 35.0 | 25.1 | 29.18 | 3.04 | 10.43 |
| 25 | n-o | 颅矢状弧 | 4 | 380.8 | 354.9 | 368.63 | 9.42 | 2.55 |
| 26 | n-b | 额骨矢状弧 | 7 | 129.4 | 124.1 | 125.80 | 1.72 | 1.37 |
| 27 | b-l | 顶骨矢状弧 | 10 | 133.9 | 107.7 | 122.03 | 8.31 | 6.81 |
| 28 | l-o | 枕骨矢状弧 | 7 | 127.9 | 106.2 | 117.41 | 7.39 | 6.29 |
| 29 | n-b | 额骨矢状弦 | 7 | 115.0 | 110.1 | 112.12 | 1.63 | 1.45 |
| 30 | b-l | 顶骨矢状弦 | 10 | 121.1 | 99.1 | 109.22 | 6.88 | 6.30 |
| 31 | l-o | 枕骨矢状弦 | 7 | 109.0 | 92.1 | 100.34 | 5.54 | 5.52 |
| 23 | g-po-g | 颅周长 | 5 | 514.3 | 505.0 | 509.44 | 3.78 | 0.74 |
| 24 | po-b-po | 颅横弧 | 5 | 329.2 | 315.5 | 321.36 | 4.59 | 1.43 |
| 5 | n-enba | 颅基底长 | 5 | 104.0 | 94.0 | 98.50 | 3.26 | 3.31 |
| 40 | pr-enba | 面基底长 | 4 | 99.9 | 87.1 | 93.35 | 4.62 | 4.95 |
| 48 | pr (n-pr) | 上面高 | 4 | 71.5 | 65.1 | 68.68 | 2.39 | 3.48 |
| 48 | sd(n-sd) | 上面高 | 4 | 73.9 | 67.1 | 71.13 | 2.74 | 3.86 |

**续附表六**

| 马丁号 | 测量项 | 测量项 | 例数 | 最大值 | 最小值 | 平均值 | 标准差 | 变异系数 |
|---|---|---|---|---|---|---|---|---|
| 47 | n-gn | 全面高 | 3 | 116.2 | 111.5 | 113.20 | 2.13 | 1.88 |
| 45 | zy-zy | 面宽 | 2 | 134.1 | 130.3 | 132.20 | 1.90 | 1.44 |
| 46 | zm-zm | 中面宽Ⅰ | 5 | 100.2 | 93.1 | 95.67 | 2.44 | 2.55 |
| 46 | zm1-zm1 | 中面宽Ⅱ | 5 | 98.9 | 93.6 | 95.67 | 2.29 | 2.40 |
| 43 | fmt-fmt | 上面宽 | 5 | 106.2 | 94.7 | 101.66 | 4.61 | 4.54 |
| 50 | mf-mf | 前眶间宽 | 5 | 20.8 | 17.5 | 18.93 | 1.11 | 5.89 |
| MH L | fmo-zm | 颧骨高 | 5 | 49.2 | 41.05 | 44.79 | 3.16 | 7.06 |
| MH R | | | 5 | 48.3 | 41.1 | 44.35 | 2.75 | 6.20 |
| MB L | zm-rim | 颧骨宽 | 5 | 46.6 | 18.8 | 28.28 | 3.92 | 13.86 |
| MB R | | | 5 | 45.3 | 19.7 | 27.48 | 2.75 | 10.00 |
| 54 | Nadal.breadth | 鼻宽 | 5 | 28.8 | 26.1 | 27.66 | 1.00 | 3.62 |
| 55 | n-ns | 鼻高 | 4 | 51.1 | 49.7 | 50.40 | 0.70 | 1.39 |
| SC | Simotic chord | 鼻骨最小宽 | 5 | 9.8 | 6.4 | 7.93 | 1.12 | 14.19 |
| SS | Sim.cho.to SC | 鼻骨最小宽高 | 4 | 2.3 | 0.5 | 1.65 | 0.68 | 41.44 |
| O3 | Mid-orbital breadth | 眶中宽 | 4 | 66.1 | 55.3 | 58.77 | 4.38 | 7.45 |
| SR | Subtense of rhinion | 鼻尖高 | 2 | 17.1 | 14.1 | 15.60 | 1.50 | 9.62 |
| 51 | mf-ek L | 眶宽Ⅰ | 5 | 44.0 | 40.8 | 42.32 | 1.22 | 2.88 |
| 51 | mf-ek R | | 5 | 42.8 | 40.7 | 41.61 | 0.78 | 1.88 |
| 51a | d-ek L | 眶宽Ⅱ | 3 | 40.5 | 39.9 | 40.21 | 0.26 | 0.65 |
| 51a | d-ek R | | 3 | 40.8 | 38.5 | 39.67 | 0.94 | 2.37 |
| 52 | Orb. Brea. L | 眶高 | 5 | 35.5 | 32.2 | 34.20 | 1.20 | 3.52 |
| 52 | Orb. Brea. R | | 5 | 36.4 | 32.6 | 34.31 | 1.34 | 3.92 |
| 60 | pr-alv | 上颌齿槽弓长 | 5 | 56.7 | 48.6 | 52.16 | 2.85 | 5.46 |
| 61 | ekm-ekm | 上颌齿槽弓宽 | 6 | 65.9 | 58.5 | 62.32 | 2.96 | 4.75 |
| 62 | ol-sta | 腭长 | 5 | 48.7 | 39.9 | 45.02 | 3.03 | 6.74 |
| 63 | enm-enm | 腭宽 | 6 | 40.3 | 33.5 | 37.53 | 2.19 | 5.83 |
| 12 | ast-ast | 枕骨最大宽 | 8 | 115.3 | 102.1 | 109.19 | 3.88 | 3.55 |
| 11 | au-au | 耳点间宽 | 6 | 128.9 | 115.3 | 124.26 | 4.30 | 3.46 |
| 44 | ek-ek | 两眶宽 | 5 | 101.1 | 94.7 | 97.89 | 2.65 | 2.70 |
| FC | fmo-fmo | 两眶内宽 | 5 | 98.5 | 93.8 | 96.46 | 1.86 | 1.93 |
| FS | Sub.Fmo-n-fmo | 鼻眶内宽矢高 | 5 | 15.8 | 13.2 | 14.6 | 0.95 | 6.51 |
| DC | d-d | 眶间宽 | 3 | 24.0 | 16.9 | 20.37 | 2.90 | 14.22 |
| DN | 眶内缘点鼻根突度 | | 4 | 5.7 | 4.0 | 4.86 | 0.62 | 12.76 |
| DS | 鼻梁眶内缘宽高 | | 2 | 9.9 | 6.5 | 8.20 | 1.70 | 20.73 |
| 32 | ∠n-m FH | 额侧角Ⅰ | 5 | 91.5 | 80.3 | 86.74 | 3.99 | 4.60 |
| | ∠g-m FH | 额侧角Ⅱ | 5 | 89.5 | 74.5 | 81.50 | 4.81 | 5.90 |
| | ∠g-b FH | 前囟角 | 5 | 46.5 | 43.5 | 45.50 | 1.08 | 2.36 |

**续附表六**

| 马丁号 | 测量项 | 测量项 | 例数 | 最大值 | 最小值 | 平均值 | 标准差 | 变异系数 |
|---|---|---|---|---|---|---|---|---|
| 72 | ∠ n-pr FH | 面角 | 4 | 89.0 | 80.0 | 84.75 | 3.65 | 4.31 |
| 73 | ∠ n-ns FH | 鼻面角 | 4 | 88.0 | 80.0 | 84.80 | 3.15 | 3.71 |
| 74 | ∠ ns-pr FH | 齿槽面角 | 4 | 89.2 | 73.3 | 82.70 | 5.82 | 7.04 |
| 75 | ∠ n-rhi FH | 鼻梁侧角 | 2 | 81.0 | 77.8 | 79.40 | 1.60 | 2.02 |
| 77 | ∠ fmo-n-fmo | 鼻颧角 | 5 | 157.8 | 138.8 | 148.81 | 6.09 | 4.09 |
| SSA | ∠ zm-ss-zm | 颧上颌角 I | 3 | 129.4 | 121.2 | 125.77 | 3.41 | 2.71 |
| | ∠ n-pr-ba | 面三角 I | 4 | 74.7 | 70.9 | 72.45 | 1.42 | 1.96 |
| | ∠ pr-n-ba | 面三角 II | 4 | 66.3 | 62.9 | 65.20 | 1.37 | 2.11 |
| | ∠ n-ba-pr | 面三角 III | 4 | 43.6 | 41.2 | 42.35 | 0.85 | 2.01 |
| 75(1) | ∠ pr-n-rhi | 鼻骨角 | 2 | 14.0 | 11.3 | 12.65 | 1.35 | 10.67 |
| 8：1 | | 颅长宽指数 | 6 | 85.0 | 75.4 | 79.62 | 3.47 | 4.35 |
| 17：1 | | 颅长高指数 | 5 | 81.0 | 75.5 | 77.75 | 2.03 | 2.61 |
| 17：8 | | 颅宽高指数 | 6 | 103.6 | 89.0 | 96.78 | 5.42 | 5.60 |
| 9：8 | | 额宽指数 | 5 | 71.0 | 62.6 | 66.50 | 2.67 | 4.02 |
| 16：7 | | 枕骨大孔指数 | 7 | 93.3 | 75.4 | 81.61 | 5.99 | 7.34 |
| DS：DC | | 眶间宽高指数 | 2 | 41.3 | 38.4 | 39.84 | 1.41 | 3.53 |
| SR：O3 | 鼻面扁平度指数 | | 2 | 30.9 | 25.5 | 28.19 | 2.74 | 9.72 |
| 40：5 | | 面突指数 | 4 | 96.3 | 92.7 | 94.90 | 1.42 | 1.50 |
| 48：17pr | | 垂直颅面指数 | 4 | 53.1 | 49.2 | 50.67 | 1.57 | 3.09 |
| 48：17sd | | | 4 | 54.6 | 50.7 | 52.48 | 1.39 | 2.65 |
| 48：45pr | | 上面指数（K） | 2 | 52.3 | 52.2 | 52.25 | 0.05 | 0.10 |
| 48：45sd | | | 2 | 55.1 | 53.8 | 54.45 | 0.65 | 1.19 |
| 48：46pr | | 中面指数（V） | 4 | 73.5 | 69.9 | 71.50 | 1.29 | 1.80 |
| 48：46sd | | | 4 | 77.5 | 72.1 | 74.05 | 2.05 | 2.77 |
| 47：45 | | 全面指数 | 1 | 83.4 | 83.4 | 83.45 | 0.00 | 0.00 |
| 54：55 | | 鼻指数 | 4 | 56.7 | 52.5 | 55.25 | 1.66 | 3.00 |
| 52：51L | | 眶指数 I | 5 | 85.2 | 76.1 | 80.85 | 3.43 | 4.25 |
| 52：51R | | | 5 | 86.7 | 79.4 | 82.46 | 3.09 | 3.75 |
| 52：51a L | | 眶指数 II | 3 | 87.6 | 84.0 | 85.99 | 1.49 | 1.73 |
| 52：51a R | | | 3 | 90.6 | 81.3 | 86.25 | 3.84 | 4.46 |
| 54：51 L | | 鼻眶指数 I | 5 | 121.5 | 57.5 | 73.81 | 23.97 | 32.48 |
| 54：51 R | | | 5 | 69.5 | 64.0 | 66.49 | 2.20 | 3.31 |
| 54：51a L | | 鼻眶指数 II | 5 | 138.8 | 61.8 | 107.16 | 27.97 | 26.10 |
| 54：51a R | | | 3 | 73.5 | 65.9 | 70.14 | 3.15 | 4.49 |
| SS：SC | | 鼻根指数 | 4 | 27.4 | 7.8 | 21.52 | 7.99 | 37.13 |
| 63：62 | | 腭指数 | 5 | 96.6 | 70.9 | 84.36 | 9.34 | 11.08 |
| 61：60 | | 齿槽弓指数 | 5 | 125.1 | 114.1 | 119.10 | 4.25 | 3.57 |

**续附表六**

| 马丁号 | 测量项 | 测量项 | 例数 | 最大值 | 最小值 | 平均值 | 标准差 | 变异系数 |
|---|---|---|---|---|---|---|---|---|
| 45：(1+8)/2 | | 横颅面指数 | 2 | 84.3 | 83.1 | 83.70 | 0.60 | 0.72 |
| 17：(1+8)/2 | | 高平面指数 | 5 | 89.2 | 81.8 | 86.39 | 3.27 | 3.79 |
| 65 | cdl–cdl | 下颌髁突间宽 | 3 | 132.1 | 122.0 | 126.20 | 4.29 | 3.40 |
| 66 | go–go | 下颌角间宽 | 3 | 108.3 | 96.1 | 103.23 | 5.19 | 5.03 |
| 67 | Bimen. brea. | 颏孔间宽 | 5 | 50.3 | 45.8 | 47.94 | 1.74 | 3.62 |
| 68 | mandi.body.len. | 下颌体长 | 3 | 71.3 | 63.7 | 68.47 | 3.39 | 4.95 |
| 68(1) | 下颌体最大投影长 | | 3 | 103.0 | 92.1 | 99.07 | 4.94 | 4.99 |
| 69 | id–gn | 下颌联合高 | 4 | 37.5 | 29.6 | 33.35 | 2.86 | 8.59 |
| MBH Ⅰ L | | 下颌体高Ⅰ | 7 | 34.5 | 23.1 | 29.24 | 3.68 | 12.57 |
| MBH Ⅰ R | | | 8 | 34.2 | 28.0 | 30.23 | 2.25 | 7.44 |
| MBH Ⅱ L | | 下颌体高Ⅱ | 6 | 32.5 | 22.7 | 28.30 | 3.38 | 11.94 |
| MBH Ⅱ R | | | 8 | 32.7 | 23.4 | 27.16 | 2.53 | 9.30 |
| MBT Ⅰ L | | 下颌体厚Ⅰ | 7 | 13.8 | 10.6 | 12.51 | 0.98 | 7.85 |
| MBT Ⅰ R | | | 8 | 14.3 | 10.2 | 12.59 | 1.55 | 12.34 |
| MBT Ⅱ L | | 下颌体厚Ⅱ | 6 | 17.2 | 13.8 | 15.50 | 1.24 | 7.98 |
| MBT Ⅱ R | | | 8 | 19.3 | 11.2 | 15.63 | 2.39 | 15.28 |
| 70L | | 下颌支高 | 5 | 70.7 | 60.7 | 64.16 | 3.55 | 5.53 |
| 70R | | | 3 | 67.1 | 60.1 | 62.97 | 2.99 | 4.76 |
| 71L | | 下颌支宽 | 4 | 43.0 | 34.2 | 38.75 | 4.11 | 10.62 |
| 71R | | | 4 | 42.4 | 38.1 | 40.80 | 1.72 | 4.23 |
| 71a L | | 下颌支最小宽 | 4 | 35.1 | 27.4 | 32.63 | 3.13 | 9.60 |
| 71a R | | | 6 | 34.5 | 29.3 | 32.78 | 1.82 | 5.55 |
| 79 | | 下颌角 | 3 | 125.0 | 122.5 | 123.83 | 1.03 | 0.83 |
| 68：65 | | 下颌骨指数 | 3 | 56.5 | 52.2 | 54.23 | 1.76 | 3.25 |
| 71：70 L | | 下颌支指数 | 4 | 66.8 | 53.2 | 59.65 | 4.94 | 8.28 |
| 71：70 R | | | 2 | 65.6 | 63.2 | 64.40 | 1.20 | 1.86 |
| | Bimen.bogen | 颏孔间弧 | 5 | 61.7 | 50.7 | 55.58 | 3.78 | 6.81 |

注：变异系数常用的为标准差系数，即标准差与平均值的比率。

## 附表七　头骨测量项目代号及说明

| 马丁号 | 测量项 | 英文说明及代号 | 英文代号 |
|---|---|---|---|
| 1 | 颅骨最大长 | Maximum cranial length | g-op |
| 8 | 颅骨最大宽 | Maximum cranial breadth | eu-eu |
| 17 | 颅高 | Basi - bregmatic height | b-ba |
| 21 | 耳上颅高 | Auricular height | po-po |
| 9 | 最小额宽 | Minimum frontal breadth | ft-ft |
| 7 | 枕骨大孔长 | Foraman magnum length | ba-o |
| 16 | 枕骨大孔宽 | Foraman magnum breadth | |
| 25 | 颅矢状弧 | Cranial sagittal arc | n-o |
| 26 | 额骨矢状弧 | Frontal arc | n-b |
| 27 | 顶骨矢状弧 | Parietal arc | b-l |
| 28 | 枕骨矢状弧 | occipital arc | l-o |
| 29 | 额骨矢状弦 | Frontal chord | n-b |
| 30 | 顶骨矢状弦 | Parietal chord | b-l |
| 31 | 枕骨矢状弦 | occipital chord | l-o |
| 23 | 颅周长 | Cranial horizontal circum ference | g-op-g |
| 24 | 颅横弧 | Cranial transverse arc | po-b-po |
| 5 | 颅基底长 | Basis length | n-enba |
| 40 | 面基底长 | Profile length | pr-enba |
| 48 | 上面高 | Upper facial height | pr (n-pr) |
| 48 | 上面高 | Upper facial height | sd (n-sd) |
| 47 | 全面高 | Morphological facial height | n-gn |
| 45 | 面宽 | Bizygomatic breadth | zy-zy |
| 46 | 中面宽 | Middle facial breadth | zm-zm |
| 46 | 中面宽 | Middle facial breadth | zm1-zm1 |
| SSS | 颧颌点间宽 | Bimaxillary subtense | Sub.zm-ss-zm |
| SSS | 颧颌点间宽 | Bimaxillary subtense | Sub.zm1-ss-zm1 |
| 43 | 上面宽 | Biorbital breadth | fmt-fmt |
| 50 | 眶间宽 | Interorbital breadth | mf-mf |
| MH | 颧骨高 | Malar height | fmo-zm |
| MB' | 颧骨宽 | Malar breadth | zm-rim. orb. |
| 54 | 鼻宽 | Nasal breadth | |
| 55 | 鼻高 | Nasal height | n-ns |
| SC | 鼻骨最小宽 | Simotic chord | |
| SS | 鼻骨最小宽高 | Somotic subtense | |
| 51 | 眶宽 | orbital·breadth | mf-ek |
| 51a | 眶宽 | orbital breadth from dacryon | d-ek |
| 52 | 眶高 | orbital height | |

**续附表七**

| 马丁号 | 测量项 | 英文说明及代号 | 英文代号 |
|---|---|---|---|
| 60 | 上颌齿槽弓长 | Maxillo-alveolar length | pr-alv |
| 61 | 上颌齿槽弓宽 | Maxillo-alveolar breadth | ekm-ekm |
| 62 | 腭长 | Palatal length | ol-sta |
| 63 | 腭宽 | Palatal breadth | enm-enm |
| 12 | 枕骨最大宽 | Maximum occipital breadth | ast-ast |
| 11 | 耳点间宽 | Interauriculare breadth | au-au |
| 44 | 两眶宽 | Biorbital breadth | ek-ek |
| FC | 两眶内宽 | fmo-fmo | fmo-fmo |
| FS | 鼻根点至两眶内宽之矢高 | Nasio-frontal subtence | sub. Fmo-n-fmo |
| DC | 眶间宽 | Interorbital breadth | d-d |
| 32 | 额侧角 I | Forehead slope angle | ∠ n-m FH |
| | 额侧角 II | Profile angle of frontal bone | ∠ g-m FH |
| | 前囟角 | Bregmatic angle | ∠ g-b FH |
| 72 | 面角 | Total facial angle | ∠ n-pr FH |
| 73 | 鼻面角 | Nasal profile angle | ∠ n-ns FH |
| 74 | 齿槽面角 | Alveolar profile angle | ∠ ns-pr FH |
| 75 | 鼻梁侧角 | Nasalia roof angle | ∠ n-rhi FH |
| 77 | 鼻颧角 | Nasion-frontal angle | ∠ fmo-n-fmo |
| SSA | 颧上颌角 | Zygomaxillary angle | ∠ zm-ss-zm |
| | 面三角 I（上齿槽角） | Alveolar angle | ∠ n-pr-ba |
| | 面三角 II（鼻根点角） | Nasal angle | ∠ pr-n-ba |
| | 面三角 III（颅底角） | Basilar angle | ∠ n-ba-pr |
| | 鼻梁角 | 72-75 | |
| 8 : 1 | 颅长宽指数 | Cranial index | |
| 17 : 1 | 颅长高指数 | Cranial length-height index | |
| 17 : 8 | 颅宽高指数 | Breadth basio-bregmatic height index | |
| 21 : 1 | 颅长耳高指数 | Cranial length-aurical height index | |
| 9 : 8 | 额宽指数 | Fronto-parietal index | |
| 16 : 7 | 枕骨大孔指数 | occipital foramen index | |
| 40 : 5 | 面突指数 | Gnathic index | |
| 48 : 17 | 垂直颅面指数 | Vertical cranio-facial index | |
| 48 : 45 | 上面指数（K） | Upper facial index | |
| 48 : 46 | 中面指数（V） | Middle facial index | |
| 54 : 55 | 鼻指数 | Nasal index | |
| 52 : 51 | 眶指数 I | orbital index I | |
| 52 : 51a | 眶指数 II | orbital index II | |
| 54 : 51 | 鼻眶指数 | Nasion-orbital index I | |

**续附表七**

| 马丁号 | 测量项 | 英文说明及代号 | 英文代号 |
|---|---|---|---|
| 54：51a | 鼻眶指数 | Nasion-orbital index II | |
| SS：SC | 鼻根指数 | Simotic index | |
| 63：62 | 腭指数 | Palatal index | |
| 45：(1+8)/2 | 横颅面指数 | | |
| 17：(1+8)/2 | 高平面指数 | | |
| 65 | 下颌髁突间宽 | Bicondylar breadth | cdl-cdl. |
| 66 | 下颌角间宽 | Bigonial breadth | go-go |
| 67 | 颏孔间宽 | bimentallbreite | |
| 68 | 下颌体长 | Mandibular body length | |
| 68(1) | 下颌体最大投影长 | Maximum projective mandibular breadth | |
| 69 | 下颌联合高 | Symphysial height | id-gn |
| MBH | 下颌体高Ⅰ（颏孔位） | Height of the mandibular body I | |
| | 下颌体高Ⅱ（臼齿位） | Height of the mandibular body II | |
| MBT | 下颌体厚Ⅰ（颏孔位） | Thickness of the mandibular body I | |
| | 下颌体厚Ⅱ（臼齿位） | Thickness of the mandibular body II | |
| 70 | 下颌支高 | Height of the mandibular ramus | |
| 71 | 下颌支宽 | Breadth of the mandibular ramus | |
| 71a | 下颌支最小宽 | Min. Breadth of the mandibular ramus | |
| | 颏孔间弧 | bimental bogen | |
| 79 | 下颌角 | Mandibular angle (go) | |
| 68：65 | 下颌骨指数 | Mandibular index | |
| 71：70 | 下颌支指数 | Mandibular ramus index | |

## 附表八　史家河墓地头骨个体测量表（男性）

（长度：毫米，角度：度，指数：%）

| 马丁号 | M3 | M4 | M6 | M8 | M9 | M10 | M12 | M13 | M18 | M20 | M22 | M26 | M27 | M30 | M31 | M33 | M36 | M37 |
|---|---|---|---|---|---|---|---|---|---|---|---|---|---|---|---|---|---|---|
| 1 | 168.0 | 170.2 | 179.1 | 172.6 | 183.5 | 171.2 | 170.1 | 178.5 | 177.2 | 178.0 | 175.0 | 174.4 | 172.6 | 181.1 | — | — | 172.2 | 178.2 |
| 8 | 144.2 | 146.5 | 140.1 | 144.1 | 140.6 | — | 128.2 | 149.2 | 139.4 | 144.1 | 144.2 | 146.5 | 149.8 | 146.5 | — | 143.7 | 142.3 | 131.2 |
| 17 | 138.3 | 128.5 | 149.1 | 143.2 | 145.9 | — | 130.3 | — | 140.4 | 143.1 | 130.6 | 138.5 | 141.1 | 134.9 | — | 121.8 | 138.5 | 139.2 |
| 21 | 113.5 | 110.9 | 119.2 | 122.0 | — | — | 111.1 | — | 115.8 | 120.7 | 111.3 | 116.6 | 115.7 | 115.9 | — | — | 115.0 | 115.2 |
| 9 | 89.1 | 95.2 | 93.0 | 97.2 | 93.2 | — | 90.3 | 92.6 | 97.0 | 103.1 | 94.0 | 88.4 | 98.2 | 92.1 | 97.4 | — | 94.3 | 86.1 |
| 7 | 41.2 | 34.2 | 39.1 | 35.1 | — | — | 31.4 | — | 35.2 | 38.1 | 37.1 | 35.2 | 38.4 | 39.3 | 37.2 | 34.7 | 37.3 | 40.0 |
| 16 | 32.4 | 31.8 | 31.6 | 29.4 | — | — | 26.2 | — | 30.1 | 33.3 | 30.1 | 29.5 | 37.3 | 28.9 | 32.2 | 30.6 | 32.2 | 32.6 |
| 25 | 350.5 | 366.8 | 373.3 | 375.5 | — | — | 350.7 | — | 375.0 | 375.1 | — | 376.8 | 364.8 | 371.7 | — | — | 371.8 | 375.3 |
| 26 | 120.9 | 129.0 | 130.6 | 133.1 | 126.1 | — | 116.8 | 127.8 | 133.3 | 140.2 | 124.2 | 131.2 | 128.3 | 131.7 | 125.0 | 113.0 | 127.4 | 118.2 |
| 27 | 120.1 | 125.1 | 125.2 | 132.7 | 128.3 | — | 120.0 | 111.9 | 121.5 | 125.8 | 120.9 | 121.2 | 123.3 | 127.3 | — | 128.8 | 126.2 | 123.9 |
| 28 | 108.9 | 112.7 | 117.5 | 109.7 | — | — | 113.9 | — | 119.7 | 106.9 | 112.7 | 123.1 | 110.9 | 111.8 | 110.9 | — | 126.8 | 125.6 |
| 29 | 108.8 | 112.9 | 117.9 | 114.8 | — | — | 104.2 | — | 116.1 | 119.7 | 96.2 | 116.7 | 110.3 | 115.8 | 111.2 | — | 113.7 | 108.1 |
| 30 | 105.1 | 107.7 | 113.4 | 117.4 | 116.5 | — | 108.0 | 114.9 | 108.5 | 113.4 | 108.6 | 109.8 | 109.3 | 112.1 | — | 100.9 | 113.2 | 113.2 |
| 31 | 93.2 | 97.5 | 103.2 | 95.5 | 107.1 | — | 95.0 | 104.0 | 96.1 | 94.8 | 110.0 | 106.2 | 96.2 | 94.4 | 94.7 | 97.5 | 99.3 | 105.0 |
| 23 | 500.0 | 514.1 | 495.5 | 509.7 | 530.2 | — | 487.5 | — | 511.3 | 523.5 | 520.3 | 514.5 | 525.7 | 525.8 | — | — | 509.5 | 505.0 |
| 24 | 313.1 | 315.3 | 321.5 | 332.1 | 318.6 | — | 302.1 | — | 319.5 | 320.4 | 312.5 | 225.2 | 328.5 | 327.0 | — | — | 314.8 | 311.5 |
| 5 | 97.0 | 85.3 | 103.4 | 96.7 | — | — | 100.5 | — | 100.2 | 102.9 | 95.2 | 95.5 | 100.3 | 102.1 | — | — | 94.5 | 95.4 |
| 40 | 93.8 | 83.5 | 92.2 | 100.0 | — | — | 99.2 | — | 98.3 | 95.4 | 93.8 | 95.3 | 90.2 | 99.1 | — | — | 98.4 | 93.4 |
| 48 | 65.5 | 71.3 | 74.7 | 68.4 | — | — | 65.2 | 74.8 | 74.7 | 73.2 | 68.1 | 71.1 | 71.7 | 70.1 | — | — | 69.3 | 67.8 |
| 48 | 68.6 | 72.9 | 77.3 | 73.2 | — | — | 69.1 | 77.1 | 77.2 | 75.2 | 70.2 | 73.1 | 73.3 | 73.9 | — | — | 72.3 | 72.2 |
| 47 | 110.7 | 119.5 | 126.8 | 122.3 | — | — | 104.8 | — | 125.2 | 116.2 | 115.3 | 122.2 | 110.2 | — | — | — | 117.8 | 119.0 |
| 45 | 132.4 | — | 140.2 | — | — | — | 128.7 | — | 137.0 | 141.7 | 131.1 | 134.2 | 142.1 | 137.4 | — | — | — | 129.6 |
| 46 | 97.8 | 98.8 | 100.7 | 95.8 | — | — | 97.2 | — | 109.0 | — | 94.0 | 91.3 | 106.0 | 101.1 | — | — | 103.0 | 93.1 |
| 46 | 98.2 | 101.1 | 100.8 | 96.1 | — | — | 98.1 | — | 108.8 | 108.8 | 95.0 | 93.0 | 106.8 | 99.9 | — | — | 102.3 | 92.2 |

续附表八

| 马丁号 | M3 | M4 | M6 | M8 | M9 | M10 | M12 | M13 | M18 | M20 | M22 | M26 | M27 | M30 | M31 | M33 | M36 | M37 |
|---|---|---|---|---|---|---|---|---|---|---|---|---|---|---|---|---|---|---|
| 43 | 100.0 | 105.8 | 107.5 | 103.3 | 108.4 | — | 99.5 | 103.6 | 109.4 | — | 105.9 | 103.9 | 107.5 | 101.9 | — | — | 104.0 | 99.1 |
| 50 | 20.2 | 18.7 | 17.3 | 16.4 | — | — | 19.1 | — | 20.3 | — | 21.0 | 17.2 | 19.9 | 17.7 | — | — | 18.2 | 17.2 |
| MH L | 44.9 | 43.6 | 47.3 | 41.3 | — | — | 42.8 | 51.1 | 48.6 | — | 43.8 | 50.3 | 46.4 | 45.1 | — | 42.5 | 43.2 | 44.5 |
| MH R | 42.6 | 45.1 | 48.1 | 41.1 | — | — | 41.4 | — | 47.4 | — | 41.7 | 49.7 | 45.8 | 42.3 | — | 41.7 | 42.2 | 43.0 |
| MB L | 22.2 | 23.3 | 27.6 | 22.8 | — | — | 21.1 | 30.0 | 27.6 | 23.1 | 23.8 | 30.1 | 27.1 | 23.9 | — | 21.6 | 26.2 | 24.1 |
| MB R | 22.2 | 25.2 | 26.2 | 21.8 | — | — | 20.1 | — | 27.8 | 24.6 | 21.1 | 30.3 | 26.0 | 23.3 | — | 23.3 | 26.2 | 23.6 |
| 54 | 28.8 | 25.8 | 27.0 | 27.9 | — | — | 25.8 | — | 29.1 | 26.2 | 27.2 | 25.9 | 24.2 | 27.1 | — | — | 28.3 | 25.5 |
| 55 | 48.0 | 52.6 | 57.1 | 49.5 | — | — | 46.8 | 57.1 | 54.2 | 53.7 | 51.2 | 50.1 | 58.2 | 51.7 | — | — | 52.1 | 55.3 |
| SC | 4.9 | 8.9 | 8.6 | 3.7 | — | — | — | 7.8 | 9.9 | 7.4 | 7.2 | 9.0 | 7.9 | 6.4 | — | — | 10.1 | 5.9 |
| SS | — | 3.2 | 3.2 | 2.1 | — | — | — | 2.2 | 2.7 | 2.3 | 4.7 | — | 1.3 | 3.8 | — | — | 2.3 | 2.8 |
| O3 | 54.5 | 60.3 | 48.6 | 58.6 | — | — | 51.7 | — | 55.9 | 64.4 | 51.6 | 51.5 | 59.2 | 44.0 | — | — | 54.4 | 48.6 |
| SR | — | — | 15.1 | — | — | — | — | — | 13.8 | 12.4 | 19.4 | 13.5 | 16.1 | 19.1 | — | — | — | — |
| 51 L | 42.5 | 41.4 | 44.5 | 41.7 | — | — | 40.0 | — | 43.2 | 44.7 | 42.3 | 41.3 | 43.0 | 42.0 | — | — | 39.1 | 40.9 |
| 51 R | 41.2 | 39.8 | 42.8 | 40.3 | — | — | 38.8 | 41.0 | 43.1 | 44.8 | 40.0 | 43.1 | 41.8 | 41.3 | — | — | 40.3 | 42.0 |
| 51a L | — | 38.7 | 41.5 | — | — | — | 37.3 | — | 40.1 | 41.2 | 37.2 | — | 40.7 | — | — | — | — | — |
| 51a R | — | 37.6 | 40.0 | — | — | — | 36.7 | — | 40.4 | 41.3 | 37.1 | — | 40.1 | — | — | — | — | — |
| 52 L | 33.1 | 37.6 | 36.1 | 34.0 | — | — | 35.0 | 36.0 | 35.0 | 35.3 | 34.8 | 33.2 | 36.1 | 33.2 | — | — | 33.5 | 34.0 |
| 52 R | 32.2 | 36.2 | 36.2 | 34.2 | — | — | 33.6 | — | 33.6 | 35.4 | 34.2 | 32.9 | 35.0 | 32.1 | — | — | 31.0 | 33.1 |
| 60 | 50.3 | 49.2 | 51.3 | 56.2 | — | — | 47.1 | — | 53.2 | — | — | 51.3 | 47.7 | 54.0 | — | — | 50.8 | 50.2 |
| 61 | 65.7 | 62.8 | 66.4 | 64.6 | — | — | 55.2 | — | 69.3 | — | 56.5 | 63.1 | 62.5 | 61.7 | — | — | 63.2 | 60.3 |
| 62 | 42.1 | 43.6 | 43.5 | 48.5 | — | — | 43.1 | — | 47.1 | — | 42.8 | — | 42.8 | 48.8 | — | — | 45.8 | 44.8 |
| 63 | 39.7 | 37.7 | 38.7 | 39.7 | — | — | — | — | 42.5 | — | 36.7 | 39.1 | — | 37.7 | — | — | 37.1 | 34.5 |
| 12 | 105.8 | 114.1 | 107.6 | 104.2 | — | — | 106.3 | 107.9 | 109.1 | 111.0 | 114.6 | 109.8 | 108.1 | 114.9 | 111.3 | 105.2 | 113.8 | 109.2 |
| 11 | 127.4 | 129.1 | 131.1 | 127.5 | 130.0 | — | 110.1 | — | 127.2 | 131.5 | 128.2 | 127.4 | 135.4 | 131.2 | — | — | 123.3 | 120.0 |
| 44 | 97.8 | 98.1 | 99.5 | 94.8 | — | — | 95.3 | — | 101.1 | 104.2 | 99.8 | 97.4 | 100.2 | 97.8 | — | — | 98.0 | 95.7 |

续附表八

| 马丁号 | M3 | M4 | M6 | M8 | M9 | M10 | M12 | M13 | M18 | M20 | M22 | M26 | M27 | M30 | M31 | M33 | M36 | M37 |
|---|---|---|---|---|---|---|---|---|---|---|---|---|---|---|---|---|---|---|
| FC | 96.3 | 97.7 | 99.7 | 94.8 | — | — | 93.4 | — | 102.2 | 105.1 | 99.2 | 97.7 | 100.1 | 96.4 | — | — | 97.2 | 96.2 |
| FS | — | 11.9 | 13.7 | 12.9 | — | — | — | — | 15.0 | 8.2 | 14.3 | 12.1 | 15.3 | 14.8 | — | — | 16.5 | 14.9 |
| DC | — | 19.8 | 17.9 | — | — | — | 20.1 | — | 21.6 | 25.4 | 25.1 | — | 17.2 | — | — | — | — | — |
| DN | — | 6.2 | 5.2 | 5.4 | — | — | — | — | 5.7 | 4.9 | 7.0 | 3.1 | 5.3 | 6.7 | — | — | 5.7 | 5.2 |
| DS | — | 10.7 | 9.3 | — | — | — | — | — | 8.1 | 8.2 | 12.3 | — | 9.1 | — | — | — | — | — |
| 32 | 70.0 | 76.0 | 84.7 | 94.0 | — | — | 82.0 | — | 88.8 | 78.3 | 76.7 | 85.0 | 71.3 | 84.0 | — | — | 86.2 | 83.4 |
| ∠g-m FH | 83.0 | 70.3 | 78.0 | 86.8 | — | — | 80.5 | — | 83.0 | 78.0 | 72.5 | 78.0 | 87.0 | 76.5 | — | — | 85.0 | 80.2 |
| ∠g-b FH | 49.9 | 46.0 | 47.0 | 52.0 | — | — | 47.5 | — | 50.0 | 49.6 | 43.5 | 48.0 | 44.8 | 46.0 | — | — | 50.2 | 50.8 |
| 72 | 83.5 | 78.8 | 89.5 | 77.5 | — | — | 81.4 | — | 83.0 | 86.0 | 83.0 | 85.0 | 85.7 | 85.0 | — | — | 78.0 | 80.7 |
| 73 | 85 | 75.7 | 88.7 | 81.0 | — | — | 80.3 | — | 86.8 | 87.2 | 82.0 | 84.0 | 87.0 | 86.8 | — | — | 76.0 | 80.3 |
| 74 | 85.5 | 78.0 | 76.5 | 69.0 | — | — | 82.5 | — | 71.0 | 83.0 | 78.5 | 73.5 | 72.0 | 83.0 | — | — | 81.2 | 81.0 |
| 75 | — | — | 74.0 | 66.0 | — | — | — | — | 75.0 | 68.0 | 71.3 | 67.0 | 73.0 | 69.0 | — | — | — | — |
| 77 | 151.4 | 158.8 | 150.9 | 154.5 | — | — | 148.7 | — | 149.2 | 138.1 | 145.0 | 155.3 | 141.6 | 146.0 | — | — | 142.7 | 148.3 |
| SSA | 127.6 | 131.9 | 124.1 | 130.9 | — | — | 133.0 | — | 130.6 | 122.5 | 129.6 | — | 136.8 | 137.1 | — | — | 121.6 | 130.3 |
| ∠n-pr-ba | 69.9 | 64.2 | 76.0 | 66.8 | — | — | 72.8 | — | 69.4 | 74.3 | 72.5 | 69.0 | 76.3 | 72.1 | — | — | 66.0 | — |
| ∠pr-n-ba | 70.8 | 65.9 | 58.7 | 72.1 | — | — | 68.6 | — | 66.0 | 62.2 | 62.0 | 65.6 | 59.5 | 66.6 | — | — | 72.0 | — |
| ∠n-ba-pr | 39.3 | 49.9 | 45.3 | 41.2 | — | — | 38.6 | — | 44.6 | 43.5 | 45.5 | 45.5 | 44.2 | 41.2 | — | — | 42.0 | — |
| 75（1） | — | — | — | 26.9 | — | — | — | — | — | 19.2 | 20.4 | — | 15.8 | 29.6 | — | — | — | — |
| 8：1 | 85.8 | 86.1 | 78.2 | 83.5 | 76.6 | — | 75.4 | 83.6 | 78.7 | 81.0 | 82.4 | 84.0 | 86.8 | 80.9 | — | — | 82.6 | 73.6 |
| 17：1 | 82.3 | 75.5 | 83.2 | 83.0 | 79.5 | — | 76.6 | — | 79.2 | 80.4 | 74.6 | 79.4 | 81.7 | 74.5 | — | — | 80.4 | 78.1 |
| 17：8 | 95.9 | 87.7 | 106.4 | 99.4 | 103.8 | — | 101.6 | — | 100.7 | 99.3 | 90.6 | 94.5 | 94.2 | 92.1 | — | 84.8 | 97.3 | 106.1 |
| 9：8 | 61.8 | 65.0 | 66.4 | 67.5 | 66.3 | — | 70.4 | 62.1 | 69.6 | 71.5 | 65.2 | 60.3 | 65.6 | 62.9 | — | — | 66.3 | 65.6 |
| 16：7 | 78.6 | 93.0 | 80.8 | 83.8 | — | — | 83.4 | — | 85.6 | 87.4 | 81.2 | 83.8 | 97.2 | 73.6 | 86.6 | 88.2 | 86.4 | 81.5 |
| 40：5 | 96.8 | 97.9 | 89.1 | 103.4 | — | — | 98.7 | — | 98.1 | 92.7 | 98.5 | 99.8 | 89.9 | 97.1 | — | — | 104.1 | 97.9 |
| 48：17sd | 49.6 | 56.7 | 51.9 | 51.1 | — | — | 53.0 | — | 55.0 | 52.6 | 53.8 | 52.8 | 51.9 | 54.8 | — | — | 52.2 | 51.8 |

续附表八

| 马丁号 | M3 | M4 | M6 | M8 | M9 | M10 | M12 | M13 | M18 | M20 | M22 | M26 | M27 | M30 | M31 | M33 | M36 | M37 |
|---|---|---|---|---|---|---|---|---|---|---|---|---|---|---|---|---|---|---|
| 48：45pr | 49.5 | — | 53.3 | — | — | — | 50.6 | — | 54.5 | 51.6 | 51.9 | 53.0 | 50.5 | 51.0 | — | — | — | 52.3 |
| 48：45sd | 51.8 | — | 55.1 | — | — | — | 53.7 | — | 56.4 | 53.1 | 53.5 | 54.5 | 51.5 | 53.8 | — | — | — | 55.7 |
| 48：46pr | 67.0 | 72.2 | 74.2 | 71.4 | — | — | 67.0 | — | 68.5 | — | 72.4 | 77.9 | 67.6 | 69.4 | — | — | 67.2 | 72.8 |
| 48：46sd | 70.1 | 73.8 | 76.8 | 76.4 | — | — | 71.1 | — | 70.8 | — | 74.7 | 80.1 | 69.1 | 73.1 | — | — | 70.2 | 77.5 |
| 54：55 | 60.0 | 49.0 | 47.3 | 56.4 | — | — | 55.1 | — | 53.7 | 48.7 | 53.0 | 51.7 | 41.6 | 52.3 | — | — | 54.3 | 46.1 |
| 52：51 L | 77.9 | 90.8 | 81.1 | 81.6 | — | — | 87.5 | — | 81.1 | 79.0 | 82.3 | 80.4 | 83.8 | 79.0 | — | — | 85.7 | 83.3 |
| 52：51 R | 78.3 | 91.0 | 84.5 | 84.8 | — | — | 86.6 | 87.8 | 78.0 | 79.0 | 85.5 | 76.2 | 83.7 | 77.7 | — | — | 77.0 | 78.8 |
| 52：51a L | — | 97.2 | 86.9 | — | — | — | 93.8 | — | 87.4 | 85.7 | 93.7 | — | 88.6 | — | — | — | — | — |
| 52：51a R | — | 96.3 | 90.4 | — | — | — | 91.6 | — | 83.3 | 85.7 | 92.2 | — | 87.3 | — | — | — | — | — |
| 54：51 R | 70.0 | 64.8 | 63.1 | 69.3 | — | — | 66.5 | — | 67.6 | 58.4 | 67.9 | 60.1 | 57.9 | 65.5 | — | — | 70.3 | 60.7 |
| 54：51a R | — | 68.6 | 67.5 | — | 90.0 | — | 70.3 | — | 72.1 | 63.3 | 73.2 | — | 60.3 | — | — | — | — | — |
| SS：SC | — | 36.0 | 37.4 | 56.8 | — | — | — | 28.2 | 27.3 | 31.1 | 65.3 | — | 16.5 | 59.4 | — | — | 22.9 | 47.5 |
| 63：62 | 94.5 | 86.4 | 88.9 | 81.9 | — | — | — | — | 90.2 | — | 85.7 | — | — | 77.3 | — | — | 81.0 | 77.1 |
| 61：60 | 130.6 | 127.8 | 129.4 | 114.9 | — | — | 117.2 | 121.6 | 130.2 | — | — | 123.0 | 131.0 | 114.2 | — | — | 124.4 | 120.2 |
| 45：(1+8)/2 | 84.8 | — | 87.8 | — | — | — | 86.3 | — | 86.5 | 88.0 | 82.1 | 83.6 | 88.2 | 83.9 | — | — | — | 83.8 |
| 17：(1+8)/2 | 88.6 | 81.1 | 93.4 | 90.4 | — | — | 87.4 | — | 88.7 | 88.9 | 81.8 | 86.3 | 87.5 | 82.4 | — | — | 88.1 | 90.0 |
| 65 | 123.1 | 134.5 | 130.0 | 127.9 | — | — | 117.6 | 121.6 | — | — | 114.5 | 121.7 | 125.7 | 128.8 | 133.5 | 122.3 | 125.7 | 117.0 |
| 66 | 97.6 | 110.9 | 117.1 | — | 50.1 | — | 96.6 | 103.2 | 107.5 | 108.1 | 104.0 | 100.6 | 105.7 | 107.0 | 111.3 | 103.5 | 96.8 | 103.1 |
| 67 | 45.6 | 47.7 | 54.4 | 51.1 | — | — | 45.3 | 45.5 | 50.2 | 45.3 | 42.6 | 43.1 | 49.1 | 48.6 | 50.6 | 45.1 | 50.7 | 48.7 |
| 68 | 65.8 | 58.7 | 70.4 | 68.1 | — | — | 69.2 | 69.1 | 82.2 | 68.6 | 70.9 | 67.0 | 54.3 | 68.4 | 74.9 | 69.0 | 70.3 | 69.4 |
| 68（1） | 97.8 | 96.9 | 99.7 | 109.8 | — | — | 98.7 | 103.8 | 114.7 | 104.7 | 97.4 | 101.3 | 93.7 | 103.2 | 101.2 | 99.8 | 105.1 | 105.7 |
| 69 | 30.2 | 33.0 | 34.3 | 38.1 | 33.5 | — | — | 32.1 | 32.0 | 31.2 | 29.0 | 35.3 | 26.8 | 32.2 | — | 31.9 | 36.1 | 32.0 |
| MBH I L | 30.2 | 24.2 | 30.8 | 35.8 | 29.2 | — | 23.8 | — | 33.6 | 28.1 | 27.0 | 31.3 | 24.1 | 26.0 | 32.6 | 30.0 | 32.7 | 33.8 |
| MBH I R | 30.0 | 24.1 | 31.2 | 36.7 | 27.6 | — | 28.2 | — | 34.1 | 29.0 | 26.9 | 32.7 | 24.3 | 29.1 | 32.2 | 29.2 | 33.3 | 32.6 |
| MBH II L | 28.1 | 27.0 | 29.0 | 32.3 | 28.2 | — | — | 28.1 | 31.2 | 24.0 | 25.4 | 29.4 | 23.6 | 27.7 | 31.7 | 27.0 | 32.3 | 30.9 |

续附表八

| 马丁号 | M3 | M4 | M6 | M8 | M9 | M10 | M12 | M13 | M18 | M20 | M22 | M26 | M27 | M30 | M31 | M33 | M36 | M37 |
|---|---|---|---|---|---|---|---|---|---|---|---|---|---|---|---|---|---|---|
| MBH II R | 28.0 | 29.8 | 29.7 | 32.3 | 27.3 | — | 27.1 | 26.2 | 31.4 | 25.0 | 25.2 | 28.6 | 24.1 | — | 31.2 | 27.2 | 32.0 | 30.1 |
| MBT I L | 11.2 | — | 10.2 | 12.1 | 14.1 | — | 11.1 | 11.1 | 13.8 | 10.3 | 12.7 | 11.2 | 13.1 | 12.6 | 13.1 | 10.0 | 14.7 | 11.9 |
| MBT I R | 11.3 | — | 12.1 | 13.2 | 14.2 | — | 13.1 | 12.3 | 14.2 | 10.0 | 12.5 | 12.6 | 13.1 | 11.2 | 12.3 | 11.1 | 15.3 | 11.1 |
| MBT II L | 14.0 | 17.4 | 13.2 | 14.9 | 17.2 | — | — | 15.4 | 17.0 | 13.5 | 13.0 | 15.7 | 15.2 | 15.1 | 15.8 | 13.7 | 16.9 | 13.9 |
| MBT II R | 14.7 | 16.7 | 14.3 | 15.8 | 18.3 | — | 15.25 | 16.1 | 17.1 | 14.1 | 13.6 | 15.2 | 15.8 | — | 16.3 | 14.3 | 17.0 | 13.1 |
| 70 L | 59.6 | 68.1 | 63.0 | 64.5 | — | — | 64.2 | 59.8 | 66.2 | 58.5 | 56.3 | 69.2 | 65.2 | 64.1 | 66.4 | 71.7 | 72.2 | 70.3 |
| 70 R | 58.2 | 64.7 | 63.0 | — | — | — | 60.2 | 58.2 | 63.7 | 57.7 | 59.8 | 65.1 | 68.2 | 61.1 | 67.5 | 67.8 | 65.6 | 66.3 |
| 71 L | 40.3 | 39.0 | 39.3 | 40.8 | — | — | 40.1 | 44.8 | 43.8 | 40.7 | 41.3 | 42.7 | 40.2 | 44.2 | 43.1 | 40.1 | 43.2 | 47.0 |
| 71 R | 40.4 | 41.0 | — | 42.2 | — | — | 40.1 | 43.1 | 42.3 | 41.6 | 43.6 | 42.4 | 41.1 | 44.8 | 41.6 | — | 45.4 | 46.8 |
| 71a L | 29.6 | 31.3 | 32.3 | 33.8 | — | — | 33.0 | 35.1 | 36.1 | 32.7 | 30.4 | 30.7 | 30.4 | 32.0 | 35.6 | 28.8 | 35.0 | 33.8 |
| 71a R | 29.8 | 30.1 | 32.6 | — | — | — | 33.5 | 32.6 | 36.1 | 33.1 | 33.8 | 29.2 | 30.5 | 32.0 | 34.3 | 27.1 | 38.1 | 32.0 |
| 79 | 124.3 | 121.5 | 116.0 | 125.5 | — | — | 124.0 | 131.5 | 126.5 | 119.0 | 118.3 | 126.0 | 121.0 | 125.7 | 123.0 | 123.5 | 127.0 | 126.0 |
| 68 : 65 | 53.5 | 43.6 | 54.2 | 53.2 | — | — | 58.8 | 56.8 | — | — | 61.9 | 55.1 | 43.2 | 53.1 | 56.1 | 56.4 | 55.9 | 59.3 |
| 71 : 70 L | 67.6 | 57.3 | 62.4 | 63.3 | — | — | 62.5 | 74.9 | 66.2 | 69.6 | 73.3 | 61.7 | 61.6 | 69.0 | 64.9 | 55.9 | 59.8 | 66.9 |
| 71 : 70 R | 69.4 | 63.4 | — | — | — | — | 66.5 | 74.1 | 66.4 | 72.1 | 72.9 | 65.1 | 60.3 | 73.3 | 61.6 | — | 69.2 | 70.6 |
| Bime.bogen | 52.7 | 53.4 | 62.4 | 56.7 | 57.2 | — | 51.8 | 51.0 | 57.1 | 51.7 | 48.2 | 49.8 | 56.2 | 56.8 | 59.7 | 53.9 | 59.8 | 58.9 |

## 附表九　史家河墓地头骨个体测量表（女性及性别不详个体）

（长度：毫米；角度：度；指数：%）

| 马丁号 | M2（女） | M5（女） | M11（女） | M16（女） | M19（女） | M21（女） | M23（女） | M24（女） | M25（女） | M38（不详） |
|---|---|---|---|---|---|---|---|---|---|---|
| 1 | 176.6 | 169.5 | — | 181.4 | 175.3 | — | 175 | 178.8 | — | — |
| 8 | 136.5 | 144.1 | — | 136.8 | 143.7 | 137.5 | 142.8 | 136.6 | — | — |
| 17 | — | 128.3 | — | 141.7 | 132.4 | 129.4 | 141.8 | 140.1 | — | 140.7 |
| 21 | — | 114.7 | — | 117.7 | 114.9 | — | 111 | 117.1 | — | — |
| 9 | — | 95.4 | — | 91.1 | 90.0 | — | 94.38 | 97.1 | — | — |
| 7 | — | 30.6 | — | 38.0 | 33.8 | 34.5 | 37.78 | 38.0 | — | 37.5 |
| 16 | — | 25.1 | — | 31.2 | 29.1 | 26.0 | 29.04 | 28.8 | — | 35.0 |
| 25 | — | 354.9 | — | — | 372.3 | — | 366.5 | 380.8 | — | — |
| 26 | 126.5 | 124.1 | 124.2 | 124.6 | 126.3 | — | 125.5 | 129.4 | — | — |
| 27 | 113.2 | 118.5 | 131.7 | 133.9 | 123.3 | 122.6 | 114.5 | 132.1 | 107.7 | 122.8 |
| 28 | — | 113.2 | — | 111.3 | 120.2 | 106.2 | 126.5 | 116.6 | — | 127.9 |
| 29 | 111.7 | 111.1 | 111.2 | 114.1 | 110.1 | — | 111.63 | 115.0 | — | — |
| 30 | 105.7 | 103.8 | 117.1 | 121.1 | 110.2 | 109.1 | 101.2 | 116.9 | 99.1 | 108.0 |
| 31 | — | 96.7 | — | 98.0 | 97.5 | 92.1 | 108.97 | 102.3 | — | 106.8 |
| 23 | — | 509.9 | — | 514.3 | 505.3 | — | 505 | 512.7 | — | — |
| 24 | — | 329.2 | — | 315.5 | 321.1 | — | 318.5 | 322.5 | — | — |
| 5 | — | 97.1 | — | 104.0 | 94.0 | — | 99.3 | 98.1 | — | — |
| 40 | — | 91.9 | — | 99.9 | 87.1 | — | — | 94.5 | — | — |
| 48 | — | 68.1 | — | 70.0 | 65.1 | — | — | 71.5 | — | — |
| 48 | — | 70.1 | — | 73.9 | 67.1 | — | — | 73.4 | — | — |
| 47 | — | — | — | 111.9 | 111.5 | — | — | 116.2 | — | — |
| 45 | — | 130.3 | — | 134.1 | — | — | — | — | — | — |
| 46 | — | 95.7 | — | 95.3 | 93.1 | — | 94.07 | 100.2 | — | — |
| 46 | — | 93.8 | — | 98.0 | 94.1 | — | 93.56 | 98.9 | — | — |
| 43 | — | 106.2 | — | 103.7 | 97.8 | — | 94.68 | 105.9 | — | — |
| 50 | — | 19.1 | — | 18.1 | 19.1 | — | 17.53 | 20.8 | — | — |
| MH L | — | 46.6 | — | 43.8 | 41.1 | — | 43.31 | 49.2 | — | — |
| MH R | — | 45.3 | — | 43.1 | 41.1 | — | 43.53 | 48.3 | — | — |
| MB L | — | 23.7 | — | 21.2 | 18.8 | — | 28.71 | 26.1 | — | — |
| MB R | — | 24.1 | — | 21.1 | 19.7 | — | 25.2 | 26.1 | — | — |
| 54 | — | 28.8 | — | 28.2 | 26.1 | — | 26.9 | 28.3 | — | — |
| 55 | — | 51.1 | — | 49.7 | 49.7 | — | — | 51.1 | — | — |
| SC | — | 7.6 | — | 9.8 | 8.4 | — | 6.44 | 7.4 | — | — |
| SS | — | 1.9 | — | — | 2.3 | — | 0.50 | 1.9 | — | — |
| O3 | — | 55.4 | — | 58.3 | 55.3 | — | 66.06 | — | — | — |

**续附表九**

| 马丁号 | M2（女） | M5（女） | M11（女） | M16（女） | M19（女） | M21（女） | M23（女） | M24（女） | M25（女） | M38（不详） |
|---|---|---|---|---|---|---|---|---|---|---|
| SR | — | 14.1 | — | — | 17.1 | — | — | — | — | — |
| 51 L | — | 41.6 | — | 43.5 | 40.8 | — | 41.69 | 44.0 | — | — |
| 51 R | — | 42.0 | — | 42.8 | 40.8 | — | 41.74 | 40.7 | — | — |
| 51a L | — | — | — | 40.2 | — | — | 40.54 | 39.9 | — | — |
| 51a R | — | — | — | 39.7 | — | — | 40.80 | 38.5 | — | — |
| 52 L | — | 35.1 | — | 34.7 | 32.2 | — | 35.50 | 33.5 | — | — |
| 52 R | — | 36.4 | — | 34.5 | 32.6 | — | 33.15 | 34.9 | — | — |
| 60 | — | 49.9 | — | 52.0 | 48.6 | — | — | 53.6 | — | 56.7 |
| 61 | — | 58.5 | — | 59.3 | 60.8 | — | 63.63 | 65.9 | — | 65.8 |
| 62 | — | 44.0 | — | 47.3 | 39.9 | — | — | 45.2 | — | 48.7 |
| 63 | — | 39.1 | — | 33.5 | 38.6 | — | 36.49 | 40.3 | — | 37.2 |
| 12 | — | 105.1 | — | 109.1 | 112.0 | 102.1 | 108.78 | 109.1 | 112.0 | 115.3 |
| 11 | — | 128.9 | — | 125.7 | 123.9 | 125.0 | 126.77 | 115.3 | — | — |
| 44 | — | 98.2 | — | 100.4 | 95.1 | — | 94.65 | 101.1 | — | — |
| FC | — | 98.5 | — | 97.4 | 93.8 | — | 94.68 | 97.9 | — | — |
| FS | — | 14.5 | — | 14.5 | 15.8 | — | 13.2 | 15.0 | — | — |
| DC | — | — | — | 20.2 | — | — | 16.91 | 24.0 | — | — |
| DN | — | 4.6 | — | — | 5.65 | — | 4 | 5.2 | — | — |
| DS | — | — | — | — | — | — | 6.5 | 9.9 | — | — |
| 32 | — | 90.4 | — | 80.3 | 91.5 | — | 85.5 | 86.0 | — | — |
| ∠g–m FH | — | 82.0 | — | 74.5 | 89.5 | — | 80 | 81.5 | — | — |
| ∠g–b FH | — | 45.3 | — | 46.5 | 46.2 | — | 43.5 | 46.0 | — | — |
| 72 | — | 87.5 | — | 82.5 | 89.0 | — | — | 80.0 | — | — |
| 73 | — | 88.0 | — | 84.0 | 87.2 | — | — | 80.0 | — | — |
| 74 | — | 83.5 | — | 73.3 | 89.2 | — | — | 84.8 | — | — |
| 75 | — | 81.0 | — | — | 77.8 | — | — | — | — | — |
| 77 | — | 149.9 | — | 150.2 | 138.8 | — | 157.77 | 147.4 | — | — |
| SSA | — | 126.7 | — | 129.4 | — | — | — | 121.2 | — | — |
| ∠ n–pr–ba | — | 71.7 | — | 72.5 | 74.7 | — | — | 70.9 | — | — |
| ∠ pr–n–ba | — | 66.2 | — | 66.3 | 62.9 | — | — | 65.4 | — | — |
| ∠ n–ba–pr | — | 42.2 | — | 41.2 | 42.4 | — | — | 43.6 | — | — |
| 75（1） | — | 11.3 | — | — | 14.0 | — | — | — | — | — |
| 8：1 | 77.3 | 85.0 | — | 75.4 | 82.0 | — | 81.60 | 76.4 | — | — |
| 17：1 | — | 75.7 | — | 78.1 | 75.5 | — | 81.03 | 78.4 | — | — |
| 17：8 | — | 89.0 | — | 103.6 | 92.1 | 94.1 | 99.30 | 102.6 | — | — |
| 9：8 | — | 66.2 | — | 66.6 | 62.6 | — | 66.09 | 71.0 | — | — |

**续附表九**

| 马丁号 | M2（女） | M5（女） | M11（女） | M16（女） | M19（女） | M21（女） | M23（女） | M24（女） | M25（女） | M38（不详） |
|---|---|---|---|---|---|---|---|---|---|---|
| 16：7 | — | 82.0 | — | 81.9 | 86.0 | 75.4 | 76.87 | 75.8 | — | 93.3 |
| 40：5 | — | 94.6 | — | 96.0 | 92.7 | — | — | 96.3 | — | — |
| 48：17sd | — | 54.6 | — | 52.2 | 50.7 | — | — | 52.4 | — | — |
| 48：45pr | — | 52.3 | — | 52.2 | — | — | — | — | — | — |
| 48：45sd | — | 53.8 | — | 55.1 | — | — | — | — | — | — |
| 48：46pr | — | 71.2 | — | 73.5 | 69.9 | — | — | 71.4 | — | — |
| 48：46sd | — | 73.3 | — | 77.5 | 72.1 | — | — | 73.3 | — | — |
| 54：55 | — | 56.4 | — | 56.7 | 52.5 | — | — | 55.4 | — | — |
| 52：51 L | — | 84.4 | — | 79.8 | 78.8 | — | 85.15 | 76.1 | — | — |
| 52：51 R | — | 86.7 | — | 80.6 | 79.9 | — | 79.42 | 85.7 | — | — |
| 52：51a L | — | — | — | 86.4 | — | — | 87.57 | 84.0 | — | — |
| 52：51a R | — | — | — | 86.9 | — | — | 81.25 | 90.6 | — | — |
| 54：51 R | — | 68.6 | — | 65.9 | 64.0 | — | 64.45 | 69.5 | — | — |
| 54：51a R | — | — | — | 71.0 | — | — | 65.93 | 73.5 | — | — |
| SS：SC | — | 25.0 | — | — | 27.4 | — | 7.76 | 25.9 | — | — |
| 63：62 | — | 88.7 | — | 70.9 | 96.6 | — | — | 89.2 | — | 76.4 |
| 61：60 | — | 117.2 | — | 114.1 | 125.1 | — | — | 123.1 | — | 116.0 |
| 45：（1+8）/2 | — | 83.1 | — | 84.3 | — | — | — | — | — | — |
| 17：（1+8）/2 | — | 81.8 | — | 89.1 | 83.0 | — | 89.2 | 88.8 | — | — |
| 65 | — | — | — | 124.5 | 122.0 | — | — | — | — | 132.1 |
| 66 | — | — | — | 105.3 | 96.1 | — | — | — | — | 108.3 |
| 67 | 50.3 | — | — | 49.1 | 48.4 | — | — | 46.1 | — | 45.8 |
| 68 | — | — | — | 70.4 | 63.7 | — | — | — | — | 71.3 |
| 68（1） | — | — | — | 102.1 | 92.1 | — | — | — | — | 103.0 |
| 69 | 34.0 | — | 29.6 | — | 32.3 | — | — | — | — | 37.5 |
| MBH Ⅰ L | 26.0 | — | — | 27.9 | 29.8 | 23.1 | 30.2 | 33.2 | — | 34.5 |
| MBH Ⅰ R | 29.9 | 28.0 | 28.2 | 31.2 | 28.8 | — | — | 33.2 | 28.3 | 34.2 |
| MBH Ⅱ L | — | — | — | 25.5 | 27.9 | 22.7 | 29.9 | 32.5 | — | 31.3 |
| MBH Ⅱ R | 23.4 | 28.1 | 25.4 | 26.2 | 26.8 | — | — | 32.7 | 26.6 | 28.1 |
| MBT Ⅰ L | 13.5 | — | — | 13.8 | 10.6 | 12.1 | 12.1 | 12.7 | — | 12.8 |
| MBT Ⅰ R | 13.6 | 11.9 | 10.2 | 14.3 | 10.2 | — | — | 12.7 | 14.0 | 13.8 |
| MBT Ⅱ L | — | — | — | 15.4 | 13.8 | 14.2 | 15.6 | 16.8 | — | 17.2 |
| MBT Ⅱ R | 15.1 | 16.0 | 11.2 | 16.2 | 13.0 | — | — | 16.6 | 17.6 | 19.3 |
| 70 L | — | — | — | 61.3 | 60.7 | — | 64.2 | 63.9 | — | 70.7 |
| 70 R | — | — | — | 61.7 | 60.1 | — | — | — | — | 67.1 |
| 71 L | — | — | — | — | 35.1 | — | 34.2 | 42.7 | — | 43.0 |

续附表九

| 马丁号 | M2（女） | M5（女） | M11（女） | M16（女） | M19（女） | M21（女） | M23（女） | M24（女） | M25（女） | M38（不详） |
|---|---|---|---|---|---|---|---|---|---|---|
| 71 R | — | 38.1 | — | 40.5 | — | — | — | 42.2 | — | 42.4 |
| 71a L | — | — | — | 35.0 | 27.4 | — | — | 33.0 | — | 35.1 |
| 71a R | — | 31.6 | 33.2 | 34.5 | 29.3 | — | — | 34.0 | — | 34.1 |
| 79 | — | — | — | 124.0 | 125.0 | — | — | — | — | 122.5 |
| 68 : 65 | — | — | — | 56.5 | 52.2 | — | — | — | — | 54.0 |
| 71 : 70 L | — | — | — | — | 57.8 | — | 53.2 | 66.8 | — | 60.8 |
| 71 : 70 R | — | — | — | 65.6 | — | — | — | — | — | 63.2 |
| Bime.bogen | 61.7 | — | — | 57.2 | 55.5 | — | — | 52.8 | — | 50.7 |

附表一〇　史家河墓地肱骨个体测量表（男性）

（长度：毫米；角度：度；指数：%）

| 墓号\项目 | M3 | M4 | M6 | M7（鉴） | M8 | M12 | M13 | M18 | M20 | M22 | M26 | M27 | M28 | M30 | M31 | M33 | M36 | M37 | 平均值 | 标准差 | 最大值 | 最小值 | 例数 |
|---|---|---|---|---|---|---|---|---|---|---|---|---|---|---|---|---|---|---|---|---|---|---|---|
| 肱骨最大长 L | 307.3 | 299.5 | 310.0 | 302.9 | 304.0 | 288.6 | 326.5 | 289.6 | 314.5 | 301.7 | 307.0 | 299.2 | 320.9 | 309.5 | 313.0 | 288.0 | — | — | 305.14 | 10.60 | 326.5 | 288.0 | 16 |
| R | — | 305.0 | 315.0 | 307.3 | 308.8 | 293.0 | 330.7 | 297.0 | 319.2 | 305.0 | 309.0 | 302.8 | 331.0 | 317.4 | 317.0 | 297.0 | 305.2 | 327.1 | 311.03 | 11.16 | 331.0 | 293.0 | 17 |
| 肱骨全长 L | 301.9 | 297.3 | 306.3 | 299.0 | 301.0 | 287.0 | 320.0 | 287.0 | 311.0 | 299.0 | 306.1 | 297.4 | 317.0 | 305.0 | 307.0 | 284.0 | — | — | 301.63 | 9.79 | 320.0 | 284.0 | 16 |
| R | — | 301.2 | 311.8 | 301.5 | 306.0 | 288.8 | 324.0 | 292.0 | 313.0 | 301.0 | 305.7 | 300.4 | 325.3 | 312.0 | 311.5 | 293.8 | 299.4 | 324.9 | 306.61 | 10.79 | 325.3 | 288.8 | 17 |
| 肱骨体最大径 L | 21.0 | 23.5 | 24.9 | 21.4 | 27.5 | 24.8 | 20.6 | 24.0 | 23.1 | 21.8 | 25.2 | 23.7 | 24.3 | 23.6 | 22.3 | 23.6 | 24.5 | 21.0 | 23.38 | 1.73 | 27.5 | 20.6 | 18 |
| R | 21.7 | 23.4 | 25.6 | 23.1 | 24.9 | 23.9 | 21.7 | 24.3 | 23.4 | 23.2 | 25.2 | 23.7 | 25.1 | 24.4 | 23.2 | 24.5 | 24.4 | 22.1 | 23.77 | 1.13 | 25.6 | 21.7 | 18 |
| 肱骨体最小径 L | 15.6 | 16.5 | 19.4 | 17.8 | 21.1 | 15.2 | 16.2 | 17.1 | 18.6 | 14.9 | 19.6 | 16.9 | 19.5 | 19.8 | 17.6 | 18.3 | 17.0 | 14.5 | 17.53 | 1.83 | 21.1 | 14.5 | 18 |
| R | 15.6 | 16.3 | 20.7 | 18.3 | 20.7 | 15.2 | 16.1 | 17.5 | 19.4 | 15.4 | 19.9 | 17.9 | 20.0 | 19.6 | 18.2 | 17.7 | 17.2 | 14.8 | 17.81 | 1.89 | 20.7 | 14.8 | 18 |
| 肱骨最小周长 L | 57.5 | 60.5 | 67.6 | — | 71.0 | 69.0 | 59.0 | 64.0 | 64.0 | 55.0 | 63.4 | 64.0 | 67.5 | 66.4 | 62.0 | 64.0 | 64.0 | 59.0 | 63.41 | 4.12 | 71.0 | 55.0 | 17 |
| R | 58.0 | 61.6 | 69.5 | 65.0 | 69.0 | 67.4 | 60.0 | 63.4 | 63.2 | 58.0 | 62.4 | 63.5 | 70.0 | 65.5 | 64.0 | 64.0 | 66.0 | 58.0 | 63.81 | 3.67 | 70.0 | 58.0 | 18 |
| 肱骨头横径 L | — | 42.6 | 43.9 | — | 44.8 | 38.0 | 42.2 | — | 43.4 | 42.1 | 42.0 | — | 46.2 | — | — | — | — | — | 42.80 | 2.15 | 46.2 | 38.0 | 9 |
| R | — | 43.2 | 46.0 | 43.5 | 45.3 | 38.7 | — | — | 45.8 | 42.7 | — | — | 47.6 | 44.2 | — | — | — | — | 44.10 | 2.56 | 47.6 | 38.7 | 8 |
| 肱骨头矢径 L | — | 46.9 | 48.0 | 43.9 | 48.0 | 41.2 | 46.1 | 41.2 | 44.8 | 43.6 | 48.4 | — | 47.1 | — | 46.0 | — | 46.9 | — | 45.34 | 2.34 | 48.4 | 41.2 | 13 |
| R | — | 46.9 | 49.5 | 45.8 | 48.8 | 40.7 | 45.9 | — | 46.4 | 44.7 | 47.5 | 43.6 | 49.5 | 46.0 | — | — | — | — | 46.32 | 2.33 | 49.5 | 40.7 | 13 |
| 肱骨下端宽 L | 60.1 | 58.5 | 60.9 | 59.8 | 66.2 | 54.8 | 61.7 | 60.1 | 67.9 | 60.3 | 65.7 | 61.4 | 66.9 | — | — | 57.8 | 59.4 | — | 61.43 | 3.56 | 67.9 | 54.8 | 15 |
| R | — | 59.2 | 60.8 | — | — | — | — | 62.3 | 66.5 | 60.4 | 65.2 | 60.4 | 66.0 | — | 59.5 | 58.3 | 57.6 | — | 61.47 | 2.97 | 66.5 | 57.6 | 11 |
| 滑车宽 L | 39.5 | 39.6 | 44.1 | 43.6 | — | 39.0 | 42.1 | — | 44.4 | 43.7 | 43.1 | 41.6 | 47.0 | 43.5 | — | 40.3 | 42.0 | — | 42.39 | 2.17 | 47.0 | 39.0 | 14 |

续附表一〇

| 墓号<br>项目 | M3 | M4 | M6 | M7(盆) | M8 | M12 | M13 | M18 | M20 | M22 | M26 | M27 | M28 | M30 | M31 | M33 | M36 | M37 | 平均值 | 标准差 | 最大值 | 最小值 | 例数 |
|---|---|---|---|---|---|---|---|---|---|---|---|---|---|---|---|---|---|---|---|---|---|---|---|
| 肱骨髁干角 R | — | 38.8 | 44.8 | 42.9 | — | — | — | — | 43.2 | — | 44.0 | 37.7 | 45.3 | 45.5 | — | 40.1 | 42.0 | — | 42.43 | 2.60 | 45.5 | 37.7 | 10 |
| 肱骨髁干角 L | 80.0 | 85.0 | 82.5 | — | 86.0 | 86.5 | 81.0 | 85.0 | 84.0 | 88.0 | 85.0 | 90.0 | 85.0 | 83.5 | — | 83.0 | 82.0 | 87.0 | 84.59 | 2.53 | 90.0 | 80.0 | 16 |
| R | — | 84.5 | 87.0 | 85.0 | 85.0 | — | — | 85.0 | 79.0 | 85.0 | 87.0 | 89.0 | 83.0 | 82.0 | — | 85.0 | 81.0 | 87.0 | 84.61 | 2.55 | 89.0 | 79.0 | 14 |
| 肱骨体横断面指数 L | 74.3 | 70.2 | 77.9 | 83.2 | 76.7 | 61.3 | 78.6 | 71.3 | 80.5 | 68.4 | 77.8 | 71.3 | 80.3 | 83.9 | 78.9 | 77.5 | 69.4 | 69.1 | 75.03 | 5.81 | 83.9 | 61.3 | 18 |
| 肱骨体横断面指数 R | 71.9 | 69.7 | 80.9 | 79.2 | 83.1 | 63.6 | 74.2 | 72.0 | 82.9 | 66.4 | 79.0 | 75.5 | 79.4 | 80.3 | 78.5 | 72.2 | 70.5 | 67.0 | 74.79 | 5.77 | 83.1 | 63.6 | 18 |
| 肱骨粗壮指数 L | 18.7 | 20.2 | 21.8 | — | 23.4 | 23.9 | 18.1 | 22.1 | 20.4 | 18.2 | 20.7 | 21.4 | 21.0 | 21.5 | 19.8 | 22.2 | — | — | 20.89 | 1.67 | 23.9 | 18.1 | 15 |
| 肱骨粗壮指数 R | — | 20.2 | 22.1 | 21.2 | 22.3 | 23.0 | 18.1 | 21.4 | 19.8 | 19.0 | 20.2 | 21.0 | 21.2 | 20.6 | 20.2 | 21.6 | 21.6 | 17.7 | 20.66 | 1.39 | 23.0 | 17.7 | 17 |

附表一一　史家河墓地股骨个体测量表（男性）

（长度：毫米；角度：度；指数：%）

| 墓号<br>项目 | M3 | M4 | M6 | M7（盗） | M8 | M12 | M13 | M18 | M20 | M22 | M26 | M27 | M28 | M30 | M31 | M33 | M36 | M37 | 平均值 | 标准差 | 最大值 | 最小值 | 例数 |
|---|---|---|---|---|---|---|---|---|---|---|---|---|---|---|---|---|---|---|---|---|---|---|---|
| 股骨最大长 L | 425.0 | 448.0 | 443.5 | — | 444.3 | 415.0 | 475.0 | 424.2 | 430.3 | 439.7 | 437.5 | 423.9 | 454.6 | 458.0 | 436.6 | 407.0 | 430.4 | 445.3 | 437.55 | 16.15 | 475.0 | 407.0 | 17 |
| R | 422.4 | 449.0 | 442.0 | 441.0 | 441.0 | 410.4 | 469.6 | 423.0 | 432.2 | 431.0 | 439.08 | 421.7 | 444.7 | 456.2 | — | 405.0 | 435.0 | 448.8 | 436.00 | 15.82 | 469.6 | 405.0 | 17 |
| 股骨全长 L | 421.6 | 443.1 | 440.2 | — | 438.0 | 409.6 | — | 420.8 | 429.0 | 438.4 | 433.1 | 419.0 | 452.8 | 456.0 | 435.2 | 404.3 | 428.8 | 441.8 | 431.98 | 13.86 | 456.0 | 404.3 | 16 |
| R | 420.0 | 444.7 | 437.2 | 438.4 | 438.0 | 407.0 | 466.2 | 419.5 | 429.8 | 424.4 | 435.9 | 419.0 | 442.7 | 455.1 | — | 401.2 | 431.3 | 446.0 | 432.73 | 16.07 | 466.2 | 401.2 | 17 |
| 股骨体上部矢径 L | 24.0 | 25.4 | 27.7 | 27.1 | 27.3 | 23.2 | 25.4 | 26.9 | 27.5 | 23.0 | 26.3 | 24.8 | 30.1 | 29.5 | 24.9 | 25.8 | 26.6 | 25.9 | 26.18 | 1.85 | 30.1 | 23.0 | 18 |
| R | 24.2 | 25.7 | 28.3 | 25.8 | 26.8 | 25.2 | 24.9 | 26.3 | 26.0 | — | 25.6 | 24.2 | 31.8 | 27.8 | 25.3 | 25.4 | 26.7 | 25.7 | 26.22 | 1.75 | 31.8 | 24.2 | 17 |
| 股骨体上部横径 L | 30.0 | 29.9 | 31.0 | 36.5 | 32.5 | 32.9 | 32.9 | 29.2 | 37.1 | 29.9 | 34.4 | 32.5 | 37.9 | 34.7 | 40.4 | 33.0 | 32.6 | 28.6 | 33.11 | 3.15 | 40.4 | 28.6 | 18 |
| R | 33.0 | 30.1 | 29.9 | 33.4 | 33.3 | 35.5 | 34.3 | 32.5 | 36.8 | — | 35.6 | 32.0 | 36.4 | 34.2 | 33.6 | 32.7 | 31.0 | 27.8 | 33.06 | 2.34 | 36.8 | 27.8 | 17 |
| 股骨体中部矢径 L | 30.0 | 29.9 | 33.1 | 30.3 | 31.5 | 25.9 | 33.6 | 28.3 | 32.1 | 25.5 | 30.6 | 31.0 | 32.9 | 31.8 | 30.4 | 29.8 | 32.5 | 31.0 | 30.57 | 2.16 | 33.6 | 25.5 | 18 |
| R | 29.5 | 31.1 | 34.6 | 34.3 | 30.3 | 27.4 | 32.7 | 28.8 | 32.3 | 27.6 | 28.5 | 32.0 | 35.6 | 31.5 | 30.4 | 30.2 | 32.5 | 31.4 | 31.15 | 2.26 | 35.6 | 27.4 | 18 |
| 股骨体中部横径 L | 25.0 | 26.9 | 28.5 | 28.6 | 28.7 | 27.8 | 27.6 | 27.0 | 30.3 | 26.0 | 27.6 | 27.3 | 32.2 | 29.2 | 29.8 | 28.0 | 28.2 | 25.4 | 28.01 | 1.69 | 32.2 | 25.0 | 18 |
| R | 26.0 | 26.8 | 27.7 | 26.6 | 27.3 | 30.4 | 27.8 | 30.7 | 28.9 | 22.0 | 27.8 | 27.2 | 30.2 | 28.8 | 28.7 | 28.3 | 26.9 | 24.6 | 27.59 | 2.03 | 30.7 | 22.0 | 18 |
| 股骨体中部周长 L | 89.0 | 88.6 | 95.5 | 92.0 | 92.2 | 84.0 | 97.0 | 88.0 | 97.0 | 81.0 | 90.0 | 91.0 | 99.9 | 97.0 | 94.0 | 88.5 | 91.7 | 88.6 | 91.39 | 4.70 | 99.9 | 81.0 | 18 |
| R | 88.0 | 91.0 | 98.0 | 95.0 | 88.0 | 91.0 | 94.4 | 94.0 | 99.6 | 79.7 | 88.0 | 91.6 | 103.2 | 95.0 | 93.0 | 88.0 | 90.5 | 88.8 | 92.04 | 5.15 | 103.2 | 79.7 | 18 |
| 股骨头垂直径 L | — | — | 48.7 | — | 48.1 | 42.1 | 50.2 | 43.9 | 48.3 | 44.8 | 47.7 | — | 51.2 | 48.2 | 48.4 | — | — | — | 47.42 | 2.60 | 51.2 | 42.1 | 11 |

续附表——

| 项目 | 侧 | M3 | M4 | M6 | M7(盗) | M8 | M12 | M13 | M18 | M20 | M22 | M26 | M27 | M28 | M30 | M31 | M33 | M36 | M37 | 平均值 | 标准差 | 最大值 | 最小值 | 例数 |
|---|---|---|---|---|---|---|---|---|---|---|---|---|---|---|---|---|---|---|---|---|---|---|---|---|
| 股骨头矢径 | R | — | 47.0 | 49.6 | 48.4 | — | 42.5 | 48.2 | 43.8 | 47.9 | 47.0 | 52.6 | — | 51.1 | 47.3 | — | 45.1 | — | 45.9 | 47.42 | 2.66 | 52.6 | 42.5 | 13 |
| 股骨头矢径 | L | — | — | 48.3 | — | — | 41.9 | 51.5 | 43.2 | 48.3 | 44.3 | — | — | 50.6 | 47.9 | 48.2 | — | — | — | 47.13 | 3.10 | 51.5 | 41.9 | 9 |
| 股骨头横径 | R | — | 46.5 | 49.5 | — | — | 42.2 | 48.0 | 43.5 | 47.5 | 45.5 | 52.4 | — | 50.4 | 47.5 | 48.5 | — | — | — | 47.41 | 2.81 | 52.4 | 42.2 | 11 |
| 股骨下端宽 | R | — | 78.0 | 83.8 | 81.8 | — | 72.0 | — | — | 83.0 | 73.1 | — | 78.3 | 86.0 | — | 80.6 | — | — | — | 79.62 | 4.48 | 86.0 | 72.0 | 9 |
| 股骨下端宽 | L | — | 80.0 | 83.2 | 82.0 | — | 73.0 | 81.4 | — | 82.8 | — | 84.8 | 78.5 | 87.4 | 85.7 | — | — | — | 75.0 | 81.25 | 4.19 | 87.4 | 73.0 | 11 |
| 股骨颈干角 | R | 125.0 | 136.0 | 137.0 | — | — | 136.0 | 130.0 | 136.0 | 126.0 | — | — | — | 135.0 | 134.0 | 130.0 | 136.0 | 125.0 | 132.0 | 132.15 | 4.33 | 137.0 | 125.0 | 13 |
| 股骨颈干角 | L | 124.0 | 132.5 | 130.5 | 130.0 | — | 136.0 | 127.5 | 137.0 | 123.0 | — | — | — | 132.5 | 131.0 | 122.0 | 137.0 | 127.0 | 133.0 | 130.21 | 4.78 | 137.0 | 122.0 | 14 |
| 股骨长厚指数 | R | 21.1 | 20.0 | 21.7 | — | 21.1 | 20.5 | — | 20.9 | 22.6 | — | — | — | 22.1 | 21.3 | 21.6 | 21.9 | 21.4 | 20.1 | 21.25 | 0.73 | 22.6 | 20.0 | 13 |
| 股骨长厚指数 | L | 21.0 | 20.5 | 22.4 | 21.7 | 20.1 | 22.4 | 20.3 | 22.4 | 23.2 | — | — | — | 23.3 | 20.9 | — | 21.9 | 21.0 | 19.9 | 21.50 | 1.09 | 23.3 | 19.9 | 14 |
| 股骨粗壮指数 | R | 13.1 | 12.8 | 14.0 | — | 13.7 | 13.1 | — | 13.1 | 14.6 | — | — | — | 14.4 | 13.4 | 13.8 | 14.3 | 14.2 | 12.8 | 13.64 | 0.60 | 14.6 | 12.8 | 13 |
| 股骨粗壮指数 | L | 13.2 | 13.0 | 14.3 | 13.9 | 13.2 | 14.2 | 13.0 | 14.2 | 14.2 | — | — | — | 14.9 | 13.3 | — | 14.6 | 13.8 | 12.6 | 13.74 | 0.67 | 14.9 | 12.6 | 14 |
| 肱股指数 | R | 72.9 | 67.6 | 70.4 | 70.1 | 69.4 | 70.5 | — | 68.8 | 73.3 | 68.8 | 70.9 | 71.4 | 70.9 | 67.9 | 71.9 | 71.2 | 70.8 | — | 70.42 | 1.67 | 73.3 | 67.6 | 14 |
| 肱股指数 | L | — | 68.6 | 72.1 | 74.3 | 70.5 | 72.0 | 70.9 | 70.8 | 74.3 | 71.9 | 70.9 | 72.3 | 74.8 | 69.7 | — | 73.0 | — | 73.3 | 71.63 | 1.61 | 74.8 | 68.6 | 16 |
| 股骨扁平指数 | R | 80.0 | 85.0 | 89.4 | 77.3 | 84.0 | 70.5 | 77.2 | 92.1 | 73.6 | 76.9 | 76.5 | 76.3 | 79.4 | 85.0 | 61.6 | 78.2 | 81.6 | 90.6 | 79.57 | 7.31 | 92.1 | 61.6 | 18 |
| 股骨扁平指数 | L | 73.3 | 85.4 | 94.7 | 80.5 | 80.5 | 71.0 | 72.6 | 80.9 | 70.7 | — | 71.9 | 75.6 | 87.4 | 81.3 | 75.3 | 77.7 | 86.1 | 92.5 | 79.66 | 7.20 | 94.7 | 70.7 | 17 |
| 股骨嵴指数 | R | 120.0 | 111.2 | 116.1 | 105.9 | 109.8 | 93.2 | 121.7 | 104.8 | 105.9 | 98.1 | 110.9 | 113.6 | 102.2 | 108.9 | 102.0 | 106.4 | 115.2 | 122.0 | 109.33 | 7.73 | 122.0 | 93.2 | 18 |
| 股骨嵴指数 | L | 113.5 | 116.0 | 124.9 | 128.9 | 111.0 | 90.1 | 117.6 | 93.8 | 111.8 | 125.5 | 102.5 | 117.6 | 117.9 | 109.4 | 105.9 | 106.7 | 120.8 | 127.6 | 113.42 | 10.56 | 128.9 | 90.1 | 18 |

附表一二　史家河墓地胫骨个体测量表（男性）

（长度：毫米；指数：%）

| 墓号 项目 | M3 | M4 | M6 | M7（盗） | M8 | M12 | M13 | M18 | M20 | M22 | M26 | M27 | M28 | M30 | M31 | M33 | M36 | M37 | 平均值 | 标准差 | 最大值 | 最小值 | 例数 |
|---|---|---|---|---|---|---|---|---|---|---|---|---|---|---|---|---|---|---|---|---|---|---|---|
| 胫骨最大长 L | 353.2 | — | 349.7 | 345.0 | — | 327.0 | — | 344.0 | 377.5 | 381.0 | 351.0 | 340.2 | 379.0 | 373.0 | 352.1 | 345.4 | 357.7 | 364.0 | 355.99 | 15.34 | 381.0 | 327.0 | 15 |
| R | 353.0 | 358.7 | 347.0 | 346.6 | 343.6 | 332.0 | 384.0 | — | 383.2 | 358.5 | 346.0 | 340.1 | 380.0 | 374.0 | — | 344.0 | 361.4 | 365.4 | 357.34 | 15.67 | 384.0 | 332.0 | 16 |
| 胫骨全长 L | 347.3 | — | 343.0 | 336.0 | — | 321.0 | — | 333.0 | 365.5 | 375.6 | 341.6 | 334.3 | 371.4 | 363.0 | 346.0 | 337.4 | 349.0 | 359.1 | 348.48 | 15.46 | 375.6 | 321.0 | 15 |
| R | 350.0 | 354.2 | 339.2 | 341.0 | 340.0 | 325.0 | 376.0 | — | 376.0 | 350.9 | 339.1 | 334.0 | 374.0 | 364.0 | — | 336.0 | 353.0 | 358.9 | 350.71 | 15.24 | 376.0 | 325.0 | 16 |
| 胫骨生理长 L | 328.0 | 336.2 | 326.3 | 315.0 | — | 303.0 | — | 309.0 | 352.0 | 346.0 | 320.0 | 310.0 | 355.0 | 344.0 | 325.5 | 319.0 | 332.0 | 336.0 | 328.56 | 15.13 | 355.0 | 303.0 | 16 |
| R | 331.0 | 336.0 | 323.3 | 323.0 | 319.0 | 306.0 | 356.0 | 315.0 | 358.0 | 334.0 | 320.0 | 315.0 | 355.0 | 346.0 | 324.0 | 318.0 | 337.0 | 344.0 | 331.13 | 15.16 | 358.0 | 306.0 | 18 |
| 胫骨体最小周长 L | 76.0 | 77.0 | 80.0 | 83.5 | 82.0 | 69.0 | 79.0 | 73.8 | 77.0 | 104.0 | 75.0 | 78.6 | 87.0 | 81.8 | 78.0 | 80.0 | 76.0 | 69.0 | 79.26 | 7.44 | 104.0 | 69.0 | 18 |
| R | 77.0 | 76.7 | 82.8 | 84.0 | 81.9 | 71.0 | 78.0 | 72.2 | 78.0 | 71.8 | 76.0 | 77.0 | 93.0 | 82.0 | 77.0 | 78.5 | 75.5 | 68.4 | 77.82 | 5.49 | 93.0 | 68.4 | 18 |
| 胫骨体中部最大径 L | 34.3 | 32.0 | 33.4 | 35.9 | 33.1 | 29.2 | 34.6 | 28.9 | 35.1 | 29.2 | 30.4 | 31.1 | 35.6 | 32.7 | 33.4 | 31.6 | 30.0 | 31.3 | 32.32 | 2.20 | 35.9 | 28.9 | 18 |
| R | 34.3 | 31.0 | 34.2 | 36.5 | 32.6 | 30.2 | 33.7 | 29.9 | 33.9 | 30.1 | 30.4 | 31.0 | 35.6 | 32.5 | 32.6 | 31.7 | 31.3 | 30.4 | 32.33 | 1.94 | 36.5 | 29.9 | 18 |
| 胫骨体中部横径 L | 21.6 | 21.6 | 25.5 | 23.9 | 22.9 | 19.3 | 21.1 | 21.0 | 20.0 | 23.5 | 21.4 | 23.7 | 25.1 | 29.6 | 23.2 | 23.0 | 22.6 | 19.8 | 22.71 | 2.37 | 29.6 | 19.3 | 18 |
| R | 21.3 | 21.8 | 25.9 | 23.4 | 23.5 | 21.0 | 21.0 | 21.4 | 22.5 | 21.4 | 21.0 | 23.8 | 30.2 | 26.6 | 21.7 | 21.9 | 22.0 | 18.6 | 22.72 | 2.56 | 30.2 | 18.6 | 18 |
| 滋养孔处矢径 L | 36.8 | 35.1 | 35.8 | 40.5 | 34.0 | 31.7 | 38.0 | 34.4 | 36.9 | 32.3 | 34.6 | 35.0 | 41.0 | 38.5 | 34.2 | 35.9 | 37.1 | 34.4 | 35.90 | 2.43 | 41.0 | 31.7 | 18 |
| R | 37.1 | 34.2 | 37.7 | 40.9 | 42.4 | 33.8 | 38.3 | 36.4 | 39.0 | 32.9 | 35.4 | 36.3 | 42.4 | 38.3 | 36.0 | 36.6 | 37.7 | 32.8 | 37.12 | 2.78 | 42.4 | 32.8 | 18 |
| 滋养孔处横径 L | 22.0 | 23.1 | 26.3 | 23.8 | 25.9 | 21.7 | 24.4 | 23.0 | 21.4 | 23.0 | 25.0 | 25.0 | 27.4 | 27.4 | 23.4 | 25.9 | 27.5 | 21.1 | 24.29 | 2.06 | 27.5 | 21.1 | 18 |
| R | 20.8 | 23.1 | 27.8 | 23.3 | 25.7 | 22.6 | 25.6 | 22.0 | 21.4 | 22.4 | 26.1 | 25.1 | 30.4 | 28.8 | 24.4 | 25.0 | 27.1 | 19.7 | 24.52 | 2.80 | 30.4 | 19.7 | 18 |
| 胫骨上端宽 L | — | — | 78.6 | 77.0 | — | 64.2 | 77.0 | — | 79.9 | 72.0 | 80.7 | 75.0 | 82.3 | 78.6 | 78.2 | — | — | — | 76.68 | 4.75 | 82.3 | 64.2 | 11 |

续附表一一

| 项目 | M3 | M4 | M6 | M7（盗） | M8 | M12 | M13 | M18 | M20 | M22 | M26 | M27 | M28 | M30 | M31 | M33 | M36 | M37 | 平均值 | 标准差 | 最大值 | 最小值 | 例数 |
|---|---|---|---|---|---|---|---|---|---|---|---|---|---|---|---|---|---|---|---|---|---|---|---|
| 胫骨下端宽 R | — | 75.5 | 79.3 | 77.0 | — | 68.0 | 76.4 | — | 77.4 | — | 79.0 | 74.8 | 83.0 | 81.0 | — | — | — | — | 77.14 | 3.87 | 83.0 | 68.0 | 10 |
| 胫骨下端宽 L | 51.8 | — | 53.1 | — | — | — | 53.1 | — | 53.0 | 57.0 | — | — | 57.0 | 56.3 | — | — | 53.8 | 49.1 | 53.80 | 2.46 | 57.0 | 49.1 | 9 |
| 胫骨指数 R | 52.4 | 51.3 | 54.0 | 51.4 | — | 46.4 | 52.8 | 53.1 | 51.0 | 49.0 | — | 49.5 | 58.0 | 56.8 | — | — | 50.9 | 46.4 | 51.64 | 3.21 | 58.0 | 46.4 | 14 |
| 胫骨指数 L | 59.8 | 65.8 | 73.5 | 58.8 | 76.2 | 68.5 | 64.2 | 66.9 | 58.0 | 71.2 | 72.3 | 71.4 | 66.8 | 71.2 | 68.4 | 72.1 | 74.1 | 61.3 | 67.81 | 5.38 | 76.2 | 58.0 | 18 |
| 胫骨·中部断面指数 R | 56.1 | 67.5 | 73.7 | 57.0 | 60.6 | 66.9 | 66.8 | 60.4 | 54.9 | 68.1 | 73.7 | 69.2 | 71.7 | 75.2 | 67.8 | 68.3 | 71.9 | 60.1 | 66.11 | 6.21 | 75.2 | 54.9 | 18 |
| 胫骨·中部断面指数 L | 63.0 | 67.5 | 76.4 | 66.6 | 69.2 | 66.1 | 61.0 | 72.7 | 57.0 | 80.5 | 70.4 | 76.2 | 70.5 | 90.5 | 69.5 | 72.8 | 75.3 | 63.3 | 70.47 | 7.55 | 90.5 | 57.0 | 18 |
| | 62.1 | 70.3 | 75.7 | 64.1 | 72.1 | 69.5 | 62.3 | 71.6 | 66.4 | 71.1 | 69.1 | 76.8 | 84.8 | 81.9 | 66.6 | 69.1 | 70.3 | 61.2 | 70.28 | 6.27 | 84.8 | 61.2 | 18 |
| 胫骨长厚指数 R | 21.9 | — | 23.3 | 24.9 | — | 21.5 | — | 22.2 | 20.8 | 27.7 | 22.0 | 23.5 | 23.4 | 22.5 | 22.5 | 23.7 | 21.8 | 19.2 | 22.73 | 1.86 | 27.7 | 19.2 | 15 |
| 胫骨长厚指数 L | 22.0 | 21.7 | 24.4 | 24.6 | 24.1 | 21.9 | 20.7 | — | 20.7 | 20.5 | 22.4 | 23.1 | 24.9 | 22.5 | — | 23.4 | 21.4 | 19.1 | 22.34 | 1.61 | 24.9 | 19.1 | 16 |
| 胫股指数 L | 77.8 | 75.9 | 74.1 | — | — | 74.0 | — | 73.4 | 82.1 | 78.9 | 73.9 | 74.0 | 78.4 | 75.4 | 74.8 | 78.9 | 77.4 | 76.1 | 76.34 | 2.42 | 82.1 | 73.4 | 15 |
| 胫股指数 R | 78.8 | 75.6 | 74.0 | 73.7 | 72.8 | 75.2 | 76.4 | 75.1 | 83.3 | 78.7 | 73.4 | 75.2 | 80.2 | 76.0 | — | 79.3 | 78.1 | 77.1 | 76.64 | 2.70 | 83.3 | 72.8 | 17 |

附表一三　史家河墓地尺骨个体测量表（男性）

（长度：毫米）

| 项目＼墓号 | M3 | M4 | M6 | M8 | M12 | M13 | M20 | M22 | M26 | M28 | M30 | M31 | M33 | M36 | M37 | 平均值 | 标准差 | 最大值 | 最小值 | 例数 |
|---|---|---|---|---|---|---|---|---|---|---|---|---|---|---|---|---|---|---|---|---|
| 尺骨最大长 L | — | — | 257.0 | 248.0 | 241.0 | 278.3 | 269.8 | 258.0 | 270.7 | 276.0 | — | — | 246.9 | 254.0 | — | 259.97 | 12.36 | 278.3 | 241.0 | 10 |
| R | 253.8 | 253.1 | 258.0 | 247.9 | — | 281.1 | — | 260.0 | 268.0 | 276.0 | 270.4 | — | 239.3 | 255.8 | 255.3 | 259.89 | 11.47 | 281.1 | 239.3 | 12 |
| 尺骨生理长 L | — | 221.4 | 222.4 | 209.0 | 207.4 | 242.4 | 236.5 | 221.6 | 237.4 | 239.8 | — | 226.0 | 213.8 | 218.6 | 218.0 | 224.18 | 11.14 | 242.4 | 207.4 | 13 |
| R | 228.0 | 220.5 | 224.3 | 211.6 | 212.1 | 243.8 | — | 228.2 | 237.0 | 242.1 | 238.4 | 227.5 | 216.0 | 219.3 | 218.0 | 226.20 | 10.36 | 243.8 | 211.6 | 14 |
| 尺骨骨干矢径 L | 12.1 | 13.2 | 16.9 | 14.2 | 12.7 | 13.1 | 15.5 | 13.5 | 16.3 | 15.1 | 14.4 | 14.6 | 13.0 | 13.6 | 12.8 | 14.07 | 1.35 | 16.9 | 12.1 | 15 |
| R | 13.9 | 12.0 | 17.0 | 13.8 | 13.5 | 13.8 | 14.1 | 13.3 | 14.5 | 14.3 | 15.0 | 14.5 | 13.4 | 13.2 | 12.9 | 13.95 | 1.08 | 17.0 | 12.0 | 15 |
| 尺骨骨干横径 L | 15.9 | 17.7 | 16.3 | 17.3 | 13.8 | 16.5 | 16.0 | 14.0 | 16.5 | 18.1 | 16.5 | 15.3 | 15.4 | 14.3 | 14.0 | 15.84 | 1.32 | 18.1 | 13.8 | 15 |
| R | 14.9 | 17.7 | 16.7 | 17.5 | 13.5 | 18.1 | 17.3 | 15.2 | 15.4 | 18.5 | 18.0 | 15.8 | 15.5 | 14.8 | 15.0 | 16.26 | 1.46 | 18.5 | 13.5 | 15 |

附表一四　史家河墓地桡骨个体测量表（男性）

（长度：毫米；指数：%）

| 项目＼墓号 | M3 | M4 | M6 | M8 | M12 | M13 | M18 | M20 | M22 | M26 | M27 | M28 | M30 | M31 | M33 | M36 | M37 | 平均值 | 标准差 | 最大值 | 最小值 | 例数 |
|---|---|---|---|---|---|---|---|---|---|---|---|---|---|---|---|---|---|---|---|---|---|---|
| 桡骨最大长 L | — | 236.6 | 235.6 | 232.4 | — | — | 221.3 | 250.3 | 237.0 | 255.0 | — | 251.3 | 251.6 | — | 233.0 | 236.0 | 237.0 | 239.76 | 9.64 | 255.0 | 221.3 | 12 |
| R | 242.0 | 236.2 | 242.3 | 234.2 | — | 265.0 | — | 254.0 | 241.9 | 256.5 | 232.0 | 257.0 | 253.0 | — | 236.0 | 234.0 | 239.0 | 244.51 | 10.16 | 265.0 | 232.0 | 14 |
| 桡骨生理长 L | — | 218.2 | 220.5 | 216.0 | — | — | 207.1 | 236.0 | 221.2 | 236.4 | — | 233.8 | 237.0 | 224.3 | 219.8 | 219.8 | 219.4 | 223.77 | 9.23 | 237.0 | 207.1 | 12 |
| R | 225.3 | 219.0 | 224.0 | 217.0 | 215.0 | 246.7 | — | 238.4 | 225.8 | 235.3 | 216.5 | 238.7 | 239.0 | — | 220.0 | 218.0 | 223.0 | 226.63 | 9.52 | 246.7 | 215.0 | 16 |
| 桡骨骨干横径 L | — | 15.9 | 16.6 | 18.5 | 17.3 | 15.7 | 18.3 | 17.5 | 13.6 | 19.2 | 16.9 | 19.4 | 17.6 | 17.0 | 16.0 | 15.6 | 15.0 | 16.88 | 1.51 | 19.4 | 13.6 | 16 |
| R | 16.7 | 16.8 | 18.6 | 18.9 | 17.9 | 16.2 | 20.0 | 17.7 | 15.8 | 19.1 | 17.7 | 20.0 | 18.8 | 15.8 | 17.6 | 15.6 | 13.9 | 17.48 | 1.63 | 20.0 | 13.9 | 17 |
| 桡骨骨干矢径 L | — | 12.2 | 13.2 | 13.3 | 11.8 | 11.5 | 11.1 | 12.3 | 11.1 | 11.8 | 12.1 | 14.3 | 13.0 | 12.8 | 12.0 | 11.6 | 10.5 | 12.16 | 0.94 | 14.3 | 10.5 | 16 |
| R | 12.2 | 11.9 | 13.8 | 14.3 | 12.1 | 11.4 | 10.6 | 11.8 | 10.2 | 12.7 | 12.7 | 13.3 | 12.7 | 12.1 | 13.3 | 11.7 | 10.6 | 12.20 | 1.10 | 14.3 | 10.2 | 17 |
| 桡肱指数 L | — | 79.0 | 76.0 | 76.5 | — | — | 76.4 | 79.6 | 78.6 | 83.1 | — | 78.3 | 81.3 | — | 80.9 | — | — | 78.97 | 2.21 | 83.1 | 76.0 | 10 |
| R | — | 77.4 | 76.9 | 75.8 | — | 80.1 | — | 79.6 | 79.3 | 83.0 | 76.6 | 77.6 | 79.7 | — | 79.5 | 76.7 | 73.1 | 78.10 | 2.37 | 83.0 | 73.1 | 13 |

## 附表一五　史家河墓地肱骨个体测量表（女性）

（长度：毫米；角度：度；指数：%）

| 项目＼墓号 | M16 | M19 | M21 | M23 | M24 | M29 | 平均值 | 标准差 | 最大值 | 最小值 | 例数 |
|---|---|---|---|---|---|---|---|---|---|---|---|
| 肱骨最大长 L | — | 296.4 | 283.0 | — | 289.7 | — | 289.70 | 5.47 | 296.4 | 283.0 | 3 |
| R | 299.0 | 301.4 | — | 319.0 | — | 279.0 | 299.60 | 14.18 | 319.0 | 279.0 | 4 |
| 肱骨全长 L | — | 292.8 | 279.0 | — | 286.4 | — | 286.07 | 5.64 | 292.8 | 279.0 | 3 |
| R | 294.9 | 296.2 | — | 314.0 | — | 276.0 | 295.28 | 13.45 | 314.0 | 276.0 | 4 |
| 肱骨体中部最大径 L | 20.5 | 20.0 | 20.2 | — | 22.5 | 21.9 | 21.02 | 0.99 | 22.5 | 20.0 | 5 |
| R | 21.5 | 18.9 | — | 19.0 | — | 21.8 | 20.30 | 1.35 | 21.8 | 18.9 | 4 |
| 肱骨体中部最小径 L | 15.9 | 16.1 | 15.0 | — | 16.5 | 17.0 | 16.10 | 0.67 | 17.0 | 15.0 | 5 |
| R | 16.0 | 15.7 | — | 12.8 | — | 16.6 | 15.28 | 1.47 | 16.6 | 12.8 | 4 |
| 肱骨体最小周长 L | 54.6 | 54.0 | 54.6 | 50.0 | 59.0 | 59.0 | 55.20 | 3.11 | 59.0 | 50.0 | 6 |
| R | 57.4 | 52.0 | — | 51.0 | — | 57.8 | 54.55 | 3.07 | 57.8 | 51.0 | 4 |
| 肱骨头横径 L | — | 36.7 | 35.9 | — | 36.4 | — | 36.33 | 0.33 | 36.7 | 35.9 | 3 |
| R | — | — | — | 40.1 | — | — | 40.10 | 0.00 | 40.1 | 40.1 | 1 |
| 肱骨头矢径 L | — | 40.4 | 41.2 | — | 39.3 | — | 40.30 | 0.78 | 41.2 | 39.3 | 3 |
| R | 43.3 | 39.5 | — | 44.4 | — | — | 42.40 | 2.10 | 44.4 | 39.5 | 3 |
| 肱骨下端宽 L | — | 50.9 | 54.6 | 51.1 | — | — | 52.20 | 1.70 | 54.6 | 50.9 | 3 |
| R | 56.9 | — | — | — | — | — | 56.90 | 0.00 | 56.9 | 56.9 | 1 |
| 滑车宽 L | — | 39.1 | — | 38.3 | — | — | 38.70 | 0.40 | 39.1 | 38.3 | 2 |
| R | — | — | — | — | — | — | — | — | — | — | — |
| 肱骨髁干角 L | — | 84.0 | — | — | — | — | 84.00 | 0.00 | 84.0 | 84.0 | 1 |
| R | — | 82.0 | — | 81.0 | — | — | 81.50 | 0.50 | 82.0 | 81.0 | 2 |
| 肱骨体横断面指数 L | 77.6 | 80.5 | 74.3 | — | 73.3 | 77.6 | 76.66 | 2.58 | 80.5 | 73.3 | 5 |
| R | 74.4 | 83.1 | — | 67.4 | — | 76.2 | 75.28 | 5.58 | 83.1 | 67.4 | 4 |
| 肱骨粗壮指数 L | — | 18.2 | 19.3 | — | 20.4 | — | 19.30 | 0.88 | 20.4 | 18.2 | 3 |
| R | 19.2 | 17.3 | — | 16.0 | — | 20.7 | 18.30 | 1.81 | 20.7 | 16.0 | 4 |

## 附表一六　史家河墓地股骨个体测量表（女性）

（长度：毫米；角度：度；指数：%）

| 项目 ＼ 墓号 | M16 | M19 | M23 | M24 | M29 | 平均值 | 标准差 | 最大值 | 最小值 | 例数 |
|---|---|---|---|---|---|---|---|---|---|---|
| 股骨最大长 L | 423.1 | 409.8 | 455.0 | — | — | 429.30 | 18.97 | 455.0 | 409.8 | 3 |
| R | 421.5 | 409.5 | 457.5 | 417.9 | 407.0 | 422.68 | 18.20 | 457.5 | 407.0 | 5 |
| 股骨全长 L | 420.0 | 408.2 | 445.0 | — | — | 424.40 | 15.34 | 445.0 | 408.2 | 3 |
| R | 415.0 | 408.0 | 451.6 | 411.0 | 402.8 | 417.68 | 17.42 | 451.6 | 402.8 | 5 |
| 股骨体上部矢径 L | 24.3 | 24.9 | 21.9 | 22.6 | 22.3 | 23.20 | 1.18 | 24.9 | 21.9 | 5 |
| R | 23.4 | 23.2 | 22.6 | 23.0 | 22.3 | 22.90 | 0.40 | 23.4 | 22.3 | 5 |
| 股骨体上部横径 L | 30.8 | 32.3 | 29.6 | 30.7 | 30.5 | 30.78 | 0.87 | 32.3 | 29.6 | 5 |
| R | 31.3 | 33.0 | 30.4 | 30.8 | 31.0 | 31.30 | 0.90 | 33.0 | 30.4 | 5 |
| 股骨体中部矢径 L | 27.0 | 25.5 | 28.2 | 25.9 | 24.9 | 26.30 | 1.17 | 28.2 | 24.9 | 5 |
| R | 26.5 | 29.2 | 27.7 | 27.6 | 24.4 | 27.08 | 1.59 | 29.2 | 24.4 | 5 |
| 股骨体中部横径 L | 25.7 | 28.7 | 25.4 | 26.5 | 24.8 | 26.22 | 1.36 | 28.7 | 24.8 | 5 |
| R | 25.3 | 27.4 | 25.7 | 26.9 | 23.7 | 25.80 | 1.30 | 27.4 | 23.7 | 5 |
| 股骨体中部周长 L | 82.7 | 87.0 | 81.7 | 84.0 | 77.0 | 82.48 | 3.27 | 87.0 | 77.0 | 5 |
| R | 80.9 | 86.4 | 81.0 | 84.3 | 76.0 | 81.72 | 3.53 | 86.4 | 76.0 | 5 |
| 股骨头垂直径 L | — | 42.3 | 45.6 | — | 41.3 | 43.07 | 1.84 | 45.6 | 41.3 | 3 |
| R | — | 42.0 | 45.2 | 42.1 | 40.8 | 42.53 | 1.63 | 45.2 | 40.8 | 4 |
| 股骨头矢径 L | — | 42.2 | 45.2 | — | — | 43.70 | 1.50 | 45.2 | 42.2 | 2 |
| R | — | 42.0 | 45.2 | 42.4 | 40.2 | 42.45 | 1.79 | 45.2 | 40.2 | 4 |
| 股骨下端宽 L | — | 71.6 | 75.1 | 70.5 | — | 72.40 | 1.96 | 75.1 | 70.5 | 3 |
| R | 76.7 | 70.0 | 76.0 | 71.6 | — | 73.58 | 2.84 | 76.7 | 70.0 | 4 |
| 股骨颈干角 L | 130.0 | 127.0 | 138.0 | — | — | 131.67 | 4.64 | 138.0 | 127.0 | 3 |
| R | 125.0 | 131.0 | 136.0 | 135.0 | 125.0 | 130.40 | 4.72 | 136.0 | 125.0 | 5 |
| 股骨长厚指数 L | 19.7 | 21.3 | 18.4 | — | — | 19.80 | 1.21 | 21.3 | 18.4 | 3 |
| R | 19.5 | 21.2 | 17.9 | 20.5 | 18.9 | 19.60 | 1.15 | 21.2 | 17.9 | 5 |
| 股骨粗壮指数 L | 12.6 | 13.3 | 12.0 | 13.3 | — | 12.80 | 0.52 | 13.3 | 12.0 | 4 |
| R | 12.5 | 13.9 | 11.8 | — | 11.9 | 12.53 | 0.81 | 13.9 | 11.8 | 4 |
| 肱股指数 L | — | 72.6 | — | — | — | 72.60 | 0.00 | 72.6 | 72.6 | 1 |
| R | 72.1 | 73.9 | 70.6 | — | 69.3 | 71.48 | 1.70 | 73.9 | 69.3 | 4 |
| 股骨扁平指数 L | 78.9 | 77.1 | 74.0 | 73.6 | 73.1 | 75.34 | 2.26 | 78.9 | 73.1 | 5 |
| R | 74.8 | 70.3 | 74.3 | 74.7 | 71.9 | 73.20 | 1.78 | 74.8 | 70.3 | 5 |
| 股骨嵴指数 L | 105.1 | 88.9 | 111.0 | 97.7 | 100.4 | 100.62 | 7.41 | 111.0 | 88.9 | 5 |
| R | 104.7 | 106.6 | 107.8 | 102.6 | 103.0 | 104.94 | 2.01 | 107.8 | 102.6 | 5 |

## 附表一七　史家河墓地胫骨个体测量表（女性）

（长度：毫米；指数：%）

| 项目 \ 墓号 | M16 | M19 | M21 | M23 | M24 | M29 | 平均值 | 标准差 | 最大值 | 最小值 | 例数 |
|---|---|---|---|---|---|---|---|---|---|---|---|
| 胫骨最大长 L | 350.2 | 338.5 | 331.0 | 360.0 | — | — | 344.93 | 11.07 | 360.0 | 331.0 | 4 |
| R | 345.7 | 340.0 | 330.4 | — | — | 335.7 | 337.95 | 5.62 | 345.7 | 330.4 | 4 |
| 胫骨全长 L | 345.0 | 332.8 | — | 352.0 | — | — | 343.27 | 7.93 | 352.0 | 332.8 | 3 |
| R | 342.0 | 335.0 | 325.0 | — | — | 329.0 | 332.75 | 6.42 | 342.0 | 325.0 | 4 |
| 胫骨生理长 L | 322.0 | 313.0 | 306.0 | 338.0 | — | — | 319.75 | 11.97 | 338.0 | 306.0 | 4 |
| R | 318.0 | 313.0 | 305.0 | — | — | 316.4 | 313.10 | 5.01 | 318.0 | 305.0 | 4 |
| 胫骨体最小周长 L | 74.0 | 70.0 | 66.0 | 65.0 | — | 61.0 | 67.20 | 4.45 | 74.0 | 61.0 | 5 |
| R | 72.7 | 71.3 | 66.0 | — | — | 61.7 | 67.93 | 4.38 | 72.7 | 61.7 | 4 |
| 胫骨体中部最大径 L | 26.5 | 30.2 | 26.9 | 26.6 | — | 24.1 | 26.86 | 1.95 | 30.2 | 24.1 | 5 |
| R | 25.4 | 29.5 | 26.8 | 26.9 | — | 24.9 | 26.70 | 1.60 | 29.5 | 24.9 | 5 |
| 胫骨体中部横径 L | 22.7 | 19.7 | 19.9 | 18.3 | — | 18.7 | 19.86 | 1.54 | 22.7 | 18.3 | 5 |
| R | 23.9 | 19.4 | 21.5 | 18.7 | — | 18.7 | 20.44 | 2.01 | 23.9 | 18.7 | 5 |
| 滋养孔处矢径 L | 28.9 | 34.3 | 29.1 | 30.8 | 31.9 | 25.8 | 30.13 | 2.65 | 34.3 | 25.8 | 6 |
| R | 29.3 | 34.0 | 29.2 | 32.9 | 32.3 | 25.5 | 30.53 | 2.87 | 34.0 | 25.5 | 6 |
| 滋养孔处横径 L | 24.8 | 20.3 | 21.7 | 20.0 | 20.8 | 21.1 | 21.45 | 1.59 | 24.8 | 20.0 | 6 |
| R | 26.2 | 20.1 | 22.3 | 21.2 | 22.3 | 20.8 | 22.15 | 1.97 | 26.2 | 20.1 | 6 |
| 胫骨上端宽 L | 74.8 | 67.8 | — | 70.0 | — | — | 70.87 | 2.92 | 74.8 | 67.8 | 3 |
| R | — | 66.3 | — | 70.4 | — | — | 68.35 | 2.05 | 70.4 | 66.3 | 2 |
| 胫骨下端宽 L | — | — | 48.5 | — | — | 44.3 | 46.40 | 2.10 | 48.5 | 44.3 | 2 |
| R | 52.4 | 44.1 | — | — | — | 43.0 | 46.50 | 4.20 | 52.4 | 43.0 | 3 |
| 胫骨指数 L | 85.8 | 59.2 | 74.6 | 64.9 | 65.2 | 81.8 | 71.92 | 9.60 | 85.8 | 59.2 | 6 |
| R | 89.4 | 59.1 | 76.4 | 64.4 | 69.0 | 81.6 | 73.32 | 10.29 | 89.4 | 59.1 | 6 |
| 胫骨中部断面指数 L | 85.7 | 65.2 | 74.0 | 68.8 | — | 77.6 | 74.26 | 7.11 | 85.7 | 65.2 | 5 |
| R | 94.1 | 65.8 | 80.2 | 69.5 | — | 75.1 | 76.94 | 9.88 | 94.1 | 65.8 | 5 |
| 胫骨长厚指数 L | 21.5 | 21.0 | — | 18.5 | — | — | 20.33 | 1.32 | 21.5 | 18.5 | 3 |
| R | 21.3 | 21.3 | 20.3 | — | — | 18.8 | 20.43 | 1.03 | 21.3 | 18.8 | 4 |
| 胫股指数 L | 76.7 | 76.7 | — | 76.0 | — | — | 76.47 | 0.34 | 76.7 | 76.0 | 3 |
| R | 76.6 | 76.7 | — | — | — | 78.6 | 77.30 | 0.88 | 78.6 | 76.6 | 3 |

### 附表一八　史家河墓地尺骨个体测量表（女性）

（长度：毫米）

| 墓号<br>项目 | M19 | M24 | 平均值 | 标准差 | 最大值 | 最小值 | 例数 |
|---|---|---|---|---|---|---|---|
| 尺骨最大长 L | 239.0 | — | 239.00 | 0.00 | 239.0 | 239.0 | 1 |
| R | 241.4 | — | 241.40 | 0.00 | 241.4 | 241.4 | 1 |
| 尺骨生理长 L | 208.2 | 201.0 | 204.60 | 3.60 | 208.2 | 201.0 | 2 |
| R | 214.0 | — | 214.00 | 0.00 | 214.0 | 214.0 | 1 |
| 尺骨骨干矢径 L | 12.3 | 11.6 | 12.00 | 0.35 | 12.3 | 11.6 | 2 |
| R | 11.0 | 13.1 | 12.05 | 1.05 | 13.1 | 11.0 | 2 |
| 尺骨骨干横径 L | 11.9 | 14.8 | 13.35 | 1.45 | 14.8 | 11.9 | 2 |
| R | 11.8 | 13.5 | 12.65 | 0.85 | 13.5 | 11.8 | 2 |

### 附表一九　史家河墓地桡骨个体测量表（女性）

（长度：毫米；指数：%）

| 墓号<br>项目 | M16 | M19 | M21 | 平均值 | 标准差 | 最大值 | 最小值 | 例数 |
|---|---|---|---|---|---|---|---|---|
| 桡骨最大长 L | — | 226.3 | 209.0 | 217.65 | 8.65 | 226.3 | 209.0 | 2 |
| R | 229.2 | 227.2 | — | 228.20 | 1.00 | 229.2 | 227.2 | 2 |
| 桡骨生理长 L | — | 212.8 | 196.5 | 204.65 | 8.15 | 212.8 | 196.5 | 2 |
| R | 216.0 | 214.0 | — | 215.00 | 1.00 | 216.0 | 214.0 | 2 |
| 桡骨骨干横径 L | — | 15.4 | 15.1 | 15.25 | 0.15 | 15.4 | 15.1 | 2 |
| R | 15.2 | 13.5 | — | 14.35 | 0.85 | 15.2 | 13.5 | 2 |
| 桡骨骨干矢径 L | — | 10.3 | 11.1 | 10.70 | 0.40 | 11.1 | 10.3 | 2 |
| R | 10.7 | 10.2 | — | 10.45 | 0.25 | 10.7 | 10.2 | 2 |
| 桡肱指数 L | — | 76.4 | 73.9 | 75.15 | 1.25 | 76.4 | 73.9 | 2 |
| R | 76.7 | 75.4 | — | 76.05 | 0.64 | 76.7 | 75.4 | 2 |

附录

# 史家河墓地出土金属器的科学分析及相关问题探讨

刘亚雄　陈坤龙

## 一、引言

史家河墓地位于陕西省中部，延安市西南端，北洛河支流——葫芦河下游北岸的台塬坡地上。该墓地从战国早中期沿用至秦统一时，是一处与魏国关系密切的戎人墓地，其性质与邻近的寨头河墓地相近，均为多元文化因素共存，既包括了西戎文化和三晋文化因素，又显示出与北方系青铜文化的联系。

战国时期至秦代是我国钢铁冶金技术发展的一个黄金时期，也是一个基础生产工具从铜器向铁器过渡的阶段。这一时期生铁冶炼技术在中原及周边地区得到快速推广及应用，并在秦汉时期逐步定型，形成了世界上最早的以生铁冶炼为基础的铁器生产技术体系。而陕西中北部地区的西戎文化作为中原农耕文明与北方草原文明的结合点，其金属器生产技术的发展阶段和特征对于早期金属制作技术的传播与互动、技术发展与社会选择等研究有着重要的学术意义。本文则旨在通过对史家河墓地出土铜器、铁器的科学分析，揭示其材料及制作技术，以促进对于该时期该地区金属器制作技术的发展阶段以及区域性特征的了解。

## 二、材料与分析方法

本次实验分析了来自史家河墓地的 12 件金属器物，其中铜器 8 件，铁器 4 件，样品清单如表三一所示。为揭示这些器物的生产原料及制作技术，本研究在实验室内对采集的样品

表三一　史家河金属器样品清单

| 器物编号 | 器物类型 | 器物编号 | 器物类型 |
|---|---|---|---|
| M16：23 | 铜铃 | M2：3 | 铜带钩 |
| M6：27 | 铜铃 | M6：23 | 铜马衔 |
| M13：4 | 铜戈 | M12：4 | 铁锸残片 |
| M6：10 | 铜镈 | M17：2 | 铁残片 |
| M6：22 | 铜马面饰 | M33：3 | 铁带钩 |
| M6：7 | 铜带钩 | M6 | 铁环残片 |

进行了金相组织分析，并使用扫描电镜及配套能谱仪对铜器的合金成分及铁器中的夹杂物成分进行了分析。

金相组织是指金属内部的晶体组织结构，其承载了金属的合金成分、成型方式及所经过的后期热处理等重要信息。夹杂物则是指在金属的冶炼、再加工过程中未能实现分离的残留非金属化合物，在早期铁器中多为各类形态的炉渣。通过获取夹杂物的成分信息，可以对该金属所采用的冶炼原料及加工技术进行判断。

在最大程度保证文物完整性的前提下，本实验截取了部分样品，使用电木粉进行包埋后，进行磨光、抛光处理以获得一个光滑截面，经浸蚀后置于金相显微镜下观察其金相组织并拍照。铁器的浸蚀采用质量分数为 4% 的硝酸酒精溶液，铜器则采用三氯化铁盐酸酒精溶液。

随后对样品进行再次抛光处理，移去浸蚀层，并进行喷碳处理，置于扫描电镜下观察微观形貌，对铜器的金属基体合金成分及夹杂物进行测量，对铁器的分析则主要集中于夹杂物形貌及成分分析，以揭示其制作工艺。

观察金相组织使用的仪器为北京科技大学冶金与材料史研究所科技考古实验室的莱卡（Leica）DM4000 金相显微镜，扫描电镜及配套能谱仪为北京科技大学冶金与钢铁冶金新技术国家重点实验室的 FEI Quanta 250 多用途扫描电镜，能谱仪为 BRUKER E-Flash 系列，加速电压为 20kV，工作距离为 10mm。

## 三、分析结果

（一）金相组织分析

本文分析的铜器与铁器金相组织如彩版七三、七四所示。

铜器部分，除样品 M13 : 4 为较明显的铸造枝晶外，其余几件样品均为铸后受热组织，表现为以 α 固溶体大晶粒为主，且内部存在轻微偏析。

铁器样品中除出自 M6 的铁环为熟铁外，其余三件样品均为生铁材质，其中样品 M17 : 2 为过共晶白口铁（碳含量高于 4.3wt.%），另两件为亚共晶白口铁（碳含量介于 2.1wt.%~4.3wt.%）。

（二）SEM-EDS 成分分析

对于铜器合金成分的分析采用了 EDS 面扫的方式。为保证成分数据不受区域性偏析影响，每个样品选择了三个区域面扫后取平均值代表该样品的合金成分，结果如表三二所示。

由于来自于 M6 的铁环样品为熟铁材质，在早期铁器时代这种材质既可以通过块炼法（又称低温固态还原法）获得，也可以通过对生铁进行脱碳制成。因此，为进一步判断其所采用的冶炼及加工技术，本文对该样品进行了夹杂物成分分析，在获取各元素质量分数后又按照常见氧化物的形式进行配氧并做归一化处理。研究发现，该样品虽锈蚀严重，但在锈蚀层中发现了少量单相硅酸盐夹杂，成分分析显示其主要为铝、硅、钙氧化物，含铁较低且成分均匀（表三三）。

表三二　铜器样品合金成分（wt.%）

| 样品编号 | Cu | Sn | Pb |
|---|---|---|---|
| M16：23 | 85.6 | 12.0 | 2.4 |
| M6：27 | 86.6 | 12.2 | 1.2 |
| M13：4 | 78.9 | 18.2 | 2.9 |
| M6：10 | 78.2 | 15.6 | 6.2 |
| M6：22 | 84.6 | 8.2 | 7.2 |
| M6：7 | 91.9 | 5.7 | 2.4 |
| M2：3 | 78.3 | 16.9 | 4.7 |
| M6：23 | 87.6 | 10.9 | 1.6 |

表三三　铁器样品 M6 夹杂物成分（wt.%）

| $N_2O$ | MgO | $Al_2O_3$ | $SiO_2$ | $K_2O$ | CaO | $TiO_2$ | MnO | FeO |
|---|---|---|---|---|---|---|---|---|
| 2.4 | 4.1 | 17.1 | 57.6 | 3.4 | 12.5 | 0.8 | — | 2.2 |
| 1.7 | 7.6 | 15.2 | 55.3 | 2.8 | 14.9 | — | 0.9 | 1.5 |
| 2.5 | 2.5 | 18.7 | 58.4 | 3.5 | 11.9 | — | 0.8 | 1.6 |
| 1.2 | 3.5 | 12.2 | 51.6 | 2.7 | 11.6 | — | 0.8 | 16.5 |
| 2.2 | 4.2 | 17.6 | 57.8 | 2.7 | 12.4 | — | 1.2 | 1.8 |
| 2.1 | 5.6 | 17.7 | 56.3 | 3.1 | 12.8 | — | 0.8 | 1.7 |
| 2.1 | 4.3 | 18.1 | 56.3 | 3.1 | 13.1 | 0.8 | — | 2.0 |
| 2.2 | 4.1 | 17.1 | 57.5 | 3.0 | 12.8 | 0.9 | — | 2.4 |
| 2.3 | 4.3 | 17.7 | 56.5 | 3.0 | 13.1 | 0.8 | — | 2.5 |
| 2.0 | 4.5 | 17.8 | 56.7 | 2.9 | 13.3 | 0.8 | — | 1.9 |
| 2.2 | 3.3 | 19.2 | 57.7 | 3.2 | 11.8 | 0.7 | — | 1.8 |

注："—"表示未检测到该元素。

## 四、讨论

根据上述科学分析结果可以看出，该地区的铜器制作技术以范铸为主，并配套有铸后热处理的方式以消除偏析，降低器物的硬度及脆性。铸造所使用的材料均为铜锡铅三元合金，合金配比较为合理。锡含量在 10wt.% 左右的铜锡合金有较好的机械性能，加入少量的铅可以增加合金的流动性，使其具有较好的充型能力。值得注意的是，本研究中铜器的铸后受热组织也可能为器物在日常使用中经受高温环境而形成，进一步确认则需要对样品器物表面进行细致观察以判断是否有使用痕迹。

铁器方面，若 M12：4、M17：2、M33：3 三件铁器为本地生产，则表明该地区已初步掌握生铁的冶炼与制作技术。由于器物已严重锈蚀，样品 M12：4 铁农具（锸）残片并未发现固态脱碳迹象，而同时期关中平原及中原地区对铁制农具进行退火脱碳处理的技术已较为普及[1]。生铁固态退火脱碳技术最早在公元前5世纪左右在中原及周边地区得到应用,河南登封、洛阳和湖北杨营、江陵等地均有发现。该技术通过对铸态产品进行高温(700℃~950℃)退火以分解渗碳体、氧化脱除碳原子的方式对白口铁进行不同程度的脱碳处理以降低硬度,理论上可以增加器物的韧性从而获得更长的使用寿命。对该技术的掌握可以使早期生产者获得不同碳含量的铁碳合金,也因此象征着以生铁冶炼为基础的铁器制作技术体系初步成熟。

另外一件来自M6的铁环制品为低碳熟铁材质,且内部存在非金属夹杂物。在早期的技术背景下,这类材料既可能为传统的块炼铁技术制成,也可能是以生铁冶炼为原料,再经后期脱碳处理生产。块炼铁的夹杂物以冶炼渣为主,其基础成分为铁橄榄石($Fe_2SiO_4$),因实际冶炼操作的不同,可能还伴有少量玻璃态硅酸盐、浮氏体(FeO)等。而生铁脱碳由于技术路线较多,实际操作中影响因素多变,因此其中的夹杂物较为复杂,目前学术界尚未就其来源及成分特征达成共识,只能就具体分析结果进行推测。目前一般认为,大量(经验表明约10wt.%)且均匀的氧化钙的存在表明生产流程中加入了含钙造渣剂,而块炼铁冶炼通常不使用,因此可以作为区分块炼铁制品与生铁脱碳制品的特征。磷元素作为一个对氧化还原反应较敏感的元素,其含量也可以表征样品制作过程中存在的化学反应。磷氧化物广泛存在于矿石的脉石以及木炭中,块炼铁冶炼条件下还原气氛较多,通常只有很少的磷元素被还原而进入铁中,夹杂物中也会残留少量磷氧化物,但含量较低。而生铁冶炼还原气氛较强,可以将大量的磷氧化物还原进入生铁中形成磷共晶($Fe_3P$)。如生铁在后期经过液态条件下的脱碳处理,这些磷元素又会再次被氧化形成夹杂物,且由于经过生铁冶炼的富集,其含量会较高,因此可以作为生铁液态脱碳技术的特征。但以磷、钙氧化物作为区分制作技术的标准都存在较大的局限性。首先,钙元素也可能大量存在于矿石脉石中,使用此种矿石进行冶炼的炉渣也会存在含量较高的氧化钙。而磷元素的含量也取决于矿石种类,如冶炼使用的矿石不含磷或含磷极低,那么磷元素就不能再作为判断氧化脱碳过程的参照。

具体到本研究中,M6铁环样品的夹杂物中含铁量极低,成分均匀,同时又有着较多的钙、硅、铝氧化物,且未检测到磷氧化物存在,表明这些夹杂物来源于一个还原性较强且添加含钙造渣剂的技术过程。此类夹杂物在成分上与生铁冶炼渣较为接近,但考虑到生铁冶炼的排渣较为彻底,目前分析的早期生铁铸造制品中均未发现夹杂物存在,因此M6铁环样品中的夹杂物直接来源于生铁冶炼渣的可能性较低。林永昌等曾在陕西郿城铸铁遗址中发现类似于生铁冶炼渣的精炼渣[2],成分与此类夹杂物大体相似,因此这些夹杂物可能为生铁精炼脱碳过程中新生成的夹杂物。生铁精炼通过对生铁重熔来进一步排除杂质,这一过程与《天工开物》中描述的炒钢技术较为相似。通过控制气氛,生铁精炼也是可以达到脱碳目的的。与此相比,对关中地区新丰墓地出土的熟铁/钢制品的分析则表明,关中东部地区在战国晚期已开始广泛使用液态脱碳技术对生铁进行脱碳以获取熟铁或钢,其技术本质与本文M6铁环

[1] Liu, Y., *A Scientific Study of Metal Objects Unearthed from the Xinfeng Cemetery in Lintong, Shaanxi Province*, Beijing: University of Science and Technology Beijing, 2016. 李众:《中国封建社会前期钢铁冶炼技术发展的探讨》,《考古学报》1975年第2期。

[2] Lam, W., et al., An iron production and exchange system at the center of the Western Han Empire: Scientific study of iron products and manufacturing remains from the Taicheng site complex, *Journal of Archaeological Science*, 2018, 100: 88–101.

样品相同[1]，说明史家河地区在铁器生产领域可能与关中地区存在一定程度的联系。但由于本批次分析的样品数量有限，因此该结论尚显牵强，还需要未来更多的考古数据进行支撑。

## 五、结论

通过金相观察、扫描电镜—能谱成分分析，本文对史家河墓地出土的铜器、铁器样品进行了材质及制作工艺的初步研究。结果显示其中8件铜器样品均为铜锡铅三元合金铸造而成。铁器方面，M12：4、M17：2、M33：3为生铁铸造制成，M6铁环可能为生铁液态脱碳后进一步加工制成。

整体而言，如果本研究中的样品均为本地生产，则表明以史家河墓地为代表的陕西中北部地区在战国中晚期已开始采用生铁冶炼技术，虽具体技术细节与中原及关中地区尚存在一定的差异，但可以确定其技术的发展受到关中地区的影响。

---

[1] Liu, Y., et al., Iron decarburisation techniques in the eastern Guanzhong Plain, China, during Late Warring States period: an investigation based on slag inclusion analyses, *Archaeological and Anthropological Sciences*, 2019, 11(12): 6537-6549. 刘亚雄等：《陕西临潼新丰秦墓出土铁器的科学分析及相关问题》，《考古》2019年第7期。

# 下　篇

## 清涧辛庄战国墓地

# 第一章　概　述

## 第一节　自然环境

清涧地处陕北高原、榆林地区南缘、黄河中游、无定河下游，北纬 36°57′30″~37°25′，东经 109°55′27″~110°38′50″。东临黄河，同山西柳林、石楼两县相望，西滨子长，南接延川，北靠绥德，西北与子洲毗邻。昔版图几变，今南北最大纵距 51 千米，东西最大横距 62 千米，总面积 1881 平方千米，占榆林地区总面积 4.25%，居 12 县（市）第十位。

清涧地质构造属华北陆台鄂尔多斯台向陕北斜坡东翼。基岩为古生代和中生代沉积岩，中生代岩层出露颇多，多系泥岩、沙岩、页岩。地面覆盖第四纪黄土，地貌为黄土高原丘陵沟壑区，地表破碎，梁峁起伏，河谷深切；地势由西北向东南倾斜。海拔 571.6~1282.5 米，乐堂堡乡董家沟村同折家坪镇冯家沟村交界的高梁圪垯最高，双庙河乡贺家畔村黄河边最低。土壤有黄土、红土、淤土、黑垆土、潮土、风沙土 6 类 47 种。河流分为黄河、无定河、清涧河三大水系，有小河 314 条，均属黄河流域，年径流总量 9207 万立方米。地下水贮量贫乏，水质较差。

清涧属暖温带大陆性季风半干旱气候区，寒暑分明，日照充足，雨量稀少，气候干燥。年均气温 9.6℃，极端最高气温 38.1℃，极端最低气温 –22.6℃。年均无霜期 157 天，最长 184 天，最短 127 天。年均日照 2720.7 小时，太阳总辐射量 142.2 千卡 / 平方厘米，生理辐射量 57.42 千卡 / 平方厘米。年均降水量 500 毫米（80% 保证率为 318.5 毫米），最大 735.3 毫米，最小 254.7 毫米，且季节差异悬殊，夏秋多，冬春少。水旱雹冻风虫诸灾频发，干旱危害尤烈[1]。

## 第二节　历史沿革

清涧地理位置特殊，地处陕北黄土高原腹地，境内有无定河、黄河等主要河流，是连通陕北与关中的要道，古谓"全秦要户"，是考古学文化和古代各民族交流融合的关键区域。历史悠久，遗存丰富，据第三次全国文物普查，清涧县现有古遗址、古墓葬、古建筑、石窟

---

[1] 清涧县志编纂委员会：《清涧县志》，陕西人民出版社，2001 年。

寺、石刻及其他古迹 739 处，馆藏各类文物 4170 件（组）[1]。

夏商时期，为雍州西河之域。

春秋时，有狄（翟）族居住。

秦汉时，属上郡、西河郡。

三国时，隶魏国并州。

西晋时，仍为并州所辖。

东汉至西晋，胡汉杂居。

北魏太和十一年（487 年），境内首置朔方县。

西魏大统十二年（546 年），设绥德县。

北周孝闵帝元年（557 年），属北周。

隋唐隶属纷繁，唐一度设宽州。

北宋康定元年（1040 年），守将种世衡领筑青涧城。后被西夏所据，熙宁三年（1070 年）归宋。元祐四年（1089 年），地属延安府。元符二年（1099 年），隶绥德军。

南宋建炎二年（1128 年），沦于金。

金大定二十二年（1182 年），青涧城升格为青涧县。兴定五年（1221 年），隶于蒙古汗国。元至元四年（1267 年），怀宁县并入青涧。

明洪武初，由元归明，改青涧为清涧。李自成更称天波府，清复原名。

1940 年 3 月，正式归属陕甘宁边区绥德分区。

1956 年 10 月，隶榆林专区（今榆林地区）。

1958 年 12 月，并入绥德县，后称清涧中心乡。

1961 年 8 月，恢复县制。

## 第三节　工作缘起及概况

清涧县所在的榆林地区文化遗存丰富，该区域史前考古工作开展得最多、成果也最大。经发掘的遗址有榆林寨峁梁，神木石峁、寨峁、新华、木柱柱梁、神圪垯梁，府谷郑则峁，佳县石摞摞山，靖边五庄果梁、庙梁，横山贾大峁等遗址。21 世纪初，又对无定河流域及相关区域进行了系统调查，在此基础上对近 20 处史前遗址进行了发掘[2]。2010 年后，重点对神木石峁遗址进行系统考古工作，确认其为中国已知规模最大的龙山时代城址，被誉为"石破天惊"的重要考古发现[3]。

榆林地区的商周考古则以出土的商周时期青铜器最为重要，集中在黄河沿岸的绥德、清涧、子洲、吴堡等县，清涧县出土次数最多、数量也较大，是该地区商周青铜器出土的中心

［1］陕西省文物局：《陕西第三次全国文物普查丛书·榆林卷·清涧文物》，陕西旅游出版社，2012 年。
［2］陕西省考古研究院史前考古研究部：《陕西史前考古的发现和研究》，《考古与文物》2008 年第 6 期。陕西省考古研究院史前考古研究室：《2008~2017 陕西史前考古综述》，《考古与文物》2018 年第 5 期。
［3］孙周勇等：《石峁遗址的考古发现与研究综述》，《中原文物》2020 年第 1 期。

区域。20 世纪 80 年代初，陕西省考古研究所设立了"探索陕北地区出土的商周时代青铜器考古学文化"的课题，于 1982~1991 年五次对清涧县李家崖古城进行了考古发掘，并将相同文化面貌的文化遗存命名为"李家崖文化"[1]。此外，北京大学对相同文化面貌的绥德薛家渠遗址进行了小规模发掘[2]。

东周时期考古发现较少，有 20 世纪 80 年代北京大学在米脂县张坪墓地发掘的 4 座墓葬[3]，清涧李家崖遗址附近发掘的 44 座东周墓葬，2013~2014 年陕西省考古研究院等单位在米脂县卧虎湾发掘的 200 余座东周秦汉墓葬[4]。

上述工作描绘出榆林地区仰韶文化时期、龙山时代和商周时期考古学文化的大致轮廓。

为进一步探寻陕北地区出土商代青铜器的文化属性，研究该区域商周聚落生业模式，陕西省考古研究院等单位重启了该地区的商周考古工作，重点调查了清涧辛庄遗址，并决定开展相关考古工作[5]。

2012 年 8 月，黄陵史家河墓地考古工作结束，陕西省考古研究院组建辛庄考古队。9 月，对辛庄遗址进行了全面调查，大致摸清了遗址的范围。10 月，对辛庄遗址后老爷盖地点进行初步勘探，发现大型夯土遗迹，并对 H1 进行试掘，同时清理前老爷盖地点被盗小型墓葬。

2013 年，辛庄遗址考古工作全面展开，首先对后老爷盖大型下沉式夯土遗迹进行发掘，初步揭露出重楼环屋式大型建筑。

2014 年，对后老爷盖小型排房建筑进行发掘。另外对枣湾畔地点发现的中型夯土建筑进行发掘，同时调查勘探出战国秦汉墓葬，发掘其中 9 座战国墓。

2015 年，对前老爷盖进行发掘，发现小型建筑，并在次生堆积中出土陶范。5~12 月，对席家圪崂高塬 M1 进行了抢救性清理。鉴于枣湾畔和高塬墓葬的重要性，12 月，开展了以辛庄遗址为中心的重点调查，在 10 平方千米范围内，发现李集山、桃林山、羊耳子峁、青龙山、桃拨梁、桑背梁、郝家嵝头等 7 处战国墓地，并采集了大量陶器标本。根据周边地区东周墓地发掘和调查情况，并结合寨头河和史家河战国墓地发掘材料，我们初步判定辛庄遗址周边发现的战国墓葬可能是陕北白狄遗存，对于认识该区域戎狄族群物质文化极为重要。

2016 年，对辛庄前老爷盖东坡地进行发掘，发现有房址和原位保存的陶范、陶模等遗存。本年度在做好发掘工作的同时，探寻区域内商周聚落分布和戎狄遗存成为我们的重点工作之一。5~6 月，首先对榆林、延安两市的第三次全国文物普查资料进行查阅登记。11~12 月，选择清涧、绥德两县进行区域调查，发现商代遗址 150 余处，特别是发现了能与辛庄媲美的遗址。结合第三次全国文物普查资料和实地调查，仅以双耳罐为代表的东周遗址就达 130 余处。

2017 年，辛庄遗址考古工作告一段落。种建荣、孙战伟等南下到澄城刘家洼遗址进行考古发掘。

---

[1] 陕西省考古研究院：《李家崖》，文物出版社，2013 年。
[2] 北京大学考古系商周考古实习组等：《陕西绥德薛家渠遗址的试掘》，《文物》1988 年第 6 期
[3] 北京大学考古系商周实习组等：《陕西米脂张坪墓地试掘简报》，《考古与文物》1989 年第 1 期。
[4] 陕西省考古研究院等：《陕西米脂卧虎湾战国秦汉墓葬发掘简报》，《考古与文物》2019 年第 3 期。
[5] 在第三次全国文物普查工作中，陕西省考古研究院张天恩研究员、北京大学曹大志教授、榆林市文物研究所乔建军所长对遗址进行了踏查和初步认定。

辛庄考古项目领队为种建荣研究员，现场工作由孙战伟负责，参加发掘的技术工人有刘建峰、邱学武、许普喆、窦斌峰、赵国峰、郑朝阳等。榆林市文物保护研究所所长乔建军、清涧县文物所所长贺阿龙负责协调工作，榆林市文物保护研究所徐海滨、清涧县文物所贺利峰短期参与了调查、发掘工作。

## 第四节　资料整理与报告编写

资料整理工作开始于野外发掘期间，在考古工地完成了单个墓葬的基础材料整理和大部分器物的修复工作。辛庄考古工作结束后，出土文物运到陕西省考古研究院渭南考古基地继续整理。人骨运送至西北大学，由陈靓副教授负责检测分析。

2017 年，辛庄东周墓葬发掘及调查资料整理获得国家社科基金青年项目（项目编号 17CKG007）资助，报告编写转入新阶段。按照商定，将辛庄和史家河墓地材料合并整理，并统一体例。

器物修复由张喜文、刘建峰、邱学武承担；墓葬记录、照相、线图主要由邱学武、刘建峰负责完成，孙战伟修改；器物绘图由刘军幸完成，照相由王保平负责，描述由孙战伟完成。

至 2020 年 5 月，完成了本报告的主体部分，孙战伟撰写了结语一章，并对部分章节做了修改，并核校全稿，种建荣审定后形成报告初稿。

# 第二章　墓葬资料

　　辛庄遗址位于榆林市清涧县李家塔镇辛庄村，地处黄土高原腹心之地，地貌支离破碎、沟壑纵横、梁峁相连，处在无定河支流川口河的上游（图八四）。遗址是在第三次全国文物普查时首次发现的，总面积约10万平方米。以商代晚期遗存为主，其文化面貌与清涧李家崖、绥德薛家渠、山西柳林高红等同时期遗存相同，东南直线距离李家崖遗址约25千米。

　　2012~2016年，陕西省考古研究院对辛庄遗址进行考古工作，在发掘商代遗址的同时，亦有意关注东周时期遗存。通过考古发掘、调查，获得了一批特征鲜明的战国时期墓葬资料和陶器标本，为认识陕北地区战国时期的考古学文化提供了新材料。辛庄东周墓葬材料分发掘和调查两部分，其中发掘部分按照地点又分为高塬墓葬和枣湾畔墓地，调查部分包括辛庄遗址附近的7个墓地（图八五）和在绥德、子洲两县调查的3个墓地。以下即按顺序分别介绍。

图八四　辛庄遗址位置示意图

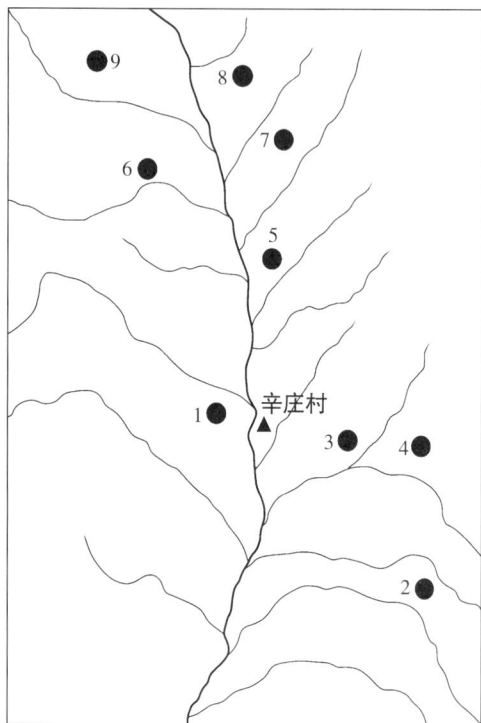

图八五　辛庄发掘及调查点位置示意图

1. 枣湾畔　2. 高塬　3. 桃拨梁　4. 青龙山　5. 桑背梁
6. 桃林山　7. 郝家崾头　8. 羊耳子峁　9. 李集山

# 第一节　高塬墓葬

高塬墓葬位于清涧县李家塔镇席家圪崂村当地称高塬的山峁顶部（彩版七五），西北距辛庄遗址直线距离约 2 千米。2015 年 5 月，辛庄考古队在对周边进行调查时，在高塬山顶发现 4 处盗洞，经勘探确认为一座大型墓葬（M1）。经报相关部门同意，考古队随即对该墓进行了抢救性发掘。

高塬山峁位于南北走向的山梁上，海拔 1168 米，是附近最高的山峁。西为辛庄村所在的支流，东为席家圪崂村所在的支流，两条支流之间即为高低起伏的山梁。高塬四周被冲沟所断，坡度较大，地势险峻。顶部平坦广阔，面积近 1 万平方米，是理想的葬居之地。高塬墓葬就位于峁顶中部（彩版七五）。

（一）墓葬形制

山峁杂草丛生，无人耕种。M1 开口于表土层下，表土厚约 20 厘米。

M1 为一座斜坡墓道土坑墓，平面呈不规则"甲"字形，南北向，方向 0°。南北总长 38.8 米，深 15.5 米，开口最宽 17.3 米（墓口有垮塌）。墓圹口大底小，墓道和墓壁均向下内收较甚。墓道直通墓室底部，与墓室相接无明显区分。墓道东、西两壁均在一条线上，唯两壁由南向北约 13 米处，可见有近 90° 拐角向外扩大，向下 2 米消失。墓道开口长 24.3、宽 3.5~14.3 米，底斜长 28.8、宽约 3 米，倾斜度 34°。墓室长 6.8、宽 2.8~3.8 米。墓室底部宽度不一，北部略宽；整个墓底略向西倾斜，不甚规整（图八六、八七；彩版七六）。

西墓道壁南部整体保存较好，而北部自墓口向下至 7 米处都不规整，壁面不齐，凹凸不平，有多处明显的垮塌痕迹，如北部距墓口 7 米处因垮塌形成一个生土二层台，宽 0.5、长 4 米。二层台上有明显的夯土迹象，夯土土质和硬度与墓室填土一致，推测在墓室回填夯土时，该段墓壁已经垮塌，说明垮塌是在墓葬回填前发生的。7 米以下壁面光滑整齐，当为原始墓壁（图八六，AA' 剖面；彩版七六）。

此外，在西墓壁上还有两处特殊迹象。其一，墓壁由南向北 21.5 米处有一个生土直拐角，自墓口向下 3 米处出现，10 米处又逐渐消失，拐角两面均较光滑，拐角处有 5 个脚窝，脚窝宽 30、高 10、进深 10 厘米，间距 50 厘米。该拐角功用不明，在相对的东壁未发现相似迹象。其二，墓壁北部发现一个"ŋ"形凹槽，距墓口 4.3 米处出现，8 米处消失，凹槽宽 1.5、高 3 米，底部倾斜，三面光滑规整，作用不详（彩版七七，1）。

东墓壁同西墓壁类似，南部保存较好，而向北约 12 米处开始，自墓口向下 7 米均不甚规整，有多处垮塌痕迹，如在深 7 米处垮塌形成一生土斜平台，宽约 1 米，向北延伸至北壁，

北

D5

D5 D5
D1

D2

D4

D3

A — A'

B — B'

A — A'

B' —

D5

D1

D2

D4

I

A — A'

B — B'

I

D5

D1

0    5 米

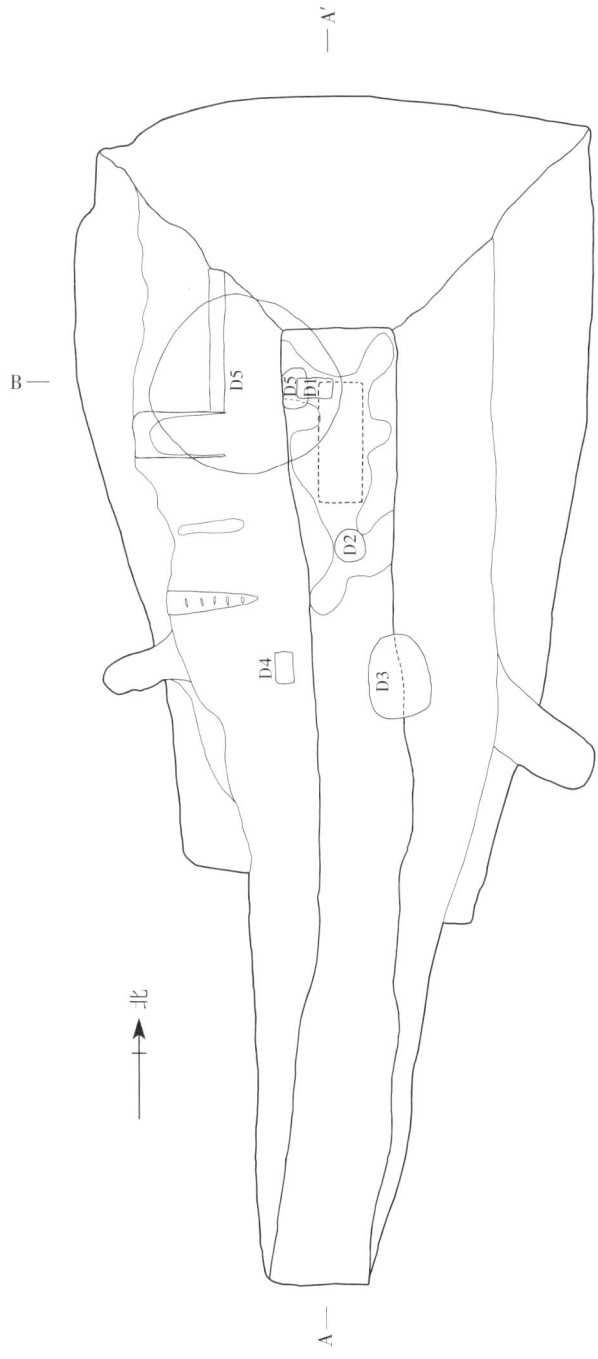

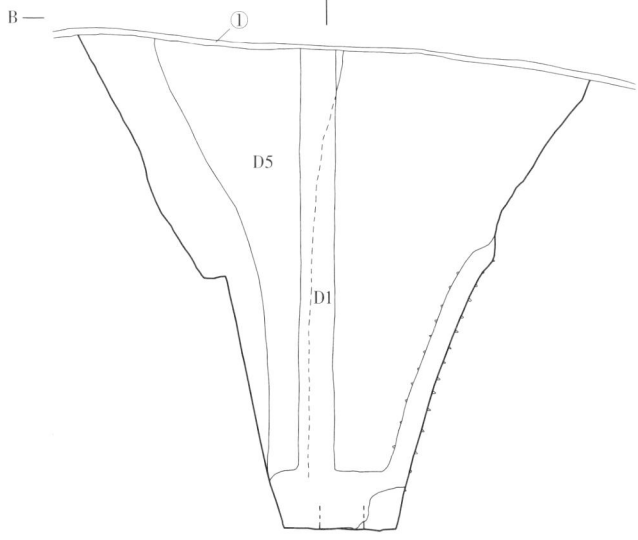

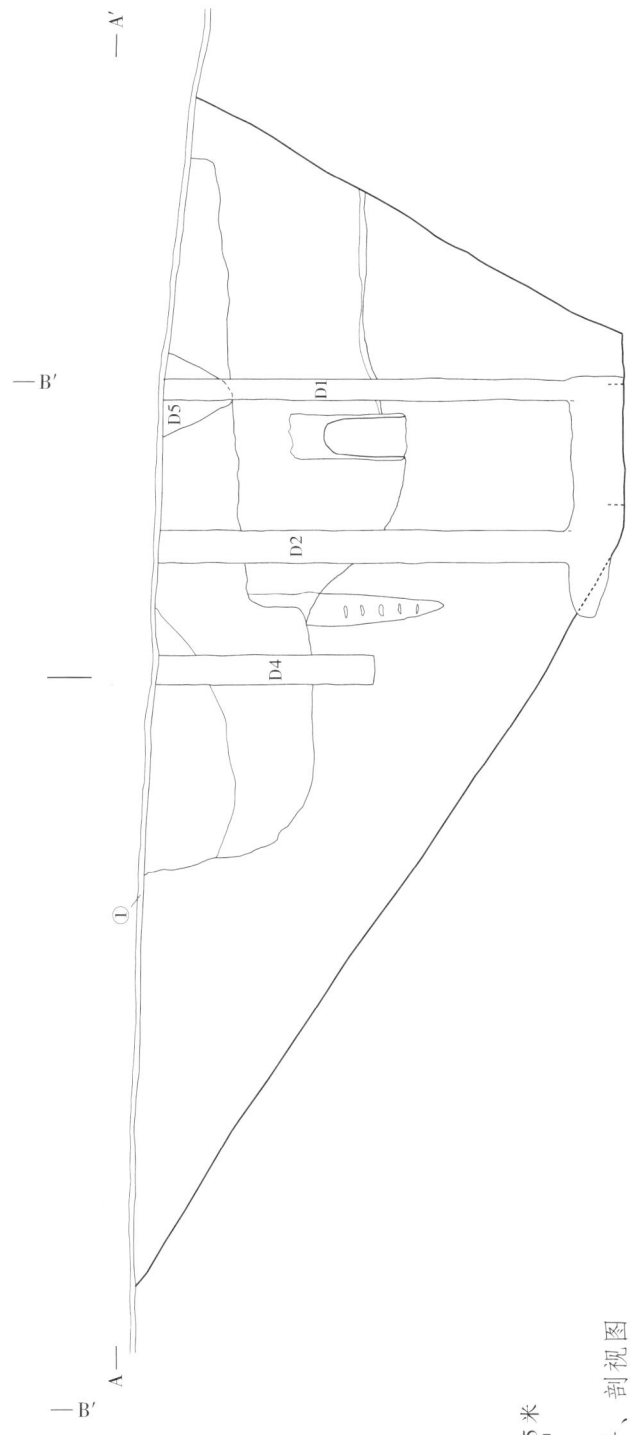

图八六　高塅 M1 平、剖视图

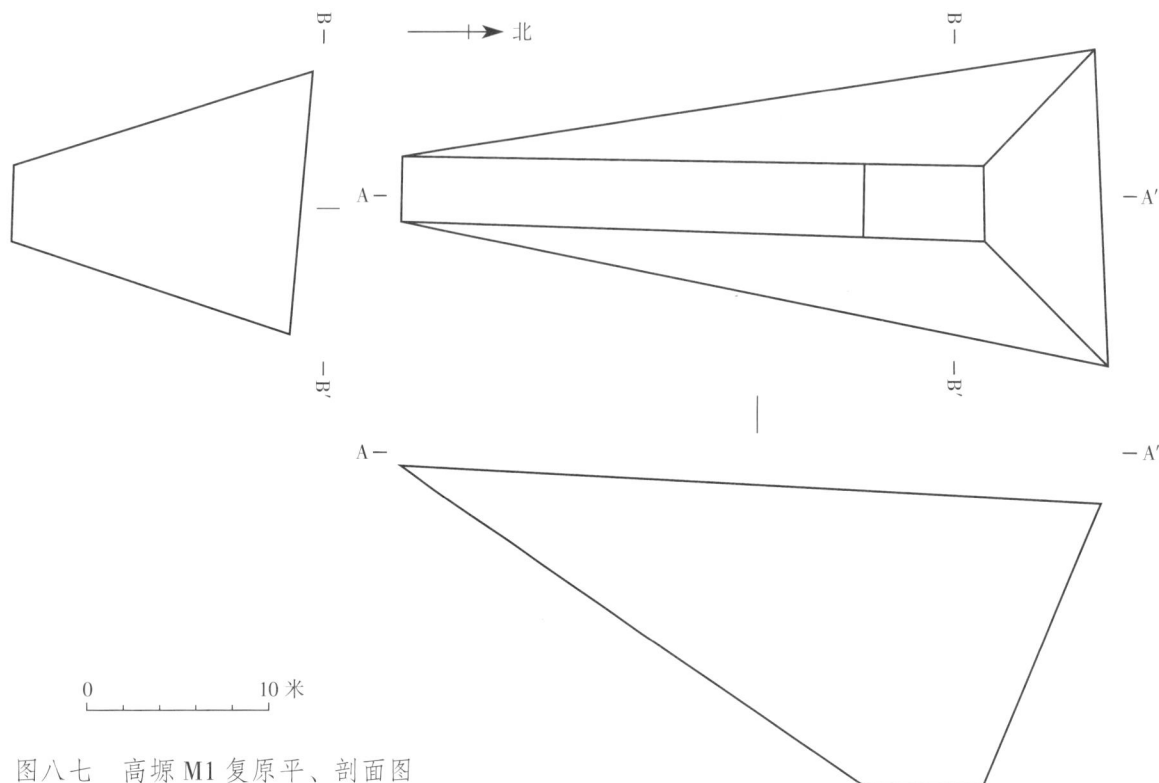

图八七　高墚 M1 复原平、剖面图

向上延伸到墓道开口处。这同西墓壁一样，也当是由从上到下垮塌所致，垮塌宽度 1.5~4.5 米，且上部较下部垮塌严重。7 米以下壁光滑整齐，均匀内收，至墓底内收 3 米，当为原始墓壁。此外，在墓壁中部靠下有 5 个脚窝，为盗墓者进入墓室后又顺着墓壁向上掏挖所致（彩版七七，2）。

北壁保存较好，仅口部略微垮塌成弧形，以下均较规整、光滑，未见工具痕迹。开口东西长 16 米，开口至墓底内收 7.5 米，倾斜度 65°。

墓内填土为五花土，内含姜石、小螺壳、仰韶文化陶片等。填土经过夯打，土质坚硬，夯打现象明显，夯层厚 10~30 厘米（彩版七八，1）。夯具为圆夯，夯窝直径 6~10 厘米（彩版七八，2），排列较散乱。

墓葬内共发现 5 个盗洞，编号 D1~D5（彩版七九，1、2）。D5 为早期盗洞，余均为现代盗洞。现分述如下。

D1 位于墓室中部，打破 D5。距西壁 7.5、距北壁 9.4、距东壁 9 米。长方形，东西长 1.2、南北宽 0.6、深 15.5 米，直至墓底。

D2 位于墓室南部。西北距 D1 约 4.5 米，距西壁 7、距北壁 14、距东壁 6.5 米。圆形，直径 1、深 15.5 米，直至墓底。

D3 位于墓葬南部。西北距 D2 约 2.5 米，距东壁 4、距北壁 18、距西壁 7 米。椭圆形，南北长 2.6、东西宽 2、深 20 米。此洞为炸药所为，当地人说是石油公司打的炮眼。

D4 位于墓葬南部偏西。东距 D3 约 2.5 米，东北距 D2 约 3.5 米，距西壁 4 米。长方形，南北长 1、东西宽 0.6、深 7 米。未到墓底，位于墓道偏西处，对墓葬破坏不大。

D5 位于墓室偏西。距西壁 2.5、距北壁 6.5、距东壁 8 米。圆形，口大底小，下部为椭圆形，紧靠西壁向下延伸至墓底。直径 6、深 15.5 米。D5 自口至 4 米深处填土堆积地层次较明显，夹杂少量灰迹和烧土，堆积方向为由四周向中间倾斜。4 米以下填土较为纯净，与墓内填土基本一致，唯土质较松软。D5 为早期盗洞，被 D1 打破。向下清理至 1 米处有马头骨、人骨以及铜带钩。靠近底部发现人肢骨、肋骨；还发现一件圆形漆器，直径 10 厘米。

这 5 个盗洞中，D1、D2、D5 盗掘到墓底（深 15.5 米），D5 为早期盗洞，D1、D2 为近期盗洞。D1、D2 底部相连，并搭有支撑，将椁室内外全部盗空。在墓葬清理至 14 米深时出现空洞，即为 D1、D2 将墓室掏空塌陷所致。盗洞内出土大量现代木板、木棍、矿泉水瓶、烟盒等废弃物。

墓室已被盗扰殆尽、洗劫一空，仅发现部分残存的椁木灰痕，椁内情况不详。根据灰迹可大致看出椁室形制，平面呈长方形，置于墓室中部。椁室内南北长 4、东西宽 1.5 米，局部残存高度 5 厘米。椁室距东墓壁 1.2、距西墓壁 1~1.3、距北墓壁 1.8 米，南部接斜坡墓道。

因盗扰严重，墓室内未见墓主遗骸，仅在 D5 内发现少量肢骨、肋骨等人骨，在 D1 洞口旁堆土内发现人头骨。葬式不详。

（二）出土器物

墓葬遭到严重盗扰，墓室内未见任何遗物。仅在 D1 盗洞口旁的堆土内筛出少量蚌片、漆皮和朱砂（彩版八〇，1、2）；在早期盗洞 D5 内上部出土 1 件铜带钩，盗洞底部出土 1 件漆器。

**铜带钩**　1 件。高塬 M1：01，琵琶形，禽首，钩身细长，弧背，钩纽离钩尾较近。素面。长 7 厘米（图八八；彩版八〇，3）。

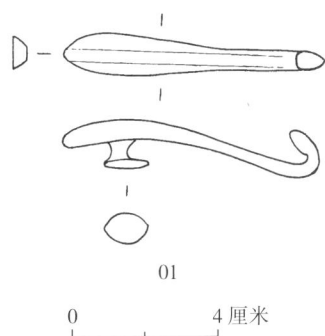

图八八　高塬 M1 盗洞内
出土铜带钩

# 第二节　枣湾畔墓地

2014 年 10 月，陕西省考古研究院对辛庄遗址枣湾畔地点进行了详细调查和勘探，发现一座中型商代夯土建筑和多座战国秦汉墓葬。对其中 10 座墓葬进行了抢救性发掘，确认 9 座为战国墓葬。

墓葬所在的枣湾畔山峁呈东南—西北向长条形，南、北、东三面环沟，西与另一山峁相连。山顶狭窄，东西长约 600 米，南北宽约 80 米。顶部较平坦，自顶向下已修成数级梯田。战国墓葬多集中在山峁东、西两端（图八九；彩版八一）。山峁顶部除商代夯土建筑和灰坑外，并未发现战国时代居址。

枣湾畔发掘的 9 座战国墓葬均为竖穴土坑墓，7 座为东西向墓（M1、M2、M4、M5、M7~M9），可辨别头向的有 3 座，均向西；2 座为南北向墓（M3、M10），头朝南、北各 1 座。5 座墓圹口大底小，4 座墓口底同大。以单棺墓为主，有 4 座；一椁一棺墓 1 座；无葬具墓 2 座；葬具不详墓 2 座。有 2 座墓有壁龛。墓葬均为小型墓葬，最大的面积 10 平方米，最小的仅 0.8 平方米。墓葬多被严重盗扰，残存随葬品极少，以陶器为主。

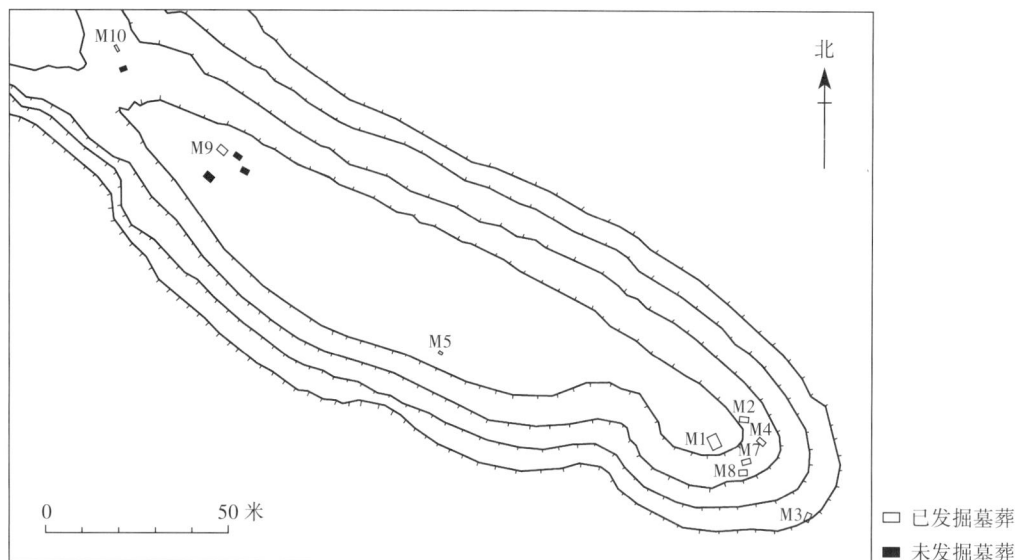

图八九　枣湾畔墓地战国墓葬分布图

## M1

（一）墓葬形制

M1位于山峁东端坡地上。开口于耕土层下。长方形竖穴土坑墓。墓向293°。墓圹口大底小，口长368、东宽274、西宽280厘米，底长292、东宽180、西宽184厘米，深270~290厘米。墓壁斜直，收分均匀。墓角接近直角。填五花土，以黄色为主，夹杂有红褐色斑块。填土内包含较多商代晚期陶片。开口向下约40厘米处为一夯打土层，土质坚硬，厚20~40厘米，之下填土较疏松。葬具为一椁一棺，椁长246、西宽132、东宽124厘米，棺长222、东宽84、西宽64厘米。棺椁东、西两端相距约10厘米，南、北两端相距10~32厘米。由于墓室盗扰严重，棺椁的厚度、高度不详。棺椁木尚未完全腐朽。墓主遗骸被扰，仅存墓主人头骨、肢骨等，头向西（图九〇；彩版八二，1）。

（二）出土器物

该墓被严重盗扰，盗洞位于墓葬中部，呈不规则圆形，向下直至墓底，其内发现部分残存骨骸及铜带钩1件（M1：1）。带钩位于棺内西北角，头骨北侧略偏东处。

**铜带钩**　1件。M1：1，琵琶形，钩首残，钩体较宽，钩面有两道凸棱，形成三个凹面，钩尾圆弧，钩纽距离钩尾较远，几近钩体中部。长8厘米（图九一；彩版一〇〇，1）。

## M2

（一）墓葬形制

M2位于山峁东端坡地上，西南距M1约5米。开口于耕土层下。长方形竖穴土坑墓。墓向275°。墓圹口大底小，口长260、宽144厘米，底长240、宽122厘米，深190厘米。填红褐色五花土，土质较疏松，未见夯打痕迹。墓室四壁竖直，壁面光滑，四角几乎直角。

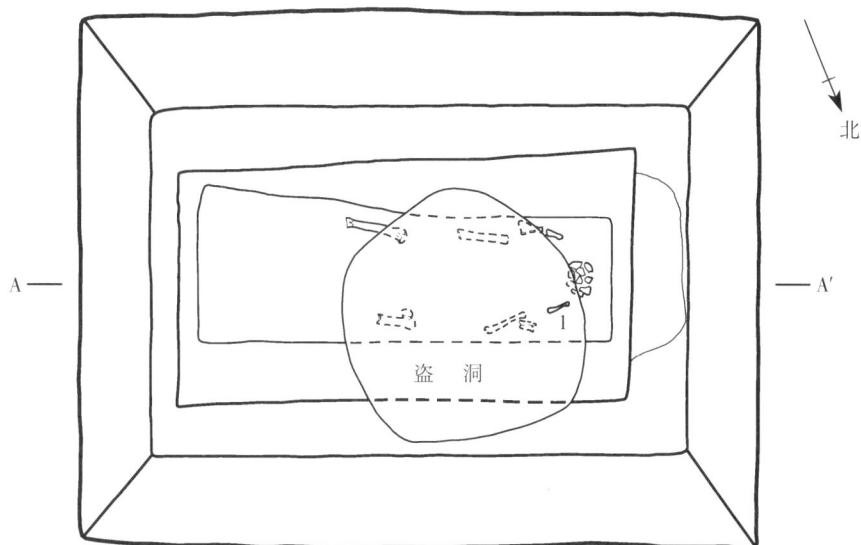

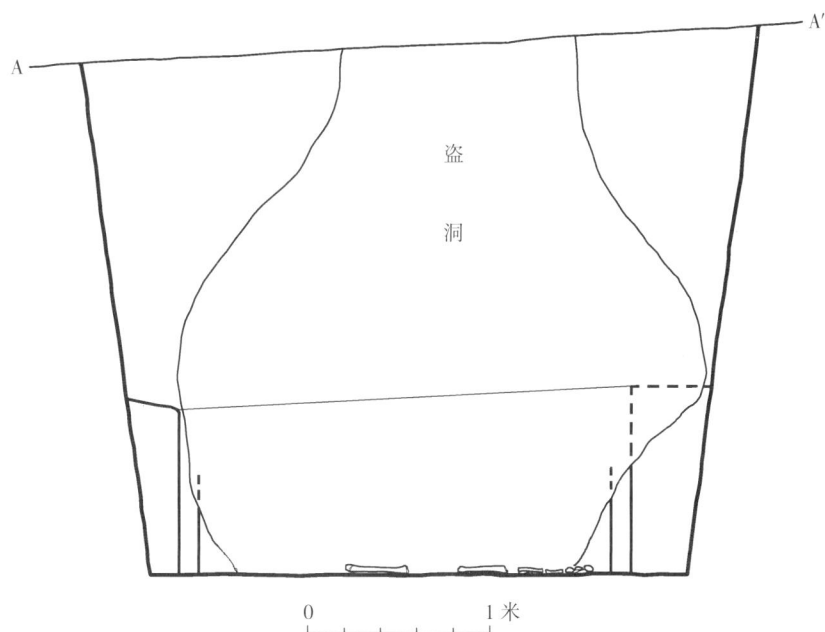

图九〇 枣湾畔 M1 平、剖面图
1. 铜带钩

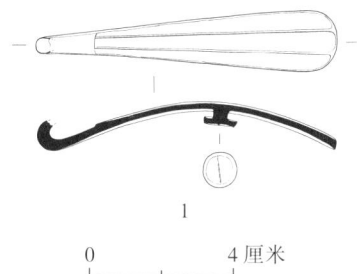

图九一 枣湾畔 M1 出土器物

西壁发现一方形壁龛，顶部距墓葬开口 80 厘米，底距墓底 74 厘米，壁龛北壁距 M2 北壁 12 厘米，壁龛南壁距 M2 南壁 38 厘米。壁龛高 30~36、宽 94、进深 20~22 厘米。龛内放置陶器 5 件（M2：2~6）。墓底四周有宽约 10 厘米的生土二层台，高 66~70 厘米。葬具为单棺，东宽 54 厘米，棺西部被盗扰，长度不详，高度、棺板厚度不详。墓主人盆骨及以上部分被盗扰不见，仅残存部分下肢骨，可判断墓主人头朝西，仰身直肢葬（图九二；彩版八二，2）。

（二）出土器物

在棺外北侧放置 1 件泥钵（M2：1），壁龛内由南向北依次放置 2 件陶盆（M2：2、3）、

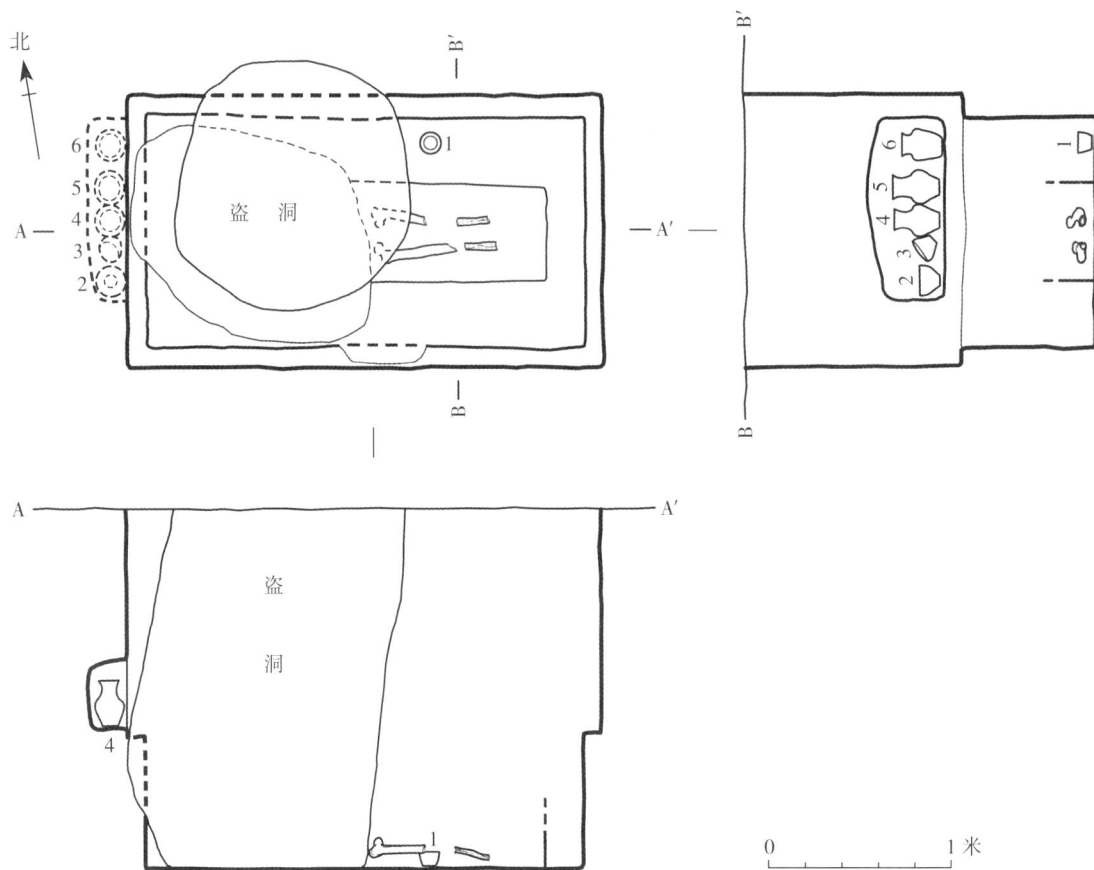

图九二　枣湾畔 M2 平、剖面图
1.泥钵　2、3.陶盆　4、5.陶壶　6.陶罐

2 件陶壶（M2：4、5）和 1 件陶罐（M2：6）。

**泥钵**　1 件。M2：1，泥质褐色。未烧制，胎厚，较酥。圆形，直壁，浅腹，平底（彩版九八，1）。

**陶盆**　2 件。M2：2，泥质灰陶。窄折沿，尖圆唇，束颈，腹上部较鼓，下部斜收，有刮削痕迹，平底。腹上部饰两周凹弦纹。口径 17.8、底径 8.64、通高 9.72 厘米（图九三；彩版八九，4）。M2：3，泥质灰陶。斜折沿，方唇，束颈，折肩，腹略弧下收，平底。素面。腹下部有刮削痕和抹痕。口径 16.2、底径 7.83、通高 9.2 厘米（图九三；彩版八九，2）。

**陶壶**　2 件。M2：4，泥质灰陶。敞口内弧，方唇，高直领，广折肩，深腹，腹壁下收，平底。领上有四道凸弦纹，折肩处有一周凹弦纹。口径 11.34、底径 9.45、通高 22.7 厘米（图九三；彩版九一，2）。M2：5，泥质灰陶。侈口，方唇上有凹槽，高直领，圆折肩，肩面较广，深腹，上腹部略鼓，平底。领上有四道凸弦纹。下腹部有抹痕。口径 12.69、底径 9.45、通高 22.1 厘米（图九三；彩版九一，3）。

**陶罐**　1 件。M2：6，夹砂灰陶。制作粗糙，烧制温度低，手感较轻。敞口，尖圆唇，高领微束，领、腹交接处明显，深腹，腹壁略弧，平底。素面。口径 12.7、底径 8、通高 17.8 厘米（图九三；彩版九六，5）。

图九三　枣湾畔 M2 出土器物

## M3

（一）墓葬形制

M3 位于山峁最东端，西北距 M8 约 11 米。开口于耕土层下，墓口东南角被断坎破坏。长方形竖穴土坑墓。墓向 23°。墓圹口大底小，口长 250、宽 140 厘米，底长 266~270、宽 134~140 厘米，深 230 厘米。填红褐色五花土，未见夯打痕迹。壁面规整，较光滑。东壁、北壁竖直，无收分，南壁、西壁略内收。北壁底部有一壁龛，宽 104、高 40~50、进深约 20 厘米。壁龛内放置陶器 5 件（M3：1~5）。墓室西南角留有高约 74 厘米的生土二层台，台宽 2~12 厘米。葬具为单棺，长 186、宽 66 厘米，高度、棺板厚度不详。墓主人骨架保存较好，头朝北，面向西，侧身屈肢葬（图九四；彩版八三，1、2）。

（二）出土器物

壁龛内放置 5 件陶器，从西向东依次是陶碗（M3：1）、陶罐（M3：2）、陶豆（M3：3）和 2 件陶罐（M3：4、5）。

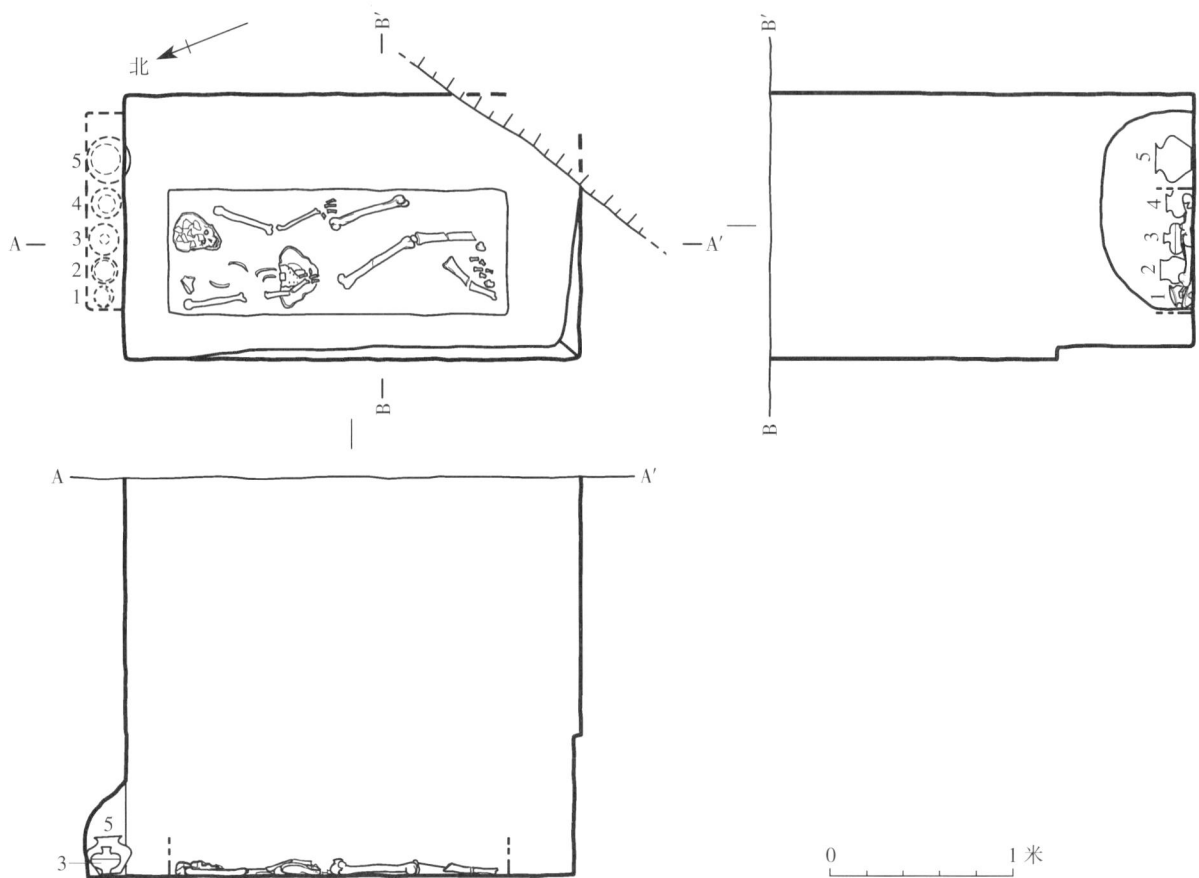

图九四　枣湾畔 M3 平、剖面图

1.陶碗　2、4、5.陶罐　3.陶豆

**陶碗**　1件。M3：1，泥质灰陶。胎较厚，手感略重。侈口，方唇，束颈，口径和肩径相当，腹壁略外弧，下部斜收较甚，平底。素面，下腹有刮削痕迹。口径 16、底径 7.2、通高 10.2 厘米（图九五；彩版九九，1）。

**陶豆**　1件。M3：3，带盖。器子口，方唇，深腹，腹壁斜弧下收，矮豆柄较粗，喇叭形圈足。盖母口，喇叭形圆捉手，盖面外弧下收。盖面可见暗弦纹，余素面。口径 7.5、底径 10.6、通高 19.6 厘米（图九五；彩版九〇，5）。

**陶罐**　3件。M3：2，夹砂红褐陶。胎厚，烧制温度低，手感较轻。侈口，方唇，斜高领，鼓腹，平底。领下饰一周断续的戳刺纹，腹上部饰一周斜直戳刺纹。口径 14、底径 7.4、通高 16.8 厘米（图九五；彩版九七，1）。M3：4，泥质灰陶。胎厚，手感较重。敞口，方唇，矮束颈，溜肩，肩面较广，腹壁斜直下收，平底。下腹部饰竖绳纹，肩面有刮抹痕迹。口径 11、底径 11.2、通高 14.8 厘米（图九五；彩版九二，2）。M3：5，泥质灰陶。侈口，窄折沿，沿面有一周凹槽，尖圆唇，束颈，溜肩，肩面较广，腹壁斜直下收，平底。素面。腹壁有抹痕。口径 10.6、底径 13.2、通高 18.4 厘米（图九五；彩版九二，3）。

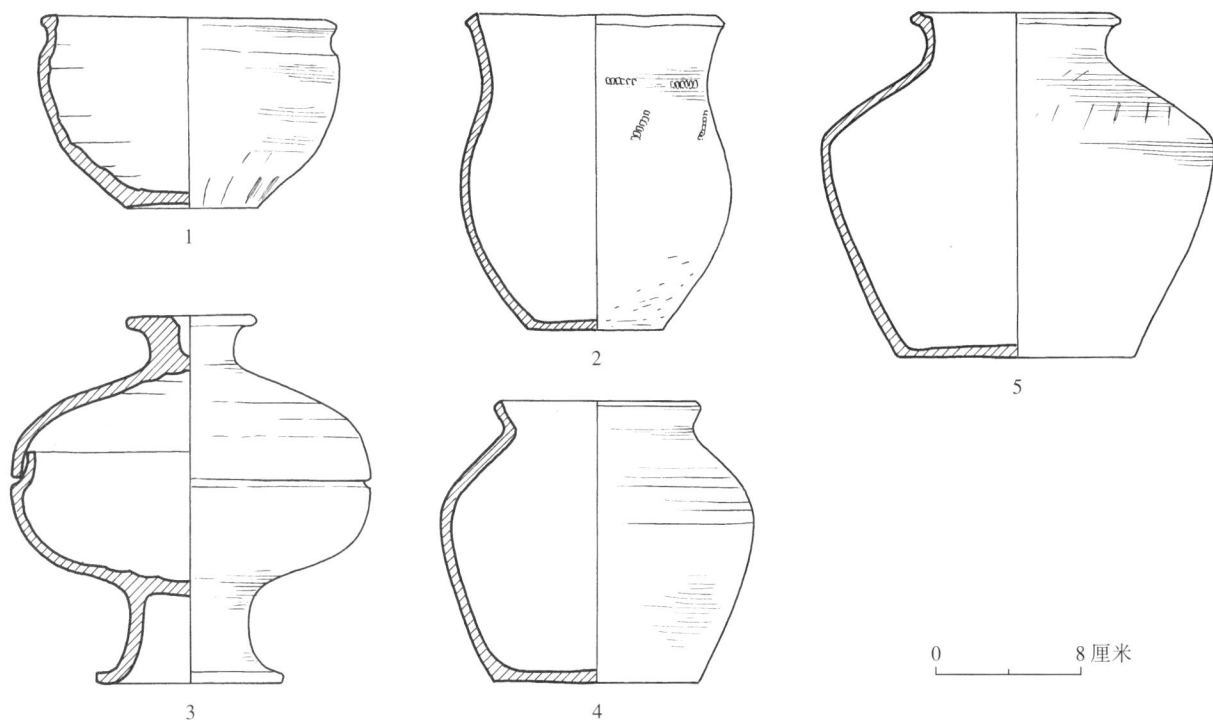

图九五　枣湾畔 M3 出土器物

## M4

M4 位于墓地东部，北邻 M2。开口于耕土层下。长方形竖穴土坑墓。墓向 294°。墓圹口底同大，长 236、宽 136、深 110 厘米。填土为被盗后回填土，质地松软。墓壁规整、光滑。盗洞位于墓口中南部，近方形，自上而下将整个墓室盗扰。葬具、葬式不详（图九六）。

无残存随葬品。

## M5

（一）墓葬形制

M5 位于山峁中部偏南。开口于耕土层下，打破商代中型夯土建筑。长方形竖穴土坑墓。墓向 293°。墓圹口底同大，长 110、宽 70、深 100 厘米。墓壁竖直，未见明显加工痕迹。无葬具。墓主人骨架保存完好，似未成年，头朝西，面向上，仰身直肢葬（图九七；彩版八四，1）。

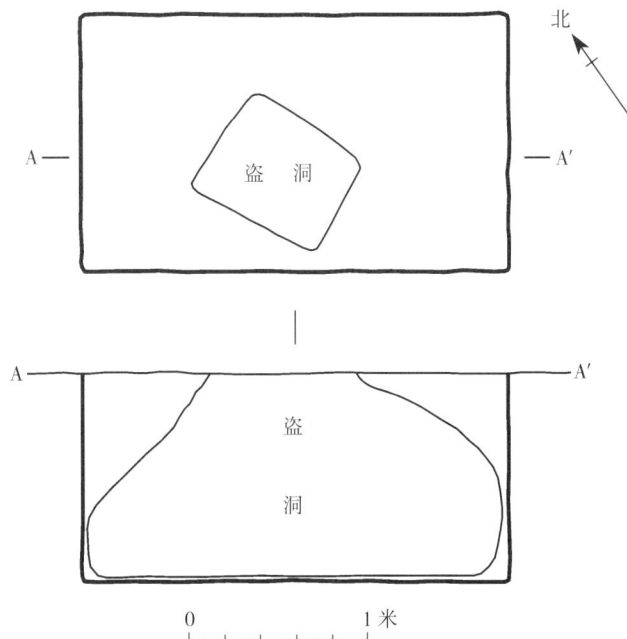

图九六　枣湾畔 M4 平、剖面图

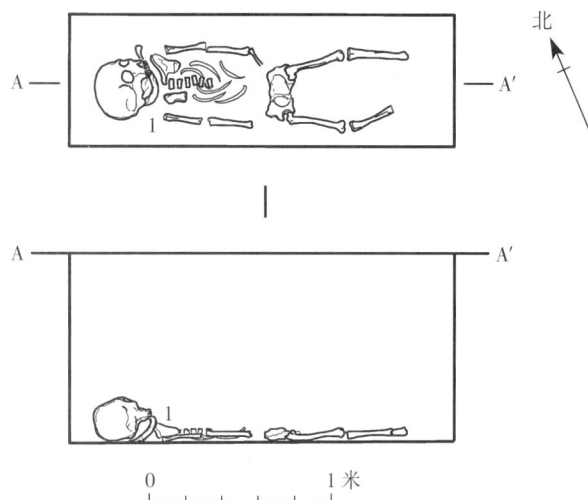

图九七　枣湾畔 M5 平、剖面图

1. 项饰

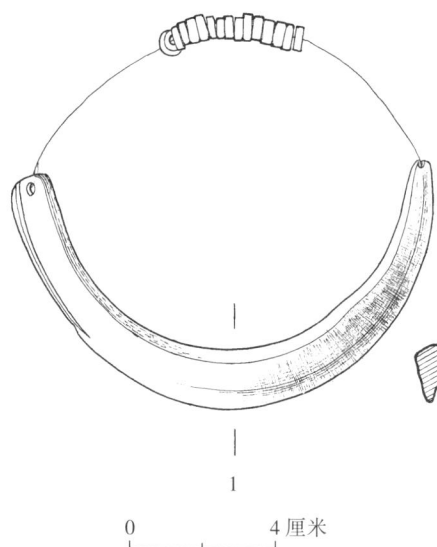

图九八　枣湾畔 M5 出土器物

（二）出土器物

墓主人颈部有 1 件项饰。

**项饰**　1 件。M5：1，半圆形牙饰，两端有孔，穿附 15 个圆形骨泡（图九八）。

## M7

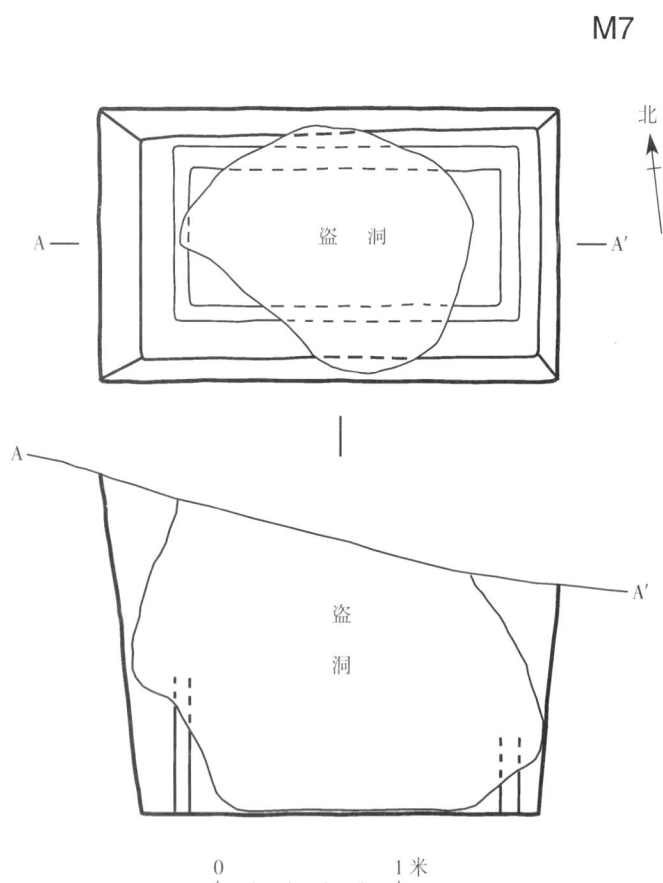

图九九　枣湾畔 M7 平、剖面图

M7 位于山峁东端，西邻 M1，南邻 M8，北邻 M2。开口于耕土层下，打破生土。长方形竖穴土坑墓。墓向278°。墓圹口大底小，口长 252、宽144 厘米，底长 222、宽 120 厘米。墓口被梯田破坏，西高东低，深 122~174厘米。填黄褐色五花土，土质较致密。盗洞内填土杂乱，为被盗后回填土，质地松软。墓壁斜直光滑，未见工具加工痕迹。葬具为单棺，棺木未完全腐朽，长 190、宽 92、残高 16~58 厘米，棺板厚约 10 厘米。墓主人骨骸已不见，葬式不详（图九九；彩版八四，2）。

无残存随葬品。

## M8

M8 位于山峁东南端，北邻 M7，西北邻 M1。开口于耕土层下，打破生土。长方形竖穴土坑墓。墓向 274°。墓圹口底同大，长 242、西宽 160、东宽 140 厘米。墓口被梯田破坏，西高东低，深 40~56 厘米。填黄褐色五花土，土质较致密。盗洞内填土杂乱，疏松。墓壁竖直光滑，未见工具加工痕迹。四角稍弧。盗洞位于墓口中部，将整个墓室盗扰。葬具、葬式不详（图一○○；彩版八五，1）。

无残存随葬品。

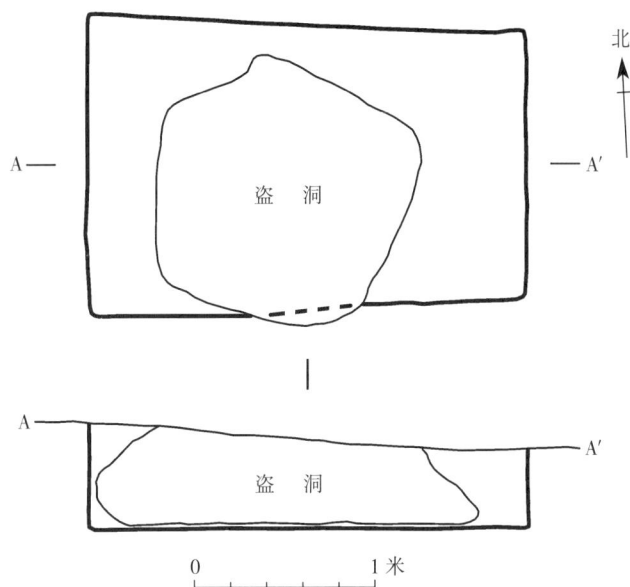

图一○○ 枣湾畔 M8 平、剖面图

## M9

（一）墓葬形制

M9 位于山峁西端。开口于耕土层下，打破生土。长方形竖穴土坑墓。墓向 312°。墓圹口大底小，口长 288、宽 192 厘米，底长 248、宽 150 厘米，深 224 厘米。填黄褐色五花土，土质较致密。盗洞内填土杂乱，疏松。墓壁斜直，壁面较光滑，未见加工痕迹。四角近直。葬具为单棺，棺木未完全腐朽，长 178、宽 68 厘米，高度不详。墓葬被盗严重，墓主人骨骸已不见，葬式不详（图一○一；彩版八五，2）。

（二）出土器物

盗洞内发现骨饰 1 件（M9：01）、陶盆 4 件（M9：02~05）、陶罐 1 件（M9：06）。

**陶盆** 4 件。形制相同。泥质灰陶。胎厚，手感较重。侈口，窄折沿，领内凹，束颈，折肩，腹壁斜直下收较甚，平底。颈上有一周凸弦纹，腹壁有明显的刮削痕迹。M9：02，口径 11.7、底径 7.2、通高 6.35 厘米（图一○二；彩版八七，1）。M9：03，口径 11.8、底径 6.8、通高 6.1 厘米（图一○二；彩版八七，2）。M9：04，口径 12、底径 6.6、通高 5.9 厘米（图一○二；彩版八七，3）。M9：05，口径 12、底径 6、通高 6 厘米（图一○二；彩版八七，4）。

**陶罐** 1 件。M9：06，夹细砂灰陶。胎较薄，手感轻。敞口，方唇，大斜领，束颈，双

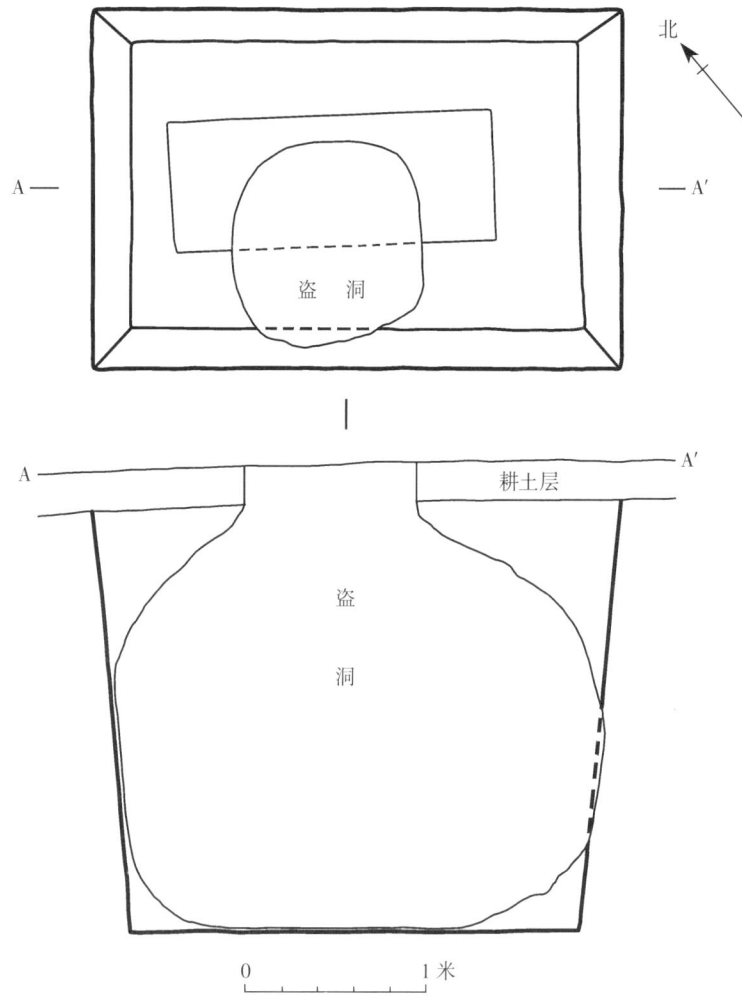

图一〇一　枣湾畔 M9 平、剖面图

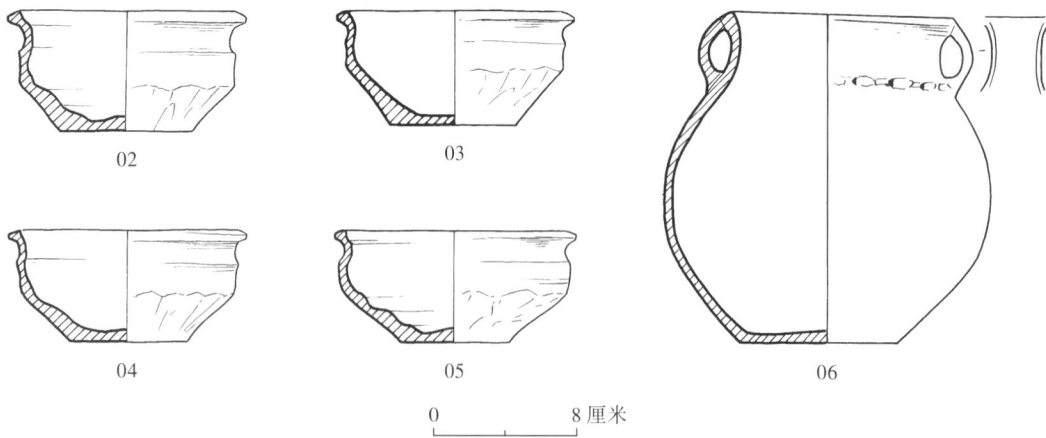

图一〇二　枣湾畔 M9 盗洞内出土器物

02~05.陶盆　06.陶罐

耳齐口，耳稍宽，圆鼓腹近球形，平底。颈下饰一周附加泥条，泥条上有戳刺纹。口径 12、底径 8.7、通高 17.6 厘米（图一○二；彩版九五，2）。

**骨饰** 1 件。M9：01。

# M10

（一）墓葬形制

M10 位于山峁外的西部偏北，距其他墓葬较远。开口于耕土层下，打破生土。长方形竖穴土坑墓。墓向 156°。墓圹口底同大，长 190、宽 72 厘米。墓口被梯田破坏，北高南低，深 10~46 厘米。填黄褐色五花土，土质较致密。未发现葬具。人骨保存较差，头骨不见，仅存左上肢骨下部和少量下肢骨，头朝南，面向不详，葬式不详（图一○三）。

（二）出土器物

墓主左肢骨处有 1 件铁带钩。

**铁带钩** 1 件。M10：1，锈蚀严重。长约 12.4 厘米（图一○四）。

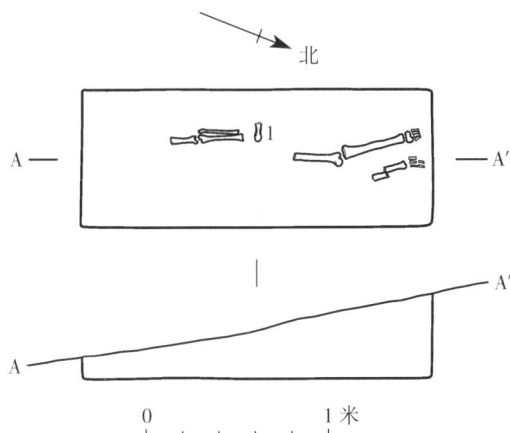

图一○三 枣湾畔 M10 平、剖面图
1.铁带钩

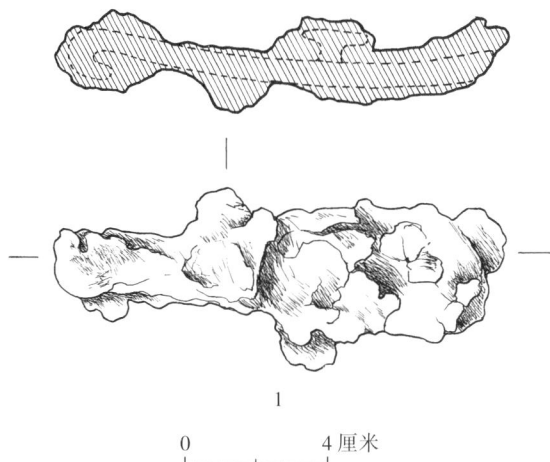

图一○四 枣湾畔 M10 出土器物

## 第三节 周边区域调查

在发掘完枣湾畔墓地后，结合李家崖东周墓中不同文化因素综合考量，我们初步认识到陕北地区东周遗存的复杂性，随后便带着课题意识展开相关工作。2015 年 5~11 月，高堎 M1 考古发掘期间，考古队以辛庄遗址为中心展开重点调查，在 10 平方千米范围内，发现李集山、桃林山、羊耳子峁、青龙山、桃拨梁、桑背梁、郝家崾头等 7 处战国墓地（参见图八五），并采集到大量东周时期的遗物标本。此外，在对绥德、子洲两县部分第三次全国文物普查线索的复查中，在子洲县封家峁和绥德县桥上、刘川 3 处墓地采集到典型器物。

通过调查发现这些地点有以下几个特点：第一，绝大多数为墓地，极少数是居址；第二，分布在山梁梁顶较平坦处；第三，山梁顶面较窄，面积不大；第四，几个地点相互距离很近，甚至在一个村子不同的山峁上都有发现，可能是一处较大的墓群。

## 青龙山墓地

青龙山墓地位于清涧县李家塔镇张家沟村，南距高塬墓葬约 1300 米（图八五，4）。墓地所在的青龙山呈长条形，为东北—西南走向，呈东北高、西南低的缓坡状，顶部部分区域较平缓。东西宽 70、南北长 300 米，面积约 2 万平方米。其西、南、东三面为冲沟，北部与高起的山梁相连，通过山梁可直达高塬墓葬。

采集到陶罐 2 件、罐耳 1 件、罐口沿 1 件。

**陶罐**　2 件。均为双耳罐。青龙山采：01，残，可修复。夹细砂灰陶。胎较薄，手感较轻。侈口，矮斜直领，球形腹，平底，两耳附于领侧，齐口，耳面宽扁。素面。口径 10.34、底径 8.93、通高 11.5 厘米（图一○五；彩版九四，6）。青龙山采：02，残，可修复。夹细砂灰陶。胎较薄，手感轻。侈口，卷沿，尖唇，矮直领，鼓腹下收，平底，两耳附于领侧，齐口，耳面宽扁。腹上部饰两道附加泥条，下另有一道附加泥条呈弯曲的蛇形。口径 11、底径 7.05、通高 10.8 厘米（图一○五；彩版九五，1）。

**陶罐耳**　1 件。青龙山采：03，仅剩一耳和部分领。夹细砂灰陶。胎薄。矮直领，耳齐口附于领侧，耳面宽扁（图一○五；彩版九八，5）。

**陶罐口沿**　1 件。青龙山采：04，仅剩口沿和一小部分腹。夹细砂灰陶。胎薄。侈口，矮领（图一○五；彩版九八，3）。

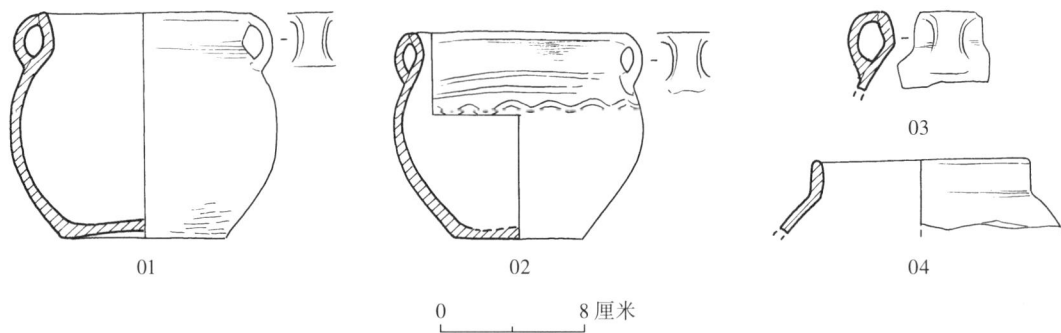

图一○五　青龙山墓地采集陶器

01、02. 罐　03. 罐耳　04. 罐口沿

## 桃拨梁墓地

桃拨梁墓地东与青龙山隔沟相望，西与辛庄遗址相望（图八五，3）。所在山峁大致南北走向，呈北高南低的缓坡状，顶部狭长，四周坡地较陡且多有小冲沟。东西宽 120、南北长 300 米，面积约 3.6 万平方米。其西、南、东三面为冲沟，北与山梁相连，向北蜿蜒可到达贺家圪塄和羊耳子山，中间向南折可到达辛庄遗址。

采集到陶罐 2 件、陶壶 1 件。

**陶罐**　2 件。均为双耳罐。桃拨梁采：01，残，可修复。夹细砂灰陶。胎薄，手感轻。

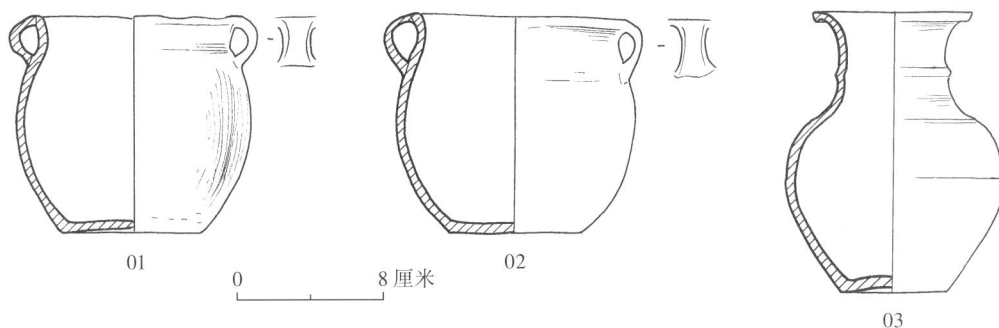

图一〇六　桃拨梁墓地采集陶器
01、02.罐　03.壶

侈口，斜直领，球形腹，平底，两耳附于领侧，齐口，耳面宽扁。腹饰极浅绳纹。口径 9.9、底径 7.3、通高 11.2 厘米（图一〇六；彩版九四，4）。桃拨梁采：02，完整。夹细砂灰陶。胎较薄，手感轻。侈口，矮弧领，方唇，球形腹，平底，两耳附于领外侧，齐口，耳面宽扁。素面。口径 10.34、底径 7、通高 11.3 厘米（图一〇六；彩版九四，5）。

**陶壶**　1 件。桃拨梁采：03，口残，可修复。泥质灰陶。大侈口，卷沿，方唇，高直领，圆肩，腹壁略外鼓斜收，平底。领靠下及肩上各有一周凸弦纹。口径 8.46、底径 5.65、通高 14.3 厘米（图一〇六；彩版九一，4）。

## 桑背梁墓地

桑背梁墓地位于清涧县李家崖镇贺家圪崂村，南距辛庄遗址约 1500 米（图八五，5）。所在山峁呈长条形，西南—东北走向，东北高、西南低，顶部呈缓坡状，偏北部有稍大平地，四周坡地较陡。东西宽 85、南北长 750 米，面积约 6 万平方米。其西、北、南三面临沟，东北与山梁相连。

采集到陶罐 4 件、陶盆 1 件、陶豆 1 件。

**陶罐**　4 件。桑背梁采：018，残，可修复。夹细砂灰陶。胎薄，手感轻。侈口，矮斜直领，球形腹，平底，两耳附于领侧，齐口，耳面宽扁。腹部有刮削痕迹，似篮纹。口径 11.4、底径 9.2、通高 14 厘米（图一〇七；彩版九四，3）。桑背梁采：016，底残。夹细砂灰陶。侈口，方唇，矮斜领，球形腹，两耳附于领外侧，耳面宽扁。素面。口径 12、底径 8.5、通高 15.1 厘米（图一〇七；彩版九四，2）。桑背梁采：05，残，可修复。夹细砂灰陶。胎较薄。侈口，方唇，矮斜领，球形腹较深，平底。残损较多，也应是双耳。素面。口径 12、底径 7.2、通高 14 厘米（图一〇七；彩版九四，1）。桑背梁采：015，口残，可修复。夹细砂灰陶。胎较薄，手感轻。大侈口，卷沿，尖唇，矮束颈，腹外鼓，深腹，平底。素面。口径 13.4、底径 7.4、通高 16 厘米（图一〇七；彩版九六，4）。

**陶盆**　1 件。桑背梁采：017，残，可修复。口沿、肩泥质，腹夹砂，灰陶。胎厚，手感重。大侈口，卷沿，圆唇，矮束颈，折肩，口径小于肩颈，肩下内凹一周，腹壁斜直下收，平底。素面。口沿及肩部可见轮制痕迹，腹部可能为手制。口径 22.8、底径 13.2、通高 9.6 厘米（图一〇七；彩版八七，5）。

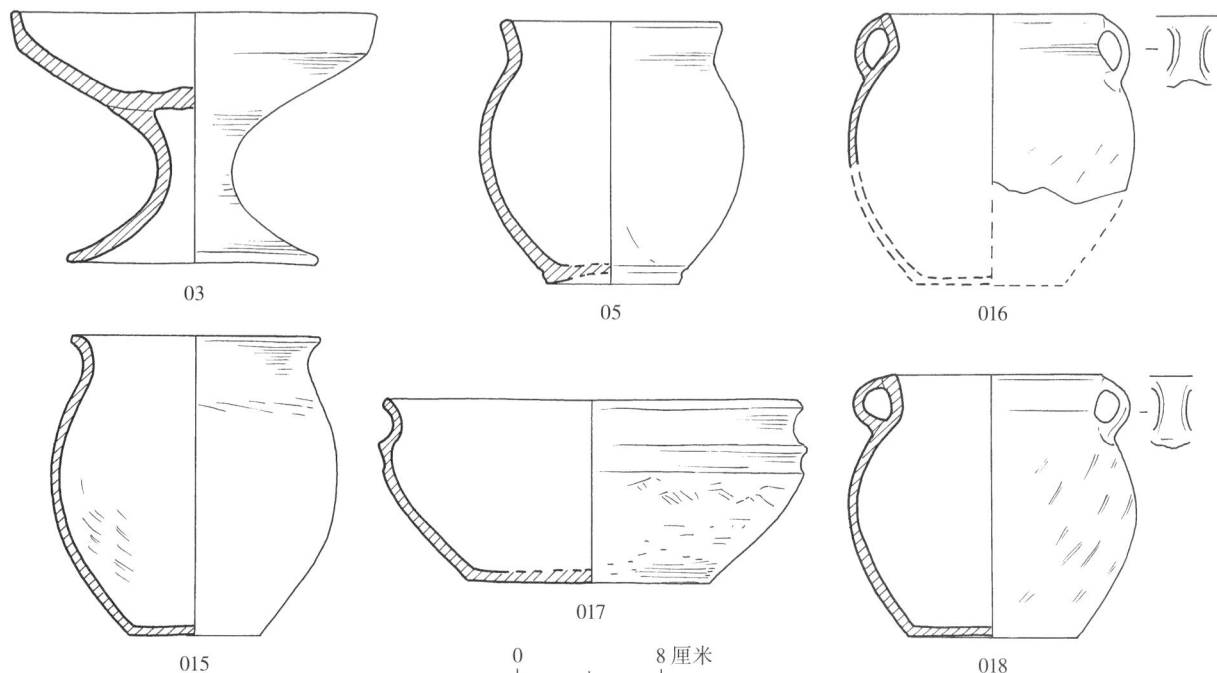

图一〇七　桑背梁墓地采集陶器

03. 豆　05、015、016、018. 罐　017. 盆

**陶豆**　1件。桑背梁采：03，残，可修复。泥质深灰陶。敞口，圆唇，豆盘较浅，豆柄较细，喇叭形圈足较大。素面。豆柄有明显的刮痕。口径20.9、底径14.5、通高14.1厘米（图一〇七；彩版九一，1）。

## 羊耳子峁墓地

羊耳子峁墓地位于郝西家沟村东侧、桑背梁墓地北1200米的山峁上（图八五，8）。山峁呈长条状，西南—东北走向，东北高、西南低，顶部呈缓坡状，四周坡地较陡。东西宽31、南北长500米，面积约1.5万平方米。西、东两面临沟，两沟相汇于山峁南面。北部与高起的长梁相连，可通辛庄、桃拨梁、高塬等处。

采集到标本5件，其中可复原器3件。有豆、盆、罐各1件和罐口沿2件。

**陶豆**　1件。羊耳子峁采：03，残，可修复。泥质深灰陶。敞口，方唇，豆盘似碗形，深腹，豆柄较细，喇叭形圈足较小。腹部饰竖绳纹，豆柄有明显的刮痕。口径14.2、底径8、通高13.7厘米（图一〇八；彩版九〇，1）。

**陶盆**　1件。羊耳子峁采：09，残，可修复。泥质深灰陶，红胎。敞口，斜直领，无肩，腹壁微外鼓下收，平底。腹上部饰竖绳纹，下部绳纹被抹。口径20、底径9.6、通高11.2厘米（图一〇八；彩版八八，3）。

**陶罐**　1件。羊耳子峁采：07，口残，可修复。泥质灰陶。手感较重。侈口，折沿，圆唇，高直领，鼓肩，腹壁微鼓下收，大深腹，平底。肩面及上腹部饰弦断绳纹。口径10.3、底径11、通高25.4厘米（图一〇八；彩版九三，3）。

**陶罐口沿** 2件。羊耳子峁采：010，残，仅剩口沿。夹砂浅褐陶。胎厚，烧制温度低，手感轻。大敞口，方唇，斜直领。领外有两段饰戳刺纹的附加泥条，领、腹交接处有一周断续的戳刺纹（图一〇八；彩版九八，2）。羊耳子峁采：011，残，仅剩口沿。夹砂浅褐陶。胎厚，烧制温度低，手感轻。大敞口，方唇，斜直领，无肩，领下接连腹部略鼓。领、腹交接处饰由戳刺纹组成的斜纹饰带一周（图一〇八；彩版九八，4）。

另在郝西家沟村征集铜器2件、砺石1件。

**铜带扣** 1件。郝西家沟征：01，整体呈"8"字形。方形纽，上有两个不规则穿孔。圆形扣环内有动物形装饰，扣舌位于环上，向外伸出。长6、环径3.7厘米（图一〇九；彩版一〇〇，2）。

**铜环** 1件。郝西家沟征：02，扁圆状。外径3.42、内径2厘米（图一〇九；彩版一〇

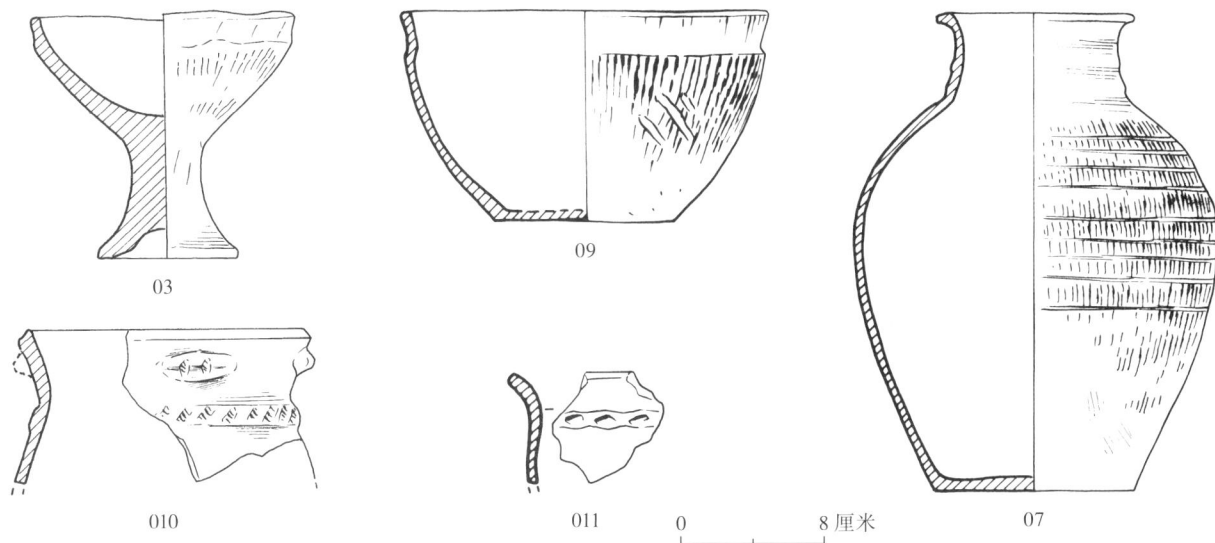

图一〇八 羊耳子峁墓地采集陶器

03.豆 07.罐 09.盆 010、011.罐口沿

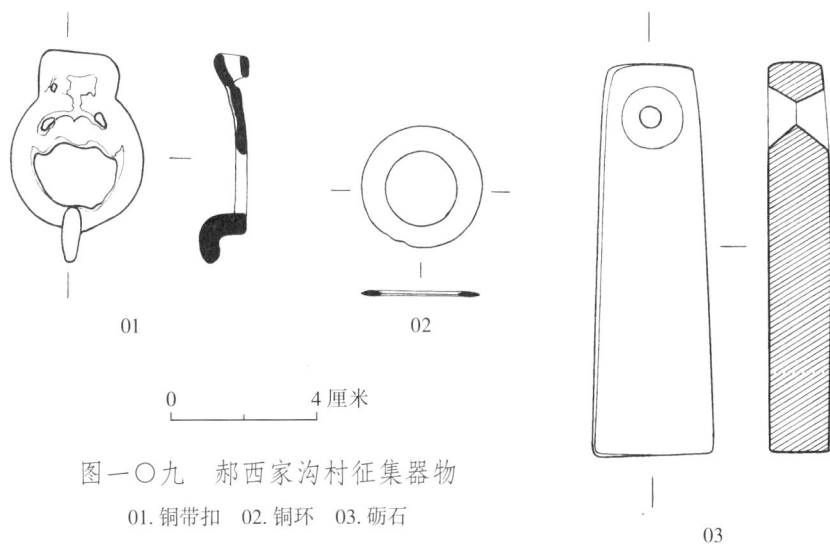

图一〇九 郝西家沟村征集器物

01.铜带扣 02.铜环 03.砺石

○，3）。

**砺石**　1件。郝西家沟征：03，长条形，上端稍窄，有一穿孔，孔为两面对钻，下端稍宽，平底。长 11.1、宽 3.4、厚 1.7 厘米（图一○九；彩版一○○，4）。

## 李集山墓地

李集山墓地位于郝西家沟村西侧、羊耳子山西约 1300 米处的山峁上，中间有大沟相隔（图八五，9）。山峁大致呈南北走向，顶部较为平坦。东西宽 100~180、南北长 700 米，面积约 8 万平方米。其西、东、南三面临沟，北与高的山梁相连，应是与外界通连的出处。

该点应是一处规模较大、墓葬分布密集的墓地。采集的器物特色鲜明，个别器物较为少见，体现出多种文化交流融合的特征。

采集到可修复陶器标本 27 件，包括鬲、鼎、豆、盆、壶、釜、盂、碗以及各种类型的罐。

**陶鬲**　1件。李集山采：078，残，可修复。夹砂灰陶。侈口，窄折沿，矮领，圆鼓肩，腹斜直下收，最大径在肩部，三矮实足跟，裆较矮近平。颈部绳纹被抹，腹上部饰竖绳纹，下部及底饰斜绳纹，足跟绳纹较乱。口径 17.2、腹深 17.2、通高 19.2 厘米（图一一○；彩版八六，1）。

**陶鼎**　2件。李集山采：016，残，可修复。泥质灰陶，腹下部及足夹砂。胎较厚，手感重。器子口，深弧腹，圜底，三柱状足，腹上有一残鼎耳。素面。口径 13.6、腹深 7.2、通高 11.6 厘米（图一一○；彩版八六，2）。李集山采：057，耳残，可修复。夹砂深灰陶。胎较厚，手感重。器子口，敛口，深腹，圜底，两鼎耳已残，蹄形足较粗。素面。口径 16、腹深 10.8、通高 13.2 厘米（图一一○；彩版八六，3）。

**陶豆**　4件。李集山采：09，残，可修复。泥质浅灰陶。胎较厚，手感重。器子口，豆盘直壁，深腹，圜底，矮豆柄，喇叭形圈足。素面。腹壁、圈足上有清晰抹痕。口径 16.4、底径 12.8、通高 11.6 厘米（图一一○；彩版九○，6）。李集山采：058，足稍残，可修复。泥质灰陶。敛口，尖唇，浅盘，盘壁较直，微圜底，豆柄细高，喇叭形圈足。素面。盘壁下有一周凹弦纹，圈足表面可见轮制痕迹。口径 9.6、底径 9.6、通高 10.8 厘米（图一一○；彩版九○，2）。李集山采：024，残，可修复。泥质灰陶。器子口，豆盘直壁，圜底，豆柄细高，喇叭形圈足。素面。口径 17.6、底径 13.2、通高 17.6 厘米（图一一○；彩版九○，4）。李集山采：062，残，可修复。泥质浅灰陶。制作粗糙，豆盘、柄和圈足壁厚，手感重。敛口，浅盘较小，高柄，大喇叭口圈足。素面。柄有刮削痕迹。口径 11.8、底径 12.2、通高 12.4 厘米（图一一○；彩版九○，3）。

**陶盆**　4件。李集山采：04，残，可修复。泥质灰陶。侈口，窄折沿，方唇，矮颈，颈、腹相连，无肩，深腹，腹壁斜下收，平底。上腹部绳纹清晰，下腹部绳纹纹路不清。口径 18.4、底径 6.4、通高 12 厘米（图一一○；彩版八八，4）。李集山采：061，残，可修复。泥质深灰陶，上部泥质，下部及器底夹砂。侈口，卷沿，尖唇，束颈，无肩，上腹部外鼓，下腹部斜下收，平底。上腹部饰竖绳纹，颈和下腹部绳纹被抹。口径 16.8、底径 9.2、通高 10.4 厘米（图一一○；彩版八八，5）。李集山采：068，完整。上部泥质，下部及器底夹砂，

图一一○ 李集山墓地采集陶器

04、061、068、069.盆 05、072.釜 06.盂 09、024、058、062.豆 016、057.鼎 059.碗 078.鬲

深灰陶。侈口，宽方唇，矮束颈，颈、腹相连，无肩，腹壁斜直下收，平底。腹中上部饰竖绳纹，下部及器底绳纹被抹。口径 17.6、底径 10、通高 8.8 厘米（图一一〇；彩版八八，2）。李集山采：069，完整。夹细砂深灰陶。侈口，卷沿，尖唇，无肩，鼓腹，最大径在腹中部，腹下部斜收较甚，底收成近圈足，平底。腹最近颈部有两周宽凹弦纹，可见抹制痕迹。口径 17.6、底径 7.6、通高 11.2 厘米（图一一〇；彩版八九，5）。

**陶罐**　10 件。有双耳罐、高领罐、广肩罐、盆形罐、深腹罐等。

**陶双耳罐**　1 件。李集山采：02，残，可修复。夹砂灰陶。胎稍薄，手感轻。侈口，方唇，卷沿，大束颈较矮，圆肩，腹外弧下收，最大径在肩部，腹较深，平底，两附耳贴于颈、肩上。素面。口径 13、底径 7、通高 14.8 厘米（图一一一；彩版九六，2）。

**陶高领罐**　2 件。李集山采：014，残，可修复。夹砂深灰陶。胎厚，手感轻。方唇，高直领，圆鼓腹，平底，领、腹交界明显，领高和腹深基本相等。口沿下有戳刺纹，领、腹交界处有部分斜划痕。口径 10.4、底径 7.2、通高 13.2 厘米（图一一一；彩版九七，2）。李集山采：073，残，可修复。泥质红褐陶。尖圆唇，高直领，无肩，腹外鼓下部斜收，最大径在腹中部，平底，领高和腹深基本相当。素面。腹外壁可见泥条盘筑痕迹。口径 13.5、底径 7.2、通高 18 厘米（图一一一；彩版九七，3）。

**陶广肩罐**　4 件。李集山采：01，底稍残，可修复。上部泥质，腹及以下夹砂，灰陶。胎厚，手感较重。小口，尖圆唇，矮直领，圆折肩，肩面斜广，腹壁斜下收，平底。素面。口径 9.5、底径 13.6、通高 22 厘米（图一一一；彩版九二，1）。李集山采：055，口沿残，可修复。泥质浅灰陶。矮直领，广肩，折肩，深腹，腹壁斜直下微收，平底。腹部局部可见抹掉的绳纹，其余素面。口径 14、底径 15、通高 14.8 厘米（图一一一；彩版九二，4）。李集山采：074，残，可修复。泥质深灰陶。小口，尖唇，矮直领，圆鼓肩，肩面较广，腹外鼓下收，平底。肩面和腹上部饰瓦棱纹，其余素面。口径 9.5、底径 7.2、通高 15.6 厘米（图一一一；彩版九二，5）。李集山采：076，残，可修复。泥质深灰陶。窄折沿，方唇，矮直领，圆肩，肩面较窄，腹壁外鼓下收，平底。素面。口径 12.5、底径 11.2、通高 13.6 厘米（图一一一；彩版九二，7）。

**陶盆形罐**　1 件。李集山采：03，残，可修复。上部泥质，腹及以下夹砂，灰陶。胎较厚，手感重。侈口，口沿极窄微外卷，矮直领，领、腹相连，无肩，深腹，平底。素面。口径 18、底径 14.5、通高 14 厘米（图一一一；彩版九七，4）。

**陶深腹罐**　2 件。李集山采：081，残，可修复。泥质黑皮陶。胎厚，手感重。大喇叭口，矮束颈，圆鼓肩，肩面略鼓，深腹，腹壁略弧下收较甚，平底。颈、肩面和腹部有凸弦纹和抹痕。口径 12、底径 9.5、通高 26 厘米（图一一一；彩版九三，2）。李集山采：080，完整。泥质灰陶。侈口，束颈，鼓肩，深腹。腹中部饰弦断绳纹（图一一一；彩版九三，1）。

**陶盂**　1 件。李集山采：06，残，可修复。泥质灰陶。胎较厚，手感重。微侈口，圆唇，矮弧领，鼓腹，最大径在腹中部，腹下部斜收较甚，矮圈足。腹中部有一周凹弦纹。口径 18.8、圈足 8.4、通高 10.8 厘米（图一一〇；彩版九九，5）。

**陶碗**　1 件。李集山采：059，口沿稍残，可修复。夹砂深灰陶。胎厚，手感重。直口，

01

073

081

02

074

03

076

011

014

055

080

012

0　　　　　8厘米

图一一一　李集山墓地采集陶器

01~03、014、055、073、074、076、080、081.罐　011、012.壶

方唇，矮束颈，折肩明显，腹壁斜直下收较甚，腹较浅，平底。素面，唯颈部有一周较浅的凹弦纹。口径 12.8、底径 5.6、通高 5.6 厘米（图一一○；彩版九九，2）。

**陶壶** 2 件。李集山采：011，残，可修复。泥质灰陶。胎较厚，手感重。高弧领，方唇，无肩，圆鼓腹较深，平底。素面。口径 11、底径 8.75、通高 25 厘米（图一一一；彩版九一，5）。李集山采：012，残，可修复。泥质灰陶。胎较厚，手感重。方唇，高弧领，圆鼓腹较深，平底。素面。口径 10、底径 8.4、通高 22 厘米（图一一一；彩版九一，6）。

**陶釜** 2 件。李集山采：05，残，可修复。夹砂灰陶。大侈口，方唇，高弧领，领、腹交界明显，圆腹，圜底。领、腹及底饰竖绳纹。口径 12.5、通高 13.6 厘米（图一一○；彩版八六，4）。李集山采：072，口沿稍残，可修复。泥质浅褐陶。胎厚，手感重。直口，矮直领，厚方唇，无肩，球形腹，圜底。腹饰乱绳纹。口径 10.5、通高 10.5 厘米（图一一○；彩版八六，5）。

## 桃林山墓地

桃林山墓地位于郝西家沟村西侧、李集山南约 500 米处，两者间隔一条冲沟（图八五，6）。山峁呈长条形，基本呈东西走向。山峁顶部较窄，少有平坦开阔的地方。

采集到可修复陶器标本 4 件。

**陶盆** 1 件。桃林山采：03，残，可修复。泥质深灰陶。大敞口，方唇，斜直领，无肩，腹壁微外弧斜下收，平底。领部及腹靠近器底处绳纹被抹，腹部饰竖绳纹。口径 18.3、底径 7.9、通高 10.4 厘米（图一一二；彩版八八，1）。

**陶碗** 2 件。桃林山采：02，残，可修复。夹细砂浅褐陶。烧制温度低，手感较轻。敞口，窄折沿，矮弧领，无肩，浅腹，圜底，领高和腹深略相当。素面。口径 13.3、底径 4.66、通高 5.8 厘米（图一一二；彩版九九，3）。桃林山采：09，残，可修复。夹细砂浅褐陶。烧制温度低，手感较轻。敞口，卷沿，圆唇，矮弧领，无肩，浅腹，圜底，领高和腹深略相当。素面。腹部有刮削痕迹。口径 15.2、通高 5.5 厘米（图一一二；彩版九九，4）。

**陶罐** 1 件。桃林山采：010，残，可修复。夹砂灰陶。制作粗糙，胎厚，手感重。小口，卷沿，圆唇，矮束颈，圆折肩，肩面广，深腹，腹壁斜直下收较甚，平底，口径与底径略相当。腹部饰竖绳纹。口径 9.3、底径 8.3、通高 13.4 厘米（图一一二；彩版九七，6）。

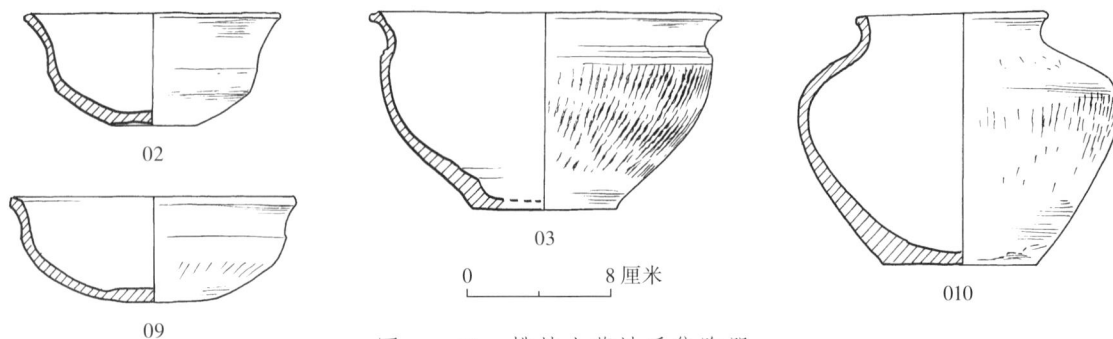

图一一二 桃林山墓地采集陶器

02、09.碗 03.盆 010.罐

## 郝家嶤头墓地

郝家嶤头墓地位于贺家圪塔和羊耳子峁之间的山梁上，以冲沟相隔（图八五，7）。山峁呈长条形，东北—西南走向，与贺家圪塔和羊耳子峁山梁基本平行。山峁顶部较窄，少有平坦开阔的地方。

采集到陶盆 1 件、陶罐 3 件。

**陶盆**　1 件。郝家嶤头采：01，残，可修复。上部泥质，下部夹砂，灰陶。胎较厚，手感重。侈口，卷沿，方唇，矮束颈，肩不明显，腹略外弧下收，平底。素面。口径 17.3、底径 8、通高 10 厘米（图一一三；彩版八九，3）。

**陶罐**　3 件。郝家嶤头采：03，残，可修复。夹砂深灰陶。胎薄，手感较轻。方唇，矮直领，球形腹，平底，两耳附于领处，齐口。素面。口径 10.3、底径 7.6、通高 12 厘米（图一一三；彩版九五，3）。郝家嶤头采：04，残，可修复。夹砂深灰陶。胎较薄，手感轻。方唇，矮直领，球形腹，最大径在腹中部较明显，平底，两耳附于领处，齐口。素面。口径 10.6、底径 7、通高 11.3 厘米（图一一三；彩版九五，4）。郝家嶤头采：02，残甚，不可修复。夹砂深灰陶。手感较轻。口沿或因烧制而变形，方唇，直高领，腹较深，斜直下收，平底，扁宽附耳已残。素面。口径 14、底径 7.3、通高 14.3 厘米（图一一三；彩版九七，5）。

## 封家峁墓地

封家峁墓地位于榆林市子洲县老君殿镇封家峁村，处在两条小河交汇处的山峁下部南端，此处地形为典型的两河夹一峁的三角地带。现为梯田，种植杏树，地表杂草丛生，散布有几座现代坟堆。南北长 240 余米，宽约 80 米。

采集到可修复陶器标本 3 件。

**陶罐**　2 件。封家峁采：01，残，可修复。夹细砂深褐陶。胎较薄，手感轻。直口，圆方唇，矮直领，球形腹，平底，双耳附于领外侧，齐口，耳面扁宽。素面。口径 12、底径 8.4、通

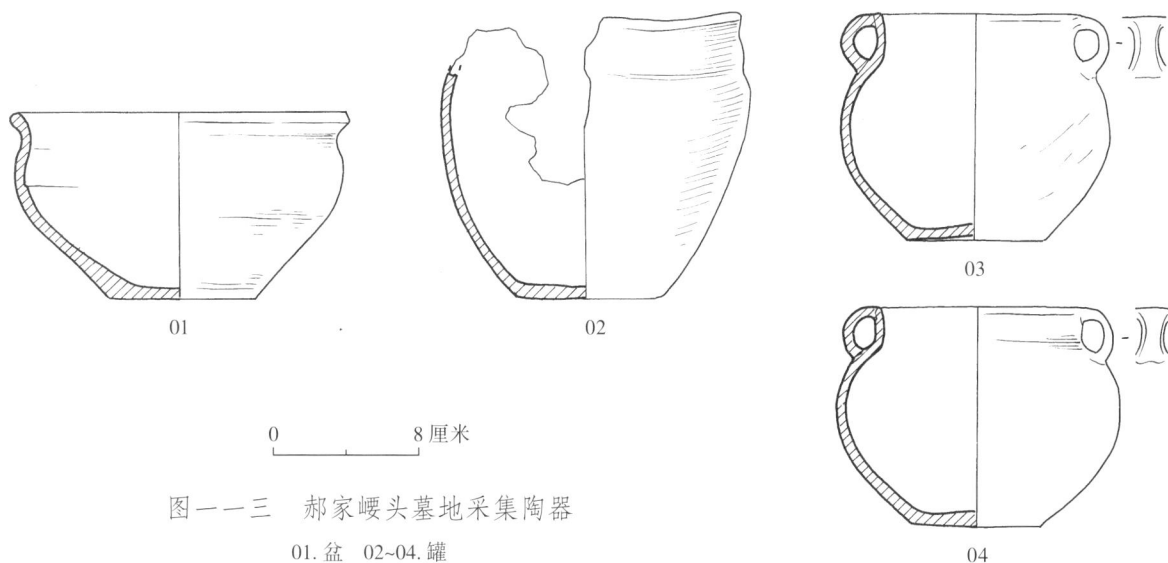

0　　　　　8 厘米

图一一三　郝家嶤头墓地采集陶器

01. 盆　02~04. 罐

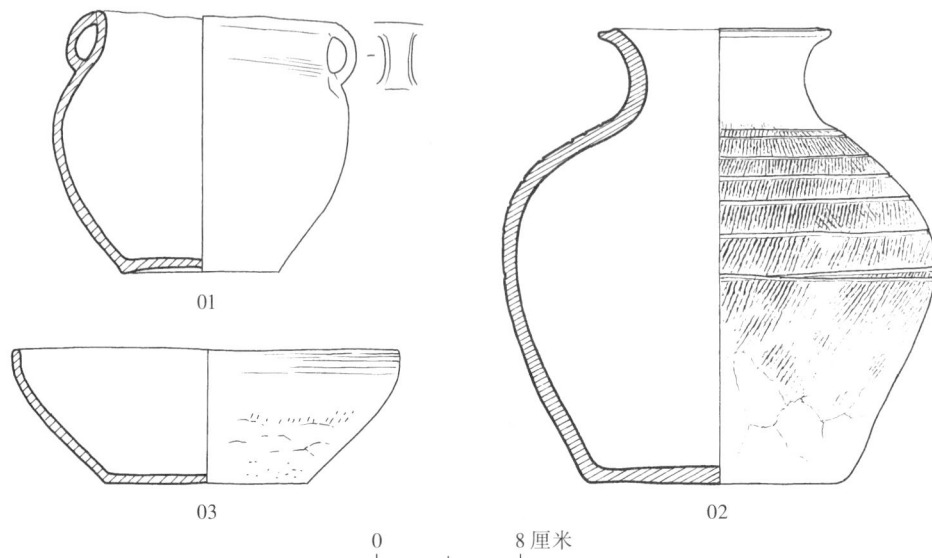

图一一四　封家峁墓地采集陶器
01、02.罐　03.盆

高 13.2 厘米（图一一四；彩版九六，1）。封家峁采：02，残，可修复。口沿和颈泥质，腹及底夹砂，灰陶。胎厚，手感重。小侈口，卷沿，尖唇，矮束颈，鼓肩，肩面较广，腹壁斜收，平底。肩面和腹饰弦断绳纹。口径 11.2、底径 14、通高 24 厘米（图一一四；彩版九三，4）。

**陶盆**　1 件。封家峁采：03，残，可修复。口沿泥质，腹及底夹细砂，浅灰褐陶。敞口，盆口处稍内折，方唇，盆壁圆缓，平底。腹部隐约可见被抹绳纹。口径 20.4、底径 10.8、通高 7.2 厘米（图一一四；彩版八九，6）。

## 桥上墓地

桥上墓地位于榆林市绥德县义合镇桥上村西南的台塬上。北侧是建于河谷中的 307 国道，西侧为一小河，所在的山峁也是两河交汇的位置。山峁当地称作庙山，现为梯田，顶部发现零星陶片，地表发现 4 处盗洞。

在盗洞口采集到可修复陶器 6 件。

**陶罐**　5 件。桥上 D1：01，残，可修复。泥质浅褐陶。胎厚，光皮，手感重。侈口，圆唇，矮弧领，大鼓肩靠下，腹壁斜下收，平底。素面。口径 11.2、底径 9.6、通高 19 厘米（图一一五；彩版九三，5）。桥上 D1：02，残，可修复。泥质灰陶。大侈口，卷沿，矮直领，大鼓肩靠上，肩面略鼓，腹壁下收较甚，深腹，平底。肩上饰绳纹，其余部位绳纹被抹。口径 14.4、底径 9.2、通高 18.8 厘米（图一一五；彩版九三，6）。桥上 D1：03，残，可修复。泥质灰陶。胎薄，手感较轻。侈口，方唇，矮直领，球形腹，平底，两耳附于领外侧，齐口。素面。口径 13.2、底径 8、通高 14.8 厘米（图一一五；彩版九五，5）。桥上 D1：04，残，可修复。夹细砂灰陶，器表因火烧而呈灰黑色。器形同桥上 D1：03。口径 10.4、底径 8、通高 12.4 厘米（图一一五；彩版九五，6）。桥上 D1：05，口残。口及肩泥质，腹和底夹砂，

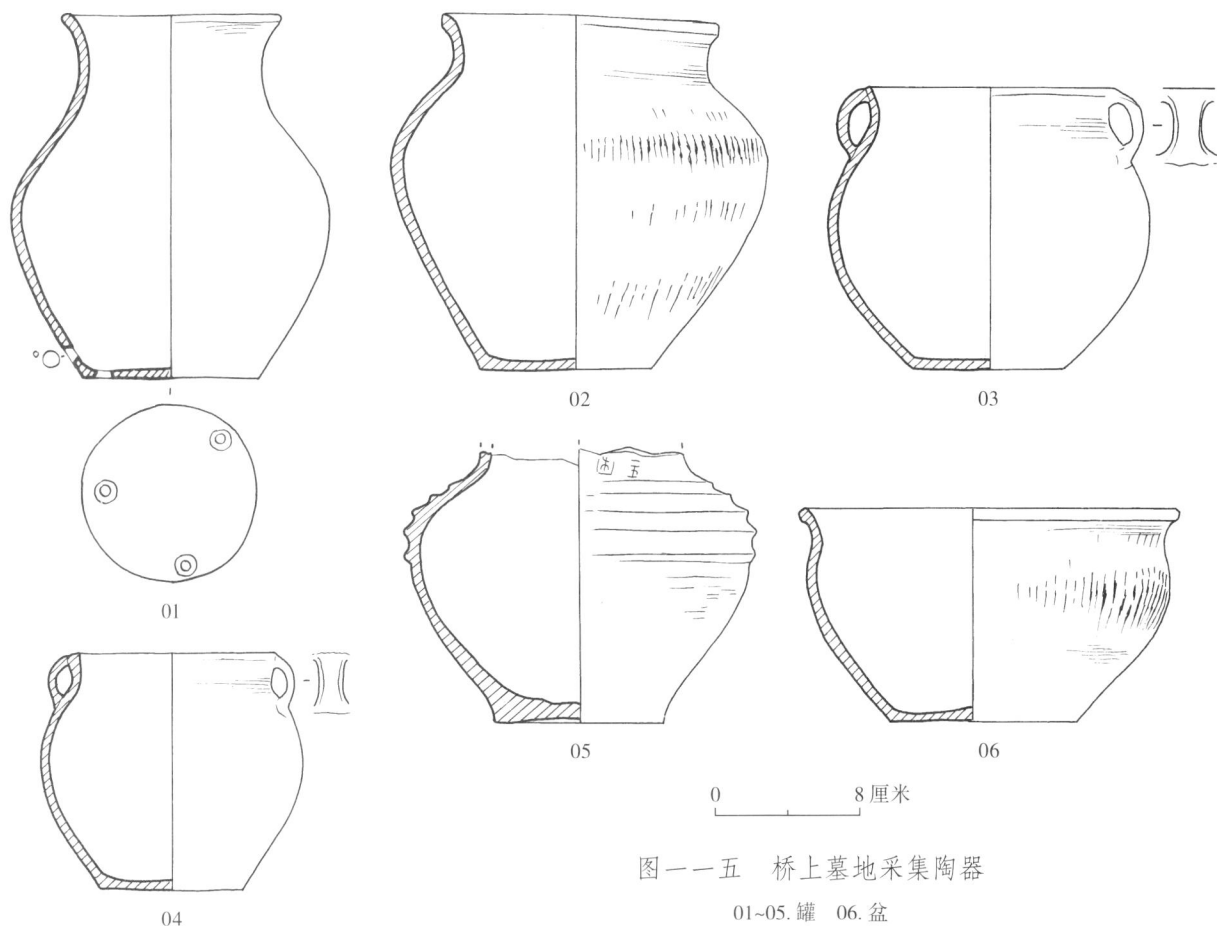

图一一五  桥上墓地采集陶器
01~05.罐  06.盆

灰陶。鼓肩，肩面斜下，腹壁下收较甚，平底。肩面饰五道瓦棱纹，余素面。底径9.2、残高14.4厘米（图一一五；彩版九二，6）。

**陶盆**  1件。桥上D1：06，残，可修复。夹细砂灰陶。胎厚，手感重。侈口，矮卷领，方唇，盆壁圆缓，平底。腹部饰绳纹。口径20、底径10.4、通高11.2厘米（图一一五；彩版八九，1）。

## 刘川墓地

刘川墓地位于榆林市绥德县中角镇刘川村川寺北侧山梁上，地表发现有盗洞，未见遗迹。

采集到陶器标本2件。

**陶罐**  2件。刘川采：01，底残失。夹砂褐陶。侈口，方唇，矮束颈，鼓肩，腹壁下收，肩上残存一半圆形耳。口径10.4厘米（图一一六；彩版九六，3）。刘川采：02，仅剩腹底部。夹砂灰陶。胎较薄，手感轻。底径10厘米（图一一六；彩版九七，6）。

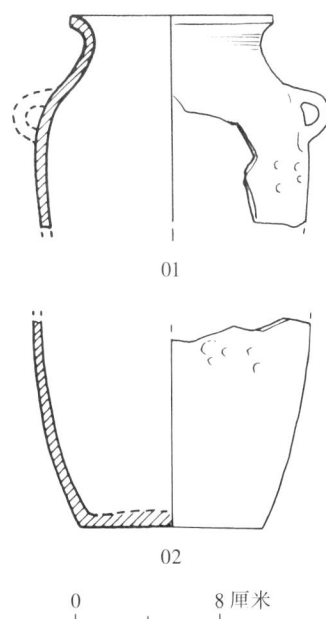

图一一六  刘川墓地采集陶器
01、02.罐

# 第三章 结 语

本批材料虽多为调查采集所获，发掘墓葬亦无打破关系且多被盗扰，但之于陕北地区东周考古研究仍具有十分重要的意义。

## 一、陶器的类型学分析

本次所获主要是陶器，发掘和征集到少量铜带钩、带扣。陶器器类有鬲、鼎、盆、豆、壶、罐、碗、釜、盂等九类，其中又以豆、盘、罐为多。本文即以陶器标本作为讨论重点，根据器物特征按类逐一分析。

1. 鬲

1件。夹砂灰陶。侈口，窄折沿，出肩，裆已近平，三个小矮足跟。标本李集山采：078。

2. 鼎

2件。夹砂灰陶。失盖，耳残，浅腹，蹄形足矮粗且内收。标本李集山采：016、李集山采：057。

3. 盆

16件。泥质灰陶。手感稍重。根据颈、腹特征，可分为两类。

（1）折腹盆 8件。根据颈部特征，可分两型。

A型 5件。矮束颈，浅腹。可分两亚型。

Aa型 4件。上腹和下腹高度略等。标本枣湾畔M9：02、枣湾畔M9：03、枣湾畔M9：04、枣湾畔M9：05。

Ab型 1件。上腹远小于下腹部。标本桑背梁采：017。

B型 3件。高束颈，腹较浅。标本李集山采：068、桃林山采：03、羊耳子峁采：09。

（2）圆腹盆 8件。根据口沿、腹特征，可分三型。

A型 2件。折沿，深腹，腹微外鼓。标本李集山采：04、李集山采：061。

B型 5件。卷折沿，浅腹，腹外鼓较甚。可分三式。

Ⅰ式 1件。口沿微卷，鼓肩。饰绳纹。标本桥上D1：06。

Ⅱ式 2件。折沿，鼓肩明显。素面。标本枣湾畔M2：3、郝家崾头采：01。

Ⅲ式 2件。折沿，鼓腹。素面。标本枣湾畔M2：2、李集山采：069。

C型 1件。无沿，浅腹。标本封家峁采：03。

4. 豆

6件。泥质浅灰陶。根据有无器盖，可分两型。

A 型　3 件。无盖。根据盘、柄特征，可分两式。

Ⅰ式　1 件。深盘，圜底，豆柄较矮，圈足底盘较小。标本羊耳子峁采：03。

Ⅱ式　2 件。浅盘，平底，豆柄细高，圈足底盘较大。标本李集山采：058、李集山采：062。

该型两式演变特征为豆盘由深变浅，豆柄由矮变高，圈足底盘由小变大。但两式之间有缺环。

B 型　3 件。有盖。根据腹壁特征，可分两亚型。

Ba 型　2 件。弧壁。根据豆柄特征，可分两式。

Ⅰ式　1 件。豆柄细高。标本李集山采：024。

Ⅱ式　1 件。豆柄矮粗。标本枣湾畔 M3：3。

该型演变特征为豆柄由细高变矮粗。

Bb 型　1 件。直壁。标本李集山采：09。

5. 壶

5 件。根据领、肩、腹特征，可分两型。

A 型　3 件。泥质灰陶。手感重。高直领，有肩，腹壁斜直。根据肩部特征，可分两式。

Ⅰ式　2 件。圆折肩。标本枣湾畔 M2：4、枣湾畔 M2：5。

Ⅱ式　1 件。圆肩。标本桃拨梁采：03。

该型演变特征为由圆折肩到圆肩。

B 型　2 件。泥质黑皮陶。胎厚，手感重。高弧领，无肩，腹圆鼓。标本李集山采：011、李集山采：012。

6. 碗

4 件。根据底部特征，可分两型。

A 型　2 件。平底。泥质灰陶。胎厚，手感重。根据口、腹部特征，可分两式。

Ⅰ式　1 件。敛口，圆腹。标本枣湾畔 M3：1。

Ⅱ式　1 件。微侈口，腹壁斜直。标本李集山采：059。

B 型　2 件。圜底。夹砂浅褐陶。胎较薄，手感轻。大弧领，折腹。素面。标本桃林山采：02、桃林山采：09。

7. 盂

1 件。泥质深灰陶。侈口，圆唇，束颈，鼓腹，小圈足。腹中部有一周凹弦纹。标本李集山采：06。

8. 罐

39 件。根据整体特征，可分七类。

（1）广肩罐　8 件。泥质灰陶，胎厚，手感重，多素面。根据肩部特征，可分三型。

A 型　4 件。侈口或直口，广折肩。标本枣湾畔 M3：4、枣湾畔 M3：5、李集山采：01、李集山采：055。

B 型　2 件。直口，鼓肩。标本李集山采：074、桥上 D1：05。

C 型　2 件。圆肩。标本李集山采：076、桃林山采：010。

（2）深腹罐　3 件。泥质灰陶。胎厚，手感重。侈口，卷沿，高领，深腹，圆鼓肩。饰绳纹或弦断绳纹。标本李集山采：080、李集山采：081、羊耳子峁采：07。

（3）鼓肩罐　3 件。泥质陶。胎厚，手感重。大侈口，矮束颈，大鼓肩。标本封家峁采：02、桥上 D1：01、桥上 D1：02。

（4）双耳罐　17 件。夹砂灰陶。胎较薄，手感轻。矮斜领，球形腹，平底。绝大多数素面。根据耳的位置，分三型。

A 型　15 件。两耳附于领上，齐平口，耳面宽扁。标本桑背梁采：05、桑背梁采：016、桑背梁采：018、桃拨梁采：01、桃拨梁采：02、青龙山采：01、青龙山采：02、青龙山采：03、青龙山采：04、郝家崾头采：03、郝家崾头采：04、封家峁采：03、桥上 D1：03、桥上 D1：04、枣湾畔 M9：06。

B 型　1 件。两耳附于领肩相连处，耳为圆泥条塑制。标本李集山采：02。

C 型　1 件。两耳附于肩上，耳为方泥条塑制。标本刘川采：01。

（5）敞口罐　2 件。夹砂灰陶。胎较薄，手感轻。敞口，束颈，深腹，腹外鼓或微弧，平底，口径略大于底径。素面。陶质陶色、制作工艺同鼓肩罐一样。标本枣湾畔 M2：6、桑背梁采：015。

（6）高领罐　5 件。夹砂红褐陶或灰陶。胎较酥，多烧制温度低。侈口，高领，圆鼓腹，平底。多有戳刺纹，附加泥条或錾手。标本枣湾畔 M3：2、李集山采：014、李集山采：073、羊耳子峁采：010、羊耳子峁采：011。

（7）盆形罐　1 件。泥质灰陶。胎厚，烧制温度低，较酥。侈口，圆唇，矮束颈，斜腹壁，平底，口径略大于底径。素面。标本李集山采：03。

9. 釜

2 件。夹砂灰陶。胎厚，手感稍重。圆唇或方唇，矮领或大弧领，鼓腹，圜底。饰浅绳纹。标本李集山采：05、李集山采：072。

## 二、分期与年代

本批材料虽多为调查采集所获，发掘的墓葬亦无打破关系且多被盗扰，为年代判定带来一定困难，但在中原地区已公布的材料中能找到同类器物可资对比，我们以此为依据对其进行年代判定，大致分为三期（图一一七）。

第一期，仅有 A 型 I 式豆，且数量较少。但该型式豆深腹，圜底，矮豆柄，与晚期的浅盘豆有明显区别，表现出较早的时代特征（图一一七，1），与洛阳中州路 M2405：3[1]（图一一七，2）相似，年代在春秋中期左右。

第二期，标本丰富，类型多样，有鬲、鼎、盆、A 型 II 式豆、B 型豆、碗、壶、罐。鬲（图

［1］中国科学院考古研究所：《洛阳中州路（西工段）》，第 73 页图四七 -3，科学出版社，1959 年。

一一七，3）的形态出肩，裆近平且较矮，鬲足也是三个捏制的小实足跟，已是鬲的较晚形态，与下平望墓地 M13 : 9[1]（图一一七，6）相似，年代为战国早期。鼎（图一一七，4）耳残，但鼎足靠上，三足内聚，与洛阳中州路东段 DM38 : 13[2]（图一一七，7）相似，为战国早期。盆的类型较多，A 型圆腹盆（图一一七，5）与寨头河 M60 : 1[3]（图一一七，8）近似，为战国中期；Aa、Ab 型折腹盆（图一一七，10、9）在曲村战国墓葬[4]中有类同者（图一一七，12、13）。碗（图一一七，11）与牛村古城[5]出土的碗（图一一七，14）相同，均为战国早期。A 型Ⅱ式豆（图一一七，20）豆盘极浅，高豆柄，为战国时期特征，与三交战国墓 M22 : 2[6]（图一一七，23）形同，年代在战国早中期；Ba 型Ⅰ式豆（图一一七，21）腹已相对变浅，豆柄细高，也是战国时期特征，与曲村战国墓陶豆 M5133 : 10[7]（图一一七，24）相似，为战国早期；Ba 型Ⅱ式豆（图一一七，22）最大变化是豆柄粗矮，与庙前东周墓 M27 : 22[8]（图一一七，25）类似，为战国中期。A 型Ⅰ式壶（图一一七，27）与 Ba 型Ⅱ式豆同出一墓，年代也当为战国中期；B 型壶（图一一七，32）较少见，其与洛阳中州路东段 DM86 : 54[9]（图一一七，34）大体相像，为战国中期。罐的类型最多，其中广肩罐、深腹罐、高领罐和盆形罐在寨头河墓地中均能找到相似或相同者，如枣湾畔 M3 : 2（图一一七，43）、李集山采 : 014（图一一七，44）与寨头河 M82 : 2（图一一七，46）、M42 : 1[10]（图一一七，47）形制相同、年代相当，为战国中期。本次调查所获双耳罐较多，为之前少见，其与李家崖东周墓出土者最为相似，如桃拨梁采 : 02（图一一七，36）、刘川采 : 01（图一一七，38）与李家崖遗址草场坪 M30 : 5[11]（图一一七，39）、峰家塔 M1 : 15[12]（图一一七，40），年代为战国中期。综上可知，本期年代为战国早中期。

第三期，标本极少，仅有陶釜（图一一七，48、49）一类，与黄陵史家河[13]（图一一七，50）和蓝田泄湖[14]（图一一七，51）出土同类器相同，年代当在战国晚期。

由此可见，本次所获器物年代，除极少数在春秋中期和战国晚期外，其余均为战国早中期。

[1] 山西省考古研究所侯马工作站：《侯马下平望墓地发掘报告》，《三晋考古（第一辑）》，第 189 页图八 -5，山西人民出版社，1994 年。
　　山西省考古研究所侯马工作站：《晋都新田》，第 9 页图三，山西人民出版社，1996 年。
[2] 张辛：《中原地区东周陶器墓葬研究》，第 34 页图一四 -6，科学出版社，2002 年。
[3] 陕西省考古研究院等：《寨头河——陕西黄陵战国戎人墓地考古发掘报告》，第 127 页图八 -1，上海古籍出版社，2018 年。
[4] 北京大学考古学系商周组等：《天马—曲村（1980-1989）》，第三册第 972 页图一五九六 -1、2，科学出版社，2000 年。
[5] 山西省考古研究所侯马工作站：《晋都新田》，第 230 页图三七 -11，山西人民出版社，1996 年。
[6] 山西省考古研究所：《临县三交战国墓葬发掘简报》，《三晋考古（第一辑）》，第 307 页图五 -4，山西人民出版社，1994 年。
[7] 北京大学考古学系商周组等：《天马—曲村（1980-1989）》，第三册第 968 页图一五九二 -7，科学出版社，2000 年。
[8] 山西省考古研究所：《万荣庙前东周墓葬发掘收获》，《三晋考古（第一辑）》，第 243 页图二十三 -3，山西人民出版社，1994 年。
[9] 张辛：《中原地区东周陶器墓葬研究》，第 35 页图一四 -42，科学出版社，2002 年。
[10] 陕西省考古研究院等：《寨头河——陕西黄陵战国戎人墓地考古发掘报告》，第 88 页图六五 -2，上海古籍出版社，2018 年。
[11] 陕西省考古研究院：《李家崖》，第 225 页图二一二 -1，文物出版社，2013 年。
[12] 陕西省考古研究院：《李家崖》，第 227 页图二一四 -5，文物出版社，2013 年。
[13] 陕西省考古研究院等：《陕西黄陵县史家河墓地发掘简报》，图四 -3，《考古与文物》2015 年第 3 期。
[14] 中国社会科学院考古研究所陕西六队：《陕西蓝田泄湖战国墓发掘简报》，图六 -1，《考古》1988 年第 12 期。

| 来源<br>类型 | | 本次考古发掘调查遗存 | | | 周边区域遗存 | | |
|---|---|---|---|---|---|---|---|
| 时代 | | | | | | | |
| 春秋中期 | 甲类 | 1. 羊采：03 | 3. 李采：078 | | 2. 洛阳中州路 M2405：3 | 6. 下平望墓地 M13：9 | |
| 战国早中期 | | 5. 李采：04<br>4. 李采：016 | 9. 秦青梁采：017 | 11. 枣 M3：1<br>10. 枣 M9：03 | 8. 枣 M60：1<br>7. 洛阳中州路东段 DM38：13 | 14. 牛村古城<br>62H428M3：3<br>13. 天马曲村 M5164：5 | 12. 天马曲村 M5142：14 |
| | | 17. 枣 M3：5<br>16. 李采：068 | 15. 李采：059 | 22. 枣 M3：3<br>21. 李采：024 | 19. 枣 M51：1<br>18. 牛村古城 62H4M2：4 | 25. 庙前东周墓 M27：22<br>24. 曲村 M5133：10 | 23. 三交战国墓 M22：2 |
| | | 28. 桃拔梁采：03<br>27. 枣 M2：5 | 20. 李采：058<br>26. 李采：09 | | 31. 曲村 M5185：1<br>30. 曲村 M5038：1 | 29. 三交战国墓 M10：2 | |

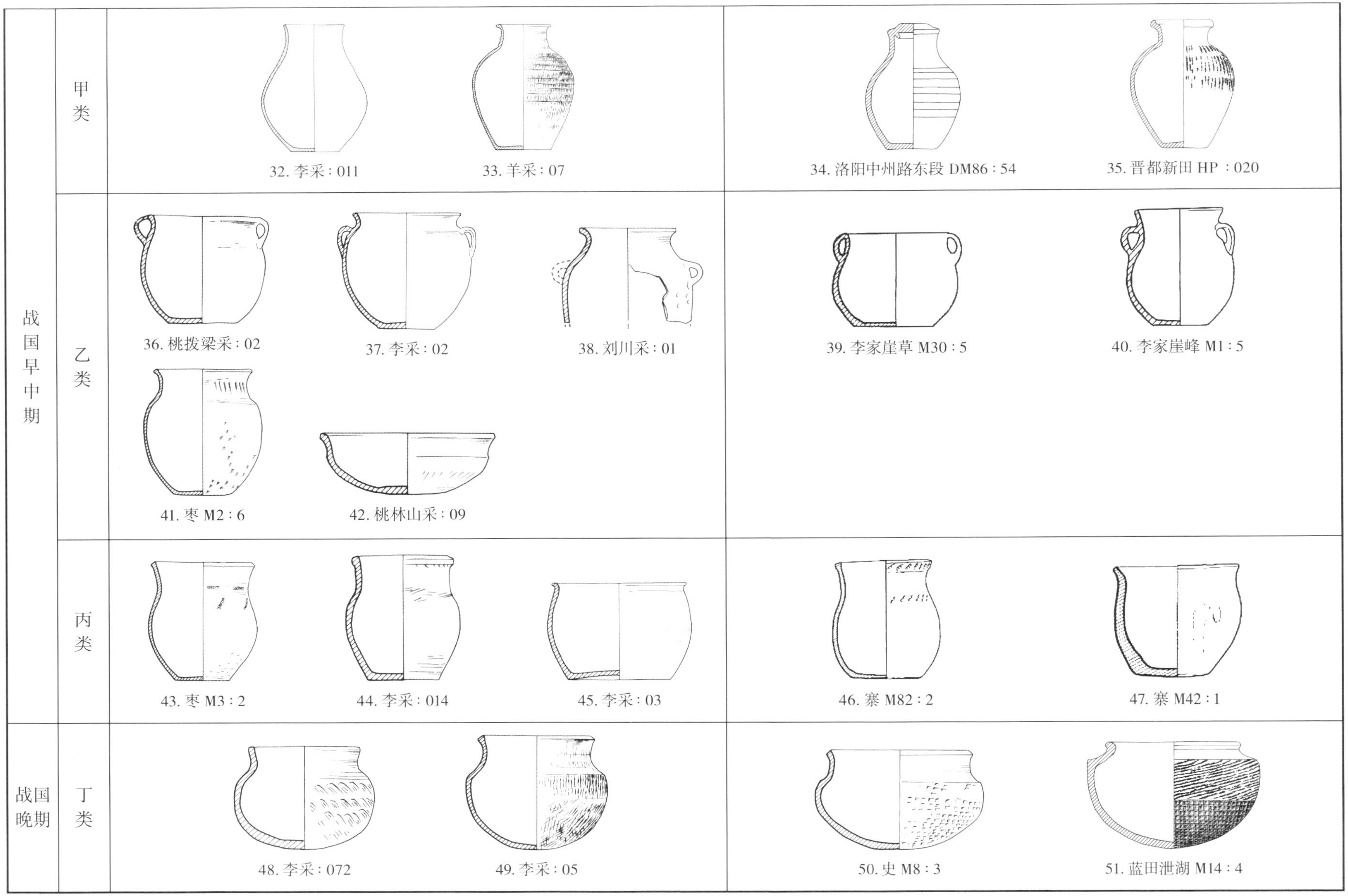

图一一七 羊庄遗址陶器分类与年代分析图

1、2、20~26、29. 豆 3、6. 两 4、7. 鼎 5、8~10、12、13、16. 盆 11、14、15、18、42. 碗 17、19. 广肩罐 27、28、30~35. 壶 36~40. 双耳罐 41. 敞口罐 43、44、46. 高领罐 45、47. 盆形罐 48~51. 釜（羊：羊耳子哨，枣：枣湾畔，李：李集山，史：史家河，寨：寨头河）

### 三、文化因素分析

出土陶器不仅类型多样，还表现出不同的文化因素特征，大致可分为四类。甲类，三晋文化因素，以鬲、鼎、豆、盆、罐、壶、碗、盂等为代表。乙类，北狄文化因素，以双耳罐、敞口罐和圜底碗为代表。丙类，西戎文化因素，以高领罐、盆形罐为代表。丁类，秦文化因素，只发现有陶釜。各类因素多少并不均衡，甲类因素占58.7%，乙类占30.6%，丙类占8%，丁类占2.7%。

甲类三晋文化遗存，虽多为调查采集，数量亦有多少之别，但器类较全，基本面貌清楚，具有较强的代表性。乙类遗存虽然目前辨识出来的器类并不多，但独具特色，从陶系、器形、纹饰、烧制等方面均自成一系，与周边地区同时期陶器能明显区分开来，是一种新的考古学文化遗存，可暂称为"辛庄类遗存"[1]（图一一八）。丙类数量亦不多，以夹砂陶为主，陶胎较厚，烧制温度低，素面，陶色斑驳，特征较为明显，作为西戎文化的典型器物已被学界普遍认同。丁类仅有陶釜，为秦文化遗存。

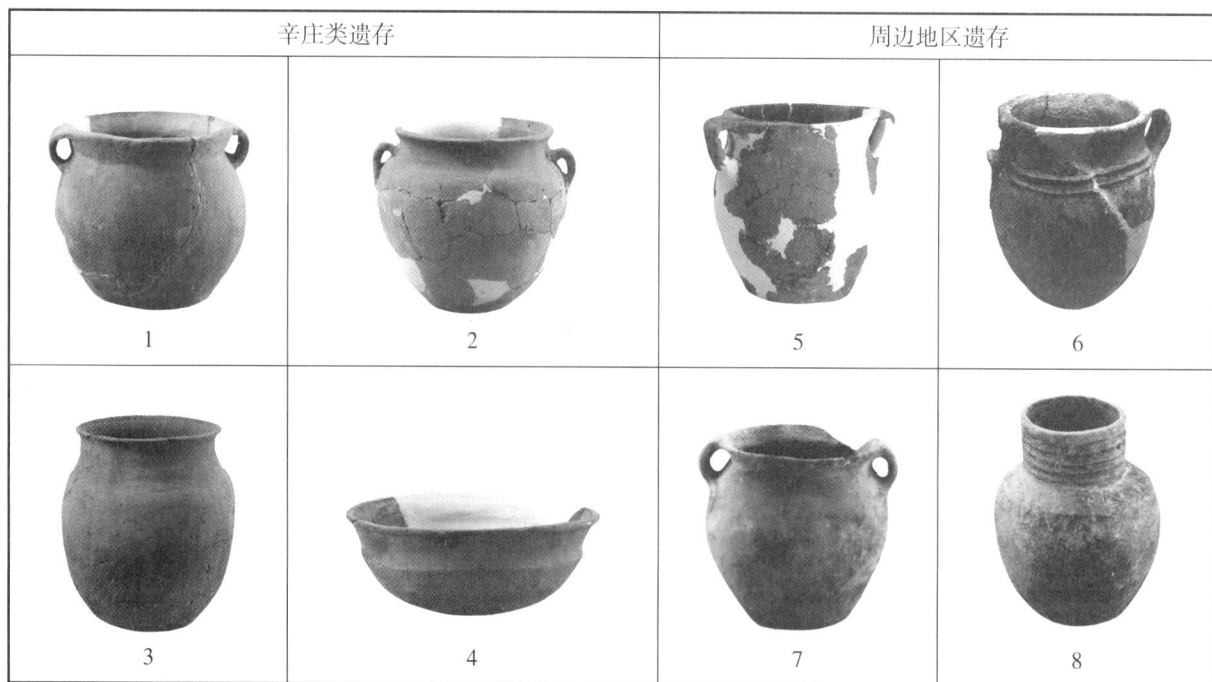

图一一八　辛庄类遗存与周边地区遗存对比

1.桃拨梁采:01　2.李集山采:02　3.枣湾畔 M2:6　4.桃林山采:09　5.寨头河 M59:3　6.杨郎墓地 M2:24　7.忻州窑子 M11:2　8.忻州窑子 M11:1

### 四、"辛庄类遗存"

上文所述的乙类器物，暂称之为"辛庄类遗存"，有以下四方面理由。

---

[1]孙战伟：《陕北战国时期"辛庄类遗存"初论》，《考古与文物》2020年第5期。

第一，陶器特征鲜明。

这类陶器一般为夹细砂灰陶，陶胎较薄，烧制温度高，手感轻，多素面，偶尔会有附加泥条。以双耳罐最多且特征鲜明，即直领或斜直领，双耳附于领部，耳面宽扁，球形腹。这类双耳罐在清涧李家崖东周墓和米脂卧龙湾战国秦汉墓地中有少量发现，除此之外公开报道的极少。敞口罐同样具有这类文化因素的一般特征，即夹细砂灰陶，素面，手感较轻。这类型的罐尚未找到可比对的材料。圜底碗亦是如此，陶系、烧制、手感等风格同上，其器形侈口，折腹，圜底特征也极为少见。因此，乙类陶器从陶系、器形、纹饰、烧制等方面均自成一系。

第二，与周边地区同时期陶器区别明显。

乙类陶器与陇东陕北南部地区、内蒙古中南部地区、关中地区和中原地区的陶器在面貌特征上均有明显差别，且性质不同。陇东陕北南部地区东周时期分布着毛家坪 B 组遗存，属西戎文化，已有较多考古发现，我们在相关文章[1]中也已做过分析。内蒙古中南部地区以岱海地区东周考古材料最为丰富和具有代表性，近来有研究将这一区域东周时期的墓葬，依据文化内涵分为 A、B、C、D 四群不同的文化遗存，其中 A、B、C 群属于典型的北方文化系统，D 群则是北上的中原文化。前三群陶器主要为双耳罐、素面无耳罐、绳纹鼓腹罐等[2]，这些陶器无论是器类、器形还是陶系等都与"辛庄类遗存"陶器差别巨大。关中地区是东周时期秦文化的核心区；河南、山西等中原地区是晋系文化核心区，本文所分的甲类遗存就属于此类，目前在这些地区尚无与"辛庄类遗存"相同且成规模的考古发现。

第三，有明确的分布区域。

仅以最典型的双耳罐为例，通过与陕北地区第三次全国文物普查（以下简称"三普"）材料实物比对，发现有双耳罐的遗址点竟有 130 余处（表三四）。这些双耳罐的器耳虽有齐口、附肩之别，以及少数饰有绳纹等，但基本形态和陶质陶系相同，时代大体相当。遗址点分布在陕北地区的 12 个区县，其中榆林市的佳县、米脂、横山、绥德、清涧、子洲等 6 县

表三四　陕北地区第三次全国文物普查中所见"辛庄类遗存"地点（墓地）

| 县区 | 编号 | 地点 | 县区 | 编号 | 地点 | 县区 | 编号 | 地点 |
|---|---|---|---|---|---|---|---|---|
| 清涧县 | 1 | 桃林山 | 清涧县 | 10 | 王家寺村 | 清涧县 | 19 | 石保坪村 |
| | 2 | 桃拨梁 | | 11 | 营田村 | | 20 | 郝家沟村 |
| | 3 | 桑背梁 | | 12 | 下二十里铺村 | | 21 | 吴家坪村 |
| | 4 | 青龙山 | | 13 | 槐卜硷村 | | 22 | 安桥沟村 |
| | 5 | 李集山 | | 14 | 计家沟村 | | 23 | 杨曲山村 |
| | 6 | 枣湾畔 | | 15 | 计家沟村1 | | 24 | 白家岔村 |
| | 7 | 羊耳子山 | | 16 | 枣咀河村 | | 25 | 沙家河村 |
| | 8 | 郝家崾头 | | 17 | 兴家山村 | | 26 | 韩家沟村 |
| | 9 | 刘家硷村 | | 18 | 杨凸村 | | 27 | 后张家河村 |

［1］孙战伟：《毛家坪 B 组遗存再认识》，《考古与文物》2019 年第 2 期。
［2］内蒙古自治区文物考古研究所等：《岱海地区东周墓群发掘报告》，第 262 页，科学出版社，2016 年。

**续表三四**

| 县区 | 编号 | 地点 | 县区 | 编号 | 地点 | 县区 | 编号 | 地点 |
|---|---|---|---|---|---|---|---|---|
| 清涧县 | 28 | 贺家沟村 | 绥德县 | 64 | 南王家沟 | 米脂县 | 99 | 宫硷村1 |
| | 29 | 贺家沟村1 | | 65 | 崔家坪村 | | 100 | 刘岔村 |
| | 30 | 寨沟村 | | 66 | 文家山村 | | 101 | 桃镇村 |
| | 31 | 渠则圪台村 | | 67 | 文家山村1 | | 102 | 沙家店村 |
| 子洲县 | 32 | 花岩寺村 | | 68 | 苏家圪屹村 | | 103 | 沙家店村3 |
| | 33 | 楼坪村 | | 69 | 郝家崖村 | | 104 | 沙家店村4 |
| | 34 | 葛家沟村 | | 70 | 高家寨村 | | 105 | 榆树圸村 |
| | 35 | 蛇沟村 | | 71 | 冯家中庄村 | | 106 | 吴家沟村 |
| | 36 | 何家坪村 | | 72 | 亢梁村 | | 107 | 董家圪堎村 |
| | 37 | 苗家坪村 | | 73 | 西河驿村 | | 108 | 皮条村 |
| | 38 | 贺家渠村 | | 74 | 西河驿村1 | 横山区 | 109 | 北庄村 |
| | 39 | 芹园村 | | 75 | 西河驿村2 | | 110 | 北庄村1 |
| | 40 | 封家峁村 | | 76 | 鱼家湾村 | | 111 | 北庄村2 |
| | 41 | 红柳湾村 | | 77 | 沟口村 | | 112 | 北庄村3 |
| | 42 | 红柳湾村1 | | 78 | 土地岔村 | | 113 | 双城村 |
| | 43 | 黑家沟村 | | 79 | 满红沟村 | | 114 | 沐浴沟村 |
| | 44 | 前曹峁村 | | 80 | 杨家洼村 | | 115 | 吴岔村 |
| | 45 | 赵家坪村 | | 81 | 杨家洼村1 | | 116 | 贺马畔村 |
| | 46 | 郭家畔村 | | 82 | 米家沟村 | | 117 | 刘楼村 |
| 绥德县 | 47 | 刘川村 | | 83 | 贺家庄村 | | 118 | 刘楼村1 |
| | 48 | 曾家山村 | | 84 | 马家坪村 | | 119 | 宁州关村 |
| | 49 | 延家川村 | | 85 | 呼家塌村 | | 120 | 拓家峁村 |
| | 50 | 雷家沟村 | | 86 | 师家川村 | 富县 | 121 | 何家湾村 |
| | 51 | 腰则沟村 | | 87 | 沙滩坪村 | | 122 | 圣佛峪村 |
| | 52 | 后思家沟 | | 88 | 白狼城村 | | 123 | 八卦寺村 |
| | 53 | 后思家沟1 | | 89 | 大柳村 | | 124 | 北教场村 |
| | 54 | 后思家沟2 | | 89 | 大柳村1 | 佳县 | 125 | 前姚家沟村 |
| | 55 | 李家沟村 | | 90 | 裴家峁村 | | 126 | 桑沟村 |
| | 56 | 桥上村 | | 91 | 郝家沟 | 宜川县 | 127 | 观亭村 |
| | 57 | 白家沟村 | | 92 | 龙湾村 | | 128 | 郭下村 |
| | 58 | 霍家坪村 | | 93 | 马家川前任山 | 榆阳区 | 129 | 余兴庄村 |
| | 59 | 霍家川村 | 米脂县 | 94 | 张家圸村 | | 130 | 赵家峁村 |
| | 60 | 崖马沟村 | | 95 | 党坪村 | 吴堡县 | 131 | 王家山村 |
| | 61 | 新任家沟村 | | 96 | 宋山村 | 延川县 | 132 | 前马沟村 |
| | 62 | 狮子墕村 | | 97 | 黑山则沟村 | | | |
| | 63 | 前任沟村 | | 98 | 宫硷村 | | | |

区最为集中，占到遗址总数的 90% 左右，延安市的延川、延长、宝塔、甘泉、富县、宜川等 6 县区有少量分布。如果考虑到田野调查的局限性以及各县区实际工作成效的差异，这样的遗址应该还有更多，分布更密集。此外，我们在榆林、延安两市的部分区县博物馆中亦见到该类遗存器物，除部分为征集外，有明确出土地点的，有的与三普遗址点重合，也有三普以外新的出土地点，这类遗址点的分布和数量远多于我们所掌握的。凡此均可说明，陕北中部地区是目前所知"辛庄类遗存"分布最为集中的区域。

第四，"辛庄类遗存"的族属及其与周边文化的关系。

以往陕北地区的东周考古发现较少，主要有清涧李家崖东周墓地[1]、米脂张坪墓地[2]、黄陵寨头河墓地[3]、宜川虫坪塬遗址[4]，此外还有丰富的馆藏东周青铜器[5]。上述考古发现大致可分为中原文化系统和戎狄文化系统，中原文化系统以周、秦文化为主，面貌和性质较为清楚，而戎狄文化系统常常笼统称之，未加辨析。我们梳理文献后认为，"辛庄类遗存"最大可能是白狄族人的遗存[6]。

## 五、学术意义

本次考古调查发掘工作进一步丰富了陕北东周考古文化的材料，尤其是辨别出的"辛庄类遗存"，将为相关研究提供参考和依据，对于深入研究戎狄考古学文化具有重要意义。

事实上，陕北戎狄系统中，不仅有白狄，还有戎和胡。戎人遗存以陕北南部黄陵寨头河战国墓地和史家河墓地为代表，出土了大量特征鲜明的戎人陶器，是继甘谷毛家坪 B 组遗存发现以来，出土戎人陶器最为丰富的两处墓地，较全面地反映了战国时期戎人陶器的特征。陕北地区以往发现有大量东周戎狄系统青铜器，部分确实为戎狄所用，而以"神木纳林高兔青铜器群为代表，以立体动物和浮雕动物装饰品为主要特征的青铜器，可能是胡人遗存"[7]。

如果在陕北由北向南打一条剖线，分别存在胡、狄、戎三支北方族群，它们有各自的分布区域和文化面貌，尽管许多问题尚未完全明晰，但基本格局应该不误。需要指出的是，这些北方族群并非完全独立隔离，而是晋、秦、戎狄交错杂居，有征伐、交流与融合，在陕北地区共同编织出一幅波澜壮阔的历史画面，以往考古发掘和本次调查材料所包含的多种文化因素，即是例证。

总之，陕北地区对于探讨东周时期逐渐强化的族群意识和戎狄华夏化十分关键，相关考古材料的积累必将推动这一课题的深入开展。

[1] 陕西省考古研究院：《李家崖》，文物出版社，2013 年。
[2] 北京大学考古系商周考古实习组等：《陕西米脂张坪墓地试掘简报》，《考古与文物》1989 年第 1 期。
[3] 陕西省考古研究院等：《寨头河——陕西黄陵战国戎人墓地考古发掘报告》，上海古籍出版社，2018 年。
[4] 陕西省考古研究院等：《陕西宜川县虫坪塬春秋遗址发掘简报》，《考古与文物》2018 年第 2 期。
[5] 曹玮：《陕北出土青铜器（第一卷）》，巴蜀书社，2009 年。
[6] 孙战伟：《陕北战国时期"辛庄类遗存"初论》，《考古与文物》2020 年第 5 期。
[7] 杨建华：《中国北方东周时期两种文化遗存辨析——兼论戎狄与胡的关系》，《考古学报》2009 年第 2 期。

# 附　录

# 馆藏陕北地区东周陶器选录

## 一、工作概述

通过对枣湾畔墓地和高塬墓葬的发掘以及周边遗址调查，我们认识到以双耳罐为代表的"辛庄类遗存"，应为东周时期分布在陕北地区的白狄遗存。同时联系寨头河和史家河戎人墓地的发掘，我们认为这两批材料对于探讨陕北地区东周时期的戎、狄考古学文化极为重要。

基于我们多年秉持的工作理念，即站在墓地的角度发掘墓葬、站在聚落的角度发掘墓地、站在区域背景的角度看聚落，我们以寨头河、史家河、辛庄墓地为基点，试图搞清陕北地区东周时期考古学文化面貌的轮廓。在短期内最有效的方法就是查阅馆藏标本和已发表的材料，其中第二次、第三次全国文物普查所获标本尤为重要。陕北地区第三次全国文物普查的所有标本，集中存放在陕西省考古研究院泾渭基地，经相关部门同意，我们分两次对其进行了查阅。

2016 年 5 月，我们在发掘完辛庄墓地后，仅以最典型的双耳罐和双耳罐残片为标准，识别出陕北地区 132 处包含"辛庄类遗存"的地点（见表三四）。以榆林市清涧、绥德、米脂、子洲、横山等县区为多且集中，延安市个别区县有少量分布。其范围最北可达佳县佳芦河以南、最南到富县县城附近、最西为横山区毛乌素沙漠东缘、东临黄河，整个分布区域为陕北黄土高原丘陵地带核心区。

2020 年 4 月，以掌握戎人遗存分布情况为目标，以西戎陶器为标准，对陕北南部的甘泉、富县、黄陵、洛川、宜川、黄龙等县标本进行了查阅，结果仅在黄陵县的标本中发现了几件戎人特征的陶器残片，其他县未见。

2020 年 5 月，对第三次全国文物普查调查采集的陕北地区东周陶器标本进行挑选。挑选时坚持两个原则：第一，器形完整，或虽破损但基本完整；第二，具有代表性，不仅包括戎狄陶器，还有中原系统陶器。本次共挑选出 33 件标本，由龙建辉拍照、刘军幸绘图。孙战伟整理后，完成以下标本介绍与分析内容。

## 二、标本介绍与分析

（一）标本介绍

这批完整标本共 33 件，包括鬲、鼎、盆、豆、盂、簋、盒、釜、罐九类，其中罐的类型和数量最多。由于无出土单位和伴出物，以下根据器物特征按类逐一介绍。

1. 鬲　3 件。

夹砂灰陶。卷沿，折肩，联裆。不分型，可分两式。

Ⅰ式　1件。沿面较宽，裆较高。通体饰绳纹。标本09府大哈郝Y01，残。夹砂浅灰陶。器壁薄，烧制温度高。窄折沿，方唇，唇面有一凹槽，矮领，折肩，腹壁斜直至鬲足，联裆较高，空足跟。腹饰竖绳纹，裆饰横绳纹。口径14.28、通高14.91厘米。重0.697千克（图一一九，1；彩版一〇一，1）。

Ⅱ式　2件。窄沿，折肩明显，弧裆近平，足跟较矮。腹饰绳纹，裆、足饰大麻点纹。标本08清王贺庙M01，残。夹砂灰褐陶。胎厚，手感重。侈口，卷沿，尖唇，矮束颈，折肩，腹壁下斜收，三矮足跟，平裆近接地。腹饰粗绳纹，底饰大麻点纹。口径15.12、通高17.22厘米。重1.519千克（图一一九，2；彩版一〇一，2）。标本08清玉后脑M04，完整。夹砂灰陶，砂砾较大。胎厚，烧制温度低，敲击声沉闷，制作粗糙。侈口，方唇，矮束颈，折肩，腹壁斜直下收较甚，矮三足跟，平裆近接地。腹饰竖绳纹，底饰大麻点纹。口径12.6、通高13.44厘米。重0.917千克（图一一九，3；彩版一〇一，3）。

2. 鼎　1件。

标本08清石呼小M01，带盖，盖、器均残。泥质浅灰陶。盖面微上鼓，盖顶饰三个方形纽，盖沿微外撇。器口沿有凹槽与器盖相合，浅腹下弧，平底，两耳附于口沿外侧，耳残，

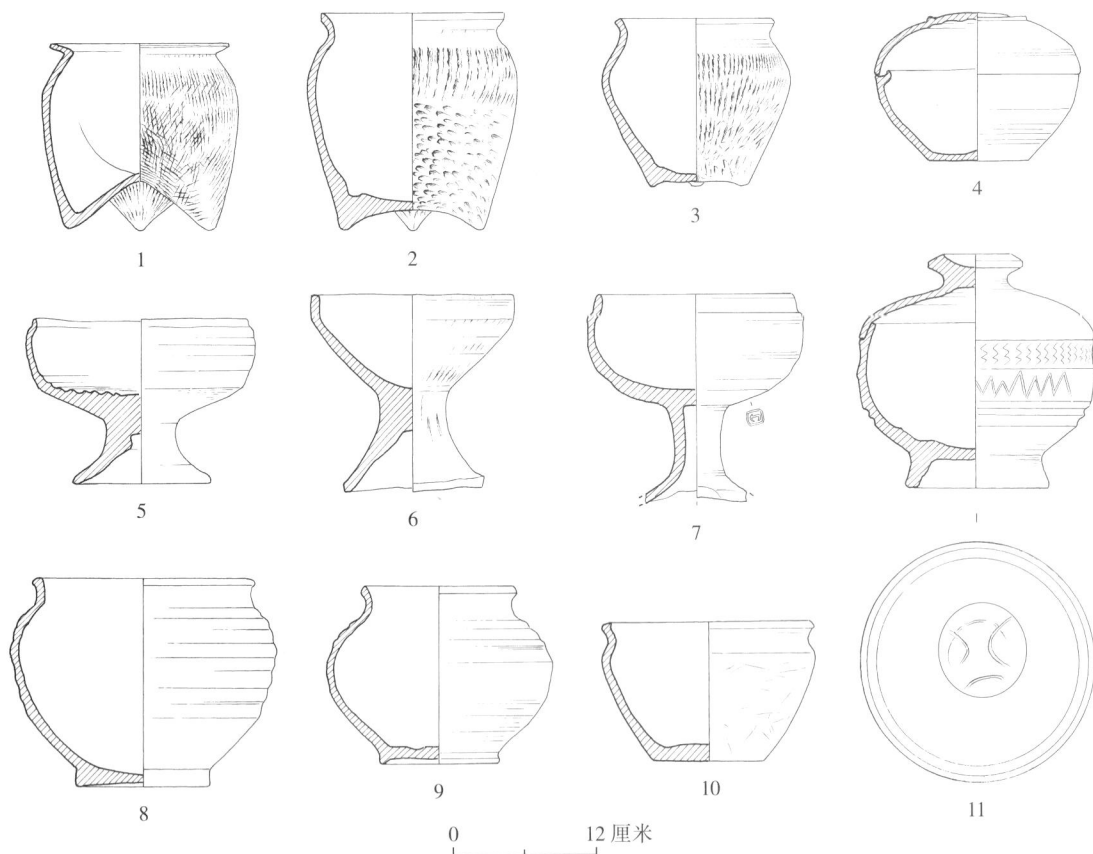

图一一九　陕北地区第三次全国文物普查采集陶鬲、盒、豆、盂、盆、簋

1~3.鬲（09府大哈郝Y01、08清王贺庙M01、08清玉后脑M04）　4.盒（08清解渠渠M03）　5~7.豆（08清老寨老M02、09府大哈郝Y02、08清李韩寨）　8、9.盂（09米李薛土M01、09米印冯高M01）　10.盆（08清双鲍枣）　11.簋（08清解张麻）

耳与鼎足呈五点式，柱状足较高、外撇，足中空。素面。口径20.4、通高17.78厘米。重1.370千克（图一二〇，11；彩版一〇一，4）。

3. 盆　1件。

标本08清双鲍枣，完整。夹砂浅灰陶，砂砾极少。胎厚。敞口，方唇，矮弧领，圆鼓肩，腹壁斜直下收，深腹，平底。素面。口径16.38、底径9.03、通高10.92厘米。重1.102千克（图一一九，10；彩版一〇一，5）。

4. 豆　3件。

泥质灰陶。根据盖的有无，可分两型。

A型　1件。无盖。标本09府大哈郝Y02，残。泥质深灰陶。直口，腹壁斜直下收，腹较深，盘底内有凹窝，豆柄细，盘形圈足烧制变形且有裂缝。腹壁外有绳纹被抹。口、腹壁抹痕清晰。口径16.38、圈足径11.13、通高15.96厘米。重0.649千克（图一一九，6；彩版一〇二，1）。

B型　2件。有盖。标本08清李韩寨，圈足残。泥质灰陶。子口内敛，腹壁外弧下收，腹稍深，平底，豆柄细高。口径15.54、圈足径8.4、通高16.8厘米（图一一九，7；彩版一〇二，3）。标本08清老寨老M02，圈足残。泥质灰陶。器壁厚，烧制温度高，手感重。子口内敛，腹壁竖直，浅腹，平底，豆柄较粗矮，圆形圈足。腹壁饰数周细弦纹。口径17.64、圈足径10.92、通高13.02厘米。重1.301千克（图一一九，5；彩版一〇二，2）。

5. 盂　2件。

泥质灰陶。矮领，鼓腹，矮圈足。

标本09米李薛土M01，残。泥质黑皮陶，器表黑皮有剥离。侈口，方唇微外折，矮领，鼓肩，腹斜收，矮实圈足。腹饰瓦棱纹。口径16.8、底径10.92、通高16.8厘米。重1.144千克（图一一九，8；彩版一〇二，5）。标本09米印冯高M01，口残。泥质灰陶。卷沿，方唇，矮领，圆鼓肩，腹壁中部竖直，下内收，矮圈足。肩面饰瓦棱纹。口径12.6、底径10.08、通高14.28厘米。重1.323千克（图一一九，9；彩版一〇二，6）。

6. 簋　1件。

标本08清解张麻，残。泥质浅灰陶。器壁厚，手感重。带盖。盖面上鼓，圆形捉手，顶面凹窝。器子口，直腹壁，矮圈足。腹上部饰成列的竖波折纹。口径5.46、圈足径10.5、通高18.9厘米。重2.189千克（图一一九，11；彩版一〇一，6）。

7. 盒　1件。

标本08清解渠渠M03，完整。泥质深灰陶。制作精致，手感较轻。带盖。盖上有一极浅的圈捉手，盖面隆起。器子口，舌内折，口沿面下凹与器盖相合，腹外壁微外弧下收，平底。盖、器身饰暗弦纹。口径8.4、底径8.4、通高11.76厘米。重0.579千克（图一一九，4；彩版一〇二，4）。

8. 釜　3件。

夹砂灰陶。侈口，圜底。饰绳纹。根据口沿特征，可分两型。

A型　2件。方唇。根据肩部特征，可分两亚型。

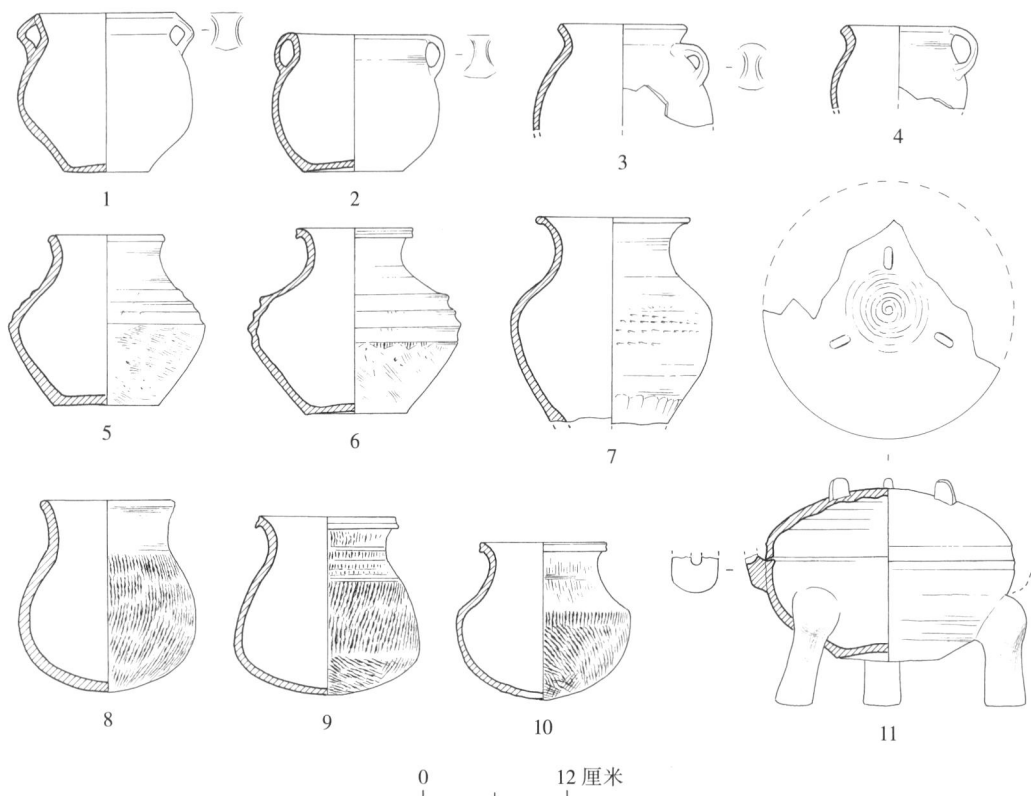

图一二〇　陕北地区第三次全国文物普查采集陶罐、釜、鼎

1~4. 双耳罐（08 清店吴 M01、09 米银宋书、09 米印冯高 M02、09 米印冯高 M03）　5~7. 圆肩罐（08 清乐董板 M03、08 清乐董薛 M01、08 清井 M02）　8~10. 釜（08 富直雨庙、09 神花郭庙 M01、08 清解渠渠 M01）　11. 鼎（08 清石呼小 M01）

Aa 型　1件。折肩。标本 08 清解渠渠 M01，完整。夹砂浅灰陶，砂砾极细。侈口，卷沿，宽方唇，高弧领，圆腹，圜底。腹及底饰相接的斜绳纹。口径 9.8、通高 12.34 厘米。重 0.582 千克（图一二〇，10；彩版一〇三，1）。

Ab 型　1件。无肩。标本 09 神花郭庙 M01，完整。泥质浅灰陶。侈口，宽方唇，唇面有凹槽，束颈，腹壁斜直下撇，腹底下折，圜底。颈、腹竖绳纹，底饰斜绳纹。口径 10.9、通高 13.8 厘米。重 0.842 千克（图一二〇，9；彩版一〇三，2）。

B 型　1件。圆唇。标本 08 富直雨庙，完整。夹砂浅灰陶。圆唇，斜直领，球形腹，圜底。领素面，腹及底饰相接的绳纹。口径 10.5、通高 15.3 厘米。重 0.998 千克（图一二〇，8；彩版一〇三，3）。

9. 罐　18件。

种类多样，可分为双耳罐、单耳罐、球腹罐、高领罐、矮领罐、圆肩罐、折腹罐、小口大鼓腹罐八类。

（1）双耳罐　4件。根据耳的位置，可分两型。

A 型　3件。两耳附于领外侧，上与器口齐，耳面宽扁。标本 08 清店吴 M01，完整。夹细砂浅灰陶。烧制温度高，手感较轻，敲击声清脆。侈口，方唇，矮斜直领，球形腹，平底。素面。球形腹内壁可见明显的捏制指窝痕迹，领内壁见抹痕。口径10.9、底径6.9、通高12.5厘米。重0.405千克（图一二〇，1；彩版一〇三，4）。标本09米银宋书，完整。夹砂，砂砾密集，器表明显可见。陶色斑驳，灰、黑不匀。器壁较薄，手感较轻，敲击声清脆。敞口，方唇，矮直领，球形腹略扁，平底。耳两端宽、中间窄扁。素面。腹内壁捏制痕迹不甚明显。口径10.9、底径8.3、通高10.7厘米。重0.443千克（图一二〇，2；彩版一〇三，5）。标本09米印冯高M03，残余口沿及单耳，应为双耳罐。夹细砂浅褐陶，器壁较薄。侈口，方唇，矮直领，腹外鼓，下部残。素面。器表有裂缝，似被烧而致（图一二〇，4；彩版一〇三，6）。

B型　1件。两耳附于肩上，窄厚。标本09米印冯高M02，器残。夹砂浅灰陶，砂砾细腻。器壁较薄，手感轻。侈口，方唇，斜直领，残腹外鼓。器耳附于腹上部，耳两端宽中间窄。素面。口径9.8、残高8.7厘米。重0.175千克（图一二〇，3；彩版一〇四，1）。

（2）单耳罐　1件。

标本08子赵刘，完整。夹砂深灰陶，砂砾密度大，器表明显可见。器壁稍厚，烧制温度高，手感轻，敲击声不清脆。侈口，方唇，矮斜直领，球形腹较浅，平底。单耳宽扁，附于腹上部，耳两端较宽、中间窄。素面。腹内壁可见明显的捏制指窝痕迹。口径8.8、底径7.2、通高8.8厘米。重0.259千克（图一二一，4；彩版一〇四，2）。

（3）球腹罐　2件。夹砂浅灰陶。手感较轻。素面。

标本08子何葛乔M04，完整。夹砂浅灰陶，砂砾密集。小口，方唇，矮直领，球形腹，有肩面，底下收较甚，腹径大，口径和底径近同而较小，平底。素面。器内壁可见捏制痕迹，领为泥条盘筑并有修整抹痕。口径7.4、腹径14.4、底径8、通高14.6厘米。重0.531千克（图一二一，3；彩版一〇四，4）。标本08子何葛乔M03，完整，器形较小。夹砂浅灰陶，砂砾较少。器壁稍厚，手感轻，敲击声清脆。小口，侈口，方唇，矮弧领，球形腹，平底。素面。口径6、底径6、通高9.6厘米。重0.252千克（图一二一，5；彩版一〇四，3）。

（4）高领罐　4件。高弧领。根据陶系，可分两型。

A型　1件。夹砂红褐陶。烧制温度低，手感较轻。标本08清解张麻M02，口残。夹砂灰褐陶，陶色斑驳，口沿及内壁烧黑。砂砾密集且较大，裸露于器表。敲击声沉闷。侈口，方唇，斜高领，口沿外有两小鋬，球形腹较深，平底。素面。口径10.2、底径6.4、通高15.2厘米。重0.507千克（图一二一，11；彩版一〇五，1）。

B型　3件。夹砂浅灰陶。烧制温度高，手感重。标本08清下王下M01，完整。夹砂浅灰陶。器壁较厚，手感重。侈口，方唇，高领微弧，鼓肩，肩面窄，腹外鼓下收，平底，底径极小，口沿外有两鋬。素面，鋬上饰刺纹。口径12、底径6.8、通高13.2厘米。重0.885千克（图一二一，7；彩版一〇五，2）。标本08清双井大M01，口残。夹砂灰陶，砂砾细。胎厚，烧制温度高。大侈口，方唇，高弧领，鼓肩，窄肩面，腹壁斜直卜收，平底。素面。口径11.6、底径8.4、通高13.2厘米。重0.946千克（图一二一，6；彩版一〇五，3）。标本08清双井大M02，口沿残。陶系和形制同08清双井大M01。口径11.6、底径9、通高15.6厘米。重1.053千克（图一二一，9；彩版一〇五，4）。

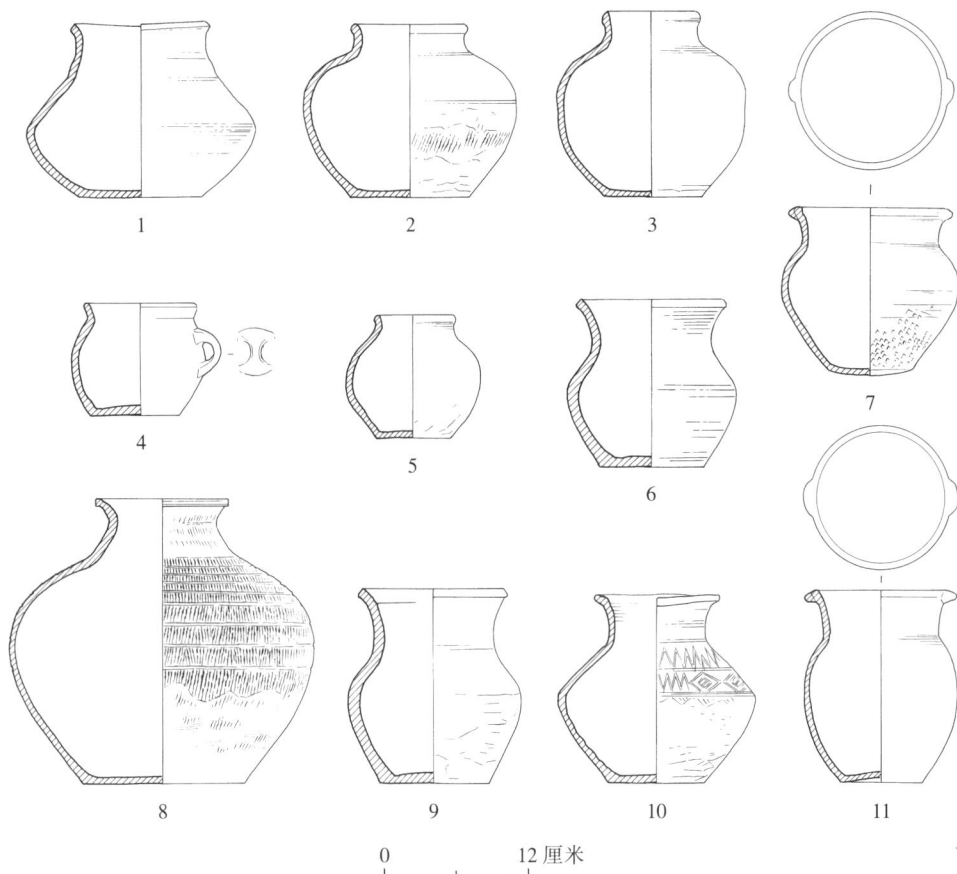

图一二一　陕北地区第三次全国文物普查采集陶罐

1、10. 折腹罐（09 府硕郝郝、09 绥义霍对）　2. 矮领罐（08 佳官站神 M02）　3、5. 球腹罐（08 子何葛
乔 M04、08 子何葛乔 M03）　4. 单耳罐（08 子赵刘）　6、7、9、11. 高领罐（08 清双井大 M01、08 清下
王下 M01、08 清双井大 M02、08 清解张麻 M02）　8. 小口大鼓腹罐（09 米沙阳花 M01）

（5）矮领罐　1件。

标本 08 佳官站神 M02，口残。泥质浅灰陶。胎较厚。口微侈，圆唇，矮直领，鼓肩，肩面广，腹微外弧下收，平底。腹下部残留一周浅绳纹。口径 8.8、底径 9.6、通高 13.6 厘米。重 0.775千克（图一二一，2；彩版一〇四，5）。

（6）圆肩罐　3件。

标本 08 清井 M02，底残。泥质灰陶。胎厚，烧制温度高，制作粗糙。大侈口，卷沿，圆唇，束颈，鼓肩，肩面广，腹壁斜收。素面。腹内壁泥条盘筑痕迹明显。口径 11.6、底径 9.07、残高 16.3 厘米。重 1.052 千克（图一二〇，7；彩版一〇六，1）。标本 08 清乐董板 M03，残，已修复。泥质灰陶。腹制作粗糙，器表可见小颗粒。小口，卷沿，圆唇，矮弧领，鼓肩，广肩面外鼓，腹壁斜直下收，平底。肩面饰瓦棱纹。口沿和肩抹痕清晰。口径 8.3、底径 8.3、通高 13.4 厘米。重 0.841 千克（图一二〇，5；彩版一〇六，2）。标本 08 清乐董薛 M01，完整。泥质灰陶。小口，折沿，宽方唇，高领微弧，鼓肩，肩面斜平，腹壁斜直下收，平底。肩饰瓦棱纹。口、领和肩修饰光滑，腹外壁粗糙。口径 9.07、底径 8.3、通高 14.5 厘米。重 0.896千克（图一二〇，6；彩版一〇六，3）。

（7）折腹罐　2件。

标本 09 府碛郝郝，口沿残。泥质深灰陶，器表光滑。侈口，方唇，束颈，广肩下斜，浅折腹，腹壁斜收较甚，平底。口径 10.8、底径 10、通高 13.6 厘米。重 0.921 千克（图一二一，1；彩版一〇五，5）。标本 09 绥义霍对，完整。泥质灰陶，红胎。胎较厚，手感重。侈口，折平沿，束颈，大广肩，腹壁斜直下收，平底。肩上饰两周三角划纹和菱形纹相间纹饰带。口径 9.6、底径 7.8、通高 14.8 厘米。重 1.043 千克（图一二一，10；彩版一〇五，6）。

（8）小口大鼓腹罐　1件。

标本 09 米沙阳花 M01，口沿残。泥质灰陶。小侈口，卷沿，方唇，束颈，广肩面略鼓，圆鼓腹，腹壁下直，平底。肩面、腹饰弦断绳纹，绳纹清晰，下腹部绳纹被抹。口径 10.4、底径 13.2、通高 22.4 厘米。重 1.914 千克（图一二一，8；彩版一〇六，4）。

（二）初步分析

以下从标本的年代、文化属性、区域分布特征等方面进行简要分析。

因标本均是采集品，无共存物参考，仅依据考古出土的类似器物对其年代进行初步判定。大致可分为三期。

第一期，仅有 I 式鬲、A 型豆和簋。其中鬲宽沿、弧裆依然较高（图一二二，1），豆深盘、敛口（图一二二，2），分别与米脂张坪 M2：4（图一二二，4）、M3：4[1]（图一二二，5）类似，表现出较早的特征，年代为春秋早期。簋（图一二二，3）与万荣 62WHM26[2]（图一二二，6）相似，应为春秋晚期。本期为春秋早期和晚期，缺少中期标本。

第二期，标本丰富，类型多样，有 II 式鬲、鼎、盆、B 型豆、罐。此期鬲依然存在，但已发展为窄沿、折肩明显，尤其是弧裆近平，矮足跟，裆部饰麻点纹，都是鬲晚期特征（图一二二，7、8），与 83 峰 M6：2（图一二二，10）和 83 草 M20：3[3]（图一二二，11）相近，约在战国中期。鼎盖顶微弧，尚存有三小纽，三柱状足外撇，中空，蹄突出现（图一二二，9），与曲村 M5079：4[4]（图一二二，12）近似，约在战国早期。盆折肩，深腹，唯无折沿不常见（图一二二，13），与寨头河 M8：1[5]一致（图一二二，16），但比后者腹更深，年代约在战国早期。B 型豆（图一二二，14、15）与曲村 M5166：7[6]（图一二二，17）、庙前 M37：22[7]（图一二二，18）相似，年代大概在战国早中期。矮直领罐（图一二二，19）、折腹罐（图一二二，20）在寨头河墓葬中均能见到相似者[8]（图一二二，21、22），年代为战国中期。双耳罐（图一二二，23、24）与清涧发掘[9]、调查[10]（图一二二，25、26）

［1］北京大学考古系商周实习组等：《陕西米脂张坪墓地试掘简报》，图三 -2、7，《考古与文物》1989 年第 1 期。

［2］张辛：《中原地区东周陶器墓葬研究》，第 14 页图五（一）-8，科学出版社，2002 年。

［3］陕西省考古研究院：《李家崖》，第 234 页图二二二 -3、第 248 页图二三五 -3，文物出版社，2013 年。

［4］北京大学考古学系商周组等：《天马—曲村（1980-1989）》，（第三册）第 965 页图一五九〇 -6，科学出版社，2000 年。

［5］陕西省考古研究院等：《寨头河——陕西黄陵战国戎人墓地考古发掘报告》，第 31 页图一五 -8，上海古籍出版社，2018 年。

［6］北京大学考古学系商周组等：《天马—曲村（1980-1989）》，（第三册）第 968 页图 五九二 -6，科学出版社，2000 年。

［7］山西省考古研究所：《万荣庙前东周墓葬发掘收获》，《三晋考古（第一辑）》，第 243 页图二十三 -3，山西人民出版社，1994 年。

［8］陕西省考古研究院等：《寨头河——陕西黄陵战国戎人墓地考古发掘报告》，第 52 页图三三 -6、第 20 页图六 -1，上海古籍出版社，2018 年。

［9］陕西省考古研究院：《李家崖》，第 225 页图二一二 -1，文物出版社，2013 年。

［10］刘川遗址采集：01。

| | 周边区域标本 | | |
|---|---|---|---|

6. 万荣 62WHM26　　12. 曲村 M5079：4　　18. 庙前 M37：22

5. 张坪 M3：4　　11. 83 草 M20：3　　17. 曲村 M5166：7　　22. 寨头河 M2：1

4. 张坪 M2：4　　10. 83 峰 M6：2　　16. 寨头河 M8：1　　21. 寨头河 M19：4

第三次全国文物普查调查采集标本

3. 08 清解张塿　　9. 08 清石呼小 M01　　15. 08 清老寨老 M02

2. 09 府大哈郝 Y02　　8. 08 清玉后脑 M04　　14. 08 清李辛寨　　20. 09 绥义霍对

1. 09 府大哈郝 Y01　　7. 08 清王贺庙 M01　　13. 08 清双鲍枣　　19. 08 佳宫站神 M02

甲类

来源　类型　时代　春秋期　战国早中期

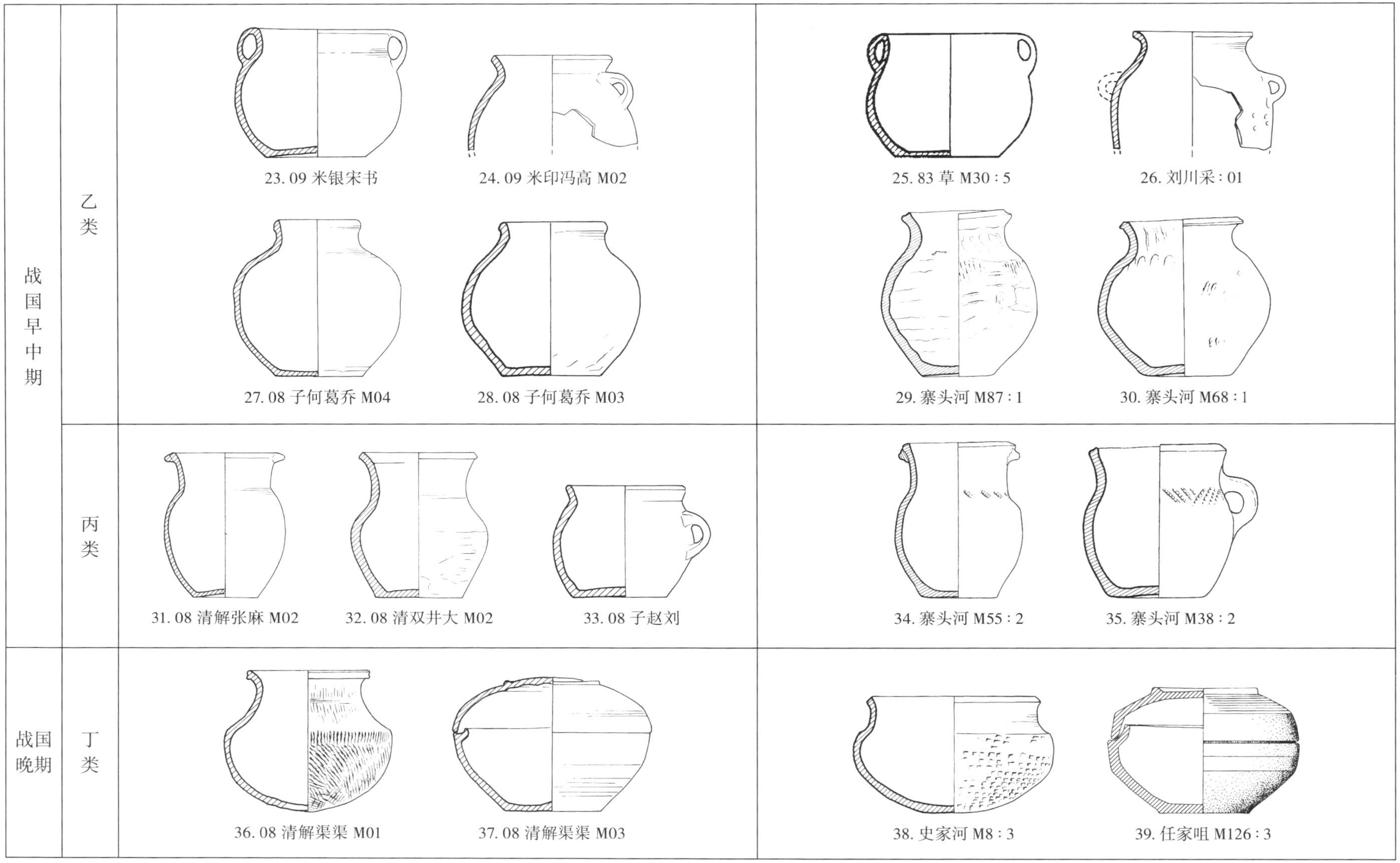

图一二二　陕北地区第三次全国文物普查采集标本与周边区域标本对比图

1、4、7、8、10、11.高　2、5、14、15、17、18.豆　3、6.簋　9、12.鼎　13、16.盆　19~35.罐　36、38.釜　37、39.盒

26. 刘川采：01　30. 寨头河 M68：1　35. 寨头河 M38：2　39. 任家咀 M126：3

25. 83草 M30：5　29. 寨头河 M87：1　34. 寨头河 M55：2　38. 史家河 M8：3

24. 09 米印冯高 M02　28. 08 子何葛乔 M03　33. 08 子赵刘　37. 08 清解渠渠 M03

23. 09 米银未书　27. 08 子何葛乔 M04　31. 08 清解张脉 M02　32. 08 清双井大 M02　36. 08 清解渠渠 M01

乙类　丙类　丁类

战国早中期　战国晚期

的标本几无差别，年代也在战国中期。球腹罐（图一二二，27、28）、高领罐（图一二二，31、32）、单耳罐（图一二二，33）在寨头河墓地中均有同类者[1]（图一二二，29、30、34、35），器形别无二致，年代亦为战国中期。综上可知，本期年代为战国早中期。

第三期，标本较少，有釜（图一二二，36）、盒（图一二二，37）两类，在史家河秦墓[2]（图一二二，38）和任家咀秦墓[3]（图一二二，39）中常见，年代在战国晚期。

由此可见，该批标本年代除个别在春秋早期、晚期和战国晚期外，其余均为战国早中期。

以上完整标本虽然数量不多，但类型多样，表现出不同的文化属性，与辛庄发掘调查器物类似，亦可大致分为四类。甲类，三晋文化因素，以鬲、鼎、豆、盆、罐、盂、簋等为代表。乙类，白狄文化因素，有双耳罐、球腹罐。丙类，西戎文化因素，有高领罐、单耳罐。丁类，秦文化因素，有釜、盒。从数量上看，仍以三晋文化因素占大宗，其余三类较少。

从分布地域看，第三次全国文物普查发现的完整东周陶器主要集中在清涧、米脂、子洲、府谷、绥德等县（表三五），均位于陕西东北部，而西北部不见，也可能与调查的偶然性有关。

**表三五　陕北地区第三次全国文物普查中发现完整东周陶器的遗址点**

| 县名 | 标本号 | 标本名 | 类型 | 县名 | 标本号 | 标本名 | 类型 |
|---|---|---|---|---|---|---|---|
| 清涧 | 08 清王贺庙 M01 | 鬲 | 甲类 | 米脂 | 09 米李薛土 M01 | 盂 | 甲类 |
| | 08 清玉后脑 M04 | 鬲 | | | 09 米印冯高 M01 | 盂 | |
| | 08 清石呼小 M01 | 鼎 | | | 09 米银宋书 | 双耳罐 | 乙类 |
| | 08 清双鲍枣 | 盆 | | | 09 米印冯高 M02 | 双耳罐 | |
| | 08 清李韩寨 | 豆 | | | 09 米印冯高 M03 | 双耳罐 | |
| | 08 清老寨老 M02 | 豆 | | | 09 米沙阳花 M01 | 小口大鼓腹罐 | 丁类 |
| | 08 清解张麻 | 簋 | | 子洲 | 08 子赵刘 | 单耳罐 | 丙类 |
| | 08 清乐董板 M03 | 圆肩罐 | | | 08 子何葛乔 M04 | 球腹罐 | 乙类 |
| | 08 清乐董薛 M01 | 圆肩罐 | | | 08 子何葛乔 M03 | 球腹罐 | |
| | 08 清井 M02 | 圆肩罐 | | 府谷 | 09 府大哈郝 Y01 | 鬲 | 甲类 |
| | 08 清店吴 M01 | 双耳罐 | 乙类 | | 09 府大哈郝 Y02 | 豆 | |
| | 08 清解张麻 M02 | 高领罐 | 丙类 | | 09 府碛郝郝 | 折腹罐 | |
| | 08 清下王下 M01 | 高领罐 | | 绥德 | 09 绥义霍对 | 折腹罐 | |
| | 08 清双井大 M02 | 高领罐 | | 富县 | 08 富直雨庙 | 釜 | 丁类 |
| | 08 清双井大 M01 | 高领罐 | | 神木 | 09 神花郭庙 M01 | 釜 | |
| | 08 清解渠渠 M01 | 釜 | 丁类 | 佳县 | 08 佳官站神 M02 | 矮领罐 | 甲类 |
| | 08 清解渠渠 M03 | 盒 | | | | | |

［1］陕西省考古研究院等：《寨头河——陕西黄陵战国戎人墓地考古发掘报告》，第 171 页图一三九 -1、第 138 页图一〇九 -1、第 110 页图八五 -2、第 84 页图六一 -1，上海古籍出版社，2018 年。

［2］见本报告史家河 M8：3。

［3］咸阳市文物考古研究所：《任家咀秦墓》，第 114 页图一〇八 -9，科学出版社，2005 年。

甲类器物中，在府谷采集到Ⅰ式鬲1件、A型豆1件，这两件器物年代在春秋早期，为晋文化因素。晋文化因素在春秋早期分布如此靠北，出乎以往的认识，这或许与晋武公的扩张有关，该情况与米脂张坪墓地相似。

乙类的白狄文化器物分布在清涧、米脂、子洲三县，处于白狄文化分布的大范围内，并且是核心区域里，与上文根据所有三普标本分析的狄人遗存分布特征一致。

丙类文化因素亦出现在清涧县，与辛庄发掘和三普调查的结果一样，数量不多但确实存在，可能是戎、狄两者之间直接交流的反映。尤其需要提及的是，子洲县采集的2件球腹罐虽器形与寨头河同类器一致，但从陶系分析，完全是乙类器物的风格；清涧县采集的3件B型高领罐亦如此，器形上与寨头河同类器一样，但陶系发生了变异，不是典型的丙类风格。

丁类文化因素多是战国晚期遗存，与"魏纳上郡十五县"[1]于秦有关。

总之，这批实物材料为陕北地区东周文化遗存的分析研究提供了难得的完整标本，其时代、地域和文化特征是多民族交流、融合的真实反映。

---

[1]司马迁：《史记》卷五《秦本纪》，第206页，中华书局，1982年。

# 后　记

本报告是在孙周勇研究员和种建荣研究员两位领队的悉心指导和真切关心下取得的"青年"成果，主要由孙战伟、邵晶两位年轻人共同撰写完成：前言由孙战伟撰写；上篇第一章、第二章由孙战伟、邵晶撰写；第三章由陈靓撰写；第四章由孙战伟撰写；附录金属器分析由刘亚雄、陈坤龙撰写。下篇全部内容由孙战伟、种建荣撰写。英文摘要由香港中文大学林永昌教授翻译，日文摘要由秦始皇帝陵博物院朱明月翻译。各章节完成后，由孙战伟、邵晶核校统稿。

史家河及辛庄遗址周边战国墓地的发掘和调查属于未做"预算"的"有心"之为。

寨头河墓地发掘时，由于前期的库区（南沟门水库）移民搬迁，寨头河村早已人去窑空、田荒村废，考古队只好将驻地设在4千米开外的史家河村。让我们始料未及的是，驻地窑后山坡上，居然也发现了一处同寨头河时代相近、族属相类的战国墓地。凌晨时分，万籁俱寂，被盗墓者窸窸窣窣的声音闹醒后，史家河墓地便正式列入我们的发掘计划中了。后来，我们还在与史家河村隔河相望的山顶上调查发现了战国墓葬，但囿于诸多原因，难以坚持、未做发掘，不失为重大遗憾。面对如此密集的战国墓葬分布情况，我们不得不重新审视葫芦河川道，这条小河上通义渠戎故里，下至秦魏河西之地，居住和埋葬的是什么人群？百转千回、萦心绕梦，后来，我们得出了寨头河、史家河是战国戎人墓地的认识，葫芦河河道应该是西戎聚集之地和东进要道。

结束史家河战国墓地考古工作，来到辛庄进行商代遗址发掘时，又"偶遇"战国墓葬，尤其是高垠大墓的抢救性清理，让我们认识到该区域战国遗存的复杂性和重要性，于是战国遗存的考察与探索正式列入辛庄遗址工作规划中，区域调查一并进行。之后几年，随着调查的深入和发现的增多，我们单独组织了对清涧、绥德两县所有战国时期不可移动文物遗址点的实地复查和对周边县、区第三次全国文物普查所获标本的翻检，将考古所获标入地图上，以双耳罐为代表的"辛庄类遗存"的分布范围跃然纸上，引起我们更多思考。

不同的发掘地点，同样的研究理念，最终得出了戎与狄的基本认识。事实上，我们与陕北戎、狄的纠葛，最早可追溯到2011年底。是年，在榆林市文物考古勘探工作队库房中第一次看到"辛庄类"双耳罐时就觉似曾相识，又不尽相同，便不自觉地多看了几眼。后来，在对寨头河、史家河戎人族属的判断逐渐得到学界公认的情况下，我们提出灵魂拷问——辛庄类战国遗存又该如何定性？再后来，便鼓起勇气提出狄人族属的判断。

从寨头河到史家河，再到辛庄，我们度过了5年欢快且潇洒的青春。如今，我们都要承担更多的考古任务和社会责任，往顾回首，难免蹉跎，毕竟已很难再仗剑天涯、恣意纵横了。

所以，用一部书稿记录我们年轻的考古情谊和学术碰撞，再好不过。于是，便有了这本《戎与狄》。

感谢在史家河和辛庄发掘整理过程中辛勤付出的友人，感谢为本报告顺利出版而辛劳编辑的黄曲女士。当然，一定要感谢培养、磨砺我们的考古之家——陕西省考古研究院，请院放心，考古有我！

由于编者能力有限，报告当中肯定有不少谬误之处，恳请学界同仁批评指正。

编者

2021 年 10 月

# 中文摘要

史家河墓地位于陕西省延安市黄陵县史家河村，共发掘战国墓葬37座，年代从战国早期至秦统一。出土陶、铜、骨、石等质地文物150余件，包括西戎文化因素、北方系青铜文化因素、晋系文化因素以及少量白狄文化因素，文化面貌、性质与寨头河墓地相同，应是一处战国戎人墓地。其国别战国早期属魏，中期后属秦。

辛庄墓地位于陕西省榆林市清涧县辛庄村，共发掘战国墓葬10座，调查采集完整陶器标本60余件，年代集中在战国早中期。发掘和调查采集到的双耳罐，夹细砂灰陶，陶胎较薄，烧制温度高，手感轻，多素面、偶尔会有附加泥条。以这类陶器为代表的器物群应该是东周白狄遗存，辛庄墓地是一处狄人墓地。

辛庄所出土的双耳罐类遗存，与以往所发现的器物有明显区别，可暂称为"辛庄类遗存"。这类遗存广泛分布于陕北中部地区，通过对陕北三普材料的系统检索，共发现130余个遗址点，分布在陕北地区的12个区县，其中榆林市的佳县、米脂、横山、绥德、清涧、子洲等6县区最为集中，占到遗址总数的90%左右，延安市的延川、延长、宝塔、甘泉、富县、宜川等6县区有少量分布。

本报告首次以考古材料为中心，区分出了戎、狄族群不同的文化面貌。史家河墓地是戎人文化的"寨头河类型"，而辛庄墓地属白狄文化的"辛庄类遗存"。两处墓地一南一北，一戎一狄，是戎狄族群在考古学上的首次区分，其来源不同、分布区域有别，但彼此之间又有交流和影响。该研究成果有利于戎狄族群内部支系的深入研究，为辨识该区域同类遗存的年代及性质提供了较为可靠的标尺。

史家河地处北洛河支流——葫芦河中游，是贯通东西的文化交流中枢之地，地理位置非常重要。辛庄位于无定河支流——川口河上游，地处陕北北部，更近于蒙古高原，南北交流更为频仍。史家河墓地和辛庄墓地文化面貌复杂、多元因素并存，分别与魏国和赵国关系密切。

本成果丰富了陕北地区东周考古学文化类型，对于认识和完善该区域考古学文化谱系具有重要意义。

# 英文摘要

The Shijiahe cemetery is located at the Shijiahe village in Huangling county, Yan'an city, Shannxi Province. A total of 37 tombs dating to the Warring-States period have been excavated. More specifically, these tombs covered the period from the Early Warring-States to the Qin unification. More than 150 pieces of artifacts, including ceramics, bronzes, bone objects and stone objects, were found. With regard to the nature of these artifacts, this collection includes elements from the Xirong culture, Northern Zone culture, Jin culture, and Baidi culture, although the last group is not representative in this discovery. Since the assemblage of material culture and its nature are similar to those represented by the Zhaihetou cemetery, the occupants of the Shijiahe cemetery might have belonged to the Rong community in the Warring-States period. This community might have affiliated with the Wei state during the Early Warring-States period, but then was subjugated to the Qin state after the Middle Warring States period.

The Xinzhuang cemetery is located at the Xinzhuang village in Qingjian county, Yulin city, Shaanxi. A total of ten tombs dating to the Warring-States period have been excavated. In addition, more than 60 pieces of intact ceramics dating to the Early and Middle Warring-States period have been collected through an archaeological survey. The two eared-pots discovered through the excavation and survey all belonged to grey ceramics with fine sand tempers. Since the wall of vessels is thin and fired by relatively high temperature, the ceramics are light. Most of them are plain ceramics. Occasionally, clay lump was used to attach on the surface. This collection should represent the material culture of the Baidi ethnic group in the Eastern Zhou period. The occupants might have belonged to the Baidi ethnic group.

The two-eared pots from the Xinzhuang site show characteristics distinguished from previous related discoveries. This site report characterizes this collection as the "Xinzhuang type" remains. Similar remains widely distributed in the central part of Shaanbai. Based on the investigation and comparison with remains collected by the Third National Cultural Relics Survey in the region, remains of the Xinzhuang type have been found at more than 130 localities in 12 counties in Shaanbei. Among them, the most concentrated areas are located in Jiaxian, Mizhi, Hengshan, Suide, Zizhou of Yulin city. More than 90% of localities abovementioned are reported in these six counties. In addition, localities are sporadically found in Yanchuan, Yanchang, Baota, Ganquan, Fuxian, and Yichuan of Yan'an city.

This site report presents the first archaeological investigation of distinguishing the culture of the Rong and Di ethnic groups based on excavated materials. The Shijiahe cemetery represents the "Zhaihetou type" of the Rong culture, while the Xinzhuang cemetery represents the "Xinzhuang type" of the Baidi culture. Located in the northern and southern part of the region, these two cemeteries, which belonged to a Rong and a Di communities respectively, were the first archaeological discovery that lays the foundation for differentiating these two groups. The material evidence also clearly shows that, while these two groups were located in different parts of the region with different origins, the communication and mutual-influence was unignorable. This new research outcome facilitates more in-depth analysis of different branches of these two groups. Moreover, this site report lays down a solid chronological foundation for the study of the date and nature of related archaeological discoveries in the region.

The Shijiahe cemetery is located in the middle Hulu river valley, a tributary of the Beiluo river. This is a strategic location for the east-west cultural communication, and thus is of great geographical significance. The Xinzhuang cemetery is located in the upper Chuankou river, a tributary of the Wuding river. Geographically, this area belongs to the northern edge of Shaanbei, adjacent to the Mongolian plateau. Historically, north-south cultural communication occurred at the site on a remarkable scale. The complex cultural facets and multiple components in the assemblage of materials represented by these two cemeteries should have a close tie with the Wei and Zhao states.

The outcomes of this research will enhance the typological study of the archaeological cultures in the Eastern Zhou period in the region. In addition, this site report will hold great significance for understanding and improving the genealogy of archaeological cultures in northern Shaanxi.

# 日文摘要

　　史家河墓地は、陝西省延安市黄陵県史家河村に所在し、計 37 基の戦国期の墓が発掘された。年代は戦国前期から秦の統一までと考えられ、当該期の陶、銅、骨、石など様々な素材によって作られた遺物、150 点以上が出土している。一方で、文化要素と属性は西戎文化、北方系青銅文化、晋系文化と少しの白狄文化を含み、寨頭河墓地と同じ戦国期戎人の墓地と考えられる。また戦国時代前期は魏に属し、後期は秦に属する。

　　辛庄墓地は、陝西省楡林市清澗県辛庄村に所在し、計 10 基の戦国期の墓が発掘された。採集品 60 点以上が発見され、時期は戦国時代前期と中期に集中する。採集、発掘された双耳罐と夾細砂灰陶（胎土中に細砂を含む灰陶）の器壁は薄く、高温焼成されて軽い。ほとんどが無文で、まれに付加条文を施す。このような陶器を代表するのは東周の白狄遺跡であり、辛庄墓地は狄人の墓地と考えられる。

　　辛庄墓地で出土する双耳罐などの遺物は、以前発見された器物とは明らかに区別される特徴をもつ。白狄文化は「辛庄遺存」と呼ばれ、陝北地方中部に広く分布する。陝北地方の「第三次可移動文物普査」報告を参照すると、12 区県に 130 地点あまりの遺存点が見られる。特に楡林市の佳県、横山、綏徳、清澗、子洲にもっとも集中的に分布し、遺址総数の 90％を占めている。延安市の延川、延長、宝塔、甘泉、富県、宜川などの 6 県区にもやや少し分布する。

　　本報告では、はじめて考古資料に基づいて、戎と狄とのそれぞれの文化要素を区別した。文化に属しており、史家河墓地は「寨頭河類型」の戎人文化に属しており、辛庄墓地は「辛庄類遺存」の白狄文化に属している。二つの墓地は「一南一北」、「一戎一狄」とは言え、戎と狄の族群に考古学的な区別ができるのは初めてである。両者は異なる起源と分布があっても、互いに交流と影響もあることが見える。この研究成果は戎と狄の族群支系の研究深化に役立ち、当該地域における同類遺存の年代と性格を把握する際の物差しを提供した。

　　史家河は北洛河の支流―葫蘆河の中流に位置して、西方との文化交流の中枢として非常に重要である。辛庄は無定河支流―川口上流に位置して、陝北の北部よりもモングル高原の方が近く、南北の交流も頻繁である。史家河墓地と辛庄墓地の文化様相は複雑で、多元的な要素が共存し、それぞれ魏國、趙国と密切な関係があると考えられる。

　　本研究は当該地区の東周考古学の文化類型を豊かにし、この地域の考古学文化の系統を把握するために重要な学術的意義を持っている。

彩版一 史家河墓地远景（西南—东北）

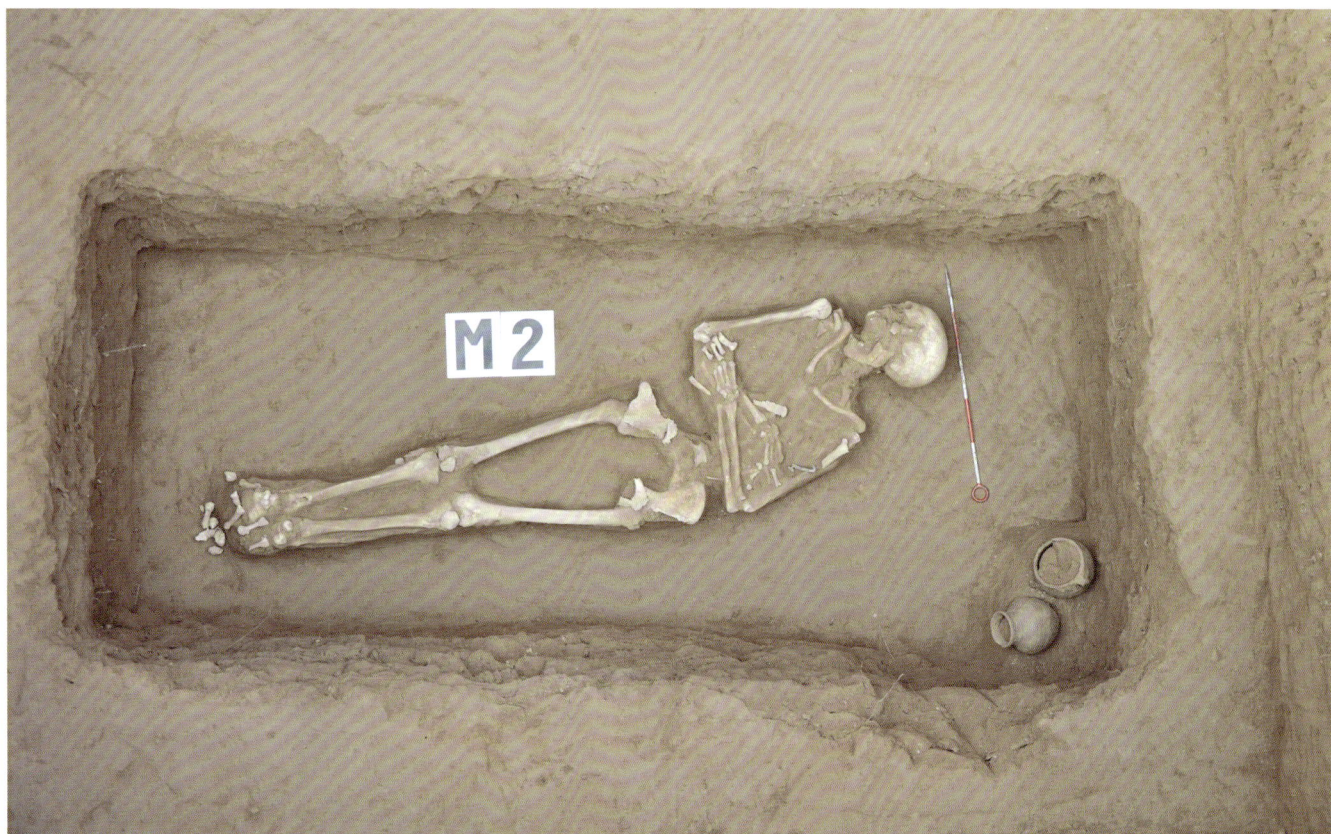

1. 墓室（铁签尖端为正北，下同）

2. 墓室局部

彩版二　史家河墓地M2

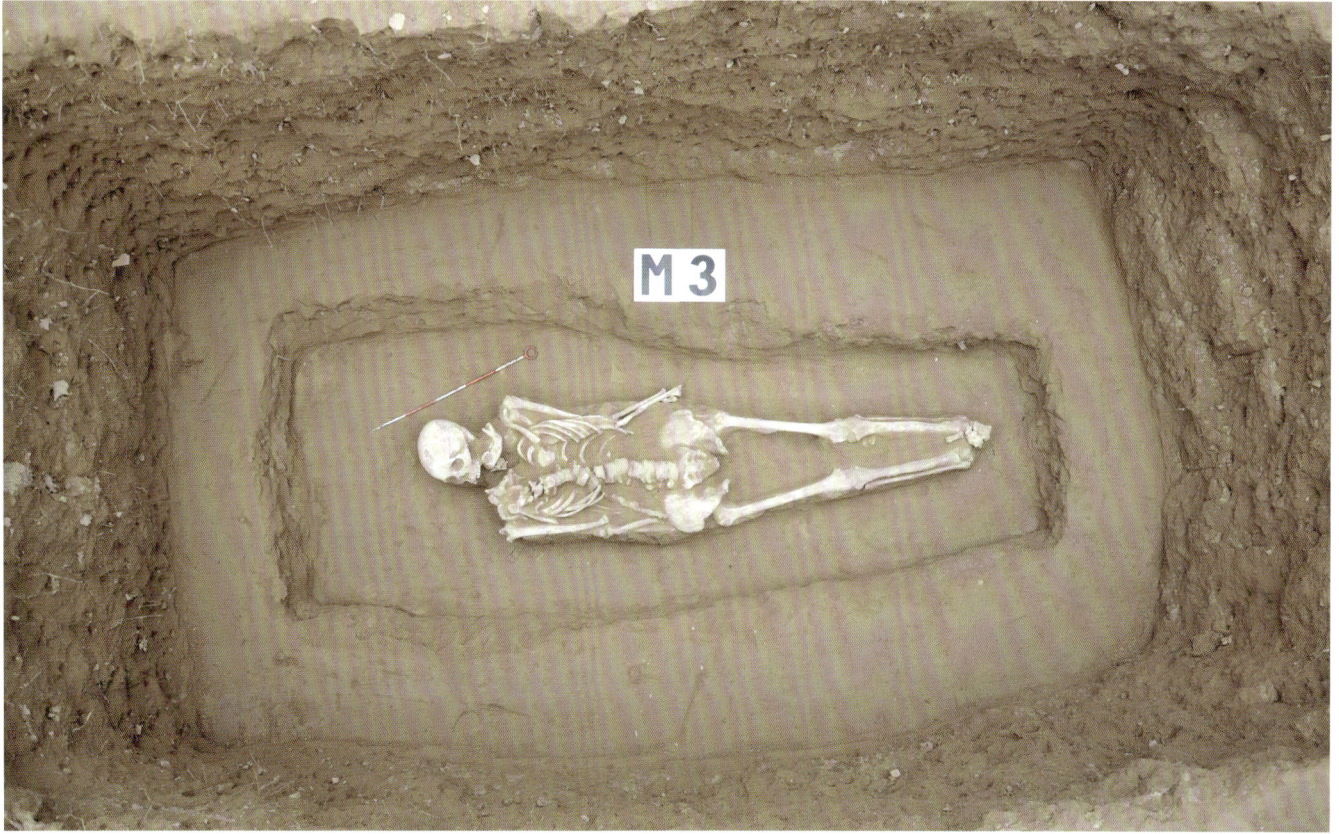

1. 墓室

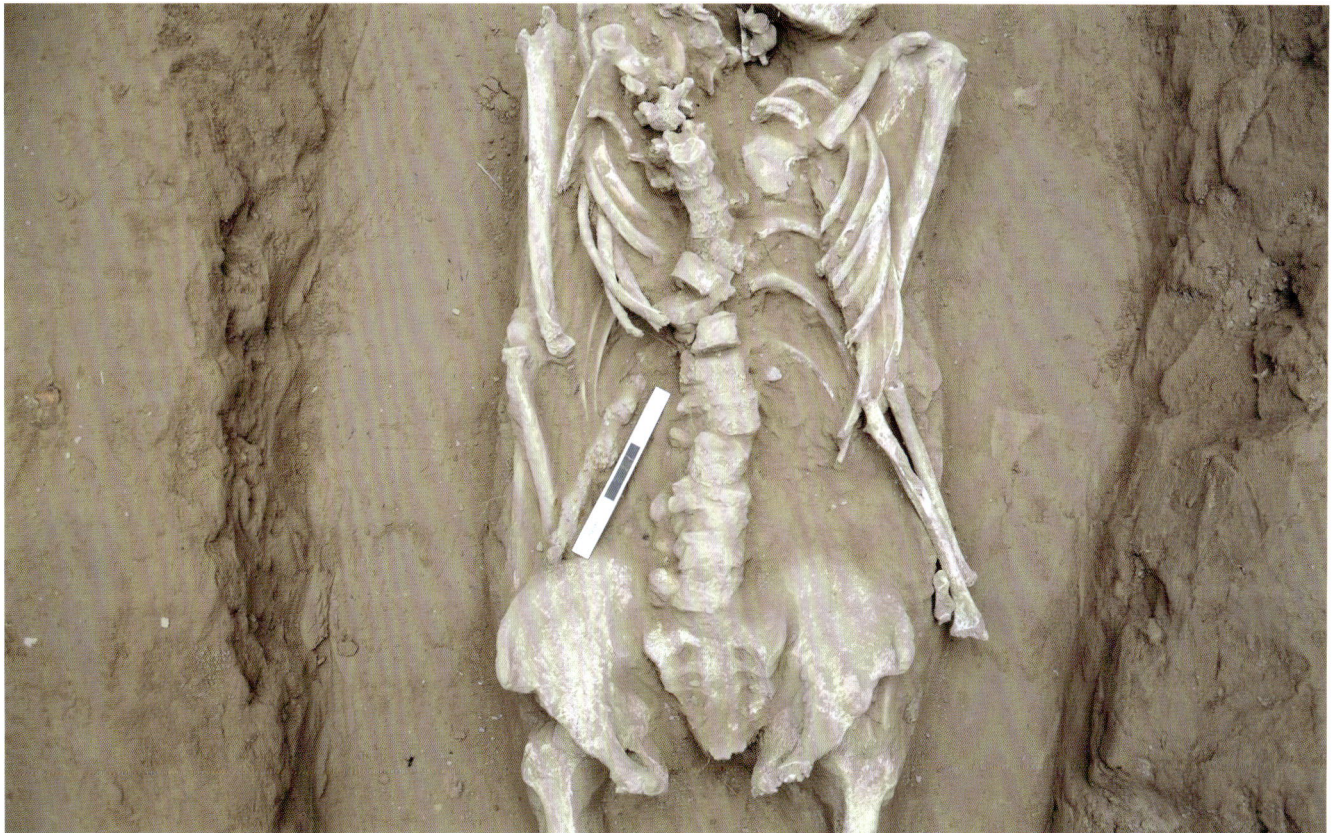

2. 铁带钩出土位置

彩版三　史家河墓地M3

1. 棺顶板上随葬器物

2. 墓室

彩版四　史家河墓地M5

1. 内棺解剖

2. 内棺解剖

彩版五　史家河墓地M6

1. 棺椁解剖

2. 墓室

彩版六　史家河墓地M6

1. 壁龛内出土器物

2. 铜戈、铃等器物出土状况

彩版七　史家河墓地M6随葬器物出土状况

1. 骨镳、铜马面饰等出土状况

2. 骨珠串饰

3. 殉狗

彩版八　史家河墓地M6随葬器物及殉狗出土状况

1. 棺盖板

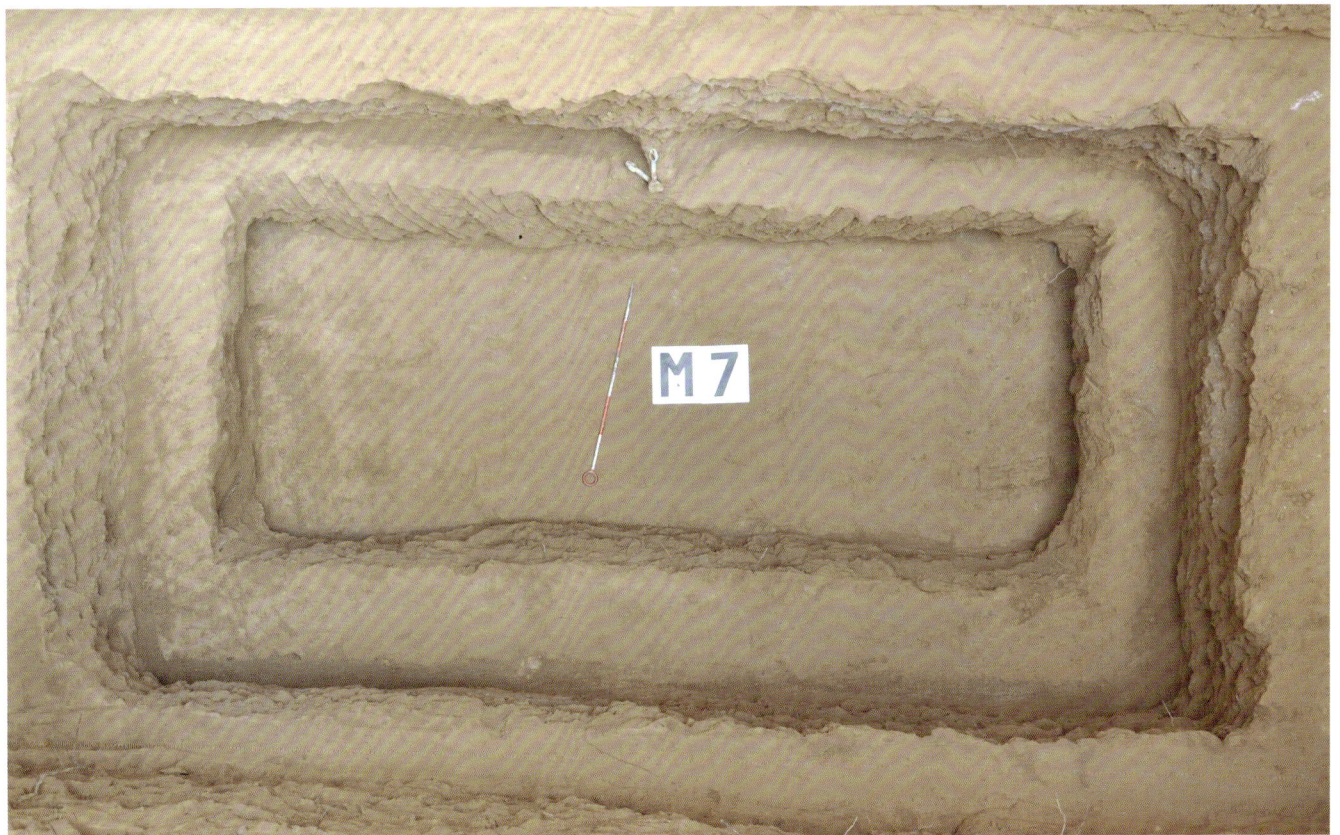

2. 墓室

彩版九　史家河墓地M7

1. M10墓室

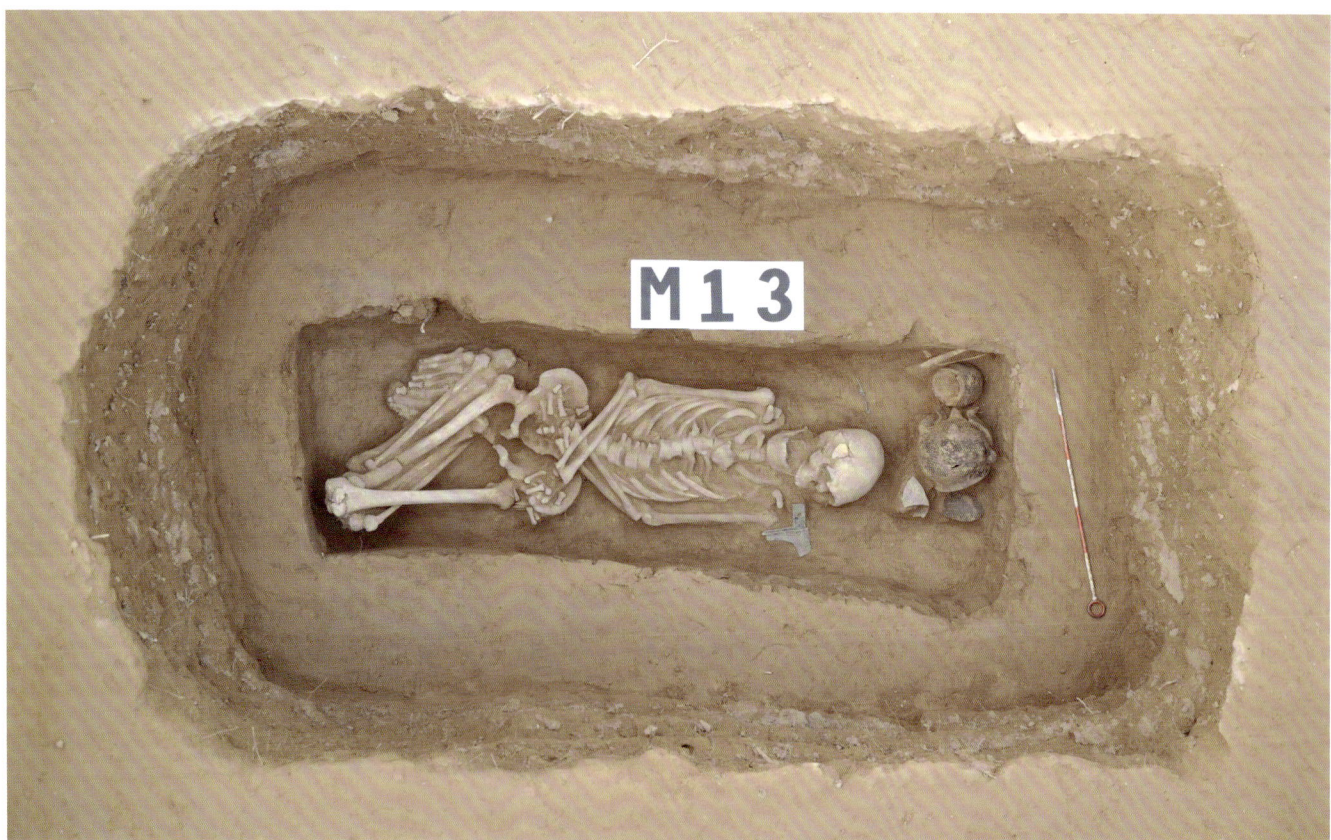

2. M13墓室

彩版一〇 史家河墓地M10、M13

1. 墓室

2. 壁龛内出土铜镂

彩版一一　史家河墓地M14

1. M15墓室

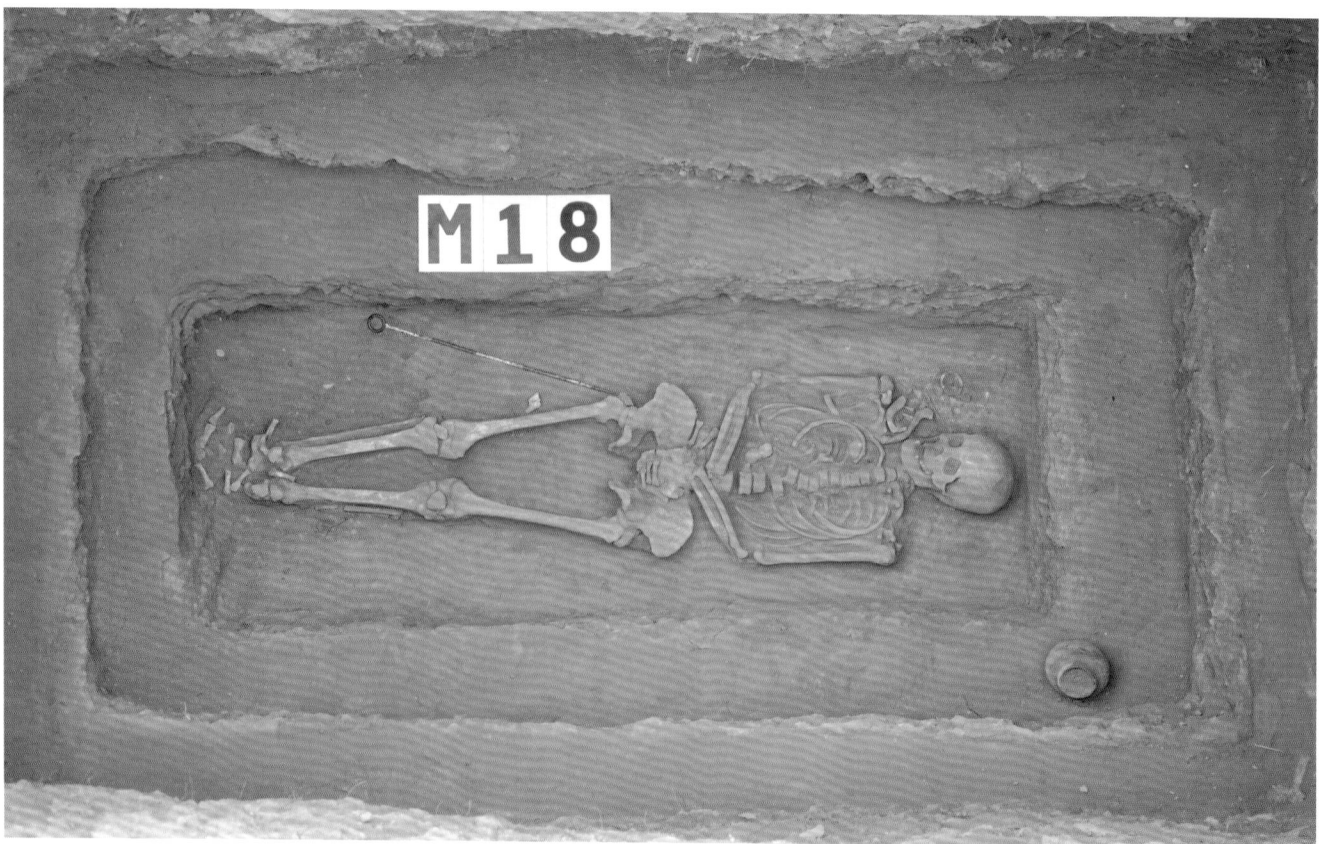

2. M18墓室

彩版一二　史家河墓地M15、M18

1. 墓室

2. 陶罐出土状况

彩版一三　史家河墓地M16

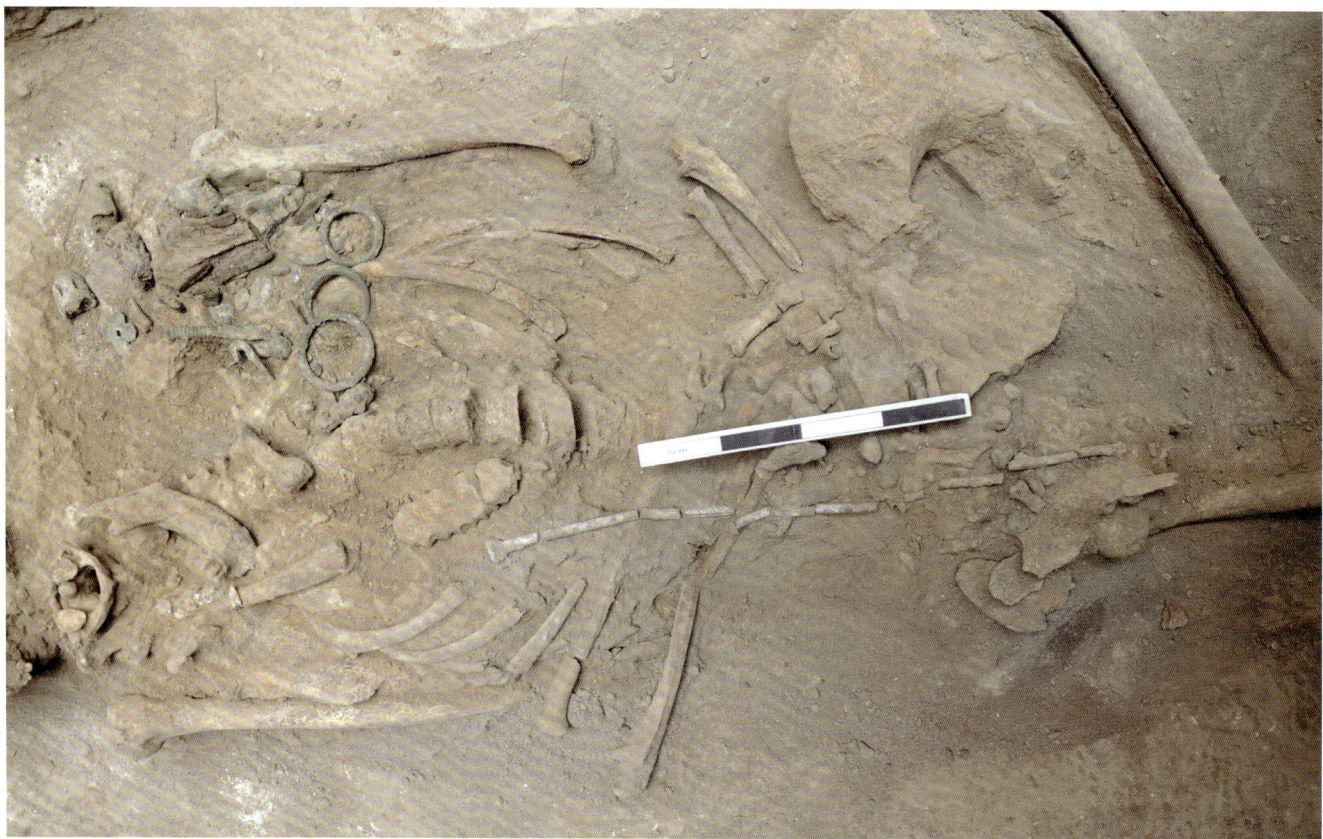

1. 骨笄出土位置

2. 铜器出土位置

彩版一四　史家河墓地M16随葬器物出土状况

1. 墓室

2. 骨笄出土位置

彩版一五　史家河墓地M19

1. M21墓室

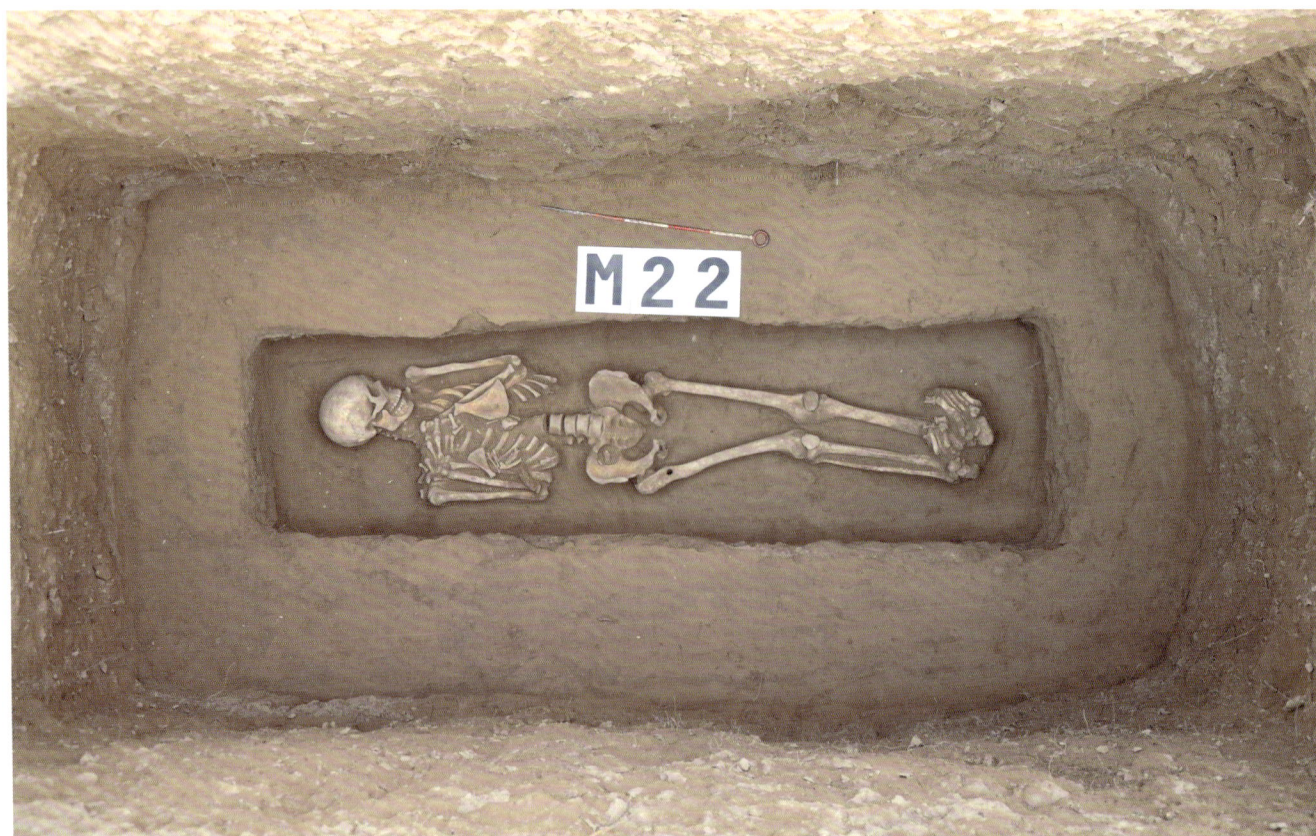

2. M22墓室

彩版一六　史家河墓地M21、M22

1. M23墓室

2. M25墓室

彩版一七　史家河墓地M23、M25

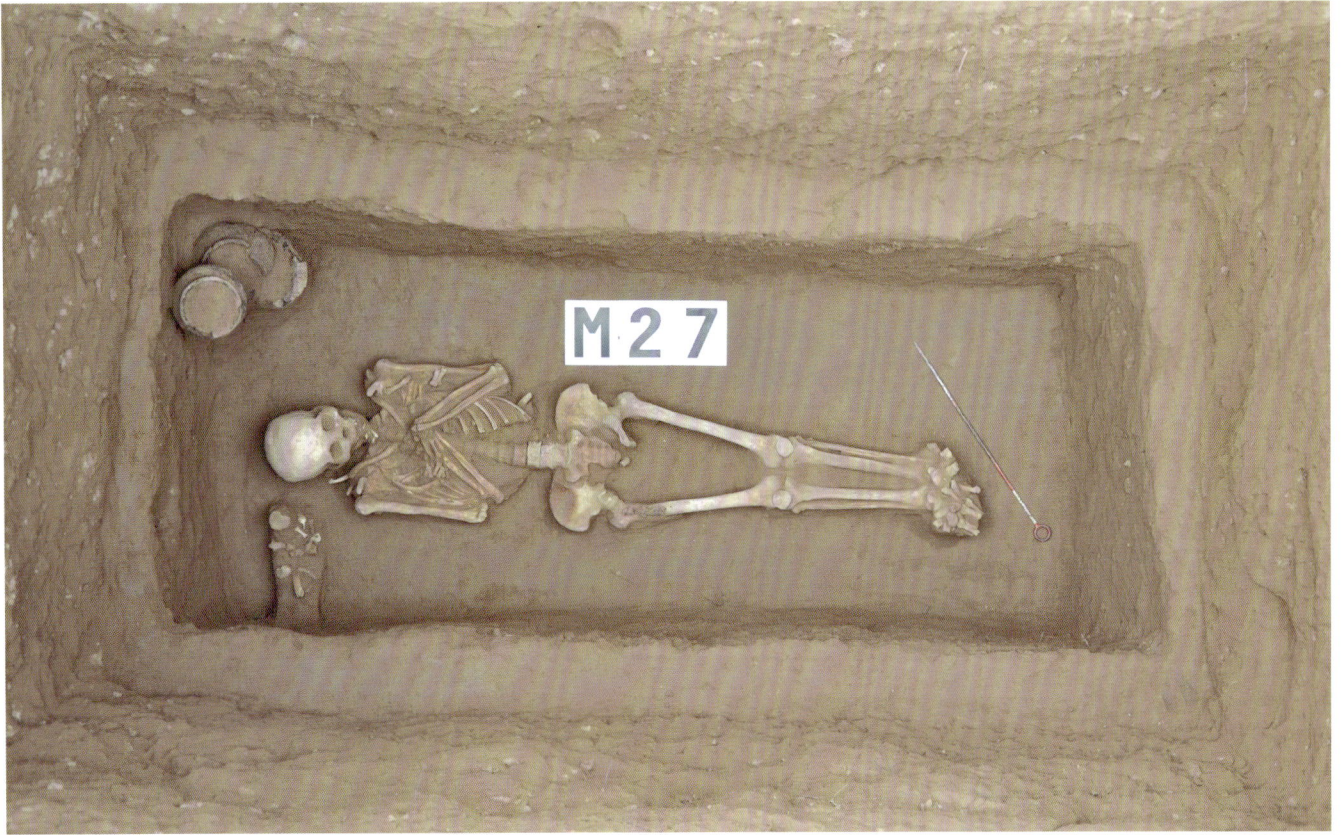

1. M27墓室

2. M29墓室

彩版一八　史家河墓地M27、M29

1. 棺盖板

2. 棺盖板

M28

3. 墓室

彩版一九　史家河墓地M28

1. M30墓室

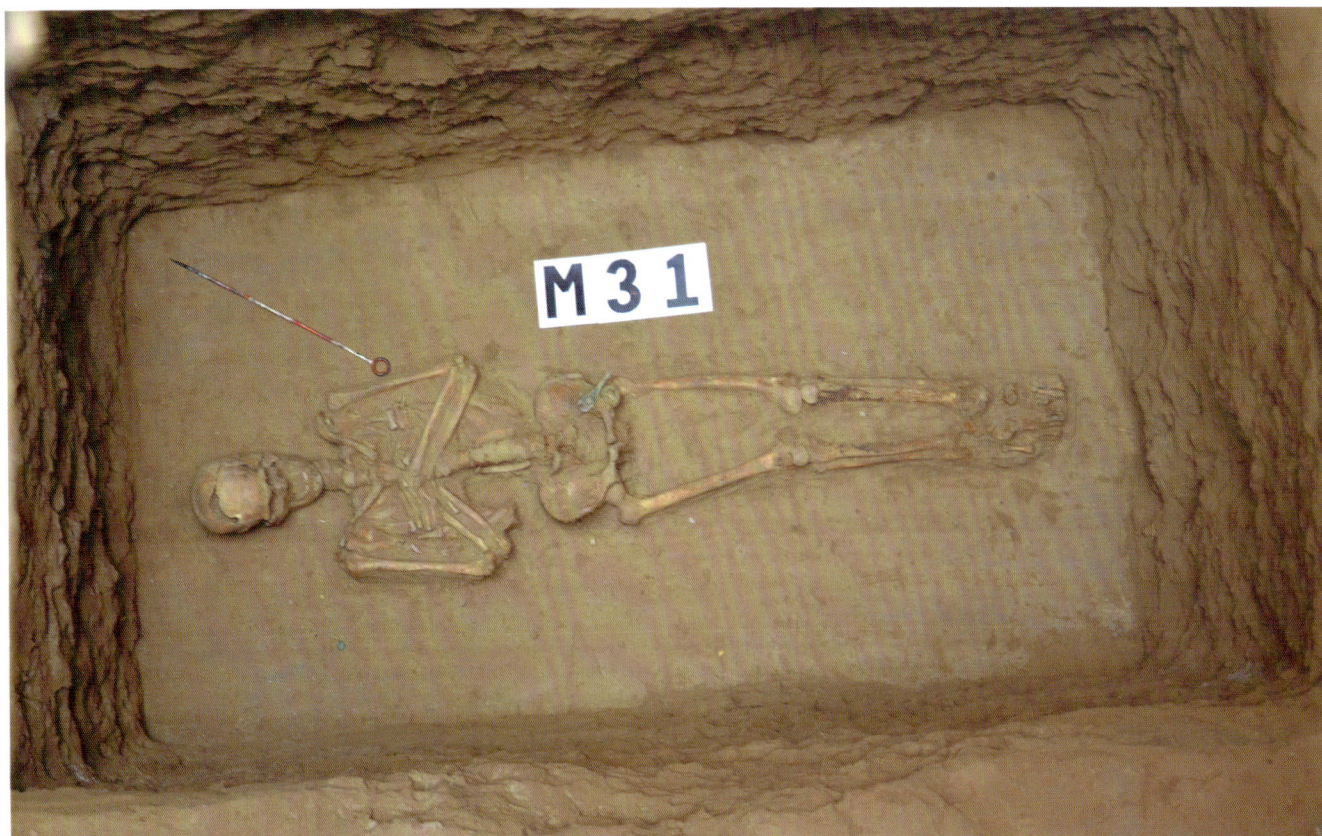

2. M31墓室

彩版二〇　史家河墓地M30、M31

1. M32墓室

2. M33墓室

3. M35墓室

彩版二一　史家河墓地M32、M33、M35

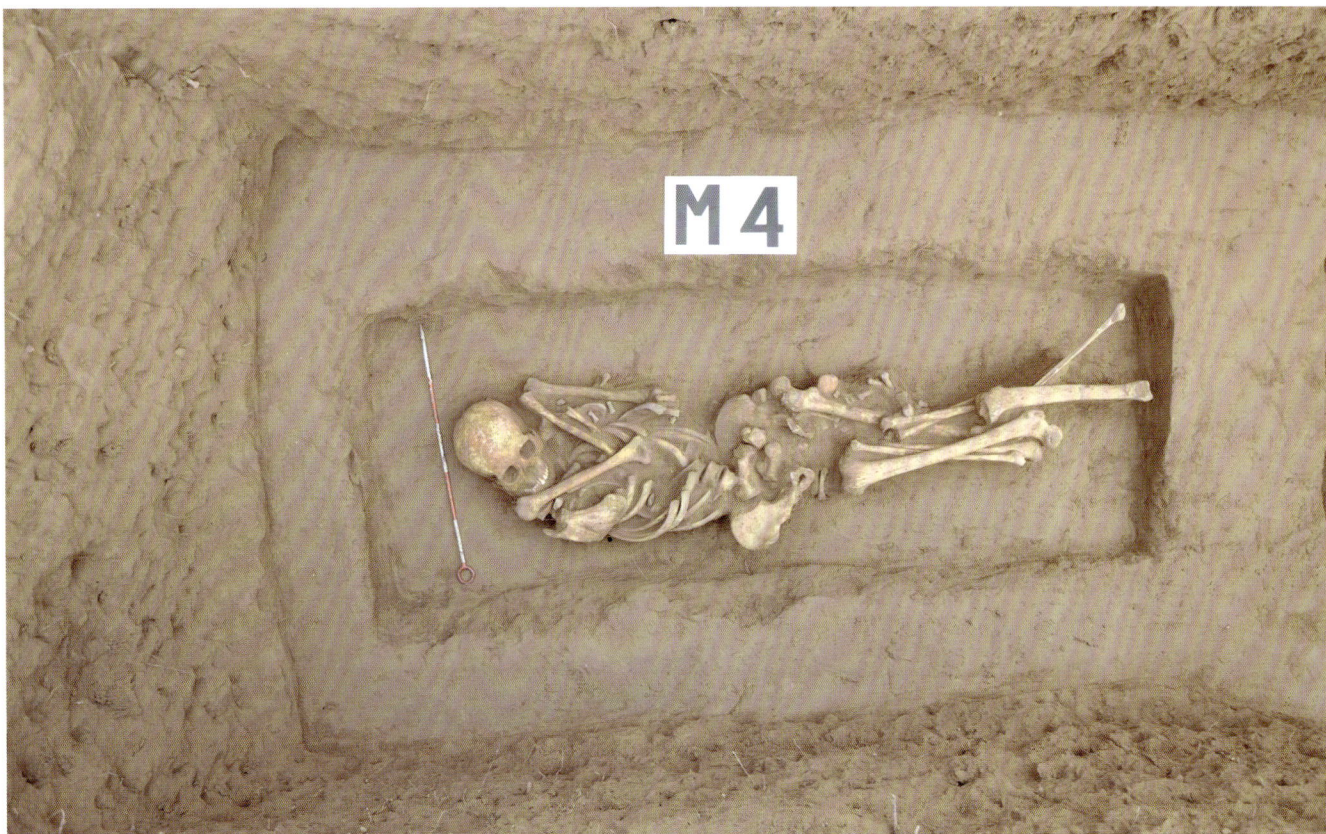

1. M4墓室

2. M8墓道与墓室

彩版二二　史家河墓地M4、M8

1. M9墓室

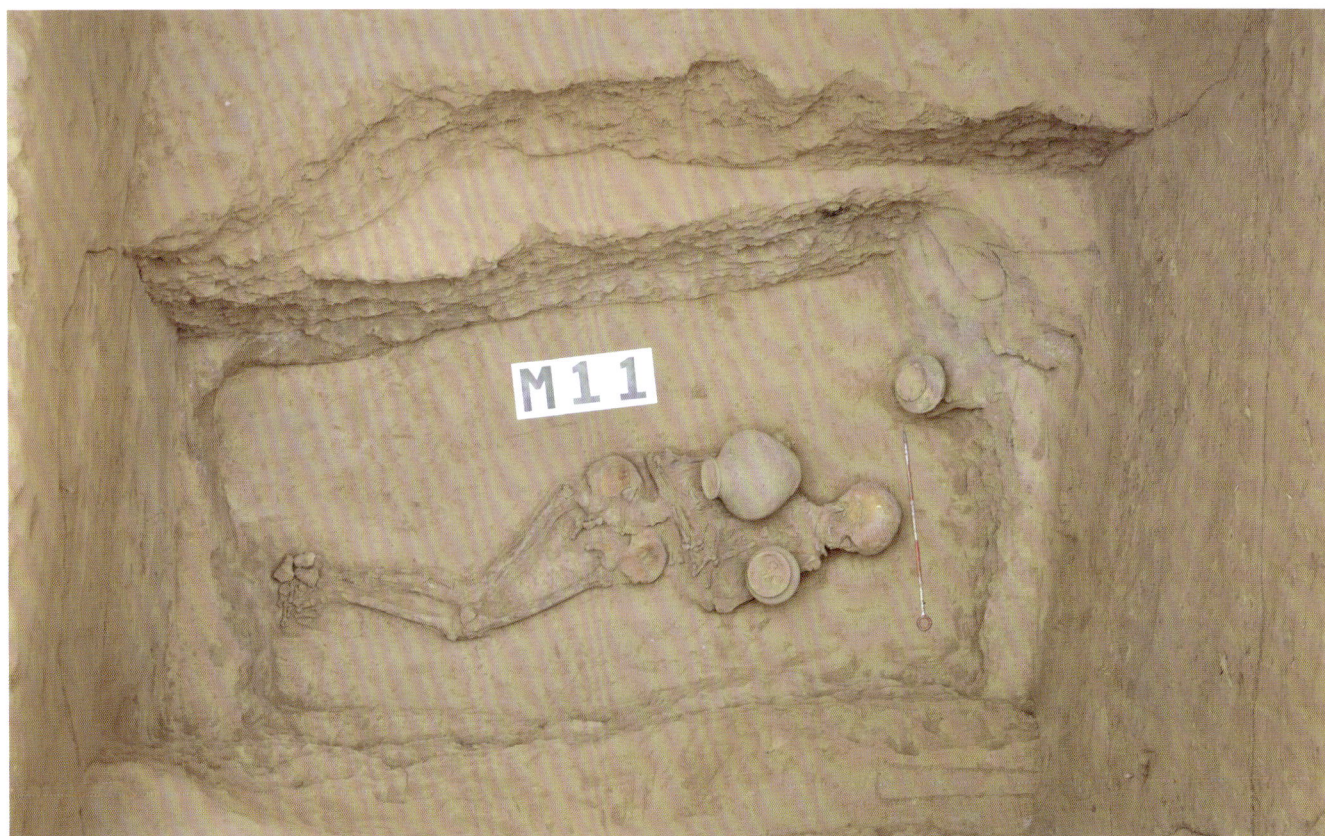

2. M11墓室

彩版二三　史家河墓地M9、M11

1. 墓道与封门

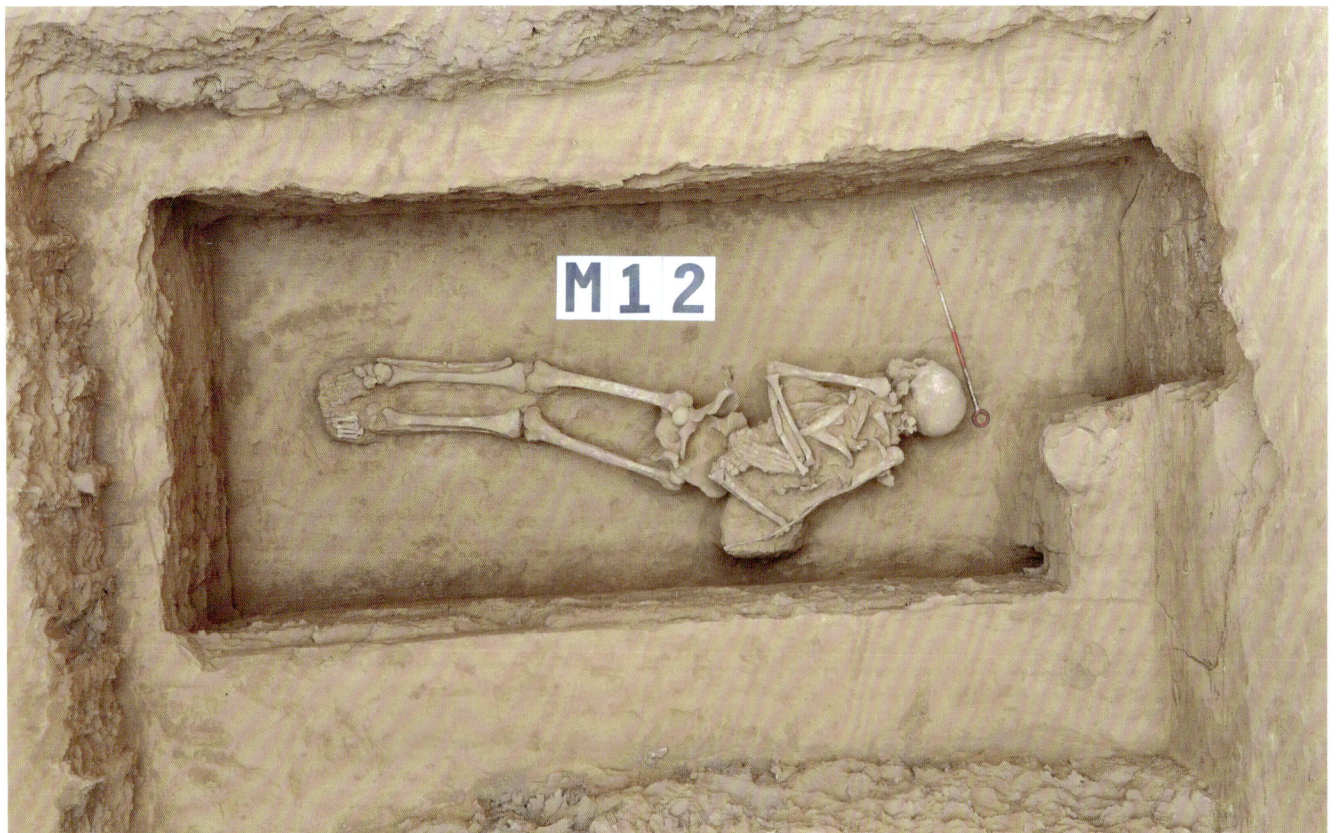

2. 墓室

彩版二四　史家河墓地M12

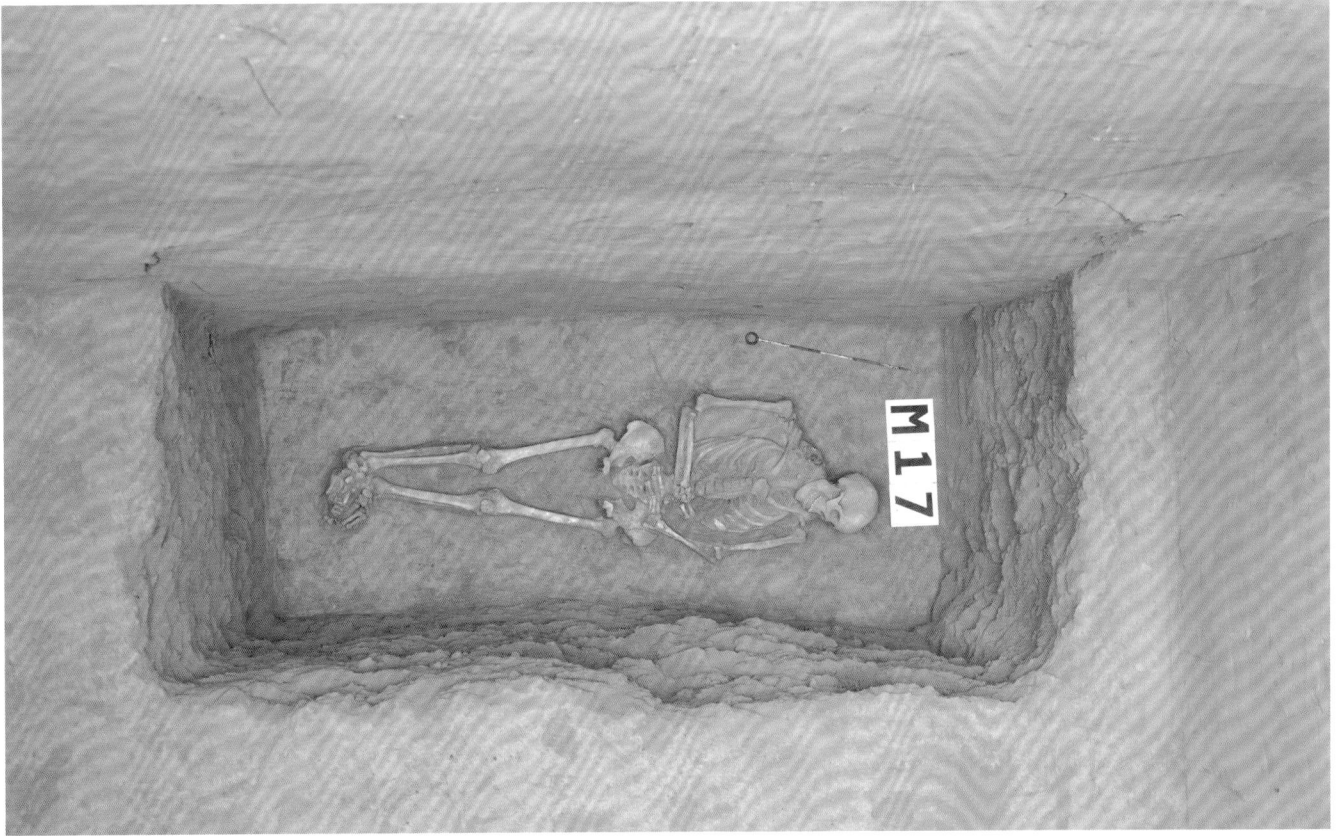

1. M17墓室

2. M37墓道与墓室

彩版二五　史家河墓地M17、M37

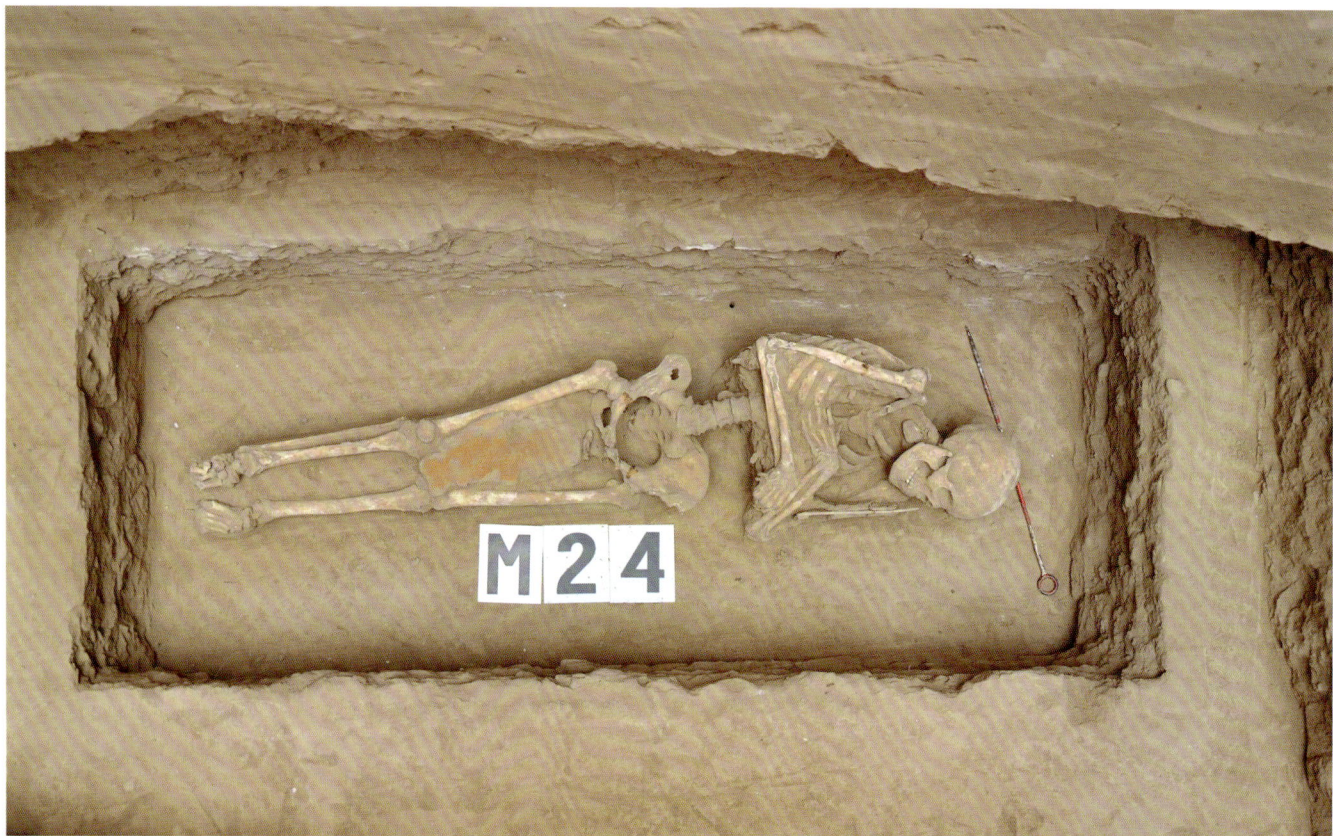

1. 墓室

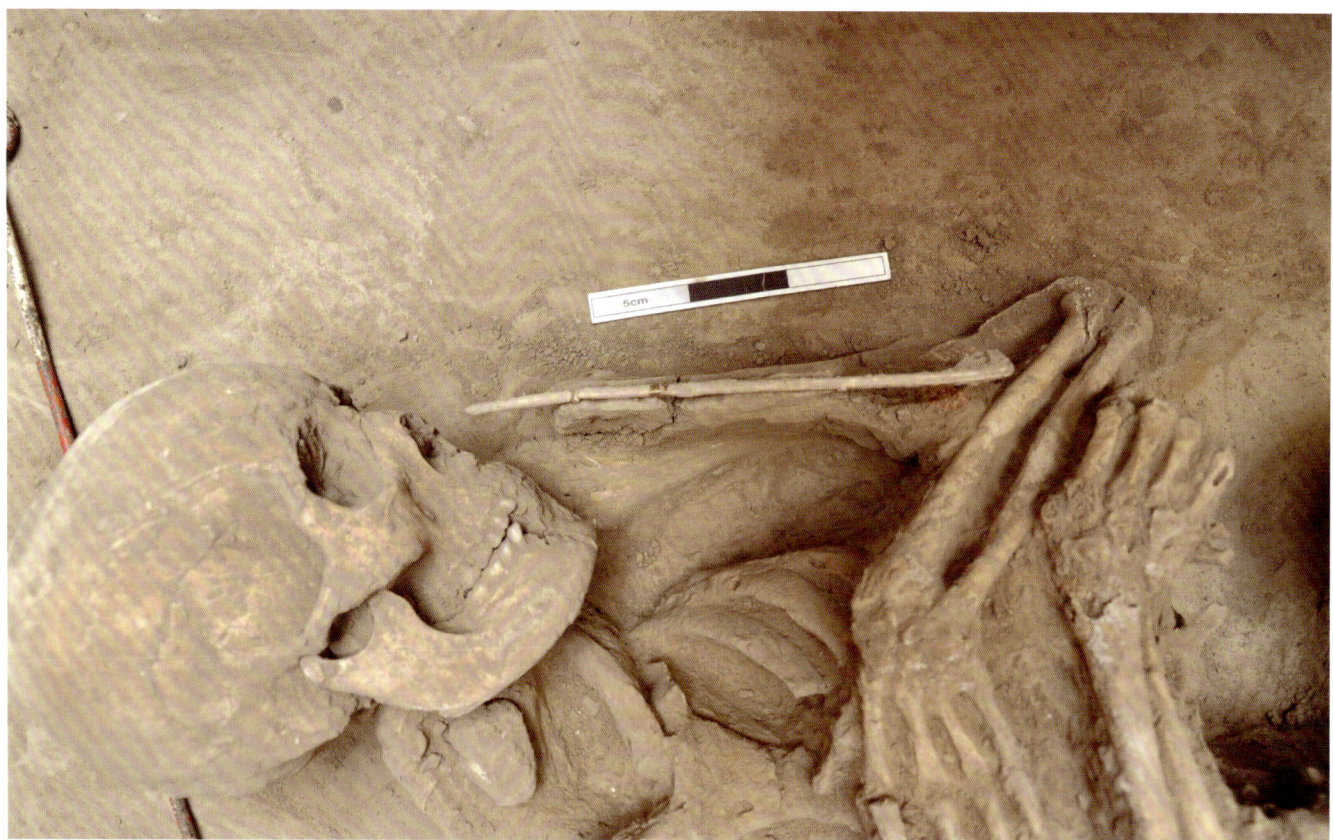

2. 骨笄出土位置

彩版二六　史家河墓地M24

1. 墓道与封门

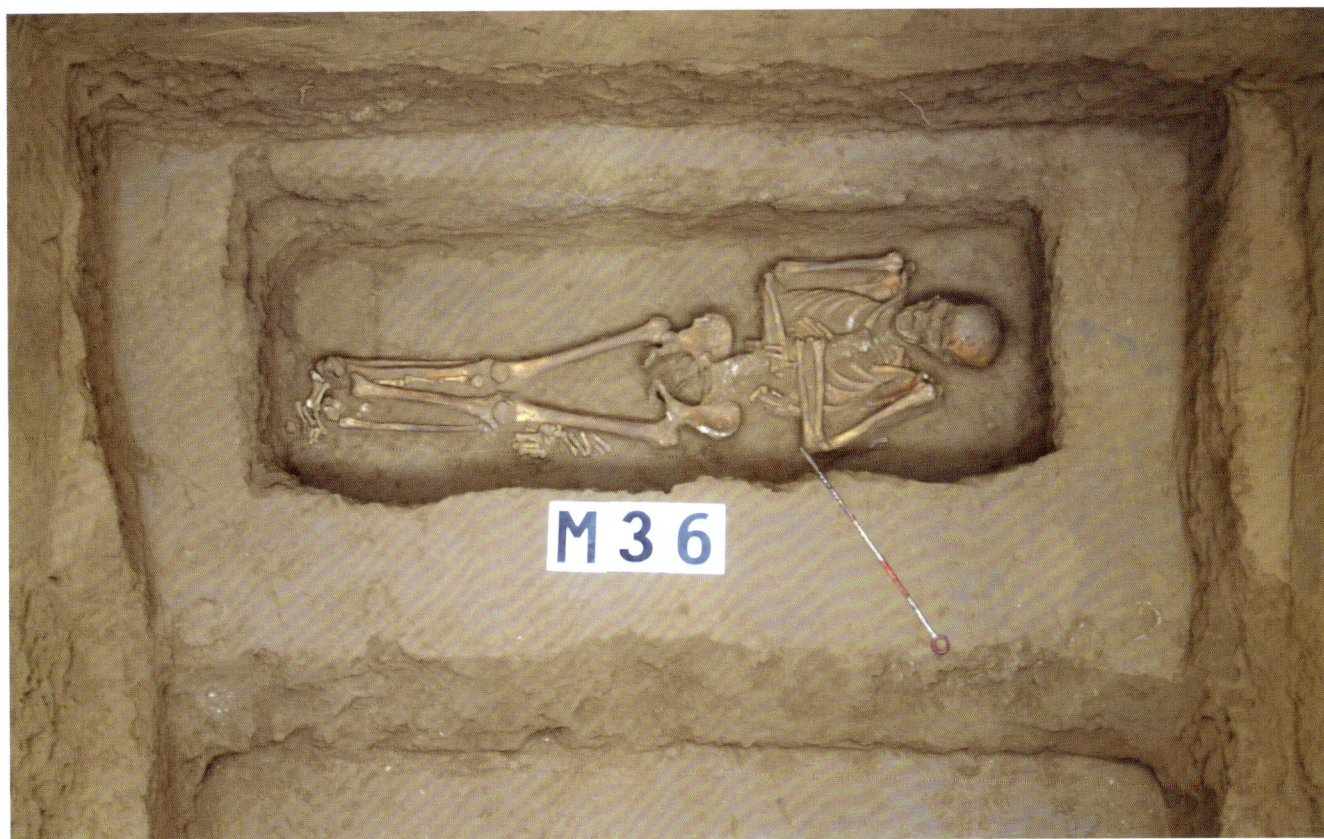

2. 墓室

彩版二七　史家河墓地M36

1. Ⅰ式罐式鬲（M27：1）

2. Ⅰ式罐式鬲（M27：2）

3. Ⅱ式罐式鬲（M4：2）

4. Ⅱ式罐式鬲（M4：3）

5. Ⅱ式罐式鬲（M39：1）

6. 双耳鬲（M13：1）

7. 无领鬲（M29：1）

彩版二八　史家河墓地出土陶鬲

1. A型（M7：2）

2. A型（M30：1）

3. B型（M33：1）

4. B型（M38：1）

5. C型（M2：2）

6. C型（M5：1）

彩版二九　史家河墓地出土陶单耳罐

1. A型双耳罐（M37：2）

2. B型双耳罐（M10：1）

3. C型双耳罐（M10：2）

4. D型双耳罐（M13：3）

5. 高领罐（M21：2）

6. 不分型罐（M13：2）

彩版三〇　史家河墓地出土陶双耳罐、高领罐和不分型罐

1. A型（M6：1）

2. A型（M6：2）

3. A型（M16：2）

4. A型（M16：4）

5. B型（M30：2）

彩版三一　史家河墓地出土陶侈口罐

1. 球腹罐（M16：1）

2. 球腹罐（M16：3）

3. 折腹罐（M7：1）

4. 折腹罐（M7：3）

5. 垂腹罐（M28：2）

彩版三二　史家河墓地出土陶球腹罐、折腹罐和垂腹罐

1. 直领罐（M19：1）

2. 直领罐（M19：2）

3. 直领罐（M21：1）

4. 直领罐（M23：1）

5. 直领罐（M23：3）

6. 浅腹罐（M28：1）

彩版三三　史家河墓地出土陶直领罐、浅腹罐

1. 圆肩罐（M9：2）

2. 圆肩罐（M23：2）

3. 圆肩罐（M29：2）

4. 大喇叭口罐（M14：1）

5. 罐耳（M14：8）

彩版三四　史家河墓地出土陶圆肩罐、大喇叭口罐和罐耳

1. 广肩罐（M4：1）

2. 广肩罐（M8：1）

3. 广肩罐（M11：1）

4. 广肩罐（M18：1）

5. 釜（M8：3）

6. 釜（M11：2）

彩版三五　史家河墓地出土陶广肩罐、釜

1. A型（M2：1）

2. B型（M10：3）

3. B型（M36：1）

4. B型（M37：1）

5. C型（M33：2）

**彩版三六　史家河墓地出土陶壶**

1. M8：2

2. M8：2陶文

3. M8：4

4. M9：1

5. M11：3

彩版三七　史家河墓地出土陶缶

1. M6：3

2. M14：2

彩版三八　史家河墓地出土铜鍑

1. 鍑（M14：2）内底部

2. 镈（M6：10）

3. 车軎（M6：12、11）

彩版三九　史家河墓地出土铜鍑、镈和车軎

1. M6∶19

2. M13∶4

彩版四〇　史家河墓地出土铜戈

彩版四一　史家河墓地出土铜戈（M6：19）铭文

1. A型（M6∶23）

2. B型（M7∶4、5）

彩版四二　史家河墓地出土铜马衔

1. M6：21

2. M6：22

彩版四三　史家河墓地出土铜马面饰

1. Aa型（M6：14）

2. Ab型（M6：27）

彩版四四　史家河墓地出土铜铃

1. Ac型（M6∶26）

2. B型（M16∶23）

3. B型（M16∶24）

彩版四五　史家河墓地出土铜铃

1. B型铃（M16：25）

2. B型铃（M16：26）

3. B型铃（M16：27）

4. B型铃（M16：28）

5. B型铃（M16：29）

6. 铃形饰（M16：32、33）

彩版四六　史家河墓地出土铜铃、铃形饰

1. A型（M6∶7）

2. Ba型（M31∶1）

3. Bb型（M17∶1）

彩版四七　史家河墓地出土铜带钩

1. C型（M13：5）

2. C型（M16：5）

3. D型（M36：2）

彩版四八　史家河墓地出土铜带钩

1. 残带钩（M2：3）

2. A型管（M16：13、14、9、10、7、11）

3. B型管（M6：5、6）

4. B型管（M16：8、12）

彩版四九　史家河墓地出土铜带钩、管

1. A型（M16∶6、15）

2. A型（M18∶3）

3. A型（M16∶17、18）正面

4. A型（M16∶17、18）反面

5. B型（M18∶4、5）

6. C型（M16∶16）

彩版五〇　史家河墓地出土铜扣饰

1. A型（M16：19）

2. A型（M16：20）

3. A型（M16：21）

4. A型（M16：22）

5. A型（M18：2）

6. A型（M18：6）

彩版五一　史家河墓地出土铜环

1. A型环（M6：20-3、20-4，中间两个），B型环（M6：20-1、20-2）

2. 阳燧（M6：32～35）

彩版五二　史家河墓地出土铜环、阳燧

1. 甲类A、B型（M6：31，右1为甲类A型，左1~3为甲类B型）

2. 甲类A、B型（M6：31，左1为甲类A型，左2~4为甲类B型）

彩版五三　史家河墓地出土骨镳

1. 甲类A型（M30：3上、4下）

2. 乙类A型（M6：30）

彩版五四　史家河墓地出土骨镳

1. 乙类B型（M6：24）

2. 残镞（M6：25）

彩版五五　史家河墓地出土骨镞

1. A型（M6：16）

2. A型（下排M14：3、4、7），B型（上排M14：5、6）

彩版五六　史家河墓地出土骨络饰

1. C型络饰（M6：8、9）

2. C型络饰（M6：17、18）

3. 珠串（M6：13）

4. 镞（M6：15）

彩版五七　史家河墓地出土骨络饰、珠串和镞

1. A型（M10:4）

2. A型（M12:1）

3. A型（M16:30）

4. A型（M19:3）

5. B型（M24:1）

彩版五八　史家河墓地出土骨笄

1. A 型骨镞（M13：6）

2. B 型骨镞（M13：7）

3. B 型骨镞（M13：8）

4. B 型骨镞（M13：9）

5. 骨钉（M18：8）

6. 骨珠（M28：4）

7. 牙饰（M6：29）

彩版五九　史家河墓地出土骨镞、钉、珠和牙饰

1. 砺石（M30：6）

2. 绿松石珠（M6：28）

3. 石饰（M18：7）

4. 铜凿（M6：4）

彩版六〇　史家河墓地出土石器、铜器

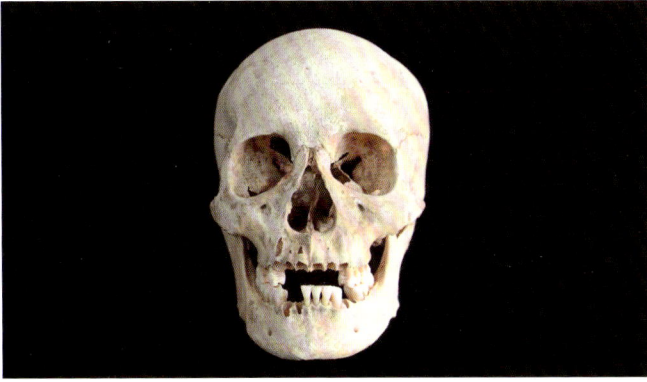

1. M3墓主头骨正视

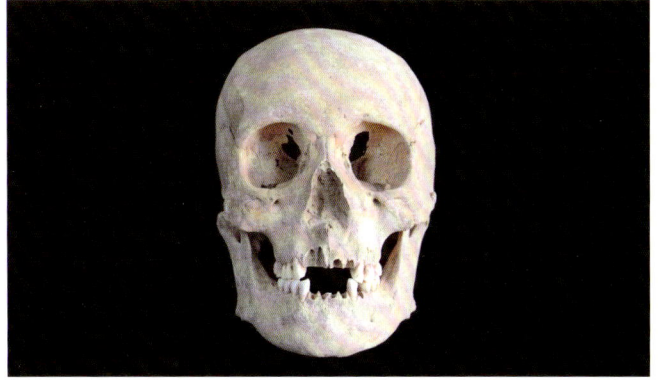

5. M4墓主头骨正视

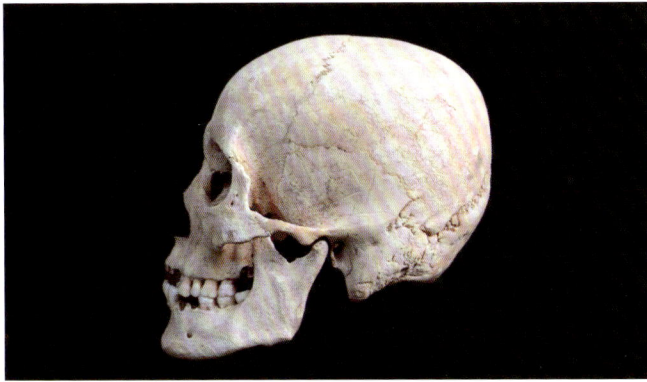

2. M3墓主头骨左侧视

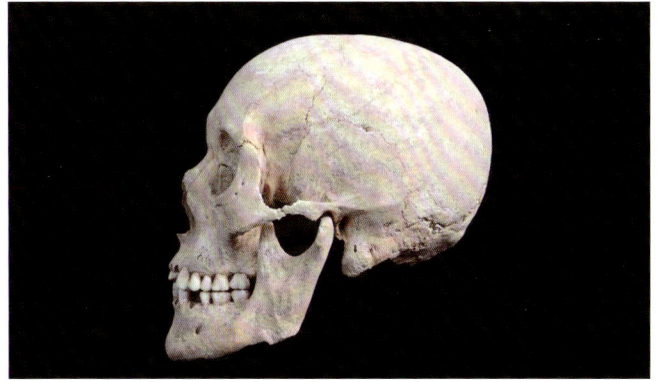

6. M4墓主头骨左侧视

3. M3墓主头骨顶视

7. M4墓主头骨顶视

4. M3墓主头骨后视

8. M4墓主头骨后视

彩版六一　史家河墓地M3、M4墓主头骨（男性）

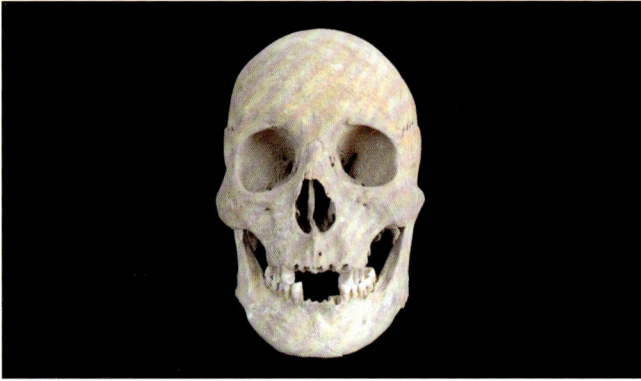

1. M6墓主头骨正视

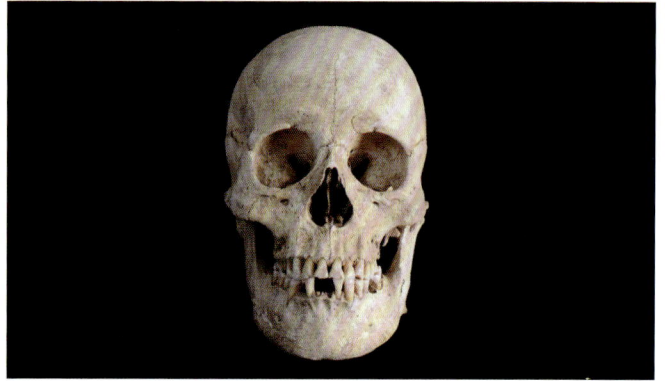

5. M8墓主头骨正视

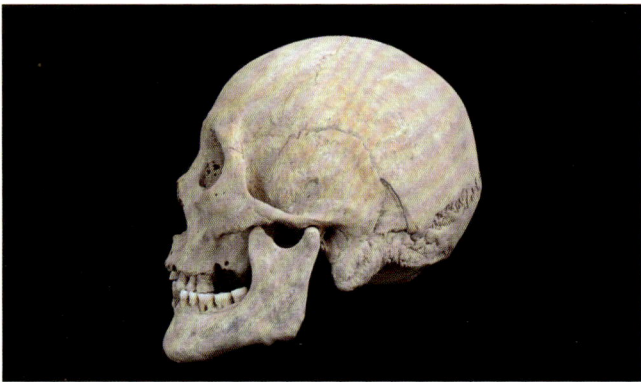

2. M6墓主头骨左侧视

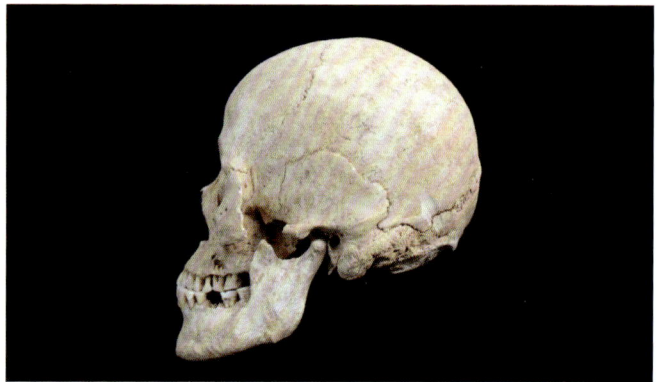

6. M8墓主头骨左侧视

3. M6墓主头骨顶视

7. M8墓主头骨顶视

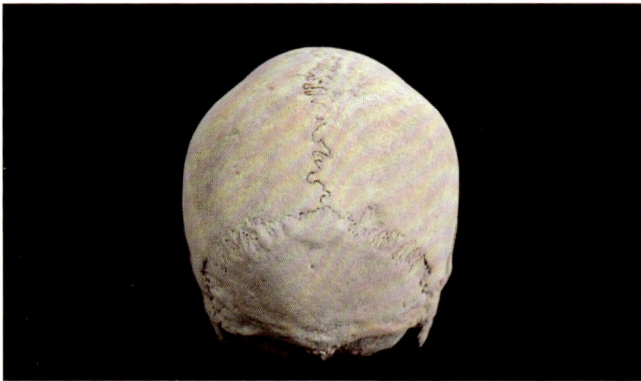

4. M6墓主头骨后视

8. M8墓主头骨后视

彩版六二　史家河墓地M6、M8墓主头骨（男性）

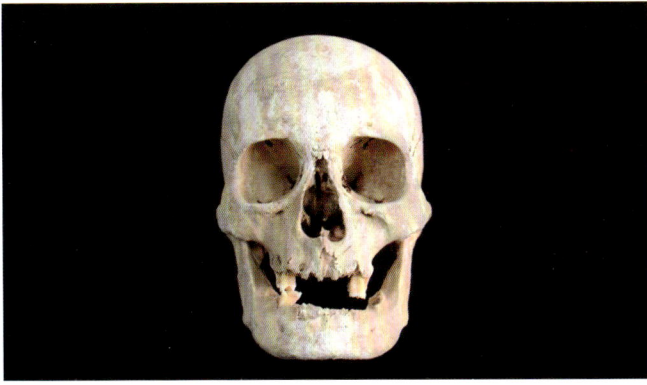

1. M12墓主头骨正视

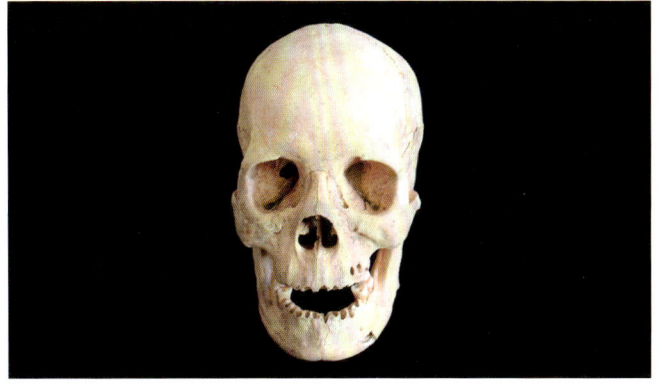

5. M18墓主头骨正视

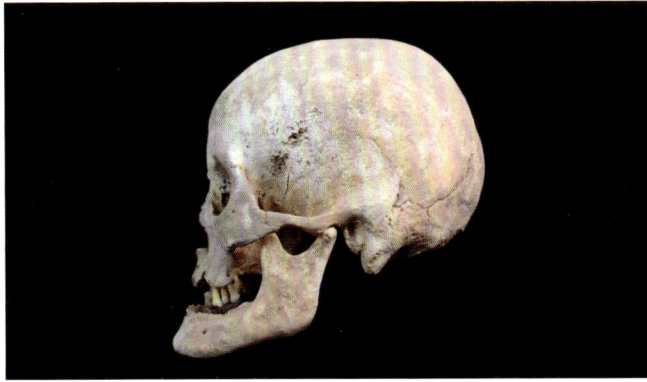

2. M12墓主头骨左侧视

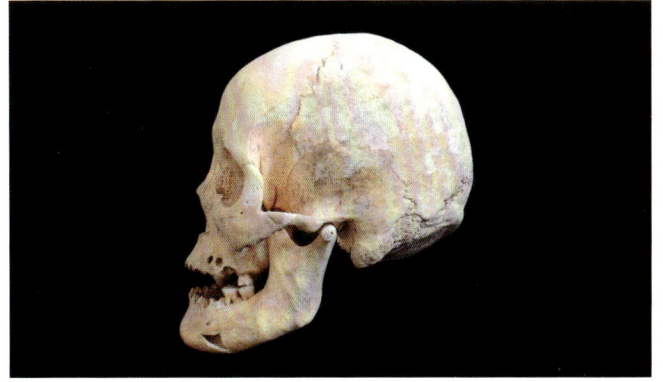

6. M18墓主头骨左侧视

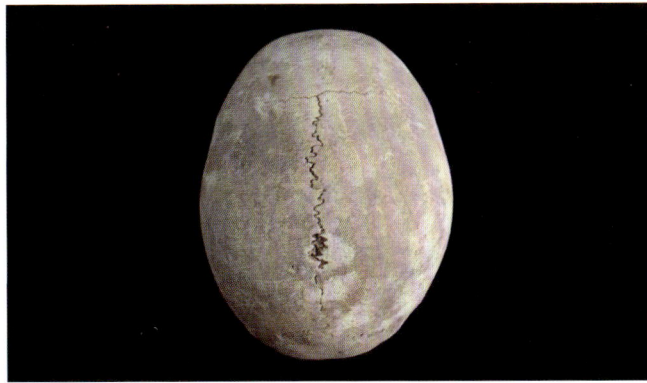

3. M12墓主头骨顶视

7. M18墓主头骨顶视

4. M12墓主头骨后视

8. M18墓主头骨后视

彩版六三　史家河墓地M12、M18墓主头骨（男性）

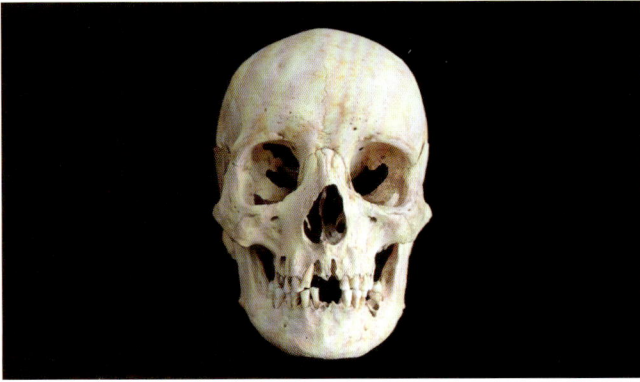

1. M20墓主头骨正视

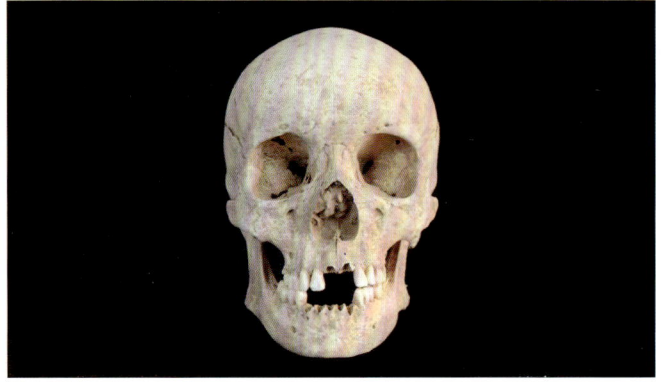

5. M22墓主头骨正视

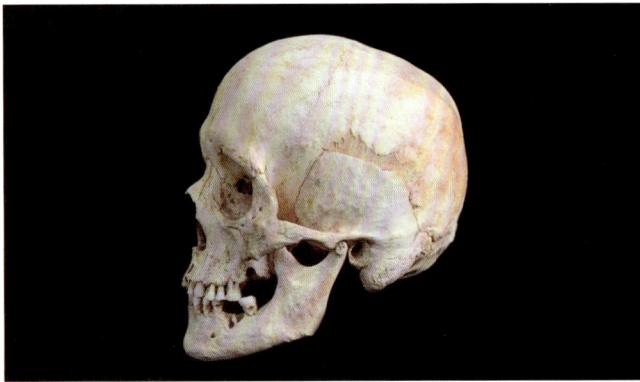

2. M20墓主头骨左侧视

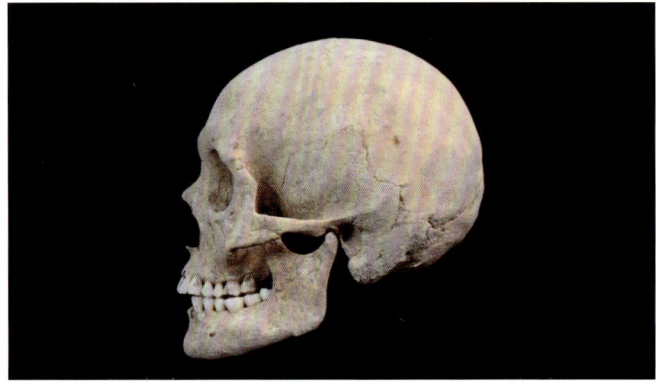

6. M22墓主头骨左侧视

3. M20墓主头骨顶视

7. M22墓主头骨顶视

4. M20墓主头骨后视

8. M22墓主头骨后视

彩版六四　史家河墓地M20、M22墓主头骨（男性）

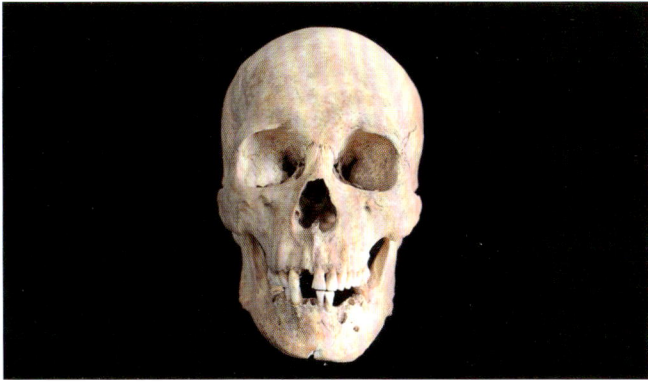

1. M26墓主头骨正视

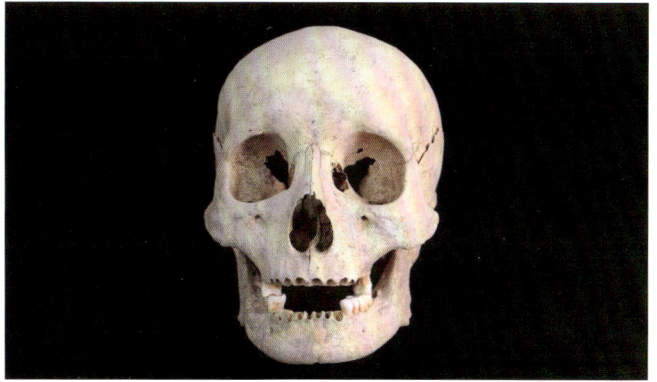

5. M27墓主头骨正视

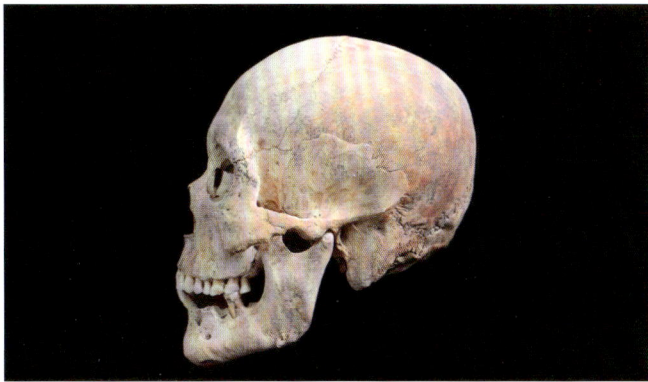

2. M26墓主头骨左侧视

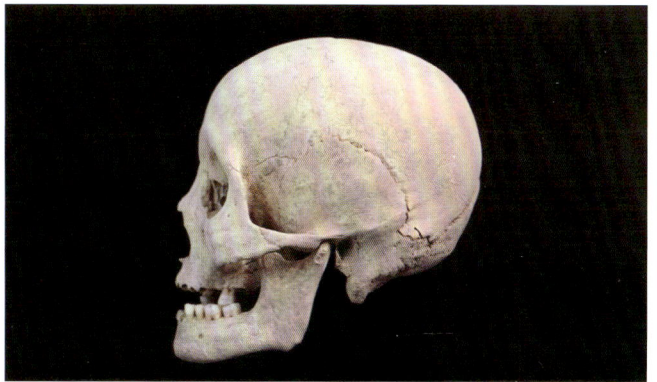

6. M27墓主头骨左侧视

3. M26墓主头骨顶视

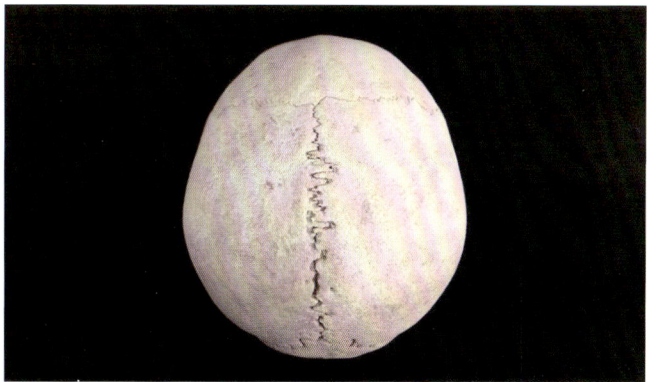

7. M27墓主头骨顶视

4. M26墓主头骨后视

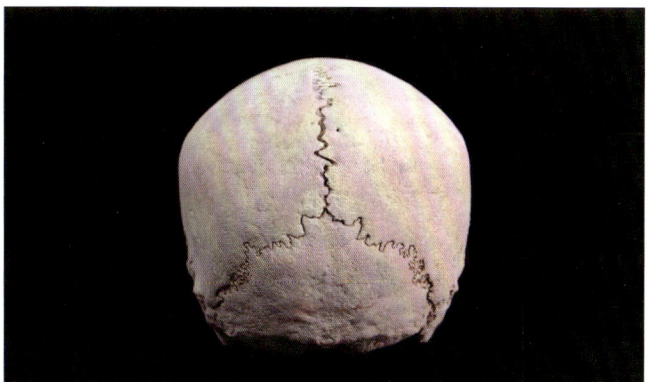

8. M27墓主头骨后视

彩版六五　史家河墓地M26、M27墓主头骨（男性）

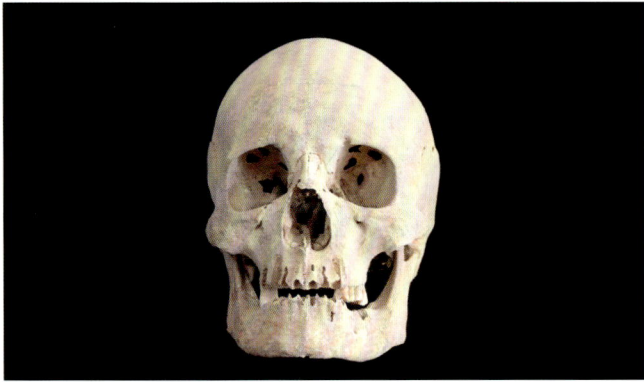

1. M30墓主头骨正视

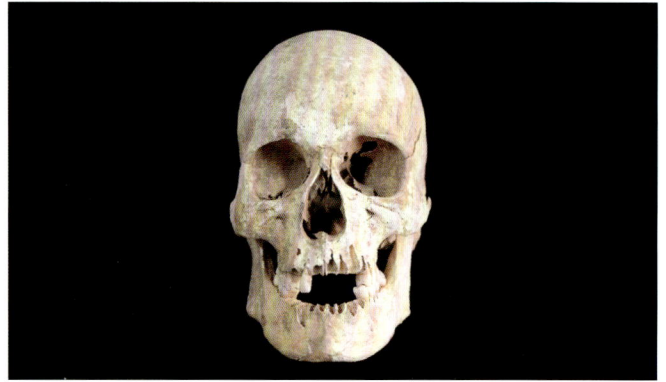

5. M37墓主头骨正视

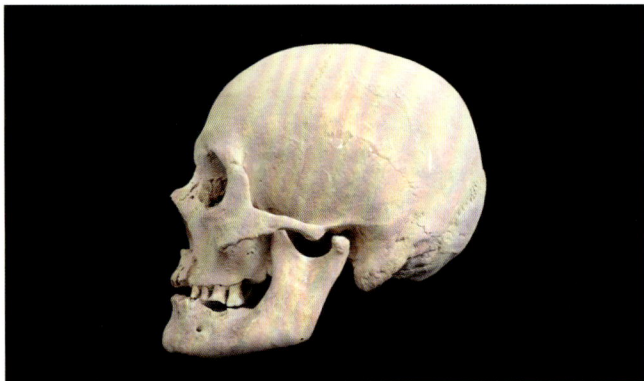

2. M30墓主头骨左侧视

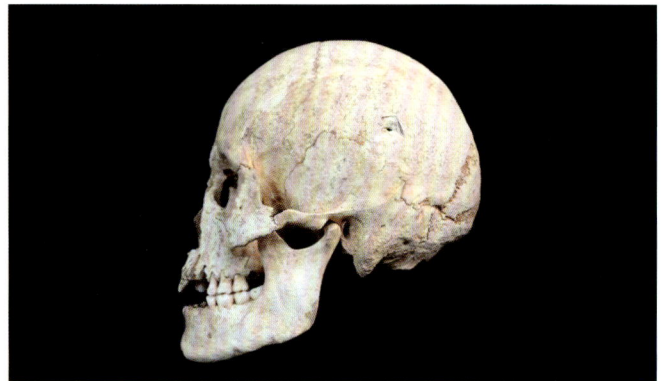

6. M37墓主头骨左侧视

3. M30墓主头骨顶视

7. M37墓主头骨顶视

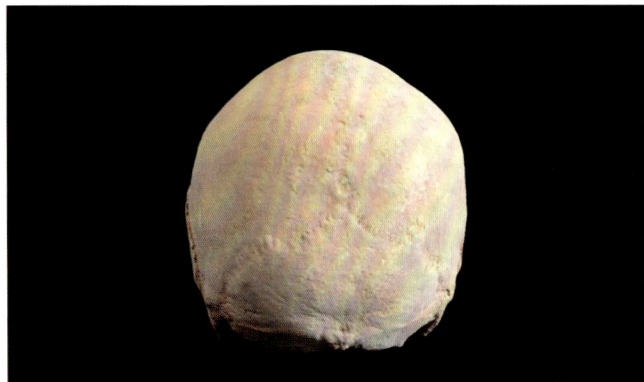

4. M30墓主头骨后视

8. M37墓主头骨后视

彩版六六　史家河墓地M30、M37墓主头骨（男性）

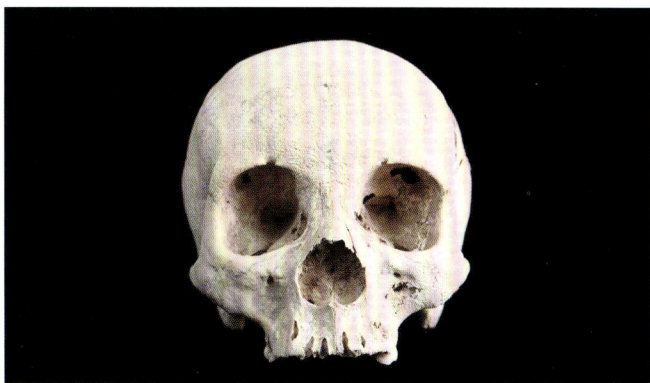

1. M5墓主头骨正视

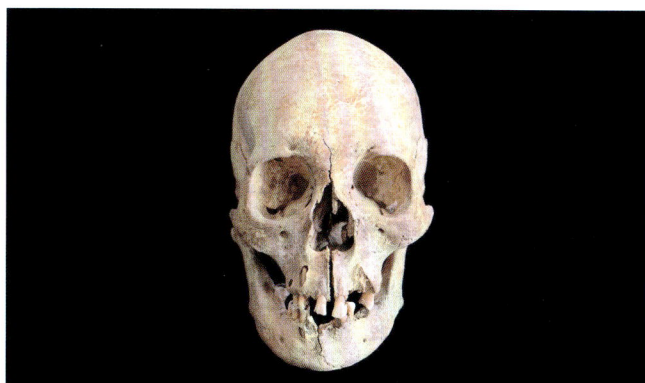

5. M16墓主头骨正视

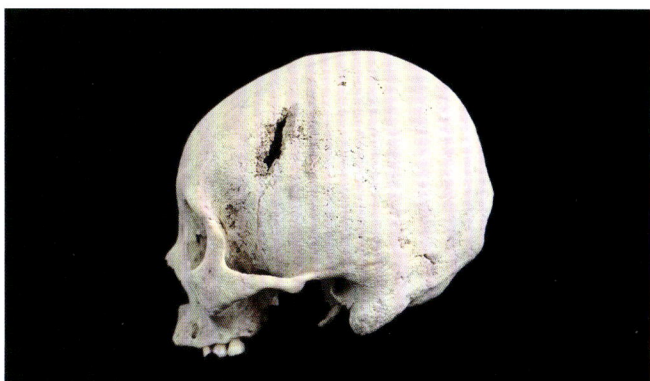

2. M5墓主头骨左侧视

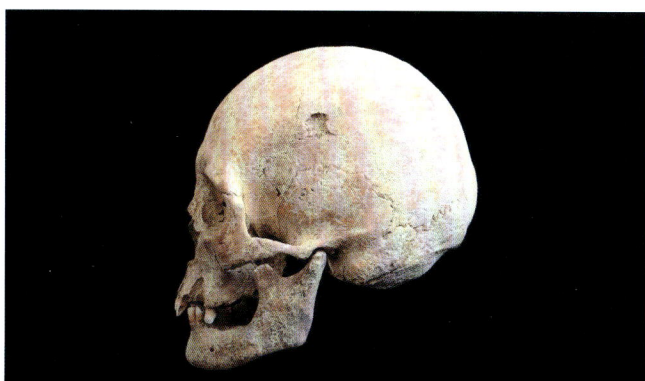

6. M16墓主头骨左侧视

3. M5墓主头骨顶视

7. M16墓主头骨顶视

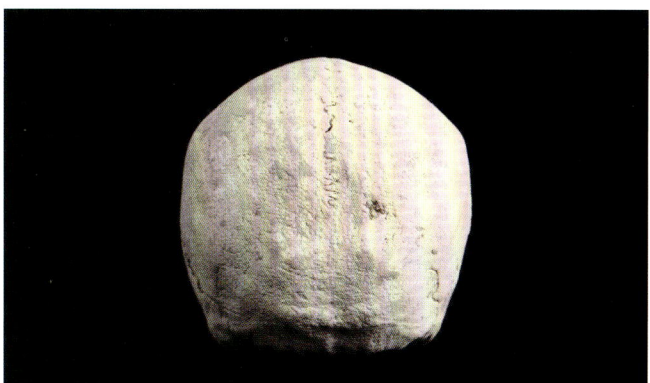

4. M5墓主头骨后视

8. M16墓主头骨后视

彩版六七　史家河墓地M5、M16墓主头骨（女性）

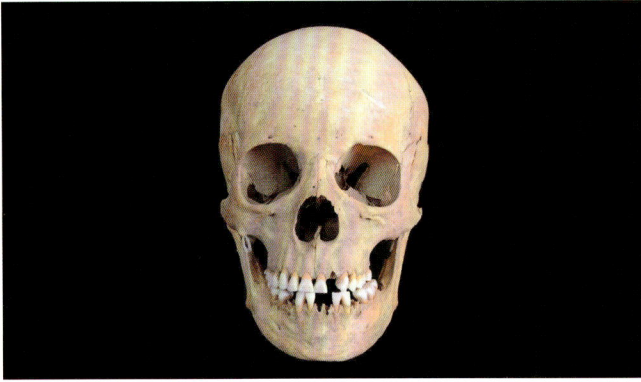
1. M19墓主头骨正视

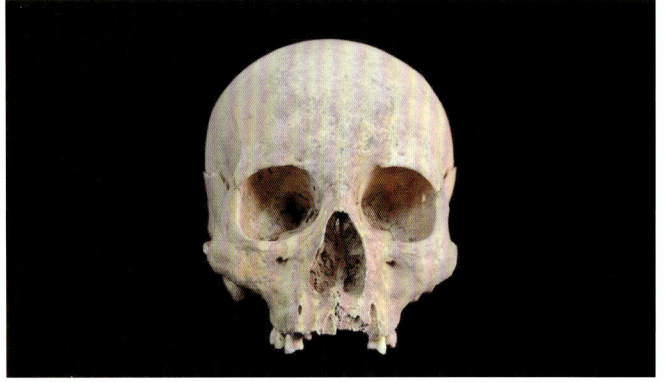
5. M23墓主头骨正视

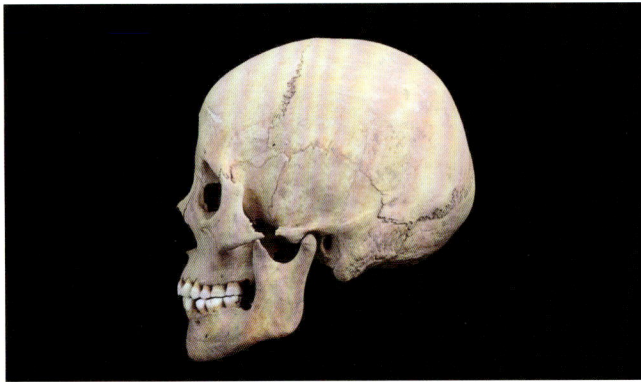
2. M19墓主头骨左侧视

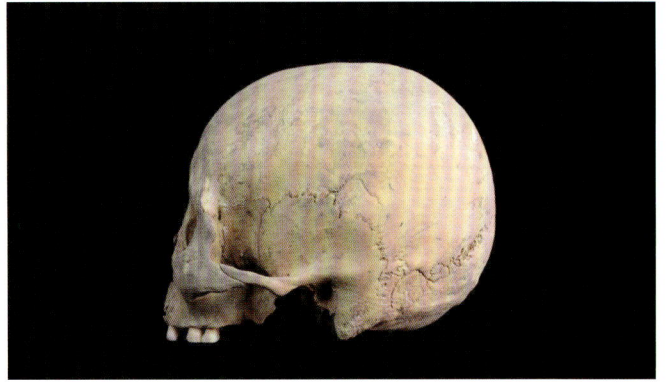
6. M23墓主头骨左侧视

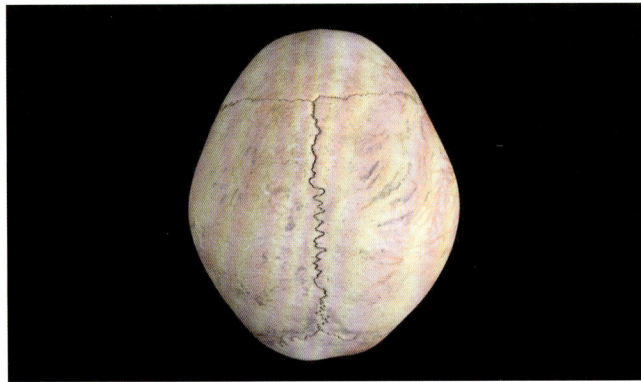
3. M19墓主头骨顶视

7. M23墓主头骨顶视

4. M19墓主头骨后视

8. M23墓主头骨后视

彩版六八　史家河墓地M19、M23墓主头骨（女性）

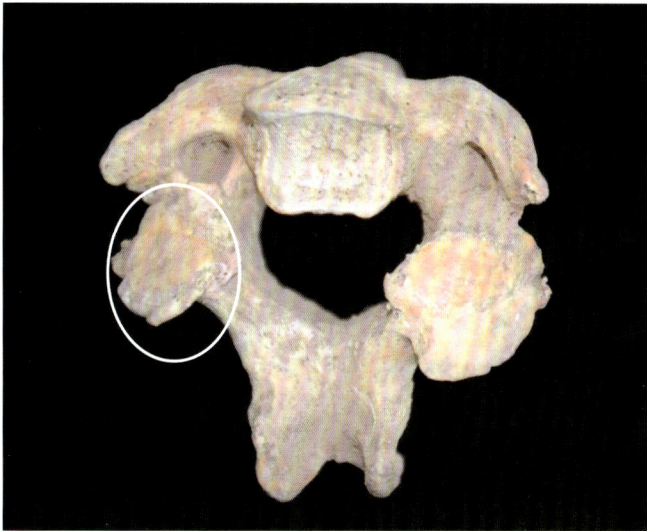

1. 枢椎骨刺

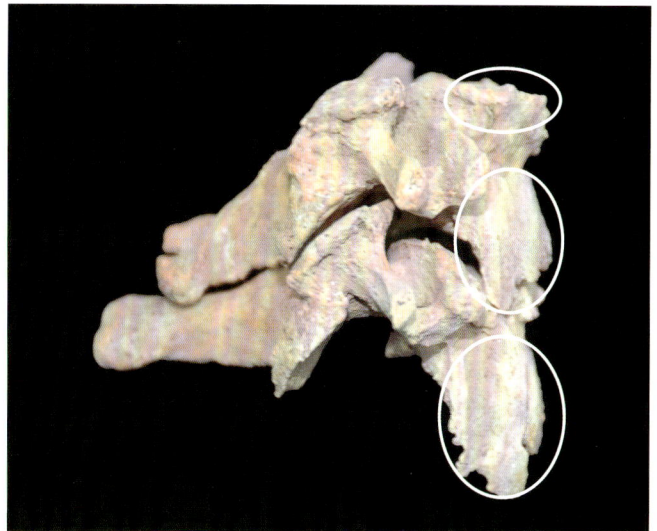

2. M6第六颈椎、第七颈椎骨刺

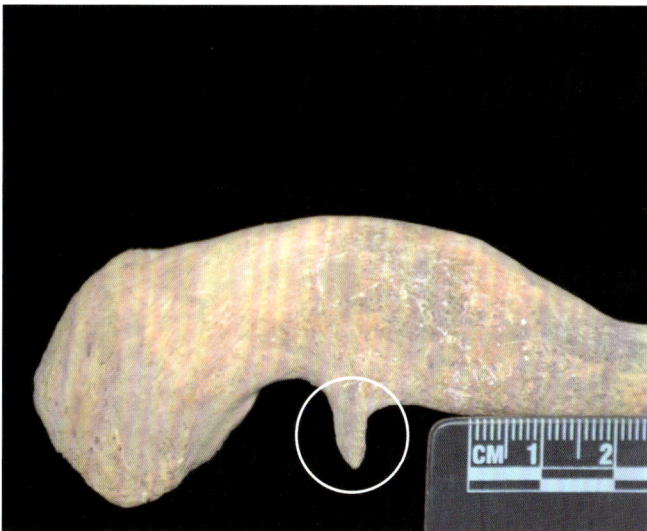

3. 锁骨骨刺

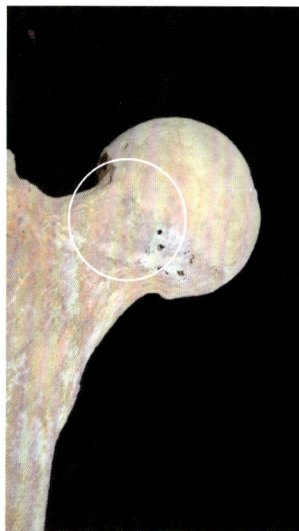

4. 股骨头小平面

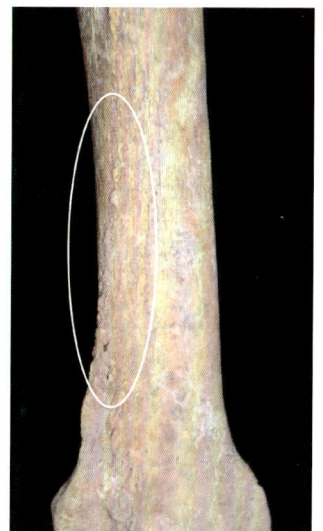

5. 胫骨骨膜炎

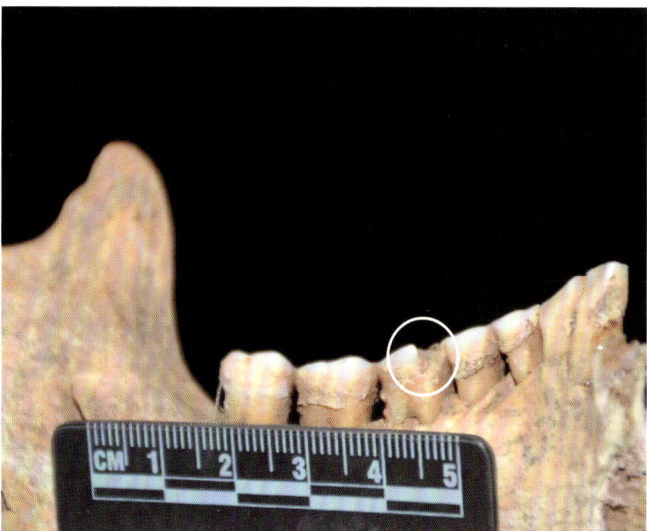

6. 左侧第一臼齿釉质崩裂

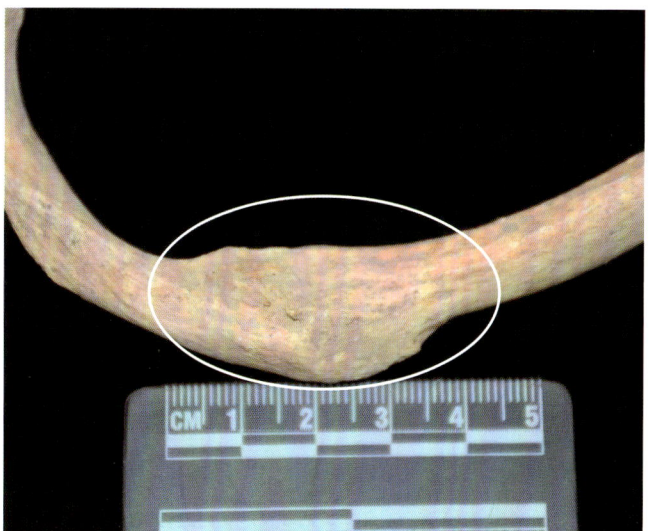

7. 肋骨骨折

彩版六九　史家河墓地M6墓主的病理现象

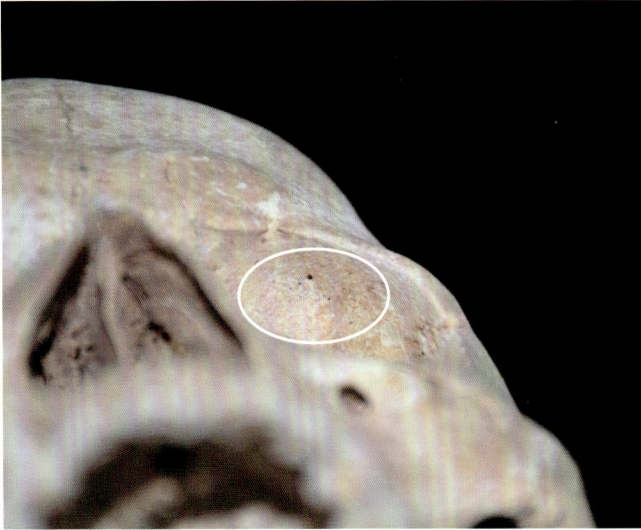

1. 眶上筛孔（M8）

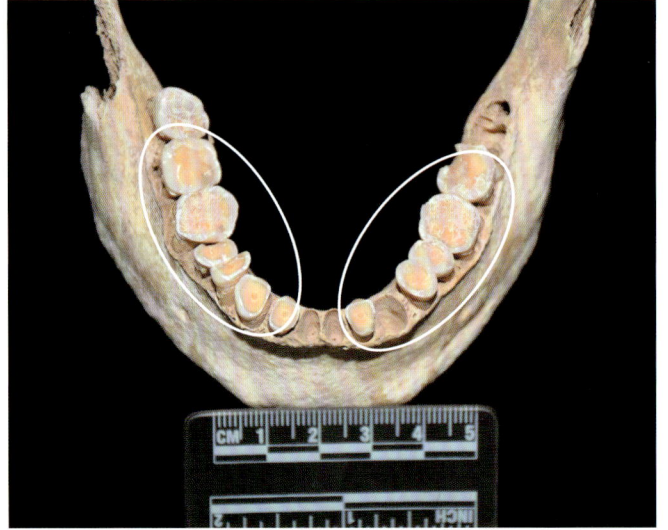

4. 下颌牙齿过度磨耗（M9）

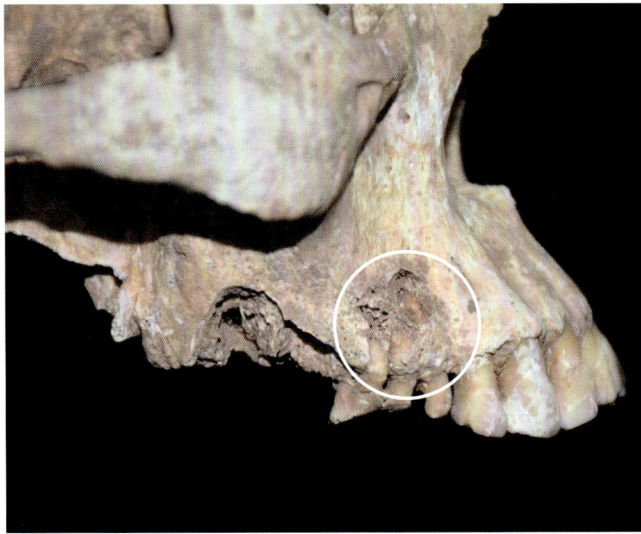

2. 上颌右侧根尖脓肿（M8）

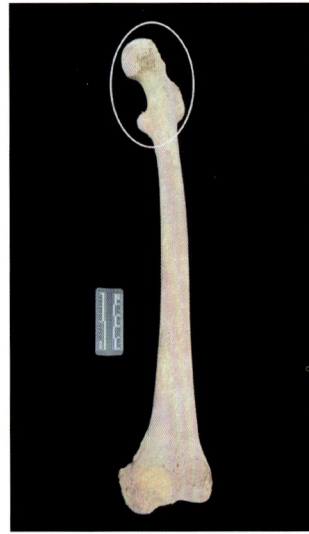

5. 股骨扭曲（M16）

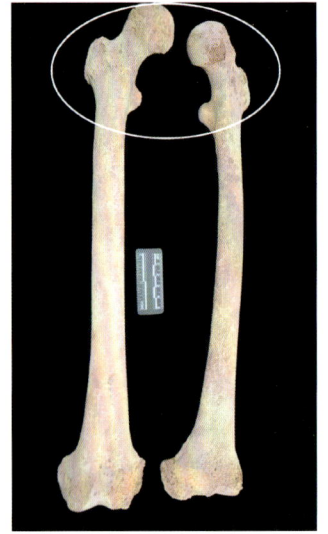

6. 股骨扭曲（M16）

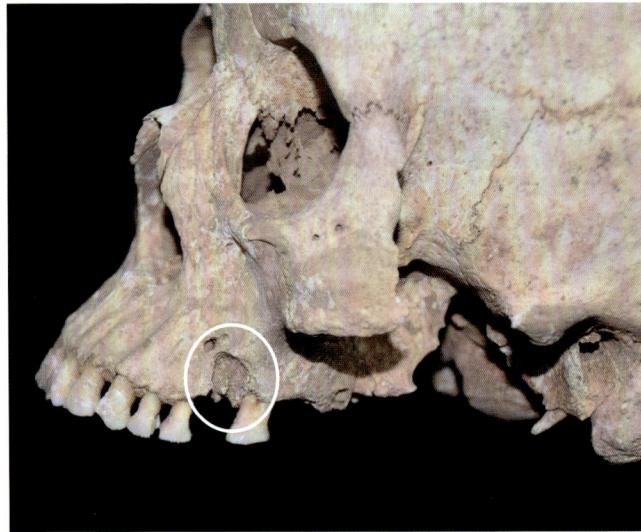

3. 上颌左侧根尖脓肿（M8）

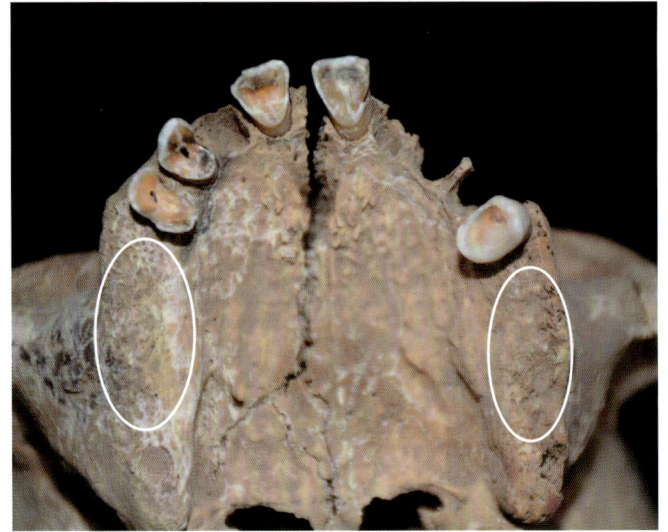

7. 上颌牙齿生前脱落（M16）

彩版七〇　史家河墓地M8、M9、M16墓主的病理现象

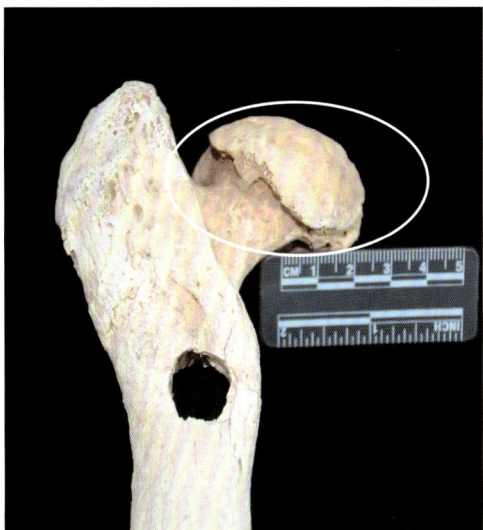

1. 左侧股骨前面（M22）　　　　2. 左侧股骨后面（M22）　　　　3. 左侧胫骨（M22）

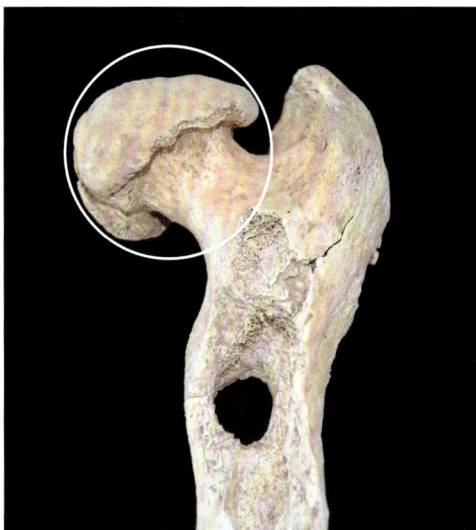

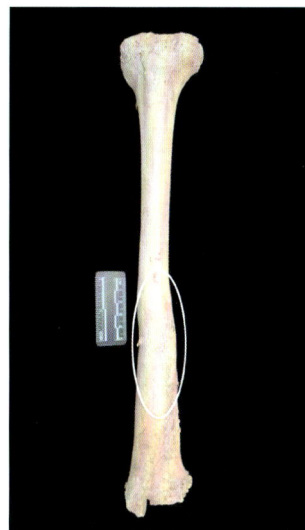

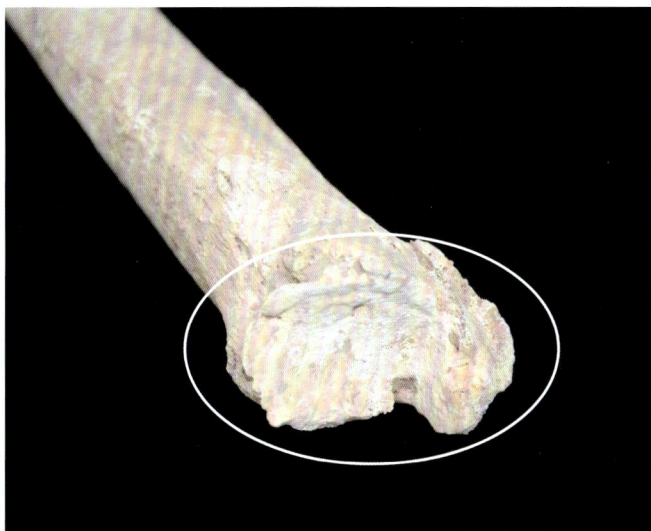

4. 左侧胫骨下端关节面（M22）　　　　　　5. 右侧眶上筛孔（M26）

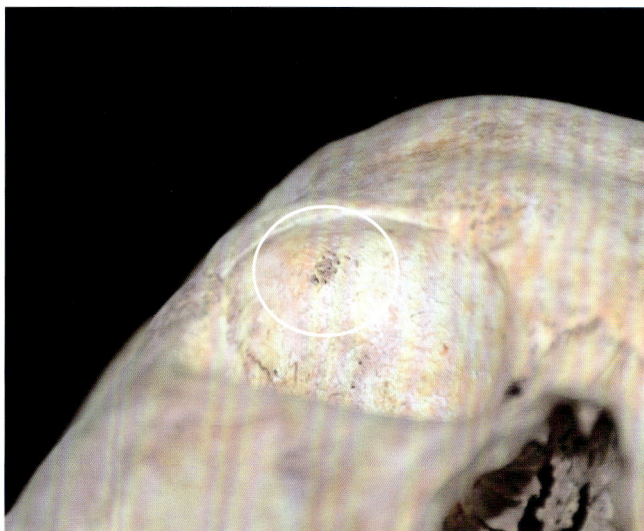

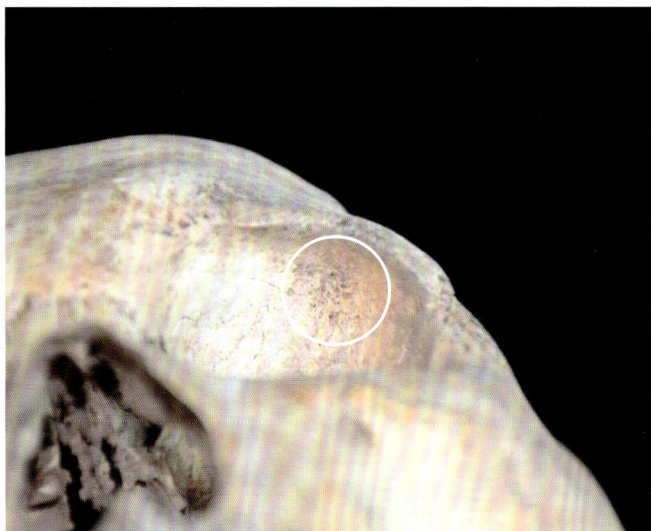

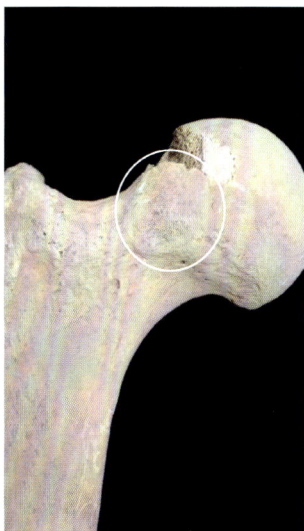

6. 左侧眶上筛孔（M26）　　　　7. 股骨小平面（M26）　　　　8. 骨膜炎（M26）

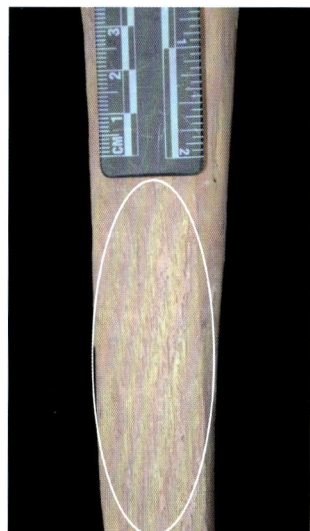

彩版七一　　史家河墓地M22、M26墓主的病理现象

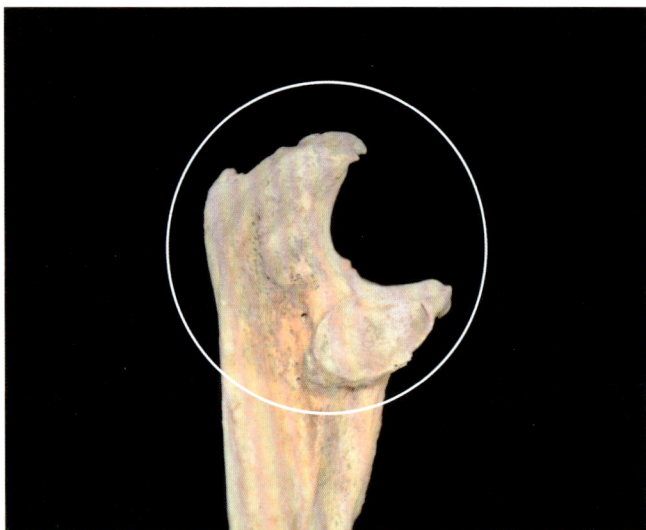

1. 左侧尺骨前面骨刺（M26）

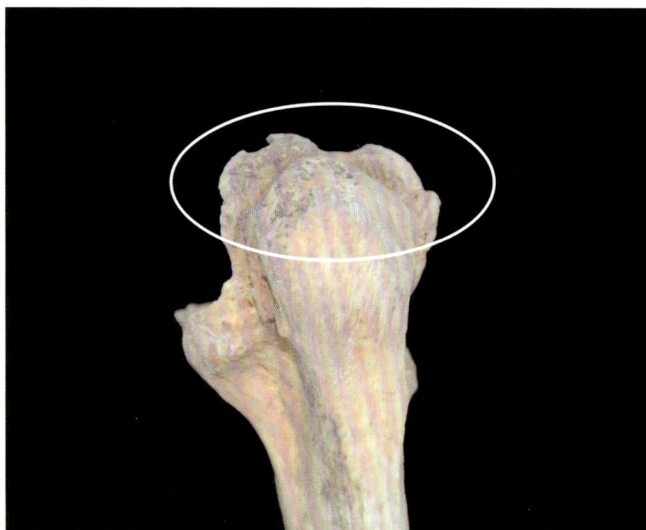

2. 左侧尺骨后面骨刺（M26）

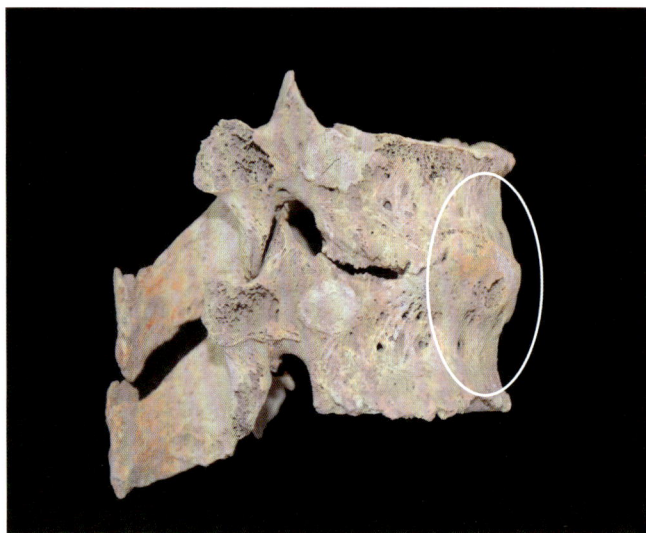

3. 胸椎椎体融合右侧（M30）

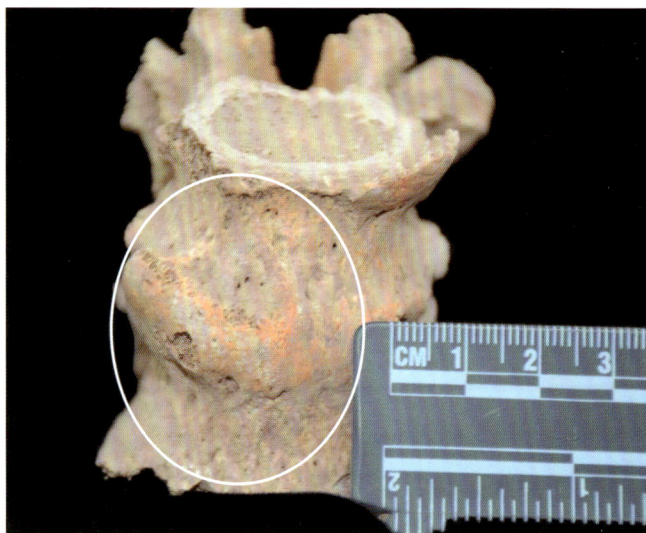

4. 胸椎椎体融合前面（M30）

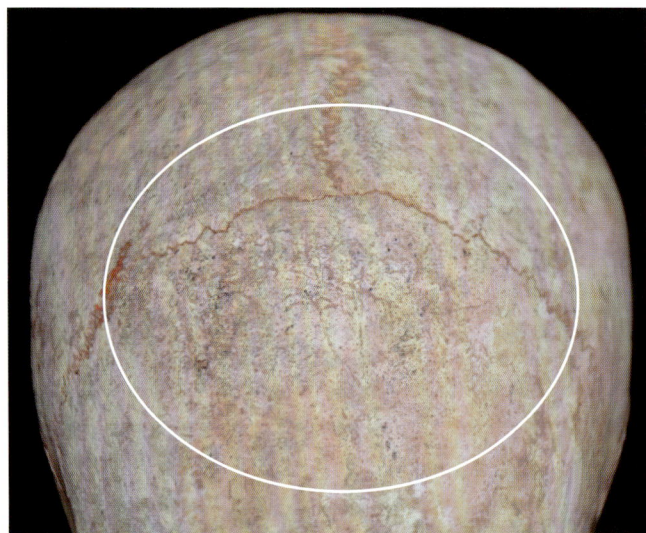

5. 额骨多孔（M37）

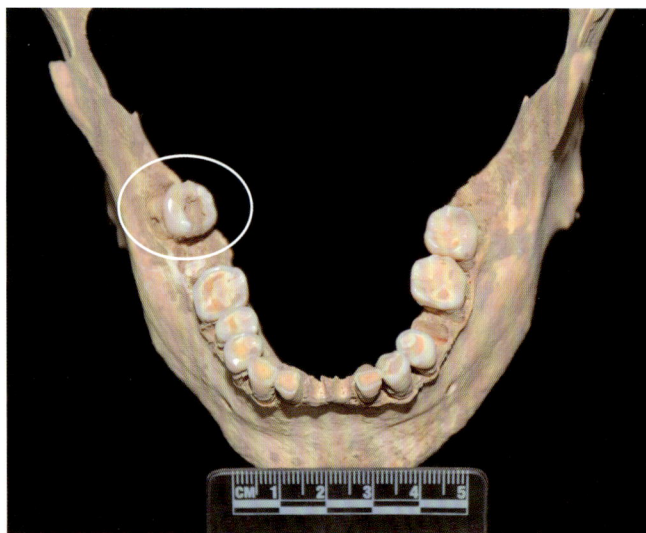

6. 下颌左M3龋齿（M38）

彩版七二　史家河墓地M26、M30、M37、M38墓主的病理现象

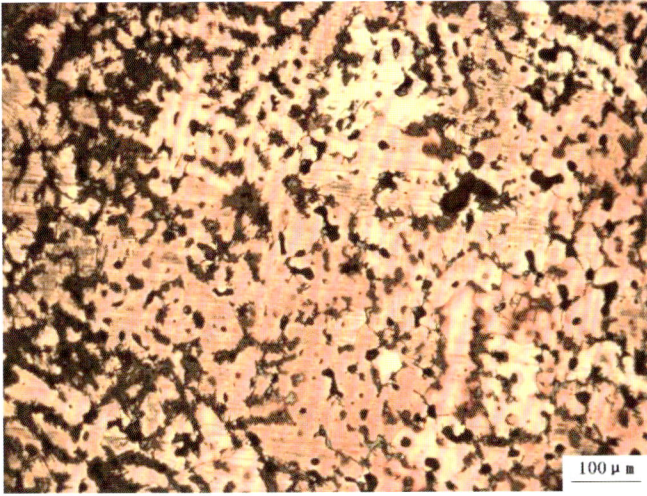

1. 铜器样品M16：23，α固溶体晶粒，青铜铸后受热组织

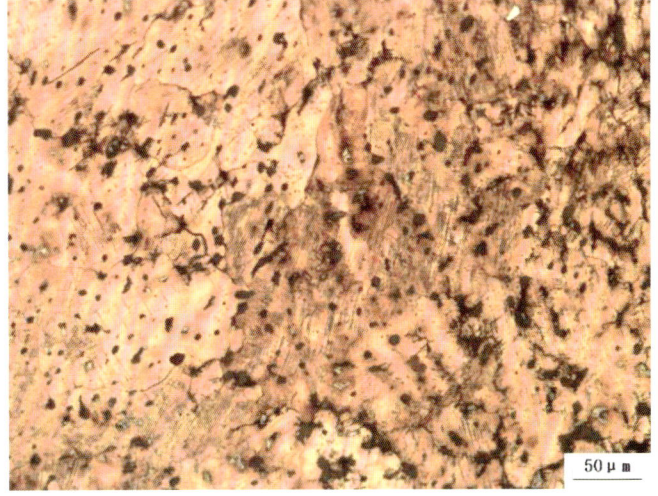

2. 铜器样品M6：27，α固溶体晶粒，青铜铸后受热组织，少量冷加工滑移线

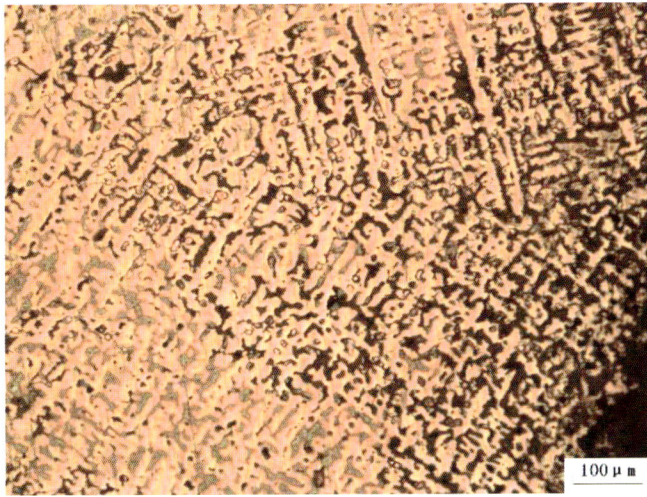

3. 铜器样品M13：4，铸造枝晶

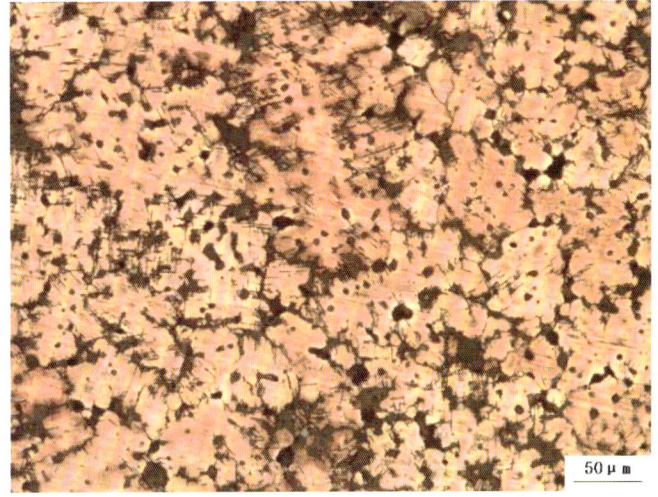

4. 铜器样品M6：10，α固溶体晶粒，铸后受热组织，少量冷加工滑移线

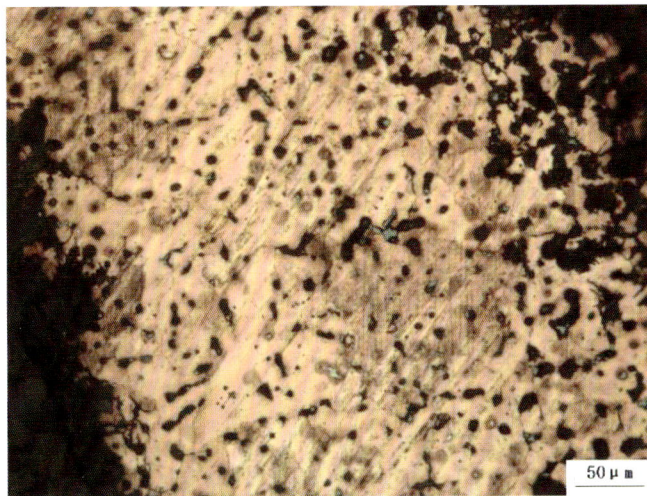

5. 铜器样品M6：22，α固溶体晶粒，铸后受热组织

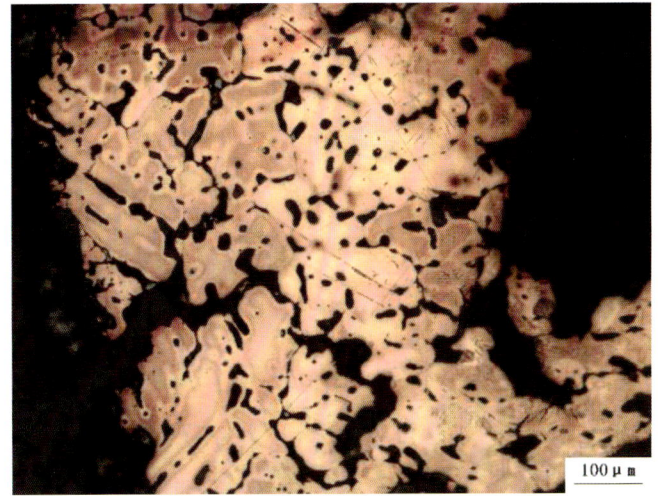

6. 铜器样品M6：7，α固溶体晶粒，铸后受热组织

彩版七三　史家河墓地出土铜器样品金相组织照片

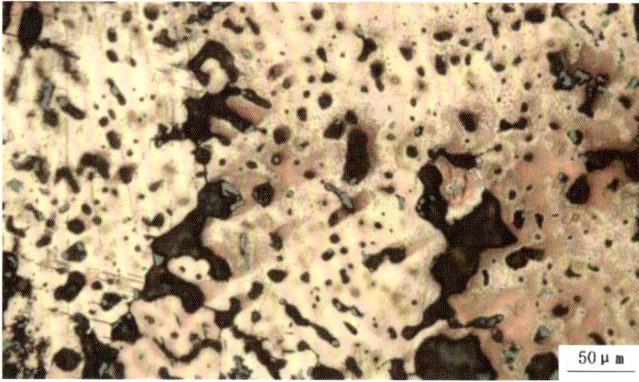
1. 铜器样品M2：3，α固溶体晶粒，铸后受热组织

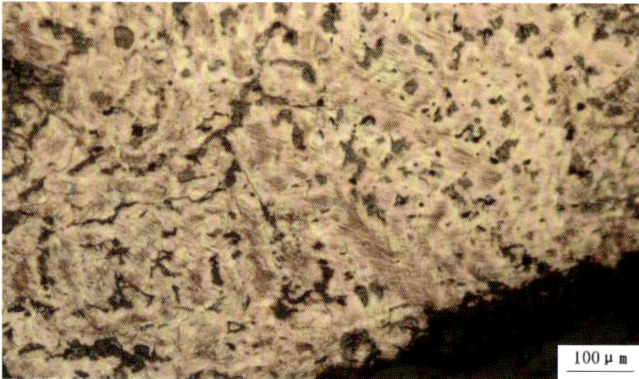
2. 铜器样品M6：23，α固溶体晶粒，铸后受热组织

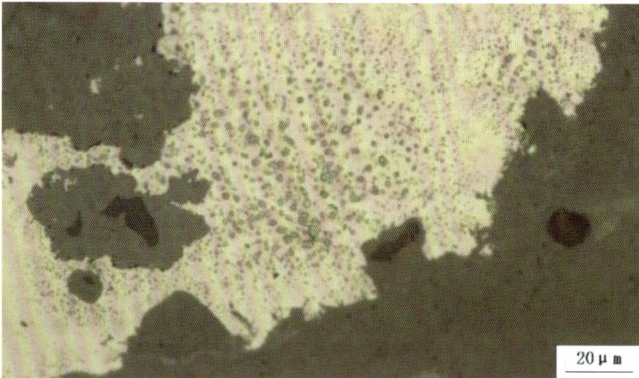
3. 铁器样品M6，铁环残片，锈蚀严重，残留少量铁素体组织

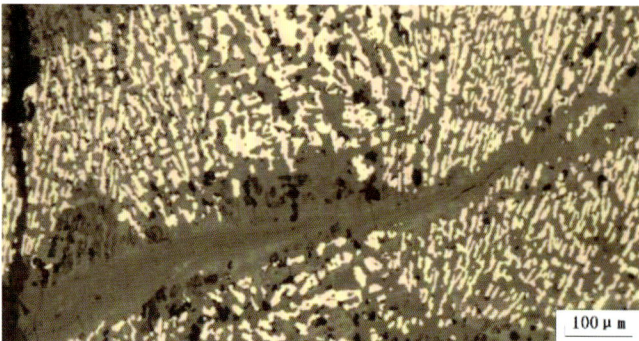
4. 铁器样品M12：4，铁锸残片，锈蚀严重，残存少量莱氏体组织，白口铁

5. 铁器样品M17：2，残铁片，渗碳体与莱氏体组织，过共晶白口铁

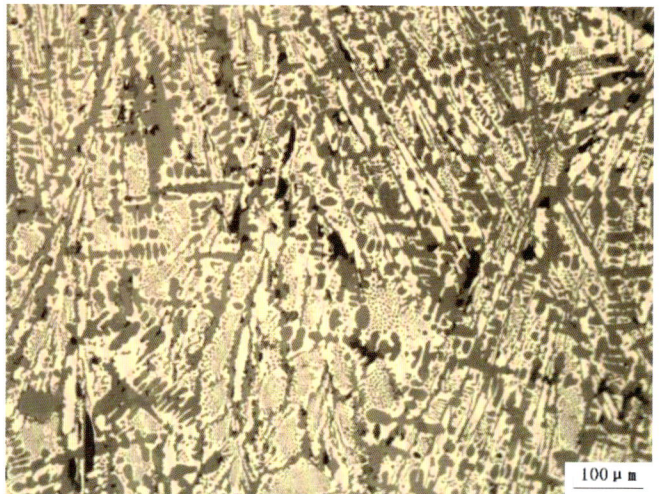
6. 铁器样品M33：3，铁带钩，莱氏体与珠光体，亚共晶白口铁

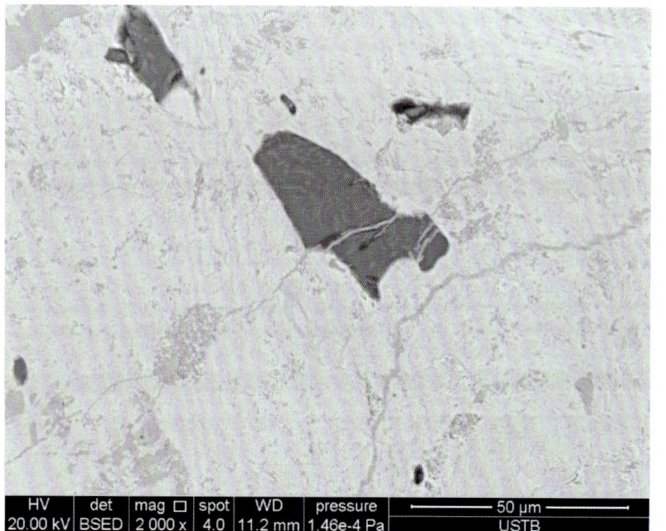
7. 铁器样品M6夹杂物扫描电镜背散射电子相

彩版七四　史家河墓地出土铁器样品金相组织照片和背散射电子相

彩版七五　高塬M1航拍（上为北）

彩版七六　高塬M1墓圹（北—南）

1. 西壁

2. 东壁

彩版七七　高塬M1

1. 填土夯层

2. 填土内夯窝

彩版七八　高塬M1填土夯层及其内夯窝

1. 墓葬开口及盗洞

2. 盗洞及填土夯层

彩版七九 高塬M1开口及盗洞

1. 漆皮

2. 蚌片

3. 铜带钩（M1：01）

彩版八〇　高塬M1盗洞内出土遗物

彩版八一　枣湾畔墓地航拍（上为北）

1. M1墓室（右为北）

2. M2墓室（右为北）

彩版八二　枣湾畔墓地M1、M2

1. 墓室（左为北）

2. 壁龛内出土器物

彩版八三　枣湾畔墓地M3

1. M5墓室（下为北）

2. M7墓室（下为北）

彩版八四　枣湾畔墓地M5、M7

1. M8墓室（下为北）

2. M9墓室（右为北）

彩版八五　枣湾畔墓地M8、M9

1. 鬲（李集山采：078）

2. 鼎（李集山采：016）

3. 鼎（李集山采：057）

4. 釜（李集山采：05）

5. 釜（李集山采：072）

彩版八六　辛庄遗址周边采集陶鬲、鼎和釜

1. Aa型（枣湾畔M9：02）

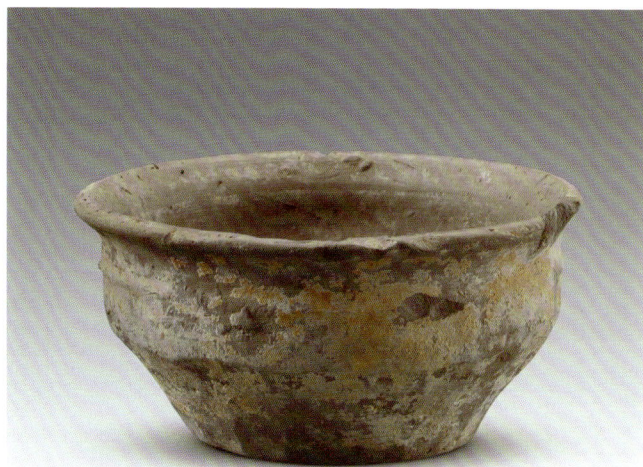

2. Aa型（枣湾畔M9：03）

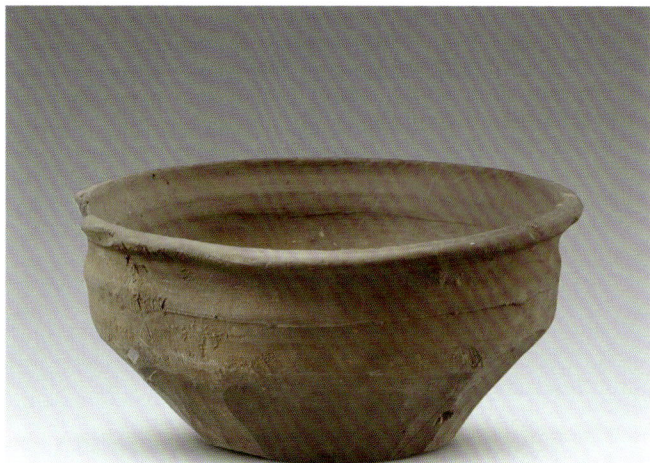

3. Aa型（枣湾畔M9：04）

4. Aa型（枣湾畔M9：05）

5. Ab型（桑背梁采：017）

彩版八七　辛庄遗址周边出土和采集陶折腹盆

1. B型（桃林山采：03）

2. B型折腹盆（李集山采：068）

3. B型折腹盆（羊耳子峁采：09）

4. A型圆腹盆（李集山采：04）

5. A型圆腹盆（李集山采：061）

彩版八八　辛庄遗址周边采集陶折腹盆、圆腹盆

1. B型Ⅰ式（桥上D1：06）

2. B型Ⅱ式（枣湾畔M2：3）

3. B型Ⅱ式（郝家崾头采：01）

4. B型Ⅲ式（枣湾畔M2：2）

5. B型Ⅲ式（李集山采：069）

6. C型（封家峁采：03）

彩版八九　辛庄遗址周边出土和采集陶圆腹盆

1. A型Ⅰ式（羊耳子峁采：03）

2. A型Ⅱ式（李集山采：058）

3. A型Ⅱ式（李集山采：062）

4. Ba型Ⅰ式（李集山采：024）

5. Ba型Ⅱ式（枣湾畔M3：3）

6. Bb型（李集山采：09）

彩版九〇　辛庄遗址周边出土和采集陶豆

1. 不分型豆（桑背梁采：03）

2. A型Ⅰ式壶（枣湾畔M2：4）

3. A型Ⅰ式壶（枣湾畔M2：5）

4. A型Ⅱ式壶（桃拨梁采：03）

5. B型壶（李集山采：011）

6. B型壶（李集山采：012）

彩版九一　辛庄遗址周边出土和采集陶豆、壶

1. A型（李集山采：01）

2. A型（枣湾畔M3：4）

3. A型（枣湾畔M3：5）

4. A型（李集山采：055）

5. B型（李集山采：074）

6. B型（桥上D1：05）

7. C型（李集山采：076）

彩版九二　辛庄遗址周边出土和采集陶广肩罐

1. 深腹罐（李集山采：080）

2. 深腹罐（李集山采：081）

3. 深腹罐（羊耳子峁采：07）

4. 鼓肩罐（封家峁采：02）

5. 鼓肩罐（桥上D1：01）

6. 鼓肩罐（桥上D1：02）

彩版九三　辛庄遗址周边采集陶深腹罐、鼓肩罐

1. 桑背梁采：05

2. 桑背梁采：016

3. 桑背梁采：018

4. 桃拔梁采：01

5. 桃拔梁采：02

6. 青龙山采：01

彩版九四　辛庄遗址周边采集A型陶双耳罐

1. 青龙山采：02

2. 枣湾畔M9：06

3. 郝家嵝头采：03

4. 郝家嵝头采：04

5. 桥上D1：03

6. 桥上D1：04

彩版九五　辛庄遗址周边采集A型陶双耳罐

1. A型双耳罐（封家峁采：01）

2. B型双耳罐（李集山采：02）

3. C型双耳罐（刘川采：01）

4. 敞口罐（桑背梁采：015）

5. 敞口罐（枣湾畔M2：6）

彩版九六　辛庄遗址周边出土和采集陶双耳罐、敞口罐

1. 高领罐（枣湾畔M3：2）

2. 高领罐（李集山采：014）

3. 高领罐（李集山采：073）

4. 盆形罐（李集山采：03）

5. 不分型罐（郝家崾头采：02）

6. 不分型罐（刘川采：02）

彩版九七　辛庄遗址周边出土和采集陶高领罐、盆形罐等

1. 泥钵（枣湾畔M2：1）

2. 罐口沿（羊耳子峁采：010）

3. 罐口沿（青龙山采：04）

4. 罐口沿（羊耳子峁采：011）

5. 罐耳（青龙山采：03）

彩版九八　辛庄遗址周边出土和采集泥钵、陶罐残片

1. A型Ⅰ式碗（枣湾畔M3：1）

2. A型Ⅱ式碗（李集山采：059）

3. B型碗（桃林山采：02）

4. B型碗（桃林山采：09）

5. 盂（李集山采：06）

彩版九九　辛庄遗址周边出土和采集陶碗、盂

1. 铜带钩（枣湾畔M1：1）

2. 铜带扣（郝西家沟征：01）

3. 铜环（郝西家沟征：02）

4. 砺石（郝西家沟征：03）

彩版一〇〇　辛庄遗址周边出土和征集铜器、石器

1. I式鬲（09府大哈郝Y01）

2. II式鬲（08清王贺庙M01）

3. II式鬲（08清玉后脑M04）

4. 鼎（08清石呼小M01）

5. 盆（08清双鲍枣）

6. 簋（08清解张麻）

彩版一〇一　陕北地区第三次全国文物普查采集陶鬲、鼎、盆和簋

1. A型豆（09府大哈郝Y02）

2. B型豆（08清老寨老 M02）

3. B型豆（08清李韩寨）

4. 盒（08清解渠渠 M03）

5. 盂（09米李薛土M01）

6. 盂（09米印冯高M01）

彩版一〇二　陕北地区第三次全国文物普查采集陶豆、盒和盂

1. Aa型釜（08清解渠渠M01）

2. Ab型釜（09神花郭庙M01）

3. B型釜（08富直雨庙）

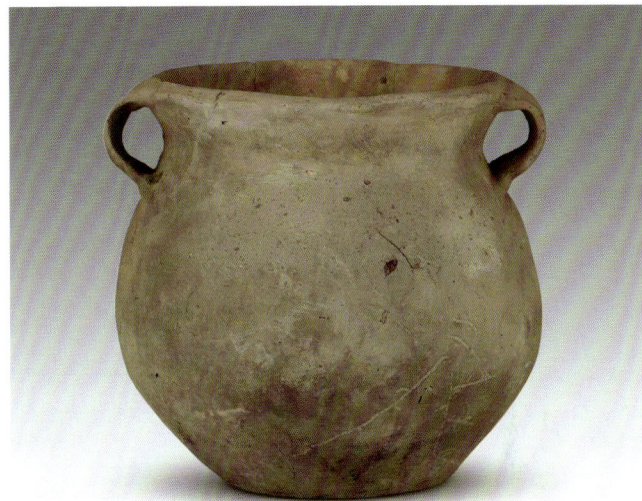

4. A型双耳罐（08清店吴M01）

5. A型双耳罐（09米银宋书）

6. A型双耳罐罐耳（09米印冯高M03）

彩版一〇三　陕北地区第三次全国文物普查采集陶釜、罐和罐耳

1. B型双耳罐（09米印冯高M02）

2. 单耳罐（08子赵刘）

3. 球腹罐（08子何葛乔M03）

4. 球腹罐（08子何葛乔M04）

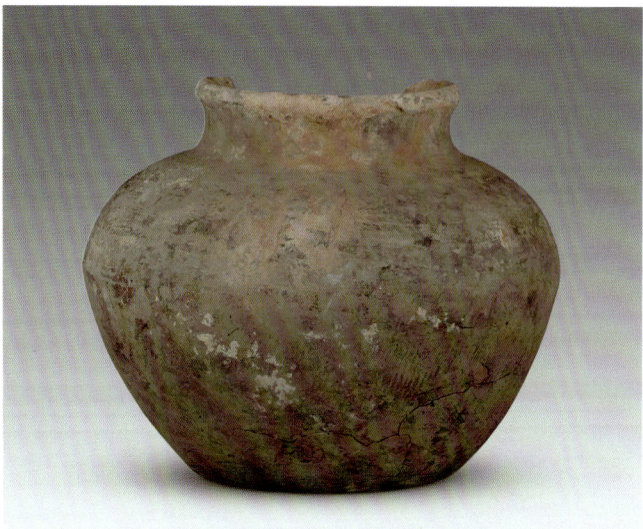
5. 矮领罐（08佳官站神M02）

1. A型高领罐（08清解张麻M02）

2. B型高领罐（08清下王下 M01）

3. B型高领罐（08清双井大 M01）

4. B型高领罐（08清双井大M02）

5. 折腹罐（09府磺郝郝）

6. 折腹罐（09绥义霍对）

彩版一〇五　陕北地区第三次全国文物普查采集陶罐

1. 圆肩罐（08清井M02）

2. 圆肩罐（08清乐董板M03）

3. 圆肩罐（08清乐董薛M01）

4. 小口大鼓腹罐（09米沙阳花M01）